카이스트 미래전략 2020

카이스트 미래전략 2020

1판 1쇄 인쇄 2019. 10. 18.
1판 1쇄 발행 2019. 10. 25.

지은이 KAIST 문술미래전략대학원·미래전략연구센터

발행인 고세규
편집 권정민 | 디자인 유상현
발행처 김영사
등록 1979년 5월 17일 (제406-2003-036호)
주소 경기도 파주시 문발로 197(문발동) 우편번호 10881
전화 마케팅부 031)955-3100, 편집부 031)955-3200 | 팩스 031)955-3111

값은 뒤표지에 있습니다. ISBN 978-89-349-9936-2 03300

홈페이지 www.gimmyoung.com   블로그 blog.naver.com/gybook
페이스북 facebook.com/gybooks   이메일 bestbook@gimmyoung.com

좋은 독자가 좋은 책을 만듭니다.
김영사는 독자 여러분의 의견에 항상 귀 기울이고 있습니다.

이 도서의 국립중앙도서관 출판시도서목록(CIP)은 서지정보유통지원시스템 홈페이지
(http://seoji.nl.go.kr)와 국가자료공동목록시스템(http://www.nl.go.kr/kolisnet)에서
이용하실 수 있습니다.(CIP제어번호 : CIP2019038985)

과학기술부터 사회문화까지 2020 메가트렌드 전망과 STEPPER 미래전략

카이스트 미래전략 2020

KAIST 문술미래전략대학원 · 미래전략연구센터

기술과 인간의 만남

KAIST
FUTURE STRATEGY

김영사

KAIST Future Strategy 2020

장기적이고 일관된 국가미래전략

우리는 미래를 향해 새로운 길을 제시하며 앞서가는 나라를 선진국이라고 부릅니다. 대한민국은 지난 반세기 동안 선진국을 향해 쫓아가는 '빠른 추격 전략'으로 한강의 기적을 이루며 선진국 문턱에까지 이르렀습니다. 이제 우리나라에는 미국형 전략, 일본형 전략이 아닌 우리 고유의 '한국형 미래 선도 전략'이 필요한 시점입니다.

특히 4차 산업혁명이라는 거대한 변화가 인류사회에 다가오는 21세기, 과학 기술 기반의 미래전략을 세우는 일은 매우 중요하다고 생각합니다. 그래야 대한민국이 중진국 덫에서 벗어나 명실공히 선진 국가로 도약할 수 있습니다. 이를 위해서는 민간 싱크탱크 그룹이 활성화되어야 합니다. 미국이 G1국가의 위상을 갖고 있는 것의 근저에는 1,800여 개의 분야별 싱크탱크 그룹이 정권을 초월하여 미국의 나아가야 할 방향과 정책을 마련해주는 것이 큰 역할을 하고 있습니다.

KAIST 문술미래전략대학원과 미래전략연구센터는 과학 기술 기반의 21세기 미래를 연구하기 위하여 2013년에 설립되었습니다. 2014년부터 펴내기 시작한 국가미래전략 연구 보고서가 이번에 여섯 번째 책으로 나오게 되었습니다. 이제 우리나라도 선진국처럼 정권을 초월한 장기적 관점의 견고한 국가미래전략 수립이 절실한 상황입니다. 정권에 따라서 새로운 정책을 수립, 집행하기 때문에 정책의 일관성에 아쉬움이 생기는 경우가 있기 때문입니다. 물론 국가출연연구소 등의 국가 정책 연구기관에서도 미래 연구 보고서를 내고 있습니다. 그러나 정부기관의 특성 때문에 일관성을 유지하기 어려운 면도 있습니다. 이러한 상황에서 순수 민간 싱크탱크라 할 수 있는 KAIST에서 국가미래전략을 연구하는 일은 큰 의의가 있다고 생각합니다. 민간 싱크탱크의 보고서는 직접적인 실행력은 갖추지 못해도, 정치권과 무관하게 지속적으로 읽힐 수 있기 때문입니다.

미래전략이란, 내용도 중요하지만, 그 과정에서 구성원들의 참여와 공감을 이루는 것이 중요하다고 생각합니다. 이 연구 보고서는 소수 엘리트 학자들만의 의견이 아니라, 매주 토론회를 통하여 나온 아이디어를 종합하여 집필한 내용입니다. 2015년부터 지금까지 173회의 토론회를 개최하였고, 여기에 550여 명의 전문가가 발표와 토론에 참여했으며, 4,500여 명의 일반인이 청중으로 참석하여 의견을 개진해주었습니다. 우리는 토론회를 거듭하면서 새롭게 개발된 아이디어와 의견을 추가하여 매년 책으로 출판합니다. 이번 보고서에 수록된 세부 전략은 48개이며, 국가 전반적인 이슈를 거의 모두 다루고 있다고 봐도 무방할 것입니다.

특히 이 연구팀은 연구에 임하는 자세를 '선비정신'으로 규정하고 있는 점이 인상적입니다. 선비정신만이 혼탁한 현대사회에서 중심을 잡고, 오로지 국가와 민족을 위한 전략을 담보할 수 있다고 생각한 것입니다. 국가미래전략이 정권 변화와 무관하게 지속적으로 활용되고, 정책의 가이드라인이 되기 위해서는 공정성이 생명입니다. 이러한 관점에서 선비정신은 매우 적절한 연구 철학이라 생각합니다.

 아무쪼록 이 연구보고서가 국가 정책을 수립하는 분들과 미래전략을 연구하는 분들께 도움이 되기를 바랍니다. 문술미래전략대학원 설립과 이 보고서 작성을 위해 훌륭한 리더십을 발휘해주신 이광형 교수님과 실무를 담당하시는 최윤정 연구교수님 그리고 연구에 참여해주신 수많은 연구자들과 일반 참여자들께도 깊이 감사드립니다.

신성철
(KAIST 총장)

카이스트 미래전략 작성에 함께한 사람들

■ 직함은 참여 시점 기준입니다.

─────── 《카이스트 미래전략》은 2015년 판 출간 이후 계속하여 기존 내용을 보완하고, 새로운 과제와 전략을 추가해오고 있습니다. 또한 '21세기 선비'들의 지혜를 모으기 위해 초안 작성자의 원고를 바탕으로 토론의견을 덧붙이고 다수의 검토자가 보완해가는 공동집필의 방식을 취하고 있습니다. 2015~2019년 판 집필진과 2020년 판에 추가로 참여하신 집필진을 함께 수록합니다. 참여해주신 '21세기 선비' 여러분께 다시 한번 깊이 감사드립니다.

기획·편집위원

이광형 KAIST 교수(위원장, 연구책임자), 김경준 딜로이트컨설팅 부회장, 김원준 KAIST 교수, 박성필 KAIST 교수, 박승빈 KAIST 교수, 서용석 KAIST 교수, 양재석 KAIST 교수, 이명호 (재)여시재 선임연구위원,

이상윤 KAIST 교수, 이상지 전 KAIST 연구교수, 이종관 성균관대 교수, 정재승 KAIST 교수(KAIST 문술미래전략대학원 원장), 최연구 한국과학창의재단 연구위원, 최윤정 KAIST 연구교수, 한상욱 김앤장 변호사, 허태욱 KAIST 연구교수

2020년 판 추가 부분 초고 집필진

김경준 딜로이트컨설팅 부회장, 김상윤 포스코경영연구원 수석연구원, 김용삼 한국생명공학연구원 책임연구원, 김원준 건국대 교수, 김익재 한국과학기술연구원 책임연구원, 문영준 한국교통연구원 선임연구위원, 배희정 케이엠에스랩㈜ 대표, 송미령 농촌경제연구원 선임연구위원, 안병옥 전 환경부 차관, 양승실 전 한국교육개발원 선임연구위원, 우운택 KAIST 교수, 이민화 KAIST 초빙교수, 이준 산업연구원 연구위원, 임명환 한국전자통신연구원 책임연구원, 임창환 한양대 교수, 최병삼 과학기술정책연구원 신산업전략연구단장, 최연구 한국과학창의재단 연구위원, 허재용 포스코경영연구원 수석연구원, 허태욱 KAIST 연구교수

2020년 판 자문 검토 참여자

김상윤 포스코경영연구원 수석연구원, 김용삼 한국생명공학연구원 책임연구원, 김원준 건국대 교수, 김익재 한국과학기술연구원 책임연구원, 문영준 한국교통연구원 선임연구위원, 선종률 한성대 교수, 손수정 과학기술정책연구원 연구위원, 손영동 한양대 교수, 송미령 농촌경제연구원 선임연구위원, 송보희 인토피아 연구소장, 양승실 전 한국교육개발원 선임연구위원, 임명환 한국전자통신연구원 책임연구원, 최윤정

KAIST 연구교수, 허재용 포스코경영연구원 수석연구원, 허태욱 KAIST 연구교수, KAIST 문술미래전략대학원 학생들: 이재영(박사과정), 강수경, 강희숙, 고경환, 김경선, 김재영, 노성열, 석효은, 신동섭, 안성원, 윤대원, 이민정, 이상욱, 이영국, 이재욱, 이지원, 임유진, 정은주, 정지용, 조재길, 차경훈, 한선정, 홍석민(이상 석사과정)

2015~2019년 판 초고 집필진

강희정 한국보건사회연구원 실장, 고영회 대한변리사회 회장, 공병호 공병호경영연구소 소장, 곽재원 가천대 교수, 국경복 서울시립대 초빙교수, 김건우 LG경제연구원 선임연구원, 김경준 딜로이트컨설팅 부회장, 김남조 한양대 교수, 김대영 KAIST 교수, 김동환 중앙대 교수, 김두환 인하대 연구교수, 김명자 전 환경부 장관, 김민석 뉴스1 기자, 김소영 KAIST 교수, 김수현 서울연구원 원장, 김연철 인제대 교수, 김영귀 대외경제정책연구원 연구위원, 김영욱 KAIST 연구교수, 김용삼 한국생명공학연구원 센터장, 김원준 KAIST 교수, 김원준 건국대 교수, 김유정 한국지질자원연구원 실장, 김익재 한국과학기술연구원 책임연구원, 김종덕 한국해양수산개발원 본부장, 김준연 소프트웨어정책연구소 팀장, 김진수 한양대 교수, 김진향 개성공업지구지원재단 이사장, 김현수 국민대 교수, 김형운 천문한의원 대표원장, 김희집 서울대 초빙교수, 남원석 서울연구원 연구위원, 박남기 전 광주교대 총장, 박두용 한성대 교수, 박상일 파크시스템스 대표, 박성원 과학기술정책연구원 연구위원, 박성호 YTN 선임기자, 박성필 KAIST 교수, 박수용 서강대 교수, 박승재 한국교육개발원 소장, 박원주 한국인더스트리4.0협회 이사, 박인섭 국가평생교육진흥원 박사, 박중훈 한국행정연구원 연구위원, 방경진 전 한국광물자원공사 남북자원협력실장, 배규식 한국노동연구원 선임연구위원, 배일한 KAIST 연구교수, 배희정 케이엠에스랩㈜ 대표, 서용석 KAIST 교수, 설동훈 전북대 교수, 소재현 한국교통연구원 부연구위원, 손선홍 전 외교부 대사, 손영동 한양대 교수, 시정곤 KAIST 교수, 신보성 자본시장연구원 선임연구위원, 심상민 성신여대 교수, 심재율 심북스 대표, 심현철 KAIST 교수, 안상훈 서울대 교수, 양수영 더필름컴퍼니Y 대표, 엄석진 서울대 교수, 오상록 KIST 강릉분원장, 오태광 한국생명공학연구원 원장, 우운택 KAIST 교수, 원동연 국제교육문화교류기구 이사장, 유범재 KIST 책임연구원, 유승직 숙명여대 교수, 유희열 부산대 석좌교수, 윤기영 FnS 컨설팅 대표, 윤영호 서울대 교수, 윤정현 과학기술정책연구원 전문연구원, 이광형 KAIST 교수, 이근 서울대 교수, 이동욱 한국생산기술연구원 수석연구원, 이명호 (재)여시재 선임연구위원, 이민화 KAIST 초빙교수, 이병민 건국대 교수, 이삼식 한국보건사회연구원 단장, 이상준 국토연구원 부원장, 이상지 KAIST 연구교수, 이상훈 (사)녹색에너지전략연구소 소장, 이선영 서울대 교수, 이소정 남서울대 교수, 이수석 국가안보전략연구원 실장, 이언 가천대 교수, 이원부 동국대 교수, 이원재 희망제작소 소장, 이재관 자동차부품연구원 본부장, 이재우 인하대 교수,이종관 성균관대 교수, 이혜정 한국한의학연구원 원장, 임만성 KAIST 교수, 임명환 한국전자통신연구원 책임연구원, 임정빈 서울대 교수, 임춘택 GIST 교수, 장준혁 한양대 교수, 정구민 국민대 교수, 정용덕 서울대 명예교수, 정재승 KAIST 교수, 정지훈 경희사이버대 교수, 정해식 한국보건사회연구원 연구위원, 정홍익 서울대 명예교수, 조동호 KAIST 교수, 조명래 한국환경정책평가연구원 원장, 조성래 국무조정실 사무관, 조영태 LH토지주택연구원 센터장, 조철 산업연구원 선임연구위원, 주대준 전 선린대 총장, 짐 데이토 하와이대 교수, 차미숙 국토연구원 연구위원, 차원용 아스팩미래기술경영연구소㈜ 대표, 천길성 KAIST 연구교수, 최슬기 KDI국제정책대학원 교수, 최연구 한국과학창의재단 연구위원, 최은수 MBN 산업부장, 최항섭 국민대 교수, 한상욱 김앤장 변호사, 한표환 충남대 교수, 허재준 한국노동연구원 선임연구위원, 허태욱 KAIST 연구교수, 황덕순 한국노동연구원 연구위원

2015~2019년 판 자문 검토 참여자

강상백 한국지역정보개발원 글로벌협력부장, 강윤영 에너지경제연구원 연구위원, 경기욱 한국전자통신연구원 책임연구원, 고영하 고벤처포럼 회장, 권오정 해양수산부 과장, 길정우 통일연구원 연구위원, 김건우 LG경제연구원 선임연구원, 김경동 서울대 명예교수, 김광수 상생발전소 소장, 김내수 한국전자통신연구원 책임연구원, 김대중 한국보건사회연구원 부연구위원, 김대호 사회디자인연구소 소장, 김동원 인천대 교수, 김두수 사회디자인연구소 이사, 김들풀 IT NEWS 편집장, 김상배 서울대 교수, 김상협 KAIST 초빙교수, 김선화 한국특허전략개발원 주임연구원, 김세은 강원대 교수, 김소영 KAIST 교수, 김승권 전 한국보건사회연구원 연구위원, 김연철 인제대 교수, 김우철 서울시립대 교수, 김원석 전자신문 부장, 김인주 한성대 겸임교수, 김정섭 KAIST 겸직교수, 김진솔 매경비즈 기자, 김창섭 가천대 교수, 김태연 단국대 교수, 류한석 기술문화연구소 소장, 문명욱 녹색기술센터 연구원, 문해남 전 해수부 정책실장, 박경규 전 한국광물자원공사 자원개발본부장, 박문수 한국생산기술연구원 수석연구원, 박병원 경총 회장, 박상일 파크시스템

스 대표, 박성필 KAIST 교수, 박성하 전 한국광물자원공사 운영사업본부장, 박성호 YTN 선임기자, 박연수 고려대 교수, 박영재 한반도안보문제연구소 전문위원, 박유신 중앙대 문화콘텐츠기술연구원 박사, 박준홍 연세대 교수, 박진하 건국산업 대표, 박헌주 KDI 교수, 배기찬 통일코리아협동조합 이사장, 배달형 한국국방연구원 책임연구위원, 서복경 서강대 현대정치연구소 연구원, 서용석 KAIST 교수, 서지영 과학기술정책연구원 연구위원, 서훈 이화여대 초빙교수, 선종률 한성대 교수, 설동훈 전북대 교수, 손영동 한양대 교수, 손종현 대구가톨릭대 교수, 송미령 농촌경제연구원 선임연구위원, 송유승 한국전자통신연구원 책임연구원, 송향근 세종학당재단 이사장, 송혜영 전자신문 기자, 심재율 심북스 대표, 안광원 KAIST 교수, 안병민 한국교통연구원 선임연구위원, 안병옥 기후 변화행동연구소 소장, 안현실 한국경제신문 논설위원, 양재석 KAIST 교수, 오영석 전 KAIST 초빙교수, 우천식 KDI 선임연구위원, 우희창 법무법인 새얼 변호사, 유은순 인하대 연구교수, 유희인 전 NSC 위기관리센터장, 윤정현 과학기술정책연구원 전문연구원, 윤호식 과총 사무국장, 이경숙 전 숙명여대 총장, 이광형 KAIST 교수, 이동욱 한국생산기술연구원 수석연구원, 이민화 KAIST 초빙교수, 이봉현 한겨레신문 부국장, 이삼식 한국보건사회연구원 단장, 이상룡 대전대 겸임교수, 이상윤 KAIST 교수, 이상주 국토교통부 과장, 이수석 국가안보전략연구원 실장, 이원복 이화여대 교수, 이장원 한국노동연구원 선임연구위원, 이장재 한국과학기술기획평가원 선임연구위원, 이정현 명지대 교수, 이종권 LH토지주택연구원 연구위원, 이진석 서울대 교수, 이창훈 한국환경정책평가연구원 본부장, 이철규 해외자원개발협회 상무, 이춘우 서울시립대 교수, 이헌규 한국과학기술단체총연합회 전문위원, 임만성 KAIST 교수, 임우형 SK텔레콤 매니저, 장용석 서울대 통일평화연구원 책임연구원, 장창선 녹색기술센터 연구원, 정경원 KAIST 교수, 정상천 산업통상자원부 팀장, 정용덕 서울대 명예교수, 정진호 더웰스인베스트먼트 대표, 정해식 한국보건사회연구원 부연구위원, 정홍익 서울대 명예교수, 조덕현 한국관광공사 단장, 조봉현 IBK경제연구소 수석연구위원, 조영태 LH토지주택연구원 센터장, 조철 산업연구원 선임연구위원, 조충호 고려대 교수, 지수영 한국전자통신연구원 책임연구원, 지영건 차의과대학 교수, 최성은 연세대 연구교수, 최승일 EAZ Solution 대표, 최연구 한국과학창의재단 연구위원, 최용성 매일경제 부장, 최윤정 KAIST 연구교수, 최정윤 중앙대 문화콘텐츠기술연구원 박사, 최준호 중앙일보 기자, 최창옥 성균관대 교수, 최호성 경남대 교수, 최호진 한국행정연구원 연구위원, 한상욱 김앤장 변호사, 허재철 원광대 한중정치외교연구소 연구교수, 허태욱 KAIST 연구교수, 홍규덕 숙명여대 교수, 홍성조 해양수산과학기술진흥원 실장, 홍창선 전 KAIST 총장, 황호택 서울시립대 석좌교수

카이스트
국가미래전략
정기토론회

- 주최 : KAIST 문술미래전략대학원·미래전략연구센터
- 일시·장소 : 매주 금요일 17 : 00~19 : 00, 서울창조경제혁신센터(2015~2017),
  서울시청 시민청(2018) / 매주 토요일 19:00~20:30, KAIST 도곡캠퍼스(2019)
- 직함은 참여 시점 기준입니다.

2015년

회차	일시	주제	발표자	토론자
1회	1/9	미래 사회 전망	박성원 과학기술정책연구원 연구위원	서용석 한국행정연구원 연구위원
2회	1/16	국가 미래 비전	박병원 과학기술정책연구원 센터장	우천식 한국개발연구원 선임연구위원
3회	1/23	과학 국정 대전략	임춘택 KAIST 교수	
4회	1/30	인구 전략	서용석 한국행정연구원 연구위원	김승권 한국보건사회연구원 연구위원 설동훈 전북대 교수

5회	2/5	**아시아 평화 대전략**	이수석 국가안보전략연구원 실장	장용석 서울대통일평화연구원 책임연구원
			김연철 인제대 교수	조봉현 IBK경제연구소 연구위원
6회	2/13	**문화 전략**	정홍익 서울대 명예교수	정재승 KAIST 교수
7회	2/27	**복지 전략**	김수현 서울연구원 원장	이진석 서울대 교수
8회	3/6	**국민 행복 대전략**	정재승 KAIST 교수	정홍익 서울대 명예교수
9회	3/13	**교육 전략**	이선영 서울대 교수	손종현 대구가톨릭대 교수
10회	3/20	**미디어 전략**	김영욱 KAIST 연구교수	김세은 강원대 교수
				이봉현 한겨레신문 부국장
11회	3/27	**보건의료 전략**	강희정 한국보건사회연구원 실장	지영건 차의과대학 교수
12회	4/3	**노동 전략**	배규식 한국노동연구원 선임연구위원	이정현 명지대 교수
13회	4/10	**행정 전략**	김동환 중앙대 교수	최호진 한국행정연구원 연구위원
		정치 제도 전략	김소영 KAIST 교수	서복경 서강대 현대정치연구소 연구원
14회	4/17	**외교 전략**	이근 서울대 교수	허재철 원광대 연구교수
15회	4/24	**창업국가 대전략**	이민화 KAIST 초빙교수	고영하 고벤처포럼 회장

16회	5/8	국방 전략	임춘택 KAIST 교수	선종률 한성대 교수
17회	5/15	사회안전 전략	박두용 한성대 교수	류희인 삼성경제연구소 연구위원
18회	5/22	정보 전략	주대준 전 선린대 총장	서훈 이화여대 초빙교수
19회	5/29	금융 전략	신보성 자본시장연구원 선임연구위원	정진호 더웰스인베스트먼트 대표
20회	6/5	국토교통 전략	차미숙 국토연구원 연구위원	안병민 한국교통연구원 선임연구위원
		주택 전략	남원석 서울연구원 연구위원	이종권 LH토지주택연구원 연구위원
21회	6/12	창업 전략	박상일 파크시스템스 대표	이춘우 서울시립대 교수
22회	6/19	농업 전략	임정빈 서울대 교수	김태연 단국대 교수
23회	6/26	자원 전략	김유정 한국지질자원연구원 실장	이철규 해외자원개발협회 상무
24회	7/3	기후 전략	김명자 전 환경부 장관	안병옥 기후변화행동연구소 소장
25회	7/10	해양수산 전략	김종덕 한국해양수산개발원 본부장	문해남 전 해수부 정책실장
26회	7/17	정보통신 전략	조동호 KAIST 교수	조충호 고려대 교수
27회	7/24	R&D 전략	유희열 부산대 석좌교수	안현실 한국경제신문 논설위원
28회	7/31	에너지 전략	임만성 KAIST 교수	강윤영 에너지경제연구원 박사

29회	8/21	지식재산 전략	고영회 대한변리사회 회장	이원복 이화여대 교수
30회	8/28	경제 전략	김원준 KAIST 교수	김광수 상생발전소 소장
31회	9/4	환경생태 전략	오태광 한국생명공학연구원 원장	이창훈 한국환경정책평가 연구원 본부장
32회	9/11	웰빙과 웰다잉	김명자 전 환경부 장관	서이종 서울대 교수
33회	9/18	신산업 전략 1 (의료바이오/안전 산업)	정재승 KAIST 교수	
34회	9/25	신산업 전략 2 (지적서비스 산업)	김원준 KAIST 교수	
35회	10/2	한국어 전략	시정곤 KAIST 교수	송향근 세종학당재단 이사장 정경원 KAIST 교수
36회	10/16	미래 교육 1: 교육의 새 패러다임	박남기 전 광주교대 총장	원동연 국제교육문화교류기구 이사장 이옥련 거화초 교사
37회	10/23	미래 교육 2: 행복 교육의 의미와 과제	문용린 전 교육부 장관	소강춘 전주대 교수 송태신 전 칠보초 교장
38회	10/30	미래 교육 3: 창의와 융합을 향하여	이규연 JTBC 국장	천주욱 창의력연구소 대표 이선필 칠성중 교장

39회	11/6	미래 교육 4: 글로벌 창의 교육	박세정 팬아시아미디어 글로벌그룹 대표	신대정 곡성교육지원청 교육과장
				김만성 한국문화영상고 교감
40회	11/13	미래 교육 5: 통일교육 전략	윤덕민 국립외교원 원장	오윤경 한국행정연구원 연구위원
				이호원 염광메디텍고 교감
41회	11/20	미래 교육 6: 전인격적 인성 교육	원동연 국제교육문화교류기구 이사장	윤일경 이천교육청 교육장
				이진영 인천교육연수원 교육연구사
42회	11/27	서울대/KAIST 공동선정 10대 미래 기술	이도헌 KAIST 교수	
			이종수 서울대 교수	
43회	12/4	미래 세대 전략 1: -미래 세대 과학 기술 전망 -교육과 우리의 미래	정재승 KAIST 교수	김성균 에너지경제연구원 연구위원
			김희삼 KDI 연구위원	김희영 서울가정법원 판사
44회	12/11	미래 세대 전략 2: -청소년 세대 정신건강 -이민과 문화 다양성	송민경 경기대 교수	정재승 KAIST 교수
			설동훈 전북대 교수	서용석 한국행정연구원 연구위원
45회	12/18	미래 세대 전략 3: -한국 복지국가 전략 -기후 변화 정책과 미래 세대	안상훈 서울대 교수	김희삼 KDI 연구위원
			김성균 에너지경제연구원 연구위원	서용석 한국행정연구원 연구위원

2016년

회차	일시	주제	발표자	토론자
46회	1/8	한국 경제의 위기와 대안	민계식 전 현대중공업 회장	
			박상인 서울대 교수	
47회	1/15	국가미래전략 보고서 발전 방향	우천식 KDI 선임연구위원	
			김대호 (사)사회디자인연구소 소장	
48회	1/22	한국 산업의 위기와 대안	김진형 소프트웨어정책연구소 소장	김형욱 홍익대 교수
49회	1/29	리더와 선비정신	김병일 도산서원선비문화수련원 이사장	
50회	2/5	한국 정치의 위기와 대안	정세현 전 통일부 장관	장용훈 연합뉴스 기자
51회	2/12	한국 과학 기술의 위기와 대안	유희열 부산대 석좌교수	박승용 ㈜효성 중공업연구소 소장
52회	2/19	국가 거버넌스 전략	정용덕 서울대 명예교수	이광희 한국행정연구원 선임연구위원
53회	2/26	양극화 해소 전략	황덕순 한국노동연구원 연구위원	전병유 한신대 교수
54회	3/4	사회적 경제 구축 전략	이원재 희망제작소 소장	김광수 상생발전소 소장
55회	3/11	국가 시스템 재건 전략	공병호 공병호경영연구소 소장	
56회	3/18	사회이동성 제고 전략	최슬기 KDI국제정책대학원 교수	정해식 한국보건사회연구원 연구위원
57회	3/25	알파고 이후의 미래전략	이광형 KAIST 교수	안상훈 서울대 교수
				김창범 서울시 국제관계대사

58회	4/1	교육 수용성 제고 전략	원동연 국제교육문화교류기구 이사장	이옥주 공주여고 교장
59회	4/8	교육 혁신 전략	박남기 전 광주교대 총장	김재춘 한국교육개발원 원장
				김성열 경남대 교수
60회	4/15	공공인사 혁신 전략	서용석 한국행정연구원 연구위원	민경찬 연세대 명예교수
61회	4/22	평생교육 전략	박인섭 국가평생교육진흥원 박사	강대중 서울대 교수
62회	4/29	지방분권 전략	한표환 충남대 교수	박헌주 KDI국제정책대학원 교수
63회	5/6	한의학 전략	이혜정 한국한의학연구원 원장	김재효 원광대 교수
64회	5/13	글로벌 산업 경쟁력 전략	김경준 딜로이트안진 경영연구원 원장	모종린 연세대 교수
65회	5/20	부패 방지 전략	박중훈 한국행정연구원 연구위원	최진욱 고려대 교수
66회	5/27	뉴노멀 시대의 성장 전략	이광형 KAIST 교수	최준호 중앙일보 기자
67회	6/3	서비스 산업 전략	김현수 국민대 교수	김재범 성균관대 교수
68회	6/10	게임 산업 전략	장예빛 아주대 교수	강신철 한국인터넷디지털 엔터테인먼트협회장
69회	6/17	치안 전략	임춘택 KAIST 교수	최천근 한성대 교수
70회	6/24	가상현실·증강현실 기술 전략	우운택 KAIST 교수	류한석 기술문화연구소장

71회	7/1	자동차 산업 전략	조철 산업연구원 주력산업연구실장	최서호 현대자동차 인간편의연구팀장
72회	7/8	로봇 산업 전략	오상록 KIST 강릉분원장	권인소 KAIST 교수
73회	7/15	웰다잉 문화 전략	윤영호 서울대 교수	임병식 한국싸나토로지협회 이사장
74회	7/22	한류문화 전략	심상민 성신여대 교수	양수영 더필름컴퍼니Y 대표
75회	8/12	FTA 전략	김영귀 대외경제정책연구원 연구위원	정상천 산업통상자원부 팀장
76회	8/19	저출산 대응 전략	이삼식 한국보건사회연구원 단장	장형심 한양대 교수 신성식 중앙일보 논설위원
77회	8/26	관광 산업 전략	김남조 한양대 교수	조덕현 한국관광공사 창조관광사업단장
78회	9/2	고령화사회 전략	이소정 남서울대 교수	이진면 산업연구원 산업통상분석실장
79회	9/9	세계 1등 대학 전략	김용민 전 포항공대 총장	김성조 전 중앙대 부총장
80회	9/23	소프트웨어 산업 전략	김준연 소프트웨어정책연구소 팀장	지석구 정보통신산업진흥원 박사
81회	9/30	군사기술 전략	천길성 KAIST 연구교수	배달형 한국국방연구원 책임연구위원
82회	10/7	통일한국 통계 전략	박성현 전 한국과학기술한림원 원장	정규일 한국은행 경제통계국장

83회	10/14	**국가 재정 전략**	국경복 서울시립대 초빙교수	박용주 국회예산정책처 경제분석실장
84회	10/21	**권력구조 개편 전략**	길정우 전 새누리당 국회의원	
			박수현 전 더불어민주당 국회의원	
85회	10/28	**양성평등 전략**	민무숙 한국양성평등진흥원 원장	정재훈 서울여대 교수
86회	11/4	**미래 세대를 위한 공정사회 구현**	최항섭 국민대 교수	정재승 KAIST 교수
87회	11/11	**한중 해저 터널**	석동연 원광대 한중정치외교 연구소 소장	권영섭 국토연구원 센터장
88회	11/18	**트럼프 시대, 한국의 대응 전략**	길정우 통일연구원 연구위원	
			김현욱 국립외교원 교수	
			선종률 한성대 교수	
89회	11/25	**실버 산업 전략**	한주형 (사)50플러스코리안 대표	서지영 과학기술정책연구원 연구위원
90회	12/2	**미래 세대를 위한 부모와 학교의 역할**	최수미 건국대 교수	김동일 서울대 교수
91회	12/9	**미래 세대를 위한 문화전략**	김헌식 문화평론가	서용석 한국행정연구원 연구위원
92회	12/16	**미래 세대와 미래의 일자리**	박가열 한국고용정보원 연구위원	김영생 한국직업능력개발원 선임연구위원

2017년

회차	일시	주제	발표자	토론자
93회	1/20	수용성 회복을 위한 미래 교육 전략	원동연 국제교육문화교류기구 이사장	이상오 연세대 교수
94회	2/3	혁신 기반 성장 전략	이민화 KAIST 초빙교수	김기찬 가톨릭대 교수
95회	2/10	외교안보 통일 전략	길정우 통일연구원 연구위원	김창수 한국국방연구원 명예연구위원
96회	2/17	인구구조 변화 대응 전략	서용석 한국행정연구원 연구위원	최슬기 KDI 국제정책대학원 교수
97회	2/24	4차 산업혁명과 교육 전략	박승재 한국교육개발원 소장	최경아 중앙일보 기획위원
98회	3/3	스마트정부와 거버넌스 혁신	이민화 KAIST 초빙교수	이각범 KAIST 명예교수
99회	3/10	사회안전망	허태욱 KAIST 연구교수	김진수 연세대 교수
100회	3/17	사회 통합	조명래 단국대 교수	정해식 한국보건사회연구원 연구위원
101회	3/24	기후에너지	김상협 KAIST 초빙교수	안병옥 기후변화행동연구소 소장 김희집 서울대 초빙교수
102회	3/31	정부구조 개편	배귀희 숭실대 교수	이재호 한국행정연구원 연구위원
103회	4/7	대중소기업 상생 전략	이민화 KAIST 초빙교수	이춘우 서울시립대 교수
104회	4/14	사이버위협 대응 전략	손영동 한양대 교수	김상배 서울대 교수 신용태 숭실대 교수

105회	4/21	**혁신도시 미래전략**	남기범 서울시립대 교수	허재완 중앙대 교수
106회	4/28	**법원과 검찰 조직의 미래전략**	홍완식 건국대 교수	손병호 변호사
107회	5/12	**4차 산업혁명 트렌드와 전략**	최윤석 한국마이크로소프트 전무 이성호 KDI 연구위원	
108회	5/19	**4차 산업혁명 기술 전략: 빅데이터**	배희정 케이엠에스랩㈜ 대표	안창원 한국전자통신연구원 책임연구원
109회	5/26	**4차 산업혁명 기술 전략: 인공지능**	양현승 KAIST 교수 김원준 건국대 교수	정창우 IBM 상무
110회	6/2	**4차 산업혁명 기술 전략: 사물인터넷**	김대영 KAIST 교수	김준근 KT IoT사업단장
111회	6/9	**4차 산업혁명 기술 전략: 드론** **4차 산업혁명 종합추진 전략**	심현철 KAIST 교수 이광형 KAIST 교수	
112회	6/16	**4차 산업혁명 기술 전략: 자율주행자동차**	이재관 자동차부품연구원 본부장	이재완 전 현대자동차 부사장
113회	6/23	**4차 산업혁명 기술 전략: 증강현실·공존현실**	유범재 KIST 책임연구원	윤신영 과학동아 편집장
114회	6/30	**4차 산업혁명 기술 전략: 웨어러블기기**	정구민 국민대 교수	이승준 비앤피이노베이션 대표
115회	7/7	**4차 산업혁명 기술 전략: 지능형 로봇**	이동욱 한국생산기술연구원 수석연구원	지수영 한국전자통신연구원 책임연구원

116회	7/14	**4차 산업혁명 기술 전략: 인공지능 음성인식**	장준혁 한양대 교수	임우형 SK텔레콤 매니저
117회	8/18	**4차 산업혁명과 에너지 전략**	김희집 서울대 초빙교수	이상헌 한신대 교수
118회	8/25	**4차 산업혁명과 제조업 혁신**	김승현 과학기술정책연구원 연구위원 박원주 한국인더스트리4.0협회 이사	
119회	9/1	**4차 산업혁명과 국방 전략**	천길성 KAIST 연구교수	권문택 경희대 교수
120회	9/8	**4차 산업혁명과 의료 전략**	이언 가천대 교수	김대중 한국보건사회연구원 부연구위원
121회	9/15	**4차 산업혁명과 금융의 미래**	박수용 서강대 교수	김대윤 피플펀드컴퍼니 대표
122회	9/22	**4차 산업혁명 시대의 노동**	허재준 한국노동연구원 선임연구위원	김안국 한국직업능력개발원 선임연구위원
123회	9/29	**4차 산업혁명 시대의 문화 전략**	최연구 한국과학창의재단 연구위원	윤주 한국문화관광연구원 소장
124회	10/13	**4차 산업혁명과 스마트시티**	조영태 LH토지주택연구원 센터장	강상백 한국지역정보개발원 부장
125회	10/20	**4차 산업혁명 시대의 복지 전략**	안상훈 서울대 교수	정해식 한국보건사회연구원 부연구위원
126회	10/27	**4차 산업혁명 시대 행정 혁신 전략**	엄석진 서울대 교수	이재호 한국행정연구원 연구위원
127회	11/3	**4차 산업혁명과 공유경제**	김건우 LG경제연구원 선임연구원	이경아 한국소비자원 정책개발팀장
128회	11/10	**4차 산업혁명과 사회의 변화**	최항섭 국민대 교수	윤정현 과학기술정책연구원 전문연구원

회차	일시	주제	발표자	토론자
129회	11/17	4차 산업혁명과 문화 콘텐츠 진흥 전략	이병민 건국대 교수	박병일 한국콘텐츠진흥원 센터장
130회	11/24	4차 산업혁명과 인간의 삶	이종관 성균관대 교수	
131회	12/1	5차원 수용성 교육과 적용 사례	원동연 국제교육문화교류기구 이사장 강철 동두천여자중학교 교감 이호원 디아글로벌학교 교장	
132회	12/8	자동차 산업의 미래전략	권용주 오토타임즈 편집장	박재용 이화여대 연구교수

2018년

회차	일시	주제	발표자	토론자
133회	3/9	블록체인, 새로운 기회와 도전	박성준 동국대 블록체인연구센터장	이제영 과학기술정책연구원 부연구위원
134회	3/16	암호통화를 넘어 블록체인의 현실 적용	김태원 ㈜글로스퍼 대표	임명환 한국전자통신연구원 책임연구원
135회	3/23	블록체인 거버넌스와 디지털크러시	허태욱 KAIST 연구교수	이재호 한국행정연구원 연구위원
136회	3/30	신기술의 사회적 수용과 기술문화 정책	최연구 한국과학창의재단 연구위원	이원부 동국대 경영정보학과 교수
137회	4/6	ICT 자율주행차 현황과 미래 과제	손주찬 한국전자통신연구원 책임연구원	김영락 SK텔레콤 Vehicle-tech Lab장
138회	4/13	자율주행 시대 안전 이슈와 대응 정책	소재현 한국교통연구원 부연구위원	신재곤 한국교통안전공단 자동차안전연구원 연구위원

139회	4/20	커넥티드 카 서비스 현황과 미래 과제	이재관 자동차부품연구원 본부장	윤상훈 전자부품연구원 선임연구원
140회	4/27	미래 자동차 산업 방향과 과제	조철 산업연구원 선임연구위원	김범준 LG경제연구원 책임연구원
141회	5/11	한반도 통일과 평화대계	김진현 전 과기처 장관/세계평화포럼 이사장	
142회	5/18	한반도 통일 준비와 경제적 효과	국경복 전북대 석좌교수	
143회	5/25	남북 과학 기술 협력 전략	곽재원 서울대 초빙교수	
144회	6/1	독일 통일과 유럽통합에서 배우는 한반도 통일 전략	손선홍 전 외교부 대사/충남대 특임교수	
145회	6/8	통일 시대 언어 통합 전략	시정곤 KAIST 교수	
146회	6/15	통일의 경제적 측면: 금융통화 중심으로	김영찬 전 한국은행 프랑크푸르트 사무소장	
147회	6/22	남북 간 군사협력과 통합 전략	선종률 한성대 교수	
148회	7/6	통일 준비와 사회통합 전략	조명래 한국환경정책평가연구원 원장	
149회	7/13	남북 경제협력 단계별 전략	김진향 개성공업지구지원재단 이사장	
150회	8/24	에너지 전환과 미래 에너지 정책	이상훈 한국에너지공단 소장	노동석 에너지경제연구원 선임연구위원
151회	8/31	에너지 프로슈머와 ESS	손성용 가천대 교수	김영환 전력거래소 신재쟁시장팀장
152회	9/14	4차 산업혁명과 융복합형 에너지 기술 전략	김희집 서울대 교수	김형주 녹색기술센터 정책연구부장

153회	9/21	기후 변화와 저탄소사회	유승직 숙명여대 교수	허태욱 KAIST 연구교수
154회	10/12	유전자가위 기술과 미래	김용삼 한국생명공학연구원 센터장	
155회	10/19	4차 산업혁명과 생체 인식	김익재 한국과학기술연구원 책임연구원	
156회	11/2	지능형 로봇의 진화	이동욱 한국생산기술연구원 수석연구원	
157회	11/16	긱 이코노미의 확산과 일의 미래	김경준 딜로이트컨설팅 부회장	
158회	11/23	커넥티드 모빌리티 2.0 시대, 초연결의 일상화	이명호 (재)여시재 선임연구위원	
159회	12/7	디지털 일상과 스마트시티	이민화 KAIST 초빙교수	

2019년

회차	일시	주제	발표자	토론자
160회	2/16	2020 이슈: 과학기술 분야	최윤석 한국마이크로소프트 전무	
161회	2/23	2020 이슈: 경제사회 분야	김경준 딜로이트컨설팅 부회장	
162회	3/9	공유플랫폼 경제로 가는 길	이민화 KCERN 이사장	김주연, 정은주 (KAIST 문술미래전략대학원 석사과정)
163회	3/16	기계와 인간의 만남: 인공 뇌	임창환 한양대 교수	김재영, 손나경 차경훈 (KAIST 문술미래전략대학원 석사과정)
164회	3/23	데이터와 인간의 만남	배희정 케이엠에스랩(주) 대표	김주연, 신동섭, 이재욱, 이지원 (KAIST 문술미래전략대학원 석사과정)

165회	3/30	유전자가위와 맞춤형 인간	김용삼 한국생명공학연구원 책임연구원	강수경, 고경환, 윤대원, 정지용 (KAIST 문술미래전략대학원 석사과정)
166회	4/6	가상세계와 인간의 만남	우운택 KAIST 교수	노성열, 이영국, 임유진, 홍석민 (KAIST 문술미래전략대학원 석사과정)
167회	4/20	블록체인의 활용	임명환 한국전자통신연구원 책임연구원	안성원, 이상욱, 이주비, 정은주 (KAIST 문술미래전략대학원 석사과정)
168회	4/27	미래 사회 모빌리티	문영준 한국교통연구원 선임연구위원	강희숙, 신동섭, 이민정, 조재길, 한선정 (KAIST 문술미래전략대학원 석사과정)
169회	5/4	신기술시대 기후와 환경	안병옥 전 환경부 차관	석효은, 손나경, 조재길, 홍석민 (KAIST 문술미래전략대학원 석사과정)
170회	5/11	공유사회와 미래문화	최연구 한국과학창의재단 연구위원	고경환, 김경선, 윤대원, 한선정 (KAIST 문술미래전략대학원 석사과정)
171회	5/18	생체인식 기술의 미래	김익재 한국과학기술연구원 책임연구원	강수경, 김재영, 이재욱, 임유진, 차경훈 (KAIST 문술미래전략대학원 석사과정)
172회	5/25	AI와 인간의 만남	김원준 건국대 교수	노성열, 안성원, 이민정, 이상욱, 이영국 (KAIST 문술미래전략대학원 석사과정)
173회	6/1	과학 기술의 잠재력과 한계	최병삼 과학기술정책연구원 신산업전략연구단장	강희숙, 김경선, 석효은, 이주비, 정지용 (KAIST 문술미래전략대학원 석사과정)

미래의 눈으로 보는 2020년

지금 우리나라는 국내외에서 벌어지는 여러 변화의 소용돌이를 정면으로 맞닥뜨리고 있다. 그 와중에도 우리나라의 미래를 위해 반드시 해결해야 할 과제들은 물결처럼 밀려와서 우리의 선택과 결정을 기다리고 있다. 우리는 당면한 현재의 위기 상황들을 해결하는 동시에 신기술이 재편할 미래 사회에도 적극적으로 대응하고 준비해야 한다. 그러나 사회, 정치, 외교, 경제, 문화, 기술 등 모든 분야의 과제들은 대부분 우리가 한 번도 겪어보지 못한 일들이다. 우리의 선택과 결정이 그만큼 중요한 이유다. 우리가 어떻게 대처하느냐에 따라 멋진 도약이 될 수도 있지만, 자칫 혼란과 갈등이라는 퇴보로 이어질 수도 있다. 유구한 5천 년의 역사를 꿋꿋이 이어온, 지혜로운 민족의 후예답게 우리는 이 모든 과제를 슬기롭게 해결해나가야 한다.

대한민국 6대 절대 과제

앞으로 30년은 한반도뿐만 아니라 전 세계적으로 크나큰 격변의 시대가 펼쳐질 것이다. 기술적 측면에서는 4차 산업혁명으로 일컬어지는 파괴적인 혁신이 우리가 사는 세상을 획기적으로 바꿔놓을 것이고, 사회적 측면에서는 남북관계는 물론 한미일 그리고 중러를 포함한 한반도 정세와 미중 대결로 집중되는 세계 질서가 끊임없이 변화하고 있기 때문이다. 이런 상황 속에서 우리는 과연 우리가 누렸던 번영을 후손들에게 물려줄 수 있을까. 미래의 후손들이 현재와 같은 번영을 누리기 위해 우리가 해결해야 할 '6대 절대 과제'를 다음과 같이 짚어본다.

- 저출산·고령화: 2018년도 우리나라 합계출산율은 0.98명이다. 이 추세가 계속되면 2100년에는 인구 2천만 명 수준이 된다. 인구 감소 기간에 겪어야 할 고통이 클 것이다. 현재 우리나라 전체 인구의 노령화지수(15세 미만 유소년인구에 대한 65세 이상 노령인구 비율)는 2019년 7월 기준 119.4로 이미 100을 넘은 상태다. 노령화지수는 2020년에 121.8을 기록한 뒤, 2033년에는 200을 넘어서고, 2045년에는 300 가까이 이를 것으로 보인다. 인구절벽과 고령화, 이제 우리의 현실이다.

- 사회통합·갈등해결: 물질문화가 사회를 장악하면서 관용과 포용, 나눔과 배려라는 정신적 가치가 사라지고, 이기주의, 집단적 터부, 배타가 기승을 부리고 있다. 사회적 관계의 단절로 인해 자살률은 OECD 국가 중 가장 높은 수준이고, 반대로 국민행복지수GNH, Gross National Happiness는 가장 낮은 상태다. 부가 세습되면서 계층사다리가 무너지고, 이에 따라 젊은이들이 희망을 잃고 있다. 여기에 노사, 남녀, 세대 간 갈등도 깊어지면서 대한민국의 역동성도 사라지고 있다. 어설픈 봉합이 아니라 근본적인 갈등 해결과 함께 희망 전략이 필요하다.

- 평화(통일)와 국제 정치: 한반도 정세는 하루하루가 다른 변화 앞에 놓여 있다. 남북관계가 대화의 물꼬를 텄지만, 아직 갈 길이 멀다. 미국은 물론 일본, 중국, 러시아와 좋은 관계 정립도 중요하다. 북한의 비핵화가 이루어져야 하고, 남북 격차를 줄이며 동질성을 되찾아야 하고, 한반도 주변 강대국들의 협력도 이끌어야 한다. 다만 멈춰 서서는 안 된다. 오랜 교류의 힘이 한순간에 베를린 장벽을 무너뜨리고 독일 통일로 이끈 것처럼, 우리에게도 단계적이고 점진적인 준비와 전략이 필요하다.

- 지속적인 성장과 번영: 4차 산업혁명이라는 새 물결이 밀려오고 있다. 빅데이터, 인공지능, 사물인터넷IoT, Internet of Things, 5G 등의 첨단 기술이 생산효율을 극대화하고 있고, 인공지능이 인간의 지능을 넘어서는 싱귤래리티Singularity(특이점) 시대도 전망되고 있다. 4차 산업혁명의 개념을 도입하여 기존의 제조업을 인공지능과 빅데이터 중심의 지능화된 맞춤형 제조업으로 개선하고, 신산업을 발굴, 육성해야 한다. 첨단 기술에 따라서 많은 일자리의 변화도 예상된다. 기술 패권을 둘러싸고 재편되고 있는 국제 사회에서도 뒤처지지 않도록 능동적으로 대응해야 한다. 동시에 성장과 분배가 균형 잡힌, 또한 인간 중심의 4차 산업혁명으로 우리 모두를 위한 사회를 만들어야 한다.

- 지속 가능한 민주복지국가: 우리나라는 민주주의와 복지국가를 동시에 추구하고 있다. 복지가 민주주의를 만나면 간혹 포퓰리즘의 유혹에 빠질 수 있다. 정치인들은 정권을 잡기 위해 과대 공약을 내

놓고는 적자 재정을 편성하기 쉽다. 그렇게 되면, 그 부담은 고스란히 미래 세대에 떠넘겨질 수 있다. 현세대뿐 아니라 미래 세대까지 생각하는 지속 가능한 해법을 찾아야 한다. 복지와 민주주의가 선순환할 수 있는 구조가 중요하다.

- 에너지와 환경 문제: 우리나라는 자원 빈국이다. 광물자원도 부족하고, 에너지 대부분을 수입에 의존하고 있다. 현대 문명은 엄청난 에너지를 소모하고 있고, 그 결과 환경은 급속도로 나빠졌다. 미래에도 안정적인 성장과 번영을 이루고자 한다면 안정적인 에너지원을 확보해야 하고, 동시에 지구 온난화로 파괴되는 환경 문제를 해결하기 위해서는 저탄소 에너지 전략도 마련되어야 한다. 에너지, 기후 변화 그리고 환경은 서로 뗄 수 없는 관계다. 관련 정책이 유기적으로 연결되어야 하는 이유다.

장기 비전과 전략이 없는 대한민국

국가가 처한 위기에 대응하고 해결할 주체는 두말할 것도 없이 정치다. 정치가 최고 권력을 가지고 사회의 갈등을 조정하고 새로운 대안을 제시하며 이끌고 나가야 한다. 그러나 현재 우리나라의 정치는 여러 사회 분야 중에서 가장 낙후된 분야 중 하나다. 새로운 사회 변화에 따라 법과 제도를 조정해나가는 역할을 제대로 해내지 못하고 있다. 더욱이 정권이 바뀔 때마다 국정 운영의 기조가 바뀌면서, 미래 청사진도 명확해 보이지 않는다. 물론 정권마다 장기적인 전략을 추진하지 않은 것은 아니다. 또 여러 정부 출연 연구기관에서도 끊임없이 장기 전략 연구 보고서를 발행했다. 그러나 그것들은 정권이 바뀌면서 도서관의 서고로 들어가 잠자는 신세가 되고 말았다. 이제 이런 소모적인 관행을 없애고 보다 장기적인 관점에서 국정을 운영해야 한다.

미래의 눈으로 결정하는 현재

2001년에 300억 원을 KAIST에 기증하여 융합학문인 바이오및뇌공학과를 신설하게 한 바 있는 정문술 전 KAIST 이사장은 2014년에 다시 215억 원을 KAIST 미래전략대학원 발전 기금으로 기부하면서 당부했다. 국가의 미래전략을 연구하고 인재를 양성해 나라가 일관되게 발전할 수 있는 기틀을 마련해달라는 부탁이었다. 그리고 국가의 싱크탱크가 되어 우리가 나아갈 길을 미리 제시해달라고 요청했다. 기부자의 요청을 무게 있게 받아들인 미래전략대학원 교수진은 국가의 미래전략 연구 보고서인 '문술리포트'를 매년 펴내기로 했고, 실행하고 있다.

우리는 예지력을 갖고 미래를 알아맞힐 수는 없지만, 우리가 원하는 미래를 만들기 위해 노력하고 대응할 수는 있다. 미래전략은 미래의 눈으로 현재의 결정을 내리는 것이다. 이것이 바로 현재의 당리당략적, 정파적 이해관계에서 자유로운 민간 지식인들이 해야 할 일이라고 생각한다. 우리의 제안 중에는 분명 옳은 것도 있고, 그릇된 것도 있고, 부족한 것도 있을 것이다. 그릇된 것과 부족한 것은 계속 보완하고 발전시켜 나갈 예정이다. 다만 우리의 미래전략 보고서에 옳은 것이 있다면 정권에 상관없이 활용해주기를 바라고, 이를 통해 국가의 미래가 일관되게 발전하기를 희망하는 것뿐이다.

아시아 평화 중심 창조 국가

지금부터 30년 후 2050년에는 광복 105주년이 된다. 광복 105주년이 되는 시점에 우리는 어떤 나라의 주인이 되어 있을 것인가. 우리의 다음 세대에게 어떤 나라를 물려줄 것인가. 지정학적 관계와 우리 자신의 능력을 고려할 때, 어떤 국가 비전을 제시할 것인가. 수없이 많은 논의를 거친 결과, 우리는 다음과 같은 비전을 제시하는 데에 이르렀다.

무엇보다 우리나라의 활동 공간은 '아시아' 전체가 될 것이다. 아시아는 그 중요성이 더 커지면서 미래에는 세계의 중심으로 부상할 것이다. 이곳에 자리한 한국, 중국, 일본, 인도 등의 역할도 더 커질 것이다. 한국인의 의사결정은 국내외 다양한 요소를 고려해서 내려질 것이고, 한국인이 내린 결정의 영향은 한반도를 넘어 아시아로 퍼져 나갈 것이다.

우리는 또 국가의 지향점을 '평화 중심 국가'로 설정했다. 우리나라는 전통적으로 평화 국가다. 5천여 년의 장구한 역사 속에서 자주독립을 유지해왔던 이유 중의 하나도 '평화'를 지향했기 때문일 것이다. 주변국과 평화롭게 공존·번영을 꿈꾸는 것이 우리의 전통이고 오늘의 희망이며 내일의 비전이다. 더욱이 우리는 통일이라는 민족사적 과제를 안고 있다. 북한 주민에게도 통일은 지금보다 더욱 평화롭고 윤택한 삶을 제공할 것이다. 주변국들에도 한국의 통일이 그들에게 도움이 되는 공존과 번영의 길이라는 인식을 심어줄 필요가 있다.

아울러 우리는 '창조 국가'를 내세웠다. 본디 우리 민족은 창조적인 민족이다. 역사를 돌이켜보면 선조들의 빛나는 창조 정신이 돋보인다. 컴퓨터 시대에 더욱 빛나는 한글과 세계 최초의 금속활자가 대표적인 창조의 산물이다. 빈약한 자원이라는 여건 속에서도 반도체, 스마트폰, 자동차, 조선, 석유화학, 제철 산업을 세계 최고 수준으로 일구었다. 처음에는 선진국의 제품을 사서 썼지만, 그 제품을 연구해서 오히려 더 좋은 제품을 만들어냈고, 다시 우리의 것으로 재창조했다. 이제는 K-Pop

이나 영화 같은 문화적인 측면에서도 세계 최고를 향해 나아가고 있다. 우리 민족의 우수성은 미래에 여러 분야에서 더욱 빛을 발할 것이다.

이상의 정신을 모아서 우리는 '아시아 평화 중심 창조 국가'를 대한민국의 비전으로 제시한다.

'선비정신'이 필요한 대한민국

만약 북아메리카에 있는 플로리다반도가 미국에 흡수되지 않고 독립된 국가로 발전하려고 했다면, 과연 가능했을까. 하지만 우리 선조들은 그것을 가능케 했다. 한반도 지도를 보고 있으면 우리 선조들의 지혜와 용기에 다시 한 번 감탄이 절로 나온다. 거대한 중국 옆에서 온갖 침략과 시달림을 당하면서도 자주성을 유지하며 문화와 언어를 지켜냈다는 것은 참으로 놀라운 일이다. 동북아 국제 질서 재편의 소용돌이 속에서 새삼 선조들의 업적이 대단하게 느껴진다.

그렇다면 역사적 패권 국가였던 중국 옆에서 우리가 국가를 유지, 발전시킬 수 있었던 비결은 무엇이었을까. '선비정신'이 중요한 토대가 된 것은 아닌가 생각한다. 정파나 개인의 이해관계를 떠나서 오로지 대의와 국가, 백성을 위해 시시비비를 가린 선비정신 말이다. 이러한 선비정신이 있었기에 혹여 정부가 그릇된 길을 가더라도 곧 바로잡을 수 있었다. 선비정신이 사라진 조선 말 100년 동안 망국의 길을 걸었던 과거를 잊지 말아야 한다.

21세기, 우리는 다시 선비정신을 떠올린다. 선비는 정치와 정권에 무관하게 오로지 나라와 국민을 위하여 발언한다. 우리는 국가와 사회로부터 많은 혜택을 받고 공부한 지식인들이다. 국가에 진 빚이 많은 사람들이다. 이 시대를 사는 지식인으로서 국가와 사회에 보답하는 길이 있다면 선비정신을 바탕으로 국가와 국민의 행복을 위해 미래전략을 내놓는 것이 아닐까.

'21세기 선비'들이 작성하는 국가미래전략

2015년 판을 출간한 이후 2015년 1월부터는 매주 '국가미래전략 정기토론회'를 열어왔다. 국가미래전략은 내용도 중요하지만, 일반 국민의 의견수렴과 공감도 중요하기 때문이다. 지금까지 총 173회의 토론회에 약 4,500여 명이 참여(누적)하여 다양한 의견을 제시해주었다. 이 귀중한 의견들이 수렴되어 국가 전략을 작성하고 계속해서 추가하여 보완하는 데 반영되었다. 5년간 550여 명의 관련 분야 전문가들이 발표·토론하고 그 내용을 담아서 원고를 작성·검토하였다.

우리는 순수 민간인으로 연구진과 집필진을 구성해왔다. 정부나 정치권의 취향이 개입되면 영속성이 없다는 것을 알기 때문이다. '대한민국 국가미래전략'이 매년 출판되자 많은 분들이 격려와 칭찬을 해주었다. 그중 가장 흐뭇했던 말이 "특정 이념이나 정파에 치우치지 않은 점"이라는 반응이었다. 우리는 다시 다짐했다. '선비정신'을 지키자, 오로지 국가와 국민만을 생각하자.

이렇듯 선비정신의 가치를 되짚어보는 이 시점에도 우리 '문술리포트'는 대한민국이 위기 속으로 빠질 수 있는 위험한 기로에 서 있다고 진단한다. 그러나 "위기는 위기로 인식하는 순간, 더 이상 위기가 아니다"라는 말이 있다. 우리 몸속에는 위기에 강한 DNA가 있다. 위기가 오면 흩어졌던 마음도 한곳으로 모이고 협력하게 된다. 사방이 짙은 어둠 속에 빠진 것과 같은 위기의 순간에 우리는 비폭력적인 3·1독립선언서를 선포했었고, IMF 경제 위기 때는 누구도 생각하지 못한 창의적이고 희생적인 금 모으기 운동으로 세계인의 감동을 불러일으키며 위기를 극복했다. 또 전 세계적으로 유례가 없는, 폭력 없이 평화로운 촛불혁명을 이루어내기도 했다. 우리 대한민국은 현재의 위기를 기회로 승화시켜, 자손만대의 안전과 자유와 행복을 확보할 것이다. 그러한 번영의 토대에 이 책이 작은 씨앗이 되기를 소망해본다.

연구책임자 이광형
(KAIST 문술미래전략대학원 교수)

1 기술과 인간의 만남

1 기술의 변화

2 삶의 변화

2 나와 대한민국을 위한 STEPPER 전략

1 사회 분야 미래전략 Society

2 기술 분야 미래전략 Technology

3 환경 분야 미래전략 Environment

4 인구 분야 미래전략 Population

5 정치 분야 미래전략 Politics

6 경제 분야 미래전략 Economy

7 자원 분야 미래전략 Resources

KAIST Future Strategy 2020

1
기술과 인간의 만남

1

기술의
변화

KAIST Future Strategy 2020

ABCD 기술로 인한
환경의 변화

———————— 현재 세계는 4차 산업혁명의 시작점에 있다. 우리는 3D 프린터로 자동차를 제조하고, 드론으로 제품을 배송하며, 심지어는 로봇과 대화를 한다. 기술의 급진적 진보가 우리 사회에 미치는 변화는 특정 요소에서 부분적으로 일어나는 것이 아니다. 여러 요소가 동시다발적으로 변하고, 상호영향을 끼치며, 각각의 변화가 서로 융합되어 또다시 전체를 변화시킨다. 이것이 우리가 4차 산업혁명을 변화가 아닌 혁명으로 일컫는 이유다.

기술의 급진적 진보와 4차 산업혁명

통신기기 분야로 국한하여 기술의 진화 과정을 살펴보면 그 변화는 더욱 역동적이다. 인류 최초의 통신기기는 1854년 안토니오 메우치가 발명한 전기식 유선 전화기다. 이전까지 얼굴을 맞대고 소통했던 인간은 유선 전화기의 발명으로 인해 원거리에서도 소통하게 되었다. 그로부터 120여 년이 지난 1973년, 마틴 쿠퍼는 전선 없이도 통화가 가능한 휴대전화를 발명했다. 모바일 시대의 개막이었다. 우리는 모바일 기기를 사용하게 된 이후 시대의 인류를 '호모 모빌리언Homo Mobilians'이라 정의한다. 모바일 기기의 발명이 인류 발전과 사회문화를 근본적으로 바꾸고 있기 때문이다. 다시 그로부터 20여 년이 지난 1990년대 후반, 휴대전화 기능에 컴퓨터와 카메라 기능을 결합한 스마트폰이 등장했다. 현재 전 세계 80억 인구 가운데 약 90%가 스마트폰을 사용하고 있다. 스마트폰이 경제 활동 방식과 사회문화에 불러온 변화는 그 어느 때보다 더욱 획기적이다. 그렇다면 스마트폰 이후 통신기기는 어떻게 진화할까? 2019년 현재 우리는 생체 이식 통신기기의 등장을 기다리고 있다. 손에 들고 다니는 도구로서의 통신기기가 아닌, 내 몸에 이식하여 내 몸과 일체가 되는 통신기기의 탄생을 말이다.

4차 산업혁명의 대표기술 ABCD

IT 시장조사 업체인 가트너가 제시한 하이프 사이클Hype Cycle 곡선에 따르면, 4차 산업혁명의 변화를 주도하는 디지털 기술들 중 다수는 현재 '기대 정점'단계에 있다. 한 기술이 기대 정점 단계에 있다는 것은 기술 활용에 대한 기대치가 가장 높은 상태임을 의미한다. 또한, 여기에 해당하는 기술들이 많다는 것은 그만큼 기술이 인류 발전에 미칠 영향력이 크다는 뜻이다.

이처럼 기술의 영향력이 더욱 커지고 있는 현재의 시점에서, 우리는

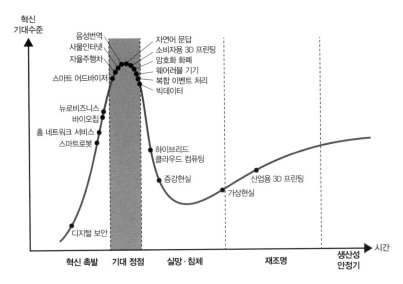

| 그림 1 | 기술 발전 곡선

4차 산업혁명의 대표적인 기술에 대해 이해하고 이로 인한 변화를 예측함으로써 그 변화에 대비할 필요가 있다. 4차 산업혁명 대표 기술로는 인공지능, 블록체인, 클라우드 컴퓨팅, 데이터를 꼽을 수 있는데, 영어 단어의 첫 글자만 따서 4차 산업혁명의 ABCD 기술이라고 부르겠다.

A: 인공지능Artificial Intelligence

인공지능은 4차 산업혁명의 핵심 기술 중에서도 핵심이다. ABCD 기술을 인체의 구성요소에 비유하면, 인공지능은 뇌·신경에 해당하며, 모든 구성 요소에 동작, 판단 등의 명령을 내린다. 현재 급속히 발전하고 있는 인공지능 기술이 인류에 미칠 영향은 상상하기조차 두려울 정도이다. 고차원화된 인공지능 기술들이 인간의 영역으로 점차 침투하면,

일자리뿐만 아니라 '인간 존엄'이 위협에 직면할 수 있다.

B: 블록체인Blockchain

블록체인은 인체의 구성요소 가운데 근육에 해당하며 구성 요소 간 유기적 결합 및 안정적 연계를 지원한다. 블록체인이란 말 그대로 '블록을 체인으로 연결한다'는 것인데, 거래에 참여하는 모든 사용자에게 거래 내역(블록)을 보내주고, 거래가 일어날 때마다 모든 사용자의 블록과 대조하여 데이터 위조나 해킹을 막는 기술이다. 암호화폐 같은 일부 영역에서 주로 활용되고 있으나, 앞으로는 활용 분야가 비즈니스나 개인 간 거래 등 다양한 영역으로 확대될 것이다. 기본적으로 블록체인 기술의 확산은 호스트가 중앙에서 모든 것을 통제하고 관리하는 중앙집권적 형태의 조직 구조나 비즈니스를 사용자 혹은 참여자 모두에게 권리나 정보를 나누어 통제하는 분산형 형태로 변화시킬 것이다.

C: 클라우드 컴퓨팅Cloud Computing

클라우드는 인체 구조에서 뼈대에 해당하며 전체 시스템의 형태를 구성하고, 세부 구성요소를 보호하는 역할을 한다. 클라우드는 정보를 자신의 컴퓨터가 아닌 인터넷에 연결된 다른 컴퓨터로 처리하는 기술이다. 기업이나 개인이 클라우드를 사용하는 목적은 크게 비용과 효과 측면에서 살펴볼 수 있다. 이미지나 텍스트 중심에서 동영상과 융복합 대용량 데이터 중심으로 옮겨가고 있는 데이터 처리 환경 속에서 자신의 모든 정보를 개인이나 기업이 내부에 보유하기란 쉽지 않다. 향후 수많은 개인과 기업들은 이러한 정보들을 전문 클라우드 업체에 맡겨 저장, 관리하도록 하는 데 기꺼이 비용을 낼 것이다. 효과 측면에서 살펴보면,

내부 저장장치에 보유한 정보는 활용할 수 있는 위치나 환경에 제약이 있다. 그러나 클라우드는 언제 어디서든 필요한 정보를 쉽게 활용할 수 있는 접속 환경을 제공한다.

D: 데이터Data

데이터는 인체 구성요소 중 혈액에 해당한다. 데이터는 다른 기술, 즉 구성요소를 상호연결함으로써 영양(혁신)을 공급하는 원천이다. 데이터의 힘은 얼마나 많은지 그리고 얼마나 의미 있느냐에 있다.

| 그림 2 | 인체 구성 요소와 ABCD 기술 비교

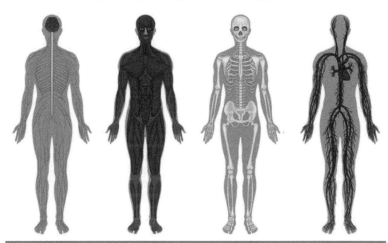

뇌신경	근육	뼈대	혈액
Artificial Intelligence	Blockchain	Cloud Computing	Data
모든 구성 요소에 동작, 판단 등 명령을 내리고 조종	구성 요소 간 유기적 결합 및 안정적 연계에 도움	전체 시스템 형태를 구성하고, 세부 구성 요소를 보호	구성 요소 간 상호연결하여 영양(혁신)을 공급하는 원천

4차 산업혁명의 핵심 기술들을 이해하기에 앞서, 사이버 물리 시스템CPS, Cyber Physical System의 개념을 먼저 살펴볼 필요가 있다. CPS라는 용어는 2011년 세계 최초로 4차 산업혁명의 패러다임을 주창한 독일의 '인더스트리 4.0'에서 처음 소개되었다. CPS는 물리적 세계와 디지털 세계를 연결하는 가상의 시스템을 지칭하는 개념이며 사물인터넷과 유사하다. 사물인터넷이 실체가 있는 용어라면, CPS는 개념적인 용어인 셈이다. CPS의 개념은 진화 중이며, 계속 업데이트되고 있다. 가령, 2016년 미국 국립표준기술연구소NIST, National Institute of Standards and Technology는 'CPS 퍼블릭 워킹 그룹'을 통해 CPS의 정의와 향후 발전 방향을 다룬 보고서를 발표한 바 있다. NIST의 정의에 따르면, CPS는 '실물physical과 디지털cyber을 연결하는 상호작용 네트워크 기반의 스마

| 그림 3 | CPS의 개념도 예시

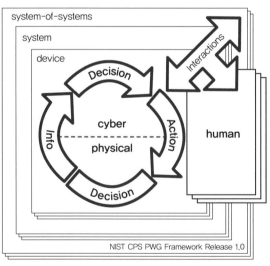

• 자료: 미국 국립표준기술연구소, 2016.

트 시스템'이다.

4차 산업혁명의 핵심 기술은 물리적으로 존재하는 실물을 사이버상의 디지털 정보로, 또 디지털 정보를 다시 실물로 바꾸는 역할을 한다. 그 과정에서 인공지능, 빅데이터, 블록체인 등과 같은 정보기술들이 디지털 정보를 활용하여 인간에게 유익한 서비스나 가치를 제공한다. 물론 앞서 소개한 몇 가지 기술들이 4차 산업혁명의 기술 분야 전체를 대표한다고 말할 수는 없다. 향후 이보다 더 뛰어나고 영향력이 큰 기술들이 생겨날 수도 있다. 중요한 것은 향후 몇 년간 새로운 기술들은 우리 산업과 사회에 영향을 크게 미칠 것이며, 이에 대응할 준비를 해야 한다는 점이다.

산업과 비즈니스 그리고 경제 활동의 변화

4차 산업혁명은 디지털 기술 주도의 변화이지만, 산업의 모든 영역에서 제품과 기술 간 융복합, 제조와 서비스의 결합, 대체 등의 다양한 변화가 동시에 일어나고 있다. 기존 영역은 경계가 파괴되거나 새로운 영역으로 대체될 수 있다.

경계의 파괴

자동차 기업과 IT 기업이 벌이고 있는 모빌리티 분야의 '총성 없는 전쟁'은 경계 파괴로 인한 주도권 싸움의 대표적인 예다. 현재 진행되고 있는 유인有人차에서 무인無人차로의 전환, 가솔린차에서 전기차로의 진환은 단지 기술의 진화 차원에서만 볼 것이 아니라, 자동차 산업 전체 패러다임의 변화로 보아야 한다. 향후 무인차, 전기차가 시장의 대부분을 차지한다면, 자동차 산업의 주도권은 배터리, 자율주행 소프트웨어와 같은 IT 핵심 기술 보유 기업으로 넘어가게 된다. IT 기업이 자동차 설계의 주도권을 가지고, 이익의 대부분을 차지할 수도 있다. 이렇게 되면, 기존 자동차 기업은 조립 업체로 전락할지도 모른다. 다음의 세 가지 사실이 이 예측을 뒷받침한다. 첫째, 승용차 한 대 생산 시 IT 비용이 25% 이상으로 증가하고 있다는 점, 둘째, 자동차 분야의 핵심 기술이 엔진, 브레이크에서 배터리, 소프트웨어로 이동하고 있다는 점, 셋째, 스마트공장 등을 활용함으로써 생산 자체의 부가가치가 하락하고 있다는 점이다.

경계의 파괴로 산업 간 부침이 발생할 수는 있으나 궁극적으로 데이터의 연결, 기술의 연결, 비즈니스의 연결 등 별도로 구분되던, 혹은 전혀 다른 영역 간의 연결에서 새로운 가치를 발견할 수 있다. 연결의 대상이 반드시 새로울 필요는 없다. 일부 영역에서는 연결을 넘어서서, 두 개체를 새로운 하나로 만드는 '전략적 융합'이 일어나기도 한다. 제조업과 서비스업의 경계가 모호해진 것은 2000년대 이후에 일어난 일이다. 그러나 최근 산업 간 융합 양상은 훨씬 범위가 넓다. IT 산업은 자동차, 에너지, 유통, 금융 산업 등과 이미 하나의 산업처럼 움직이고 있다. 융합은 전혀 다른 새로운 것을 창조하는 것이다. 1+1=2가 아닌, 1+1=1 혹은 3이 될 수 있다는 새로운 시각이 중요하다.

경계의 파괴는 생산자와 소비자 사이에서도 일어난다. 소비자를 부르는 용어 중에 프로슈머prosumer가 있다. 소비자이면서 동시에 생산자인 사람을 일컫는 말이다. 4차 산업혁명이 가져온 제조와 소비 혁명은 소비자와 생산자의 경계를 더 흐릿하게 하며 적극적 프로슈머를 양산하고 있다. 소비자들은 자신의 기호와 요구에 맞는 맞춤형 제품 생산을 제조업자에게 요구하기도 하며, 3D 프린팅 등을 활용해 원하는 제품을 직접 만드는 'DIY족'이 되기도 한다.

예를 들어, 대표적인 DIY 제조 플랫폼으로 미국의 테크숍이 있다. 2006년 캘리포니아 먼로파크에서 첫 번째로 개장한 테크숍은 한 달에 100달러 안팎의 멤버십 비용을 내면 디자인·설계·제조에 필요한 각종 도구와 설비를 이용할 수 있다. 3D 프린팅, 레이저 커터칼 등 고가의 제작 장비도 갖추고 있어 아이디어나 디자인만 있으면 자신만의 시제품 제작이 가능하다. 일부 이용자는 창업의 꿈을 달성하기도 한다. 테크숍 같은 DIY 문화가 확산되는 변화는 일시적인 것이 아니다. 제조혁명과 소비혁명을 기반으로 4차 산업혁명의 핵심적인 경제 활동이 변화하고 있음을 보여준다. '기계의 영역'인 제조에 드는 비용이 줄어드는 대신 디자인이나 아이디어, 혹은 마케팅이나 서비스 같은 '인간의 영역'에서의 부가가치가 증가하며, 그럴수록 이들의 활동은 더욱더 확대될 것이다. 프로슈머는 4차 산업혁명에서의 제조와 소비 간 소통 채널인 셈이다.

다양한 형태의 플랫폼 비즈니스 확산

무형 기업이나 플랫폼 형태의 비즈니스도 확대되고 있다. 이제는 기업이 비즈니스를 할 때 필요한 자원이나 역량을 반드시 기업 내부에 보유할 필요가 없다. 외부에서 필요한 자원과 역량을 찾고, 이를 적절히 활용하면 된다. 자원이나 역량을 제공하거나 공유하는 플랫폼 비즈니스가 확대되고 있으며 이를 활용하는 기업이 늘어나고 있다. 플랫폼은 기본적으로 온라인 기반의 상거래와 데이터 공유 플랫폼에서부터 오프라인 형태의 제조 플랫폼에 이르기까지 그 형태와 기능이 다양해질 것으로 보인다.

제조 플랫폼의 대표적인 사례로는 스마트공장을 들 수 있다. 공장이 스스로 제어하고, 소재와 제조 설비가 서로 대화하는 무인공장이다. 공장의 설비는 중앙 제어 시스템에 의해 통제되고, 설비와 공정 간 시스템에서 실시간으로 정보와 데이터가 공유된다. 제품의 주문이 들어오면, 중앙 제어 시스템에 의해 제조 스케줄이 최적화되고, 필요한 공정을 공장 스스로 제어한다. 제조가 시작되면 실시간으로 현재의 공정 상황과 구체적인 제조 과정이 수집, 분석되며 제품별 요구사항에 맞게 시스템이 판단, 통제한다. 제품이 흘러가는 공정의 루트는 제품과 설비가 대화를 나누듯이 자동적으로 설계되고 실행된다. 일부 공정에서는 3D 프린팅을 활용하여 과거 몇 개의 분리된 공정에서 진행하던 부품-조립 과정을 한 번에 해낼 수 있다.

글로벌 기업들은 최근 스마트공장을 구축하여, 최소 비용과 인력으로 다양한 제품을 생산한다. 미국의 제너럴 일렉트릭GE, General Electric은 2016년 인도 뭄바이 지역에 2억 달러를 투자하여 스마트공장인 '생각하는 공장Brilliant Factory'을 가동했다. 항공, 파워플랜트, 운송 등 GE의 전 사업 영역의 제품이 하나의 공장에서 생산된다. 중앙 통제 시스템에 입력된 값에 따라 시스템이 소재를 선택하고, 소재에 부착된 RFID 태그를 통해 소재가 스스로 조립, 부품 제조, 가공 등 필요한 공정을 선택하여 최종 제품을 완성한다. 또한, 디지털 파일과 3D 프린팅으로 제품을 생산하며, 시스템에 저장되는 다양한 정보를 제조 이외의 주문, 공급망, 서비스 등 여러 단계의 가치사슬을 연계하고 있다.

공유경제의 대두와 확산

최근 독일에서는 '운동'이자 '비즈니스'로서 푸드셰어링food sharing이 활발하다. 2012년 어느 작은 마을에서 시작된 '남는 음식 나누기' 운동이 독일 전역으로 확산된 것이다. 시작은 이러했다. 한 슈퍼마켓에서 유통기한이 얼마 남지 않은 식품을 슈퍼 앞 진열대에 따로 비치하고 '원하시는 분 가져가세요'라고 써놓았더니 불우한 이웃들이 식품을 많이 가져갔다. 이러한 호응에 업체는 더 적극적으로 홍보했고, 일반인들까지 이 운동에 동참해 집에서 남는 음식을 가져와 진열대에 기부했다. 덩달아 슈퍼마켓 이미지도 좋아져서 매출 상승 효과를 얻었다. 현재 독일에서는 사회공헌 차원의 푸드셰어링 전문기업들이 생겨나 '식량자원 절약'과 '불우이웃 돕기'라는 두 가지 목적을 동시에 달성하고 있다. 대표적으로 푸드셰어링이라는 업체는 2만 2천여 푸드세이버food saver(음식 저장 창고를 관리하고 음식 수요자들에게 연결해주는 자원봉사자)를 통해 1년에 670만 킬로그램의 음식을 공유하고 있다.

이처럼 푸드셰어링 비즈니스가 활성화된 데에는 중요한 동력이 있다. O2O(Online to Offline)라는, 모바일을 기반으로 온라인과 오프라인을 실시간으로 연결하는 정보 공유 기술이 바로 그것이다. 스마트폰을 활용해 음식 저장 상황이나 상태 관련 정보를 실시간으로 공유하고, 공급자와 수요자를 연결하는 것이 가능해진 덕분이다. 푸드셰어링 운동의 확대는 곧 협업 소비를 가능하게 하는 공유경제의 부상으로 설명할 수 있다.

3차 산업혁명의 대량생산 방식은 과잉소비로 이어졌고, 자원의 잉여분을 새로운 수요로 연결하는 게 쉽지 않았다. 그러나 푸드셰어링의 예처럼 4차 산업혁명의 O2O 기술은 자원의 잉여 발생분과 이를 원하는 새로운 수요자를 실시간으로 연결해준다. 즉, 공유경제는 생산의 효율보다 소비에서의 효율을 추구한다. 어떤 소비자는 자신의 물건 중에서 꼭 소유하지 않아도 되는 물건을 다른 사람과 공유하며, 해당 물건이 필요한 또 다른 소비자는 일정 비용을 내고 그 물건을 사용한다. 소유 자체보다는 사용 효용에 집중하게 되면서 소유에 대한 관념도 변화하고 있다. '내가 쓰는 재화가 모두 내 것일 필요는 없다'는 소비 관념의 변화는 불필요한 재화 생산을 감소시키고 있다.

앞으로는 재화뿐만 아니라 시간, 아이디어, 기술 등 무형자원도 '거래 대상'으로 바라보며 공유하고 교환하는 방식이 확대될 것이다. 굴지의 글로벌 기업으로 성장한 차량 공유업체 우버, 숙박 공유업체 에어비앤비 등은 재화의 공유를 기반으로 한 플랫폼 비즈니스를 하고 있다. 쿼키는 아이디어를 거래하는 비즈니스를 시도하였으며, 재능 기부·시간 관리 애플리케이션 등 다양한 무형자원을 공유, 거래, 관리하는 비즈니스 플랫폼들이 생겨나고 있다.

향후 인간의 경제 활동 방식은 공유경제나 플랫폼 경제 외에도 4차 산업혁명의 새로운 환경에 맞춰 계속 변모해갈 것이다. 따라서 이러한 변화의 흐름을 주목하며 이해하고 대응하는 것이 더 중요해질 것이다.

블록체인,
자유주의를 실현하는
신뢰의 기술

——————— 미래에는 사람과 사물이 상시 연결되어 상호작용하고 저마다 블록체인 계정과 암호화폐 지갑을 가진 상태에서 경제 사회 활동에 참여할 것으로 예측된다. 블록체인은 미래학자 탭스콧이 《블록체인 혁명》에서 저술한 것처럼 향후 30년을 주도할 디지털 시대 키워드다. 그동안 기술 발전에도 불구하고 금융 자산 및 상품 거래의 결제 및 관리에서 해킹과 위변조는 계속되어 왔다. 또 음원, 사진, 영상 등 디지털 자산의 무단 복제와 불법 유통은 저작권 침해라는 사회 문제를 가져오고 있다. 이러한 상황에서, 암호 기반의 블록체인이 초신뢰를 추구할 혁신 기술로 주목받고 있다. 블록체인은 특히 금융, 디지털 경제 영역뿐 아니라 정치 영역에서도 직접민주주의를 실현 가능하게 하여 초신뢰 국가 사회 시스템으로서 자리 잡아가리라 전망된다.

블록체인의 철학적 사상

해킹과 위변조가 거의 불가능한 암호 알고리즘으로 초신뢰성을 제공하는 블록체인과 암호화폐는 궁극적으로 국가 경제사회의 정의를 지향한다. 블록체인이 관심받기 시작한 것은 2009년 1월 3일, 비트코인이 처음 채굴되면서부터다. 당대 금융위기와 통화 정책을 비판하며 그 대안으로서 최초의 탈중앙화 암호화폐가 발행된 것이다. 이처럼 블록체인은 개인의 자유와 재산에 대한 권리를 보장하는 민주주의와 정의 사회 이념을 담고 있다. 또 디지털 세상에서 중앙 기관 없이 합의 알고리즘과 정보통신기술ICT, Information Communication Technologies 인프라를 통해 투명하고 공정한 자율적 경제사회를 추구하고 있다.

우리는 자유민주주의 기반의 자본주의 경제에 살고 있다. 이에 대해서는 영국의 존 로크와 애덤 스미스의 자유주의 철학에 기초를 두고 있다. 이 사상은 데이비드 흄과 장자크 루소를 거쳐, 프리드리히 하이에크, 폰 미제스 등 오스트리아 학파에 지대한 영향을 끼치면서 밀턴 프리드먼 등 미국의 시카고 학파에까지 이어져왔다. 이후 허버트 사이먼, 대니얼 카너먼 등의 행동경제학 이론에도 계승되었고, 디지털 시대로 넘어와 블록체인 기술에 반영되었다고 할 수 있다. 즉, 블록체인은 자유민주주의, 자본주의 경제, 천부적 자연권이라는 철학적 배경 속에서 탄생한 것이다.

계몽주의자인 존 로크는 그의 저서 《통치론》에서 왕권정치를 비판하며 생명, 자유, 재산을 천부적 자연권으로 규정하고 이를 보장하는 자유주의를 주장하였다.[1] 이러한 조류는 영국의 명예혁명(1688년), 미국의 독립혁명(1776년), 프랑스의 시민혁명(1789년)에 지대한 영향을 미쳤으며, 현대 미국의 수정헌법 제5조[2]에도 이 자연권이 엄격하게 명시되어 있다. 놀랍게도, 블록체인 플랫폼인 스팀잇과 이오스를 개발한 대니얼 라리머는 스스로 오스트리아 학파를 지지한다고[3] 밝혔으며, 'Block.one'의 홈페이지에도 이러한 권리를 보장하는 블록체인 시스템을 설계한다고 게시하였다.[4] 이처럼, 시대가 바뀌어도 인류가 추구하는 철학적 가치는 변하지 않았고, 블록체인과 암호화폐 기술에 고스란히 반영된 셈이다.

디지털 시대로 전환되면서 자유, 민주주의, 분권, 정의, 사유재산 보장 등으로 흘러오던 역사의 조류가 자율, 공유경제, 분산, 공정, 개인정보 보호 등으로 블록체인에 반영되었다고 할 수 있다. 블록체인은 생명권, 자유권, 재산권의 이념을 기반으로 하는 자유지상주의와 정부 간섭을 최소화하고 시장기능을 옹호하는 오스트리아 학파의 철학을 상당 부분 포함하고 있지만, 무정부주의 아나코-캐피탈리스트를 추종하는 것으로 이해하면 곤란하다. 영화 〈뷰티풀 마인드〉의 실제 주인공으로 노벨경제학상을 받은 존 내시가 1995년 '이상적인 돈'을 역설한 바 있으나 그는 수학자로서 이념보다 암호경제를 연구했을 뿐이다. 블록체인과 암호화폐 철학은 현실 세계에서의 '사람의 자유'와 디지털 세상에서의 '사람과 사물의 자율'이 암호 알고리즘으로 연결된 '정의'를 구현하는 것이다. 또 행동경제학자들의 이론처럼, 자발적 참여를 유도하는 보상 체계를 내재시켜 '능동적으로 선한 행동을 유발하는 기대 수익(또는 편익)을 제공'함으로써 자율적 신뢰 시스템을 작동시키는 것이다.

신뢰의 기술 블록체인의 본원적 배경

모든 데이터가 연결되는 디지털 시대에, 블록체인은 보안성과 효율성을 동시에 충족시키는 혁신적 기술로 자리매김하고 있다. 그동안 4차 산업혁명이 초고속, 초연결, 초지능, 초실감을 구현해왔다면, 앞으로는 블록체인을 통해 초신뢰를 구현할 것이다. 블록체인은 이미 암호화폐, 공공사업, 산업응용, 금융기관, 민간기업 등에서 널리 활용되고 있다. 특히 암호화폐는 블록체인 기술이 적용된 대표 분야로 자산 거래, 지급, 결제 수단으로 통용되고, 스마트계약 기능을 통해 디지털 자산의 생성, 계약, 가치척도, 보관, 의사결정 등을 편리하게 구현하도록 하여 새로운 블록체인 경제를 형성하고 있다.

블록체인의 개념과 정의는 기술적, 경제적, 법제도 측면에서 매우 다양하며 계속 업그레이드되고 있다. 위키백과에서는 블록체인을 'P2P_{peer to peer} 기반으로 생성된 데이터가 분산 데이터 환경에 저장되어 누구라도 임의 수정할 수 없고 누구나 기록 내용을 열람할 수 있는 탈중앙화된 장부 기술'로 정의하고 있다. 블록체인 기술은 거래 정보를 기록한 원장을 '노드_{Node}'라는 구성원 모두가 각자 분산 보관하고, 새로운 거래가 발생할 때마다 암호 방식으로 그 장부를 똑같이 업데이트하여, 개념적으로는 익명성, 보안성, 투명성이 강력한 디지털 공공장부 또는 분산원장을 만든다. 즉, 새로운 거래가 일어날 때마다 거래 내용이 담긴 새로운 블록이 생성되고, 이것이 P2P 네트워크상에 있는 이전 '블록_{Block}'과 '연결_{Chain}'된다.

신뢰 매개

디지털 세상에서 초신뢰 유통 매개 수단, 디지털 자산 기능, 편리한 가치 체계 등을 말한다. 실물 경제에는 화폐가 있지만, 윷놀이와 화투의 사례와 같이 때로는 화폐 대신 바둑알 등 특정 매개에 가치를 부여해 이를 유통하여 게임을 하고 정산하듯, 인터넷 경제에서는 암호화폐가 유통 매개 수단이 되어 화폐 및 자산 기능을 갖다. 1억분의 1로 분할이 가능한 비트코인은 세분된 유통 매개의 거래 단위로 사용할 수 있어 매우 편리하다.

원본 증명

암호화 기술로 원본과 사본 구별, 개인정보와 저작권 보호, 위변조 해킹 방지 등을 의미한다. 천경자 화백의 〈미인도〉 위작 사건을 일례로 보면, 본인은 자신의 작품이 아니라고 강력히 주장했지만 과학적인 방법론까지 동원한 미술감정단과 수사 기관에서는 진품이라고 판정했다. 또 전국에 100여 군데가 넘는, 같은 이름의 해장국 식당도 어느 곳이 진짜 원조인지 구분하기 힘들다. 블록체인은 타임스탬프 기능으로 날짜와 시간을 기록하여 생성 단계에서 원본을 증명하기 때문에 원본과 사본의 식별이 가능하다. 게다가 기술적으로 저작권을 보호받을 수 있고 위변조가 거의 불가능하여 새로운 비즈니스 모델로 평가된다.

보상 체계

블록체인 네트워크 안에서 탈중앙 발행과 유통 관리, 생성과 거래에 참여한 블록 생성자에게 주어지는 인센티브 체계를 뜻한다. 대다수 국가는 중앙은행에서 화폐를 발행하고, 화폐 발행과 지급 준비 제도 등의 통화 정책으로 국가 재정을 운영하고 있다. 그렇지만 중앙은행이 발권 기능을 남발하여 본원통화 공급을 늘리면 화폐의 가치가 하락할 수 있는데, 실제 베네수엘라 등 일부 국가에서는 화폐가 휴지처럼 가치가 폭락한 바 있다. 또 미국 등 일부 선진국에서도 2008년 금융위기 당시, 시중의 채권을 사들인다는 명목으로 양적완화라는 통화 정책을 통해 천문학적인 달러를 발행했다.[5] 그러나 블록체인은 탈중앙화 방식이기 때문에 함부로 화폐를 발행할 수 없고, 한 국가의 통화가 아니라 처음부터 글로벌 차원에서 유통이 이뤄지며, 블록의 채굴과 생성에 대한 보상으로 코인이나 토큰이 주어진다.

미래 사회와 블록체인

블록체인은 암호화폐에 많이 활용되고 있지만, 스마트계약 및 사물인터넷에도 초신뢰를 제공하는 방향으로 진화하고 있다. 따라서 암호화폐를 화폐 개념으로만 볼 것이 아니라, 플랫폼, 프로토콜, 인터페이스, 분산 애플리케이션 등으로 이해해야 한다.

금융적 측면

금융과 ICT가 접목된 핀테크는 블록체인 기술과 융합되어 부분적으로 P2P 망을 통한 분산 거래 시스템으로 변화될 것이다. 또한 글로벌 암호화폐, 금융 거래 환전소, 금융 자산 안전 인증, 분산 자동투자 조직 등 새로운 금융 비즈니스가 창출될 것으로 예상된다. 따라서 블록체인을 활용하는 새로운 금융 서비스의 탐색과 함께 금융기관의 역할 및 위상을 재정립하고, 새로운 경쟁 구조에 대비하며, 기존 예금·대출 중심의 금융업을 넘어 디지털 금융 자산 영역으로의 사업 확대가 필요하다.

법제도 측면

미국은 2014년 비트코인을 자산으로, 영국도 2014년 암호화폐를 화폐 개념으로 인정했다. 또 독일은 사적 화폐로 인식하고 있으며, 일본은 2016년 암호화폐를 실물통화로 인정하는 자금결제법안의 통과 및 2017년 가상통화거래소 등록제 도입 등을 통해 점차 제도에 반영하는 추세다. 결국, 블록체인과 암호화폐는 기술·경제적으로 불가분의 관계에 있으며, 글로벌 암호화폐 거래, 암호화폐 위상 및 불법 거래 차단, 탈세 관련 법제도 개선, 분산 자율 조직 구축 등에 대한 사회적 합의를 모색해가면서 법과 제도 측면의 준비를 넓혀가야 할 시점이다.

경제적 측면

중앙 집중적 조직 없이 블록체인의 신뢰성을 기반으로 시스템이 구축되기 때문에 유지보수 비용 및 금융 거래 수수료 절감 효과가 클 것이다. 이에 따른 새로운 고객 유치 그리고 IoT 융합, 지식재산·콘텐츠 인증, 전자투표, 공공데이터 관리, 자율 사업 시스템 등 새로운 시장 창출도 가능하다. 세계 컨설팅 기관들은 블록체인 기술 시장이 2022년까지 연평균 60% 이상 성장할 것으로 전망하고, 블록체인 시스템 구축을 통해 2022년까지 약 200억 달러의 금융 비용을 절감할 수 있을 것으로 예상한 바 있다.

사회적 · 정치적 측면

중앙화는 분권화를 거쳐 분산화로, 국가 권한은 지방분권과 함께 시민자치로, 독점경제는 과점경제를 지나 공유경제로, 대가족은 핵가족에서 1인 가구로 전환되는 현상들이 확대될 것이다. 또 사회간접자본을 공유하는 시민 자치 시대가 전개되어 블록체인 철학이 사회문화 가치의 공감대로 형성될 것이다. 이러한 가운데 첨단 디지털 기술로 펼쳐질 미래의 디지털 경제사회는 개인정보 유출, 저작권 침해, 인증 위변조, 포털이나 SNS 불신 등을 초래할 수도 있다. 따라서 이러한 사회 문제 해결을 위한 솔루션 개발에 대한 수요가 증대하면서 블록체인 기술을 활용한 해법 모색도 더 활발해질 전망이다. 또 대의민주주의의 한계가 두드러지면서 직접민주주의에 대한 갈망은 커질 수밖에 없어 이를 실현하기 위한 블록체인 투표 제도의 도입도 늘어날 것으로 보인다.

기술적 측면

미래 지능 정보 시스템 및 분산 사회 구조 시대를 대비하여 금융 부문은 물론 블록체인을 전 산업에 활용하기 위한 알고리즘, 플랫폼, 애플리케이션, IoT 적용 디바이스나 센서 등의 기술 개발은 더 적극적으로 추진될 것이다. 따라서 4차 산업혁명 관련 핵심 기술과 연계된 비즈니스 모델을 설계하여 새로운 생태계를 주도하는 전략이 마련되어야 한다. 또 암호화폐, 플랫폼, 인증 서비스 등 복합기능을 가진 새로운 블록체인 기술 경쟁도 치열해지므로 합의 알고리즘, 차세대 분산 플랫폼 등 원천기술과 분산 애플리케이션dApp 등 애플리케이션 기술을 동시에 개발하는 전략이 강화되어야 한다.

블록체인 기술의 발전 전략

블록체인은 디지털 자산 및 거래결제 수단(1세대)으로 누구나 참여할 수 있는 개방형·탈중앙의 퍼블릭으로 출발했다. 이후 엄격한 검증과 스마트계약이 가능한 플랫폼(2세대)으로 발전했고 다양한 분산 애플리케이션이 출시되었다. 현재 산업 응용 확산을 위해 프라이빗이 결합된 하이브리드 블록체인으로 분산경제 시스템(3세대)을 구축하는 프로토콜과 인터페이스를 연계하는 기술이 개발되고 있다. 그리고 ICT와 블록체인, 암호화폐가 초학제적으로 융복합되는 4세대에 이르면, 가치사슬 전반에 블록체인 혁명이 일어나 기반 서비스가 폭넓게 자리 잡고 초신뢰 경제사회가 정착될 것이다.

이렇듯 블록체인의 미래 전망은 매우 밝다. ICT 핵심 분야인 사물인터넷, 인공지능, 빅데이터 등과 융합을 통해 다양한 산업에 활용되어 기반 서비스로 제공되기 때문이다. 특히 사물인터넷에 블록체인 기술을 적용하면 상품의 거래, 유통, 재고 관리 과정에서 모든 검증 정보를 실

| 표 1 | 세대별 블록체인 개요

1세대 블록체인	2세대 블록체인	3세대 블록체인	4세대 블록체인
2009~2013	2013~2016	2016~2022	2022~2030
도입기	발전기	확산기	정착기
• 디지털 자산 및 거래 결제 • 비트코인 탄생 • 퍼블릭 블록체인 출현	• 스마트계약 및 지분 증명 • 이더리움 탄생 • 프라이빗 블록체인 등장	• 프로토콜 및 인터페이스 • 각종 알트코인 탄생 • 하이브리드 블록체인 확산	• 초학제적 블록체인 융복합 • 암호화폐 거래 결제 활용 • 블록체인 기반 서비스 확대

시간으로 추적하는 것이 가능하며, 거래 비용을 최소화하고 불필요한 행정 비용을 절감하여 효율성을 극대화할 수 있다. 생산자는 블록체인 시스템에서 원자재 구매부터 생산공정, 유통, 판매에 이르기까지 각 시점에서 검증된 제품 이력을 관리할 수 있다. 게다가 소비자별 구매 성향과 제품 선호도를 마케팅에 적용하면 더욱 신뢰할 수 있는 경영 전략을 수립할 수 있다.

블록체인은 1962년 폴 배런의 분산 커뮤니케이션 연구[6]에서 시작되었지만, 2009년 비트코인 탄생부터 계산하면 이제 10년밖에 되지 않은 미성숙 기술이다. 스마트계약의 최고 기술로 알려진 이더리움 플랫폼도 아직 최종 완성품이 아닌 5년째 개발 중인 베타 버전이다. 이에 국가, 경제, 사회에 혁신을 가져올 블록체인 기술의 활성화를 위해서는 다음과 같은 발전 전략이 필요하다.

첫째, 기술적 측면에서 보면 블록체인은 초신뢰를 제공하는 핵심 기술이지만, 협의의 개념으로 보면 소프트웨어이고 알고리즘이기 때문에 산업과 비즈니스와 관련된 모든 문제를 해결할 수는 없으며, 높은 기대에도 불구하고 기술적 해결 과제가 산적하여 효과가 제한적일 수 있다. 이를 위해 블록체인이 실물 경제에서 안전하고 편리하게 작동되도록 처리 속도 향상, 거버넌스 문제, 해킹 방지 등을 개선하는 하드웨어 기술도 함께 개발해야 한다. 또 시스템 차원에서 사이버 분야의 국민 생활 문제를 해결[7]하는 블록체인 기반을 우선 구축하여 효율성을 높여야 한다.

둘째, 서비스 측면에서 보면, 블록체인 생태계의 폭발적인 성장에도 불구하고 실용성과 사업성이 확보된 킬러앱은 극소수에 불과하다. 이를 위해 안정적인 독자 플랫폼과 분산앱을 동시에 개발하거나 기존 블록체인 시스템에 연계되는 킬러앱을 개발하여 서비스 확산을 도모해야 한다. 그리고 시간당 처리 능력과 활용 영역을 의미하는 확장성을 높이기 위해 합의 알고리즘 방식과 분산 네트워크 구조 등의 원천 기술 R&D도 병행해야 한다.

셋째, 법제도 측면에서 보면, 블록체인 시스템을 통해 제공되는 서비스의 인증이 기존 공인 기관에서 제공하고 있는 인증과 맞지 않는 것, 금융 부문에서 거래의 수단 또는 매개로 활용되고 있는 암호화폐 가치 등이 아직 법과 제도로 명확히 정립되지 않은 것은 블록체인 기술의 사업화에 혼란을 주고 있다. 이를 위해 블록체인이 플랫폼으로서 그리고 프로토콜과 인터페이스로서 고유 기능을 발휘할 수 있도록 시스템 차원에서의 기술 개발과 이를 적용하는 인증제도 정비 등이 필요하다.

뇌공학,
컴퓨터와 두뇌를
연결하다

─────────── 1970년대 국내에서도 큰 인기를 끌었던 미국 드라마 〈600만 불의 사나이〉에는 불의의 사고로 왼쪽 눈과 오른팔, 두 다리를 잃은 뒤 생체공학 눈, 로봇 팔, 로봇 다리를 장착하고 사이보그 요원으로 재탄생한 스티븐 오스틴 대령이 등장한다. 그런데 이제, 생체 공학 기술은 영화 속에서 구현되던 이러한 상상을 현실로 만들기 시작했 다. 실제로 첨단 생체공학을 연구하는 학자들은, 쉴 새 없이 호르몬이나 산성 액체를 분비해야 하는 내분비계나 위장 같은 일부 장기를 제외하고 는 언젠가 인공 장기가 기존 장기를 모두 대체할 수 있을 것이라고 예상 한다. 신체 일부를 기계로 대체하려는 인류의 시도는 드디어 인체의 마 지막 미스터리로 불리는 인간의 뇌에까지 다다르게 되었다. 뇌공학 기술 이 급속도로 성장해 상상을 현실로 구현해가는 지금, 우리는 이러한 기 술이 인류의 미래에 어떠한 영향을 끼치게 될지, 과연 우리는 어떻게 대

응하고 어떤 전략을 세워야 할지 더욱 적극적으로 탐색해야 한다.

전자두뇌는 가능할 것인가?

일본에서 1995년 개봉한 애니메이션 〈공각기동대〉에는 뇌 일부를 전자두뇌로 대체하고 기계와 직접 소통하는 주인공들이 등장해 SF영화 마니아들로부터 큰 호응을 받았다. 그렇다면 공각기동대의 전자두뇌는 현실에서 가능할까?

〈공각기동대〉에 등장하는 상상을 현실로 만들고자 하는 연구는 실제로 진행되고 있다. 2017년 3월, 전기차 산업의 혁명을 이뤄 낸 테슬라의 대표이사 일론 머스크가 새로운 스타트업의 설립을 공식적으로 발표했다. 회사의 이름은 뉴럴링크NeuraLink로서, 사명에서 짐작할 수 있듯이 인간의 뇌를 기계 혹은 인공지능과 연결하는 기술을 개발하는 회사다. 일론 머스크는 뉴럴 레이스Neural Lace라고 불리는 액체 그물망 형태의 전극을 뇌에 주입한 뒤에 이를 인공지능과 연결하면 생각을 읽어내어 컴퓨터에 저장하거나 뇌에 직접 정보를 주입하는 것이 가능할 것으로 기대한다. 인간의 수많은 상상을 현실에서 구현해온 일론 머스크이기에 많은 이들이 그의 새로운 도전에 주목했음은 물론이다.

그런데, 일론 머스크가 뉴럴링크의 설립을 발표하고 한 달쯤 지난 2017년 4월, 페이스북의 마크 저커버그가 페이스북 개발자 회의에 등장하여 놀라운 발표를 했다. 그는 "페이스북이 60여 명의 엔지니어를 고용해 뇌와 컴퓨터를 연결하는 기술을 개발하고 있으며 궁극적으로 1분에 100개 단어를 입력하는 시스템을 만드는 것을 목표로 하고 있다"고 했다. 이 소식을 타전한 신문 기사의 제목은 '레이스가 시작되다'였다. 이처럼 IT 기술 혁신을 주도하고 있는 회사들이 뇌와 컴퓨터 그리고 인공지능을 연결하는 소위 '뇌공학' 기술에 주목하는 이유는 무엇일까? 이는 뇌공학 기술에 우리 인류의 미래를 좌우할 '무언가'가 있음을 방증하는 것이다.

뇌-인공지능 인터페이스와
전자두뇌 기술

인간은 불완전한 존재다. 감각적인 면으로만 제한해본다면 더더욱 그러하다. 인간의 시각은 초당 20번 바뀌는 일련의 사진을 연속적인 영상으로 인식한다. 만약 인간의 시각이 초당 1천 장의 사진을 인식할 수 있다면 영화는 모두 뚝뚝 끊어지는 부자연스러운 영상으로 보일 것이다. 인간의 시각이 이처럼 낮은 표본화율을 가지는 이유는 무엇일까? 아마도 인류 진화 기간의 대부분을 차지하는 수렵 시대 동안에는 초당 20회 정도의 '연속 사진'만 인식하더라도 사냥을 하거나 위험에서 탈출하는 데 특별한 어려움이 없었기 때문일 것이다.

무게가 1.4킬로그램에 불과한 인간의 뇌는 한 시간 동안 가정용 형광등을 켜는 데 필요한 정도의 에너지인 20와트 정도로 작동한다. 이렇게 제한된 에너지를 최대한 효율적으로 써야 하는 뇌로서는 진화 과정에서 굳이 생존에 필요한 정도 이상으로 시각의 성능을 높여 에너지를 과소비할 이유가 전혀 없었다.

한정된 뇌의 공간을 기능에 따라 구획화할 때도 마찬가지였다. 생존에 더 중요한 손의 운동이나 언어 구사 능력에 상대적으로 많은 공간을 할애하다 보니 후각, 미각, 청각 등이 큰 비중을 차지할 수 없었다. 반면

쥐는 어두운 곳에서는 콧수염의 촉각이 유일한 감각인 만큼 콧수염의 감각을 느끼는 영역이 전체 대뇌 표면에서 가장 큰 면적을 차지한다. 인간의 감각 능력이 동물보다 떨어질 수밖에 없는 이유가 여기에 있다.

감각만이 아니다. 기억은 또 어떤가? 인간의 장기 기억 저장 용량은 극히 제한되어 있다. 우리가 하루 동안 있었던 일을 모두 기억하지 못하는 것도 이 때문이다. 2015년 개봉한 애니메이션 〈인사이드 아웃〉에는 인간 뇌에서 장기 기억이 생성되는 과정이 흥미롭게 묘사되어 있다. 영화는 하루 동안 있었던 일에 대한 단기 기억 하나하나를 구슬로 표현하는데, 주인공이 잠을 자는 동안 뇌 속의 다섯 감정이 여러 구슬 중에서 장기 기억 보관소로 보낼 만한 가치가 있는 것만 골라낸다. 그 과정에서 선택받지 못한 구슬은 어두운 망각의 계곡 아래로 던져진다. 장기 기억을 생성하기 위해서도 '에너지'가 필요하기 때문이다. 이처럼 인간은 제한된 감각과 영원하지 않은 기억을 갖고 살아왔다.

인공지능은 불완전한 감각과 지식을 지닌 인간을 보완하는 역할을 할 수 있다. 마치 아이언맨의 인공지능 비서 '자비스'처럼 말이다. 자비스는 아이언맨 수트에 부착된 수많은 센서에서 측정한 주변 환경 정보와 실시간 인터넷에 접속하여 얻은 지식 정보를 종합해서 아이언맨의 순간적인 판단에 도움을 준다. 영화에서 아이언맨과 자비스는 대화를 통해 소통하지만, 만약 전자두뇌를 통해 자비스를 인간의 뇌와 직접 연결한다면 어떨까? 온몸에 부착된 센서가 새로운 감각 정보를 뇌로 직접 전달하고, 인터넷과 연결된 자비스는 우리가 필요로 하는 지식 정보를 뇌로 실시간 전송할 것이다. 아직은 SF영화 같은 이야기지만 언젠가는 전자두뇌가 인공지능과 자연지능을 하나로 연결해서 우리 인간을 '슈퍼 휴먼'으로 만들어줄지도 모를 일이다.

미국 MIT의 저명한 뇌공학자인 에드워드 보이든 교수는 신경세포와 반도체 칩을 연결해서 새로운 지능을 만들어내는 것이 다음 세기 뇌 연구의 주요 목표가 될 것이라고 예상했다. 그는 언젠가 인간 뇌의 자연적인 신경 회로망과 반도체 회로망이 전기적, 광학적, 화학적으로 완벽하게 결합될 수 있을 것으로 본다. 그렇다면 과연 언제쯤 보이든 교수의 상상이 현실이 될까? 쉽게 예단하기는 어렵다. 하지만 인류는 항상 상상한 것을 이뤄왔으며, 상상을 현실로 만드는 데 걸리는 시간이 점점 짧아지고 있는 것만은 사실이다.

특히 최근 등장하고 있는 첨단 기술 중에는 80년 전쯤에 처음 상상했던 것이 많다는 사실은 흥미롭기까지 하다. 일례로 스마트폰의 등장을 최초로 예견한 사람은 그 유명한 미국의 발명가 니콜라 테슬라인데 그는 1926년 〈콜리어스〉라는 미국 주간지와의 인터뷰에서 '누구나 조끼 호주머니에 하나씩 넣고 다닐' 스마트폰의 등장을 예견했다. 그리고 80년이 지난 2007년, 아이폰이 출시됐다. 최근 점점 많은 관심을 받고 있는 가상현실의 개념도 1935년 미국 SF 작가인 스탠리 와인바움에 의해 최초로 제안됐다. 그런가 하면 독일의 과학 저술가 프리츠 칸은 컴퓨터도 없던 1939년에 〈미래의 의사〉라는 제목으로 원격 진료를 하는 의사의 그림을 그렸고, 그의 상상은 지금 현실이 되었다. 기술의 구현이 점점 빨라지는 경향을 고려해본다면 이러한 상상은 80년보다 더 빠른 시간 안에 현실이 될지도 모를 일이다.

인공지능과 자연지능을 연결하는 뇌-인공지능 인터페이스 기술보다 더 가까운 미래에 구현될 것으로 보이는 기술도 있다. 바로 뇌 기능을 보조하는 '보조 인공 뇌' 기술이다. 2012년 미국 서던캘리포니아 대학의 시어도어 버거 교수 연구팀은 '해마 칩Hippocampus Chip'이라고 명명된 마이크로칩을 쥐의 손상된 해마 부위에 이식했다. 해마의 구조를 모방한 해마 칩을 손상된 부위의 앞부분과 뒷부분의 신경세포와 연결해 해마의 손상된 부위를 우회하는 새로운 연결 통로를 만든 것이다. 해마 칩의 전원이 켜지자 해마 칩 앞부분의 세포가 만드는 신경 신호는 쥐의 해마를 모방한 마이크로 프로세서를 거친 다음 뒷부분의 신경세포로 전달됐다. 실험 결과는 실로 놀라운 성공이었다. 해마가 손상되어 장기 기억을 할 수 없었던 생쥐가 해마 칩을 이식한 뒤에 장기 기억 능력을 일부 회복했다. 최근 커널이라는 회사를 설립한 버거 교수 연구팀은 인간의 뇌에 삽입된 해마 칩에서 측정된 신경 신호를 저장하고 필요할 때 꺼내 쓸 수 있는, 일종의 '보조 인공 뇌'를 개발하고 있다. 해마는 치매에 걸린 환자에게서 가장 먼저 위축이 일어나는 부위다. 그러므로 이것이 치매 환자의 뇌에 삽입되면 환자의 삶의 질을 크게 높일 수 있을 것으로 기대된다.

미국의 군사 기술 연구기관인 방위고등연구계획국은 최근 외상후 스트레스 장애를 가진 병사의 기억을 조절해주는 마이크로 칩을 개발하는 데에 큰 연구비를 투입하고 있다. '브레인 칩Brain Chip'이라고 불리는 이 기술은 나쁜 기억과 관련된 뇌 부위에 마이크로 칩을 삽입해서, 일상생활 중에 나쁜 기억이 떠오를 때 마이크로칩에 전류를 흘려 기억을 조절하는 기술이다. 이와 비슷한 기술을 활용하면 기억력을 높이거나 수학 계산 능력을 높이는 것도 이론적으로는 가능하다. 인위적으로 인간의 인지 능력을 높이는 것이 얼마든지 가능하다는 의미다. 놀랍게도 이들 기술은 윤리적인 이슈만 해결된다면 수년 내에도 인간에게 충분히 적용될 수 있을 정도로 진척되어 있다.

뇌공학이 바꿀 인류의 미래

인류는 전례 없는 고령화 사회를 향해 나아가고 있다. 수명이 계속해서 증가하고 노인 인구가 늘어날수록 파킨슨병, 알츠하이머 등과 같은 퇴행성 뇌 질환 환자 수가 계속 증가할 것으로 보인다. 대부분의 첨단 뇌공학 기술 개발은 치료 방법이 발견되지 않은 다양한 뇌질환의 치료에 초점이 맞춰져 있다. 파킨슨병, 중증 우울증 등 난치성 뇌질환 환자의 증상 완화를 위해 뇌에 이식되고 있는 심부 뇌자극 기기뿐만 아니라 뇌에 전기자기 자극을 가해 우울증과 같은 난치성 뇌질환을 치료하는 경두개 전류자극 및 경두개 자기자극 기기 등이 대표적인 사례다.

그런데 아무리 좋은 의도로 개발된 기술이라 하더라도 사용하는 사람이 잘못된 의도를 가지고 사용하면 예기치 못한 부작용이 발생할 수 있다. 역사적으로도 새로운 기술이나 기기가 개발될 때 개발자의 의도와는 전혀 다른 용도로 사용된 사례를 흔히 찾아볼 수 있다. 예를 들어 텔레비전의 발명자가 텔레비전을 발명할 당시에 생각했던 유일한 용도는 '교육'이었다고 한다. 하지만 지금 우리는 텔레비전을 교육보다는 엔터테인먼트 목적으로 주로 활용하고 있다. 앞서 소개한 미국 방위고등연구계획국의 '브레인 칩' 프로젝트도 외상 후 스트레스 장애PTSD 치료를 목적으로 개발되었지만 나쁜 의도를 가진 사용자에 의해 위험한 기술로 전용될 가능성이 있다. 예를 들어 전장에 가야 할 병사들을 대상으로 두려움을 관장하는 뇌 영역인 편도체에 마이크로 칩을 이식한 다음 외부에서 전기 자극을 가하면 두려움이 없는 '슈퍼 솔저'를 만들 수 있다.

그런가 하면 우리가 뇌에 대해 완전히 이해하지 못하는 상황에서 뇌를 조절하는 것은 예기치 못한 부작용을 가져다줄 가능성도 있다. 가령,

세계적으로 인정받는 연구 성과를 내고 싶은 욕심에 전두엽에 인지 증폭을 위한 마이크로 칩을 이식한 어느 수학자가 있다고 가정해보자. 그는 뇌 전기 자극을 통해 얻은 통찰력과 향상된 수학 능력을 바탕으로 많은 수학 난제를 풀어내겠지만, 전두엽 기능의 과도한 증강으로 인해 감정이 메마른 차가운 수학자가 되어버릴 수도 있다.

한편 뇌에 전기 자극을 가해 신체 기능을 향상시키는 '뇌 도핑'을 시도했다는 소식이 알려져 화제가 된 적이 있다. 2016년 헤일로 뉴로사이언스라는 미국 스타트업이 올림픽 대표 선수를 포함한 일곱 명의 프로 스키 점프 선수를 대상으로 경두개 전류자극 실험을 했더니 거짓 자극을 한 세 명에 비해서 '진짜 자극'을 받은 네 명에게서 자극 이후 점프력은 70%, 균형 감각은 무려 80%가 향상되는 결과가 나타났다고 한다. 물론 여러 가지 이슈가 있을 수 있다. 우선 이런 뇌 자극 기술을 장기간 사용했을 때 뇌에 어떤 변화가 생길 것인지에 대한 연구가 충분하지 않다. 당장 눈앞의 성적 향상을 위해서 위험을 감수하는 약물 도핑과 다를 바 없는 셈이다. 무엇보다 뇌에 인위적인 전기 자극을 가하는 것이 과연 윤리적으로 타당한지에 대한 논의가 필요하다. 특히 '뇌 도핑'은 선수 개인의 노력 없이 인위적으로 능력을 향상시키는 것이기 때문에 페어플레이 정신에 어긋난다는 지적이 많다. 또 현재의 기술로는 어떤 방법으로도 도핑 검사가 불가능하다는 점과 누구나 인터넷 쇼핑몰을 통해 쉽게 장치를 구입할 수 있다는 점도 많은 이의 우려를 자아낸다.

이러한 여러 가지 부작용에 대한 우려에도 불구하고 인류는 끊임없는 기술 개발을 통해 신체 일부를 공장에서 생산한 새로운 장기와 조직으로 대체하고, 뛰어난 정신적, 신체적 능력을 보유한 신인류로 진화하기를 꿈꾸고 있다. 인간은 이미 포스트 휴먼post-human으로 진화하기 위한 연구를 개시했고 특별한 계기가 있기 전까지는 멈추지 않고 나아갈 것이다. 우리는 뇌공학 연구가 인류에게 도움이 되는 방향으로만 나아가도록, 감시를 게을리해서는 안 된다. 그렇지 않으면 인류는 스스로가 만든 기술에 의해 자유와 행복을 잃어버릴지도 모르니까 말이다.

미래의 사회상

뇌공학 기술로 미래는 커다란 변화를 맞게 될 것이다. 이것이 거스를 수 없는 거대한 흐름이라면, 우리는 변화될 미래를 정확히 예측하고 미리 현명한 대응 방안을 만들 필요가 있다. 이런 측면에서 뇌공학자들이나 미래학자들이 예측하는 미래의 사회상을 들여다보아야 한다.

인공지능과의 경쟁 구도 본격화

일론 머스크는 뉴럴링크라는 스타트업을 설립한 배경에 대해 다음과 같이 밝혔다. "미래 인류는 인공지능이라는 거대한 도전에 직면할 것입니다. 인류가 인공지능과 맞서 싸울 수 있는 유일한 방법은 인간의 뇌를 인공지능과 결합하여 더 스마트한 인간이 되는 것밖에는 없다고 생각합니다." 소위 초지능hyper-intelligence이라고 불리는 증강인지 기술은 해외뿐만 아니라 국내에서도 중요한 R&D 주제로 다뤄지고 있다. 실제로 과학기술정보통신부에서는 2018년부터 '휴먼 플러스'라는 타이틀의 연구 프로젝트를 공모하며 연 20억 원 이상의 연구비를 투입하고 있다. 초지능 기술이 구현되면 개인의 노동 생산성이 향상되고 고령자의 은퇴 시기가 늦춰짐에 따라 노동 시장에서 대규모의 재편이 일어날 것이다.

인지능력 증강에 따른 인간의 계층화

인위적인 방법으로 인지능력을 증강하는 것이 가능해지면 강화된 사람들과 일반 시민들 간에 능력의 격차가 발생할 수밖에 없다. 또 개인마다 기술을 활용하는 정도가 매우 달라 기술성과 향유 계층이 한쪽으로 쏠리게 될 것이다. 심지어 어느 회사의 인지증강 기기를 사용하느냐에 따라 개인의 능력이 달라질 수도 있다. 극단적인 시나리오까지 작성해보자면, 능력이 강화된 사람들은 나이와 성별에 구애받지 않고 언제 어디서나 일할 수 있게 되며 능력이 강화되지 않은 사람들보다 상대적으로 우월한 사회적 지위를 차지하는, 대대적인 사회 구조적 변화가 발생할 가능성도 있다.

뇌공학을 활용한 신산업의 탄생

뇌공학 기술이 발전함에 따라 새로운 산업이 다수 생겨날 것으로 보인다. 대표적으로 언급되는 산업으로는 기억 조절(삭제) 서비스, 인지 증폭 서비스 등이 있으며, 뇌공학 기술과 가상현실 기술이 접목되어 보다 현실적인 체험을 가능케 하는 '완전 몰입형 가상현실 서비스'가 구현될 전망이다. 이뿐만 아니라 뇌공학 기술과 인공지능 기술의 만남은 가까운 미래에 교육이나 엔터테인먼트 분야에도 큰 파급 효과를 가져올 것이다. 예를 들어 인공지능 선생님이 학습자의 뇌 상태를 실시간으로 파악해서 개인 맞춤형 교육 콘텐츠를 제공한다면 어떨까? 맞춤 학습이 가능해지면 사교육 비용이 크게 줄어드는 등 교육 시장의 판도가 바뀔 수도 있다. 뇌공학 기술을 비롯한 생체공학 기술의 발전으로 의사 대신에 바이오닉스 기술자가 더 주목을 받는 등 선호 직업군의 재편도 이뤄지게 될 것이다.

강제적 사이보그화와 인간의 획일화

만약 브레인 칩과 같은 뇌 내 삽입형 마이크로 칩이 보편화되어 인간의 인지능력이 향상된다면 일부 직종에서는 업무 효율을 높이기 위해 직원에게 마이크로 칩 삽입을 강제하게 될 가능성이 있다. 이처럼 개인이 원치 않게 사이보그화가 진행될 경우, 엄청난 사회적 반발이 뒤따를 것이다. 아직 먼 미래의 일이지만 전자두뇌가 실제로 구현되어 인간에 이식되는 단계에 이르면 인간의 능력이 타고난 지적 능력이나 후천적인 노력에 의해서가 아니라 뇌에 삽입된 전자기기의 성능에 의해 좌우될 것이다. 결국, 모든 이들이 경쟁에서 살아남기 위해 뇌에 마이크로 칩을 삽입하는 극단적인 시나리오가 현실화될 수도 있고, 이 경우 인간 능력의 평등화와 다양성의 저해로 인해 또 다른 문제들을 양산할 수도 있다.

뇌공학 기술의 고도화로 인한 발전 가능성과 부작용 대응

뇌질환 치료 분야 및 뇌공학 관련 신산업 분야는 향후 막대한 부가가치를 창출할 가능성이 크다. 따라서 미국, 일본, 유럽 등 뇌공학 선진국과의 경쟁에서 뒤처지지 않도록 적극적으로 투자하고 원천 기술을 확보하기 위해 노력해야 한다. 그러나 동시에 뇌공학 기술이 가져올지도 모를 부작용도 생각해야 한다. 앞서 제시한 미래상들이 현재의 뇌공학 기술 수준만을 놓고 볼 때 다소 과장된 측면이 있는 것은 사실이지만, 이 가운데에는 한두 세대만 지나도 현실화될 가능성이 큰 시나리오도 있다.

뇌공학이 바꿀 우리의 미래에 선제적으로 대응하기 위하여 뇌공학 연구자뿐만 아니라 인문학자, 경제학자 등 다양한 분야의 전문가들이 함께 머리를 맞대고 사회 변화에 대한 대응책을 마련해야 한다. 특히 뇌공학의 발전에 따르는 다양한 부작용과 윤리적인 이슈를 해결하기 위해 철학이나 사회학 분야 인문학자 그리고 정책 입안자들이 함께 참여하는 윤리 연구가 장려되어야 한다. 이를 통해 새로운 뇌공학 기술이 완성되기 전부터 미리 기술의 영향력을 예상하여 다양한 상황에 대비할 수 있는 시나리오를 만들어야 할 것이다.

유전자가위,
맞춤형 아기를
탄생시키다

────────────── 유토피아와 반대되는 개념인 디스토피아는 존 스튜어트 밀이 1868년 영국 의회 연설에서 영국 정부를 비판하면서 처음 언급한 것으로 알려져 있는데, 이후 기술 문명에 의해 파괴된 '어두운 미래 세상'을 지칭하는 용어로 자주 사용되어왔다. 과학 기술 중에서도 특히 생명공학 기술은 이러한 문제에 단골 소재로 등장한다. 이후 1932년 출판된 올더스 헉슬리의 〈멋진 신세계〉와 1997년 영화 〈가타카〉까지 그 맥이 이어진다. 놀랍게도 영화 〈가타카〉가 그렸던 인간 유전자변형의 세계는 20년이 지난 현재 유전자가위 편집 기술을 통해 현실이 되고 있다.

유전자가위 편집 기술은 난치 희귀질환자들에게는 유토피아적인 희망을 부여하고 있지만 동시에 디스토피아의 세계로 이끄는 상징으로도 인식되고 있다. 그러나 유전자 편집 기술은 이미 우리에게 다가와 있고,

연이어 보고되는 경쟁적 연구와 시도로 짐작해보면 거부할 수 없는 흐름이 되어가고 있다. 따라서 기술이 갖는 유용성의 측면과 위험성의 측면 모두 성찰하면서 인류의 미래를 고민해야 할 시점이다.

운명적 패러다임의 전환

유전자 연구의 성과를 얻고도 우리는 유전자라는 것은 인간이 태어나는 순간 부여받은 일종의 낙인처럼, 그로 인해 유전병이 발생한다 하더라도 죽을 때까지 지니고 가야 하는 숙명과도 같은 것이라는 인식 속에서 살아왔다. 그런데 유전자가위라는 신기술의 등장으로 이러한 운명론적 패러다임이 전환점을 맞고 있다.

유전자 정보

유전자의 본질은 DNA라는 물질의 전달이며, 아데닌, 구아닌, 티민, 사이토신, 이 네 가지 핵산이 이중나선 구조의 형태를 이루어 유전물질을 구성한다. 또 중합효소 연쇄 반응 기술과 생어 서열 분석법, 차세대 염기서열 분석법 등을 통해 이 네 가지 유전물질이 어떠한 순서로 배열되어 있는지도 알게 되었다. 이를 통해 인간뿐만 아니라 지구상에 존재하는 많은 생물체의 게놈 서열을 분석하기에 이르렀고, 이것이 유전자 빅데이터를 구성하며 우리에게 많은 정보를 제공하고 있다. 이 정보는 유전자의 기능에 관한 정보일 수 있으며, 유전자 변이로 발생하는 질병에 관한 정보를 포함하기도 한다.

유전자 '고쳐 쓰기'의 기술인 유전자가위

유전자 편집 기술은 정확한 위치 파악 능력을 지닌 핵산 분해 효소를 이용하여 질병이나 형질에 관여하는 세포 내 유전자를 제거하거나 교정, 삽입함으로써 형질이나 질병의 변화를 꾀하는 기술이다. 말하자면, 불량 유전자를 제거하거나 유용한 유전자를 삽입할 수 있는 기술이다.

유전자 편집에 사용되는 도구는 소위 '유전자가위'로 불리는데, 현재까지 1세대 기술 징크 핑거 뉴클레아제ZFN, Zinc Finger Nuclease, 2세대 탈렌TALEN, Tranor Activator-Like Effector Nuclease, 3세대 크리스퍼CRISPR, Clustered Regularly Interspaced Short Palindromic Repeats 기술로 발전해왔다.

특히 3세대 기술인 CRISPR-Cas9이 2013년 국제학술지 〈사이언스〉에 소개된 이후로 유전자가위 기술의 발전은 혁명적으로 이루어지고 있다. 징크 핑거 뉴클레아제나 탈렌과 마찬가지로 3세대 크리스퍼는 미생물에 존재하는 생물 시스템을 유전자가위로 응용한 것이지만, 정확도가 극대화된 것이다. 크리스퍼 시스템으로 다양한 박테리아와 고세균에 존재한다는 것이 밝혀지면서, 이를 발굴해 다양한 유전자가위로 활용할 수 있게 되었다. 향후 우리가 사용할 수 있는 유전자가위는 계속 개발될 것으로 보이며 이를 통해 더 정교한 DNA 고쳐 쓰기가 가능해질 것으로 전망된다.

유전자가위 기술의 활용과 논쟁점

이러한 유전자가위라는 도구로 우리는 무엇을 할 수 있을까? 유전자가위가 활용되는 대표적인 응용 분야는 치료제 개발이다. 그러나 유전자가위 기술이 질병 치료를 위한 유전자 교정이 아니라 유전자를 강화하는 목적으로 사용된다면 많은 문제를 일으킬 수 있다.

유전자 교정을 통한 질병 치료

생명체는 외부 환경 자극이나 특정 물질에 의해서, 또한 자발적이고 우연한 사건에 의해서 지속적으로 DNA가 변화하는 특징을 보인다. 이는 생물 다양성과 진화의 근원적 힘이다. 하지만 생명체의 정상적인 생명 활동에 지장을 초래하는 변이, 즉 유전자 돌연변이는 인간에게 치명적인 희귀질환의 원인이 된다.

현재 유전자 돌연변이에 의한 희귀질환의 종류는 정확히 알려지지는 않았지만, 국내에만 1,066종이 등록되어 있고 약 50만 명의 환자들이 고통받고 있다. 희귀질환은 근본적인 원인은 유전자의 변이이므로, 잘못된 변이의 '고쳐 쓰기'에 의해서 근본적인 치료가 가능하다고 할 수 있다. 희귀질환에 대한 유전자 치료제의 개발이 이뤄지고 있는 가운데 특정 유전자를 매개로 하는 감염성 질환 및 암을 포함하는 난치질환에 대한 유전자 교정 치료법도 개발되고 있다.

현재 유전자가위 기술을 통한 치료가 활발히 이루어지고 있는 분야는 혈구세포 관련 질환이다. 에이즈 바이러스HIV가 백혈구의 일종인 T세포를 감염시킬 때 관문으로 작용하는 CCR5 유전자를 제거하여 T세포가 HIV의 감염에 저항성을 갖게 하는 치료제가 개발 중이다. 적혈구에 존재하는 베타-글로빈의 유전자 변이로 발생하는 악성 빈혈인 겸상적혈구빈혈증 치료 등에도 유전자가위 기술이 활용되고 있다.

이처럼 주로 혈관을 통해서 세포를 밖으로 적출하여 유전자 교정을 하는 체외 유전자 치료법과는 달리, 몸 안에 세포가 그대로 있는 상태에서 유전자가위를 전달하여 질환 세포를 교정하는 체내 유전자 치료는 기술적으로 더 어렵다. 체외 치료법의 경우는 치료의 대상이 되는 세포가 하나씩 독립되어 있고 조혈모세포의 경우처럼 제한된 수일 경우가 많다. 하지만 체내의 경우는 치료로 하는 대상 세포가 간, 뇌, 폐 등 조직의 형태로 이루어진 매우 복잡한 구조를 띠며 그 수도 아주 많다는 어려움이 있다. 즉, 유전자가위의 효율을 떠나 유전자가위를 대상 세포에 얼마나 잘 전달할 수 있느냐 하는 '유전물질(약물) 전달 기술'에 한계가 발생한다.

현재 가장 보편적인 전달 방법은 바이러스를 이용하는 것이지만, 전달할 수 있는 조직에 제한이 있고 유전자의 크기 및 안전성 등 해결해야 할 숙제가 여전히 많이 남아 있다. 이렇게 제한적인 상황에서 비교적 접근 가능한 조직인 근육과 간을 대상으로 하는 체내형 치료법이 개발되고 있다. 이런 방식으로 루게릭 등의 질병을 치료할 수 있을 것으로 기대되고 있다. 향후 관련 기술이 진화되면 유전자 치료 기회는 더 늘어날 것이다.

유용한 동물과 식물 창조

유전자가위의 또 하나의 활용 분야는 유용한 동물과 식물을 창조, 개발하는 것이다. 연구에 필요한 모델 동물을 만들어낼 수 있고 치료제 개발을 위한 동물도 제작할 수 있다. 2015년 조지 처치 박사 연구팀은 돼지의 유전체에 존재하는 레트로바이러스 유전자들을 모두 제거하는 데 성공했다. 돼지는 이식용 장기를 생산하는 동물로 사용되는데, 돼지에게서 생산된 장기를 이식하는 과정에서 사람이 레트로바이러스에 감염이 될 수 있는 위험성이 존재한다. 따라서 바이러스 유전자가 제거된 돼지를 이식용 장기 생산에 사용한다면 이러한 위험성이 사라지는 것이다. 이외에도 최근 유전자가위에 의해 미니돼지, 근육돼지 등이 등장하고 있다.

식물도 유전자 교정의 대상이 될 수 있다. 미국에서는 최초로 유전자가위에 의해 유전자를 교정한 식물이 상업화되었다. 바로 버섯이다. 버섯은 수확이 된 후 쉽게 갈변되는 농산물 중 하나다. 그런데 이러한 갈변은 폴리페놀산화효소에 의해 촉진된다. 유전자가위로 PPO 유전자를 제거한 버섯은 수확 후에도 오랜 기간 갈변되지 않는 특성을 보인다. 이는 수확 후의 저장 및 운송 비용을 낮출 수 있고 소비자의 손에 들어갈 시점에 상품성을 높일 수 있다는 장점이 있다. PPO 유전자가 제거된 사과도 개발되었다. 또 펙틴 분해효소가 제거되어 잘 무르지 않는 토마토의 개발도 이루어지고 있다.

조작된 유전자를 다음 세대에 높은 효율로 넘겨주는 '유전자 드라이브' 개념도 있다. 말라리아나 뎅기열을 옮기는 모기를 이런 방식으로 소멸시켜 관련 질병을 근본적으로 막을 수 있다는 개념으로, 기술적 가능성에 대한 긍정적 논문이 보고되고 있다. 다만, 세대를 거쳐 입증된 것은 아니며, 생태계 교란 등의 문제점을 놓고 과학계 안팎에서 찬반논쟁도 있다. 이처럼 유전자가위에 의해 개발된 동식물이 손에 꼽을 수 있을 정도로 적고 관련된 쟁점들에 여러 논쟁이 일어나고 있지만, 이에 관련된 연구는 계속 확대될 것이다.

맞춤형 아기와 디스토피아

유전자가위의 활용과 관련하여 가장 민감하게 다루어지는 이슈는 '맞춤형 아기'다. 유전자가위 기술이 소개되기도 전인 1997년에 상영된 영화 〈가타카〉에 이러한 소재가 상상력만으로 다루어졌다는 사실은 매우 놀랍다. 이 영화에서는 유전자 조작으로 태어난 사람들이 사회 상층부를 이루고, 그렇지 않은 사람들은 열등하게 취급되며 사회 하층부로 밀려나는 디스토피아 미래를 그리고 있다. 유전자가위 기술을 몰랐던 과거에 제작된 이 영화가 유전자가위 기술에 대해 알고 있는 현재의 우리에게도 적잖은 메시지를 주고 있는 점은 의미심장하다. 즉, 유전자가위를 치료 목적이 아닌 형질 강화를 위해 활용할 여지가 있음을 말해주고 있다. 예를 들면, 인위적으로 세계적인 운동선수를 만들기 위해 근육 관련 유전자를 조작할 수 있고, 특수 요원을 만들기 위해서 고통을 느끼는 데 관련된 유전자를 제거할 수도 있다.

현재 많은 국가에서는 윤리적 문제뿐 아니라 기술적 안전성 측면에서 배아, 수정란 또는 생식세포에 유전자 교정을 가하여 출생까지 이어지게 하는 것을 법으로 금지하고 있다. 이런 가운데 2018년 11월 홍콩에서 열린 국제 컨퍼런스에서 중국의 허젠쿠이 남방과학기술대 교수가 세계 최초로 유전자 편집 아기를 출산하는 데 성공했다고 발표하면서 전 세계에 충격을 주었다. 그는 CCR5 유전자가 제거돼 에이즈 저항성을 가진 아이를 태어나게 하는 실험을 단행했으며, 실제 에이즈 질환을 앓고 있는 아버지와 정상 어머니와의 사이에서 얻은 수정란을 편집해 쌍둥이 여아를 탄생시켰다.

이 사건은 우리에게 중대한 의미와 해결해야 할 숙제를 던져주었다. 무엇보다, 인간이 의도한 대로 '고쳐 쓰기'가 된 사람이 인류 최초로 탄생했다는 점이다. 상상이 아니라 현실적으로 가능한 일이라는 것이 확인된 셈이다. 다시 말하면 자연이 허용하는 대로 정해진 유전자를 갖고 태어나야만 했던 인류가 자신의 지적 능력을 활용하여 자연 설계가 아닌 지적 설계로 조작된 인간이 태어나도록 만들 수 있게 되었다는 것이다.

그러나 이 아기는 HIV에 대한 저항성은 갖게 되었지만, 암을 발생시키거나 다른 유전질환을 가져올 수 있는 유전자의 변형이 동시에 발생했는지는 검증되지 않았다. 또 이것은 인간의 존엄성 및 자유, 자기결정권, 평등이라는 가치들을 훼손시키는 매우 중대한 문제를 제기하고 있다. 향후 생식세포의 유전자 교정 외에는 근본적 치료법이 없다고 판단되는 질병에 대해서 수정란 교정이 허용되는 사회가 되었을 때, 치료와 강화를 어떻게 구분하여 규제할 수 있을 것인가? 인류가 개발한 유용한 도구로서의 유전자가위가 인류를 디스토피아의 세계로 이끄는 무기로 탈바꿈되지 않도록 사회적 논의, 관련 제도의 보완, 일반 대중의 인식 제고 및 교육 등이 뒷받침되어야 한다.

유전자가위 편집 기술 허용과 규제

유전자가위 기술을 활용한 치료에 대해서는 많은 국가에서 충분한 규제나 가이드라인을 갖추지 못하고 있다. 또 관련 연구가 빨리 진행되면서 유전자가위 편집 기술을 어디까지 허용해야 하느냐에 대한 규제 논쟁도 커지고 있다. 미국, 영국, 일본 등에서는 희귀난치병 치료를 위해 배아에 관한 기초 연구를 허용하고 있고, 특히 중국에서는 관련 규정이 없어 연구가 가장 활발히 진행되고 있다. 물론 앞서 언급한, 중국의 허젠쿠이 사태가 부른 생명윤리 논란은 2019년 3월 세계 7개국 18명의 생명과학자 선언으로 이어진 바 있다. 이들은 국제 학술지 〈네이처〉에 향후 최소 5년간 인간 배아의 유전자 편집 및 착상을 전면 중단하고 이를 관리·감독할 국제기구를 만들어야 한다는 내용의 공동성명서를 발표했다. 그러나 이러한 선언이 구속력을 지닌 것은 아니어서 관련된 연구의 시도는 계속 이어지고 있다.

우리나라의 경우, 생명윤리법 제47조 제3항에서 생식세포, 배아, 수정란의 유전자 편집 연구 자체를 엄격히 금지하고 있다. 일부에서는 이에 대해 유용한 도구로서의 유전자 편집 기술 활용을 과도하게 규제하는 측면이 있다고 주장한다. 이에 따라 중국의 사태처럼 과학자의 과학 윤리에만 맡겨둘 것이 아니라 근본적으로 규제해야 한다는 의견과 아기의 탄생까지는 막되 배아나 생식세포의 교정 연구는 기술 발전을 위해 허용해야 한다는 의견이 맞서는 상황이다. 현재 정부는 이러한 두 측면을 고려하여 관련 법안의 개정을 논의하고 있다.

미래 사회와 유전자가위 기술의 건강한 접목

현실과 가상이 어우러지는, 이른바 4차 산업혁명의 물결이 거세게 몰려오고 있다. 한동안 알파고와 이세돌의 대결로 세간의 관심을 끌었던 인공지능의 힘은 이제 우리의 일상으로 성큼 다가오고 있다. 또 생명 정보를 분석하는 생물정보학의 발전과 동시에 이것이 질병의 진단 및 치료에 크게 활용될 것이라는 기대를 낳고 있다. 실제로 난치성 질환에 관련된 특정 유전 정보 분석에 관한 연구 논문이 〈네이처〉나 〈사이언스〉에 심심치 않게 게재되고 있다. 또 유전체 분석 단가가 100만 원 수준 이하로 내려왔고, 향후 관련 제도적 장벽이 제거된다면 모든 사람의 게놈 분석이 이루어져 유전체 기반 헬스 산업이 폭발적으로 성장할 것으로 예측된다.

이러한 유전 정보는 미래에 가장 주요한 빅데이터가 될 것이고 사물들과 사람들이 모두 유기적으로 연결되는 4차 산업혁명의 시대에서 사람의 생체 정보와 이를 디지털로 변환한 신호는 사물인터넷의 핵심 요소가 될 것이다. 그리고 유전자가위라는 변환 기술을 통해 유전체 기반 네트워크가 정적인 것이 아닌 변형 가능한 매우 동적인 네트워크의 성격을 갖게 될 것이다.

이제 인간의 유전자는 태어날 때의 상태를 그대로 갖고 가는 숙명적인 것이 아닌, 필요하다면 적극적으로 변형할 수 있는 유연한 것으로 변화하고 있다. 물론 이러한 개념을 실현하기 위해서는 아직 극복해야 할 기술적 난제들이 남아 있고, 제도 및 가치관의 재정립도 필요하다. 이 과정에서 많은 윤리적인 질문들이 우리에게 쏟아질 것이다. 이러한 문제를 잘 극복한다면 미래에는 더 편하고 안전한 건강사회가 펼쳐질 것이다.

증강현실,
시공간을 초월하는
증강휴먼을 낳다

스마트폰은 가상과 현실을 오가는 양방향 창의 역할로 자리를 잡아가고 있다. 애플의 아이폰과 함께 시작된 스마트폰 시대는 지난 10여 년 동안 우리 일상을 완전히 바꾸어놓았다. 초연결성과 초지능화를 특징으로 하는 4차 산업혁명의 물결이 온라인과 오프라인의 경계를 허무는 가운데 인터넷 플랫폼과 스마트폰을 기반으로 정교하게 연결되는 새로운 세상이 되고 있다. 스마트폰에 탑재된 GPS와 나침반, 카메라 등 각종 센서는 현실과 가상의 융합을 가속화하고 있다.

스마트폰의 혁신을 통해 마크 와이저가 꿈꾸던 유비쿼터스 컴퓨팅의 시대, 말 그대로 언제 어디서나 누구나 상호접속이 가능한 시대가 구현되고 있다. 이와 함께, 움직이면서 컴퓨팅 자원을 활용하는 시대의 새로운 미디어로서 가상·증강현실이 재조명되면서, 가상세계로 확장된 공간에서 신체적, 지적, 사회적 능력을 강화해가는 증강휴먼Augmented

Human에 대한 관심도 점점 커지고 있다.

가상·증강현실의 재조명

1980년대 중반 재론 래니어에 의해 사용되기 시작한 가상현실의 세 가지 핵심 요소는 첫째, 컴퓨터로 '상상의 공간이나 콘텐츠'를 실감이 나도록 만들고, 둘째 사용자에게 '몰입감'을 느끼게 하며, 셋째 가상의 감각(시각, 청각, 촉각, 후각, 미각, 운동감 등)을 통해 '상호작용'하도록 하는 것이다. 한편 1990년대 초반 보잉의 토머스 코델은 현실공간에 가상공간을 유기적으로 연동하고 3차원적으로 결합하여 현실을 시공간적으로 확장할 수 있게 한다는 차원에서 증강현실을 소개했다. 이후 1997년 로널드 아주마 등이 가상과 현실의 연동, 실시간 상호작용, 3차원 결합 등을 증강현실의 필수 요소로 정의한 바 있다.

가상현실과 증강현실은 1990년대에 미국을 중심으로 집중적인 투자와 연구가 이뤄졌지만, 기대 수준에 도달하지 못한 채 관심에서 멀어졌다. 그러나 사물인터넷, 빅데이터, 인공지능, 실감 콘텐츠, 실감 상호작용 등 관련 기술의 발달로 기술 활용에 대한 기대가 다시 높아지고 있다. 특히 현실 공간을 배경으로 3차원 가상 이미지를 덧붙임으로써 현실을 확장시키는 증강현실은 군사, 의료, 교육, 광고, 커머스, 게임, 놀이, 전시, 관광, 제조 등 일상생활의 다양한 영역으로 폭넓게 적용될 것이다. 이렇듯 가상·증강현실은 디바이스나 유·무선통신 산업뿐만이 아니라 다양한 응용 콘텐츠, 서비스 및 3차원 지도 기반의 소셜미디어 플랫폼 산업의 신규 시장을 창출하는 데도 활용된다. 하지만 현재까지 소개되고 있는 대다수 응용 서비스가 현실-가상 연결 중심의 정적 정보 제시 또는 시각증강 기술의 가능성을 보여주며 일회성 호기심을 불러

일으키는 데 그치고 있는 것도 사실이다. 이제 가상·증강현실은 단순히 '현실의 유한성을 뛰어넘는 놀이'로서의 기술적 기능에서 벗어나 교감과 공감적 가치를 구현해야 할 것이다.

가까운 미래에 구현될 증강현실

그렇다면 2020년에 증강현실은 어떤 모습으로 우리를 기다리고 있을까? 먼저, 스마트폰 기반의 다양한 증강현실 저작 도구의 보급으로 누구나 쉽게 증강현실을 경험할 수 있게 될 것이다. 그리고 스마트폰에 탑재되는 3차원 카메라를 활용하는 응용 서비스가 다수 등장할 것이다. 이런 변화 속에서 안경 형태를 비롯해 새로운 스마트폰 폼팩터에 대한 요구가 증가함과 동시에 증강현실의 활용 가능성에 대해 주목하는 원년이 될 것이다.

증강현실에 대한 기술적 이해: 현실–가상공간의 소통

현실–가상공간에서 정보나 콘텐츠 공유는 어떻게 가능할까? 해답은 IoT, 5G, 인공지능 등 관련 기술의 통합적 활용에 있다. 먼저, IoT나 각종 센서를 통해 정보를 수집하고, 5G를 통해 해석한 정보와 맥락을 3차원 지도를 매개로 관리하면 현실–가상 간 공유가 가능해진다. 즉, 현실공간의 변화는 각종 물리 센서나 IoT를 통해 획득하고 처리하여 맥락 정보의 형태로 연결된 가상 객체에 제공하고, 동시에 가상공간의 맥락 정보는 현실 객체(공간·장소, 모바일 단말기 등)에 제공하여 가상과 현실이 연결된다. 이제 현실에 3차원 지도를 자연스럽게 증강하면 현실에서 가상을 체험하거나 다양한 연관 정보나 콘텐츠를 현실공간으로 소환할 수 있게 된다. 현실 공간에서 3차원 지도를 증강하기 위해서는 현실의 좌표계와 가상세계(3차원 지도) 좌표계를 일치시키면 된다.

증강현실 저작 도구를 통한 다양한 경험

스마트폰 기반의 다양한 증강현실 저작 도구는 증강현실을 쉽게 체험할 수 있게 한다. 2011년 퀄컴이 증강현실 개발용 소프트웨어 툴인 뷰포리아를 배포하여 모바일 환경에서 증강현실을 쉽게 체험하는 길을 연 데 이어 2017년 소개된 애플 AR키트, 구글 AR코어, 아마존 수메리안 등은 그동안 전문가의 영역이라고 여겨진 가상·증강현실 콘텐츠 저작의 문턱을 낮추고 있다.

가령, 애플의 AR키트나 구글의 AR코어는 별도의 장치 없이 스마트폰에 내장된 카메라와 모션 센서 등을 활용하는 시각-관성 이동거리측정법Visual-Inertial Odometry을 사용하는데, 현실 공간을 측정해 3차원 지도로 재구성한 뒤 스마트폰의 위치와 자세를 추적해 현실 공간에 대응하는 3차원 지도로 증강하는 것이다. 동시에 현실 공간 광원의 위치를 추정하여 가상 콘텐츠에 그림자를 붙이거나 표면 특성을 변화시키는 등의 방법으로 가상 콘텐츠의 사실감을 높여서 이음매 없는 결합을 가능하게 만든다.

이처럼, 다양한 저작 도구의 등장은 콘텐츠 확산을 가속화할 것이다. 예를 들어, 아마존웹서비스가 발표한 수메리안은 아마존 인공지능을 탑재한 대화형 아바타도 만들 수 있고 스크립트를 사용해 애니메이션을 저작할 수도 있다. 끌어서 놓기Drag & Drop 방식으로 3차원 증강현실 콘텐츠를 현장에서 바로 저작하는 것도 가능하다. 조만간 쇼핑, 교육, 의료, 게임, 여행 등 다양한 영역에서 새로운 가상·증강현실 콘텐츠를 누구나 직접 만들고 경험할 수 있을 것이다.

응용 서비스의 다양화

최근 스마트폰에 탑재되고 있는 3차원 카메라를 활용하면 재미있고 유용한 응용 서비스도 가능해진다. 예를 들어, 애플의 아이폰X의 전면에 탑재된 트루뎁스 카메라를 이용하는 페이스ID는 2D 기반의 기존 안면인식 기능을 개선해 실제 사람의 얼굴을 3D로 분석하고 2D 영상과 정확히 구분할 수 있다. 트루뎁스 카메라는 적외선 카메라, 투광 조명, 도트 프로젝터 등으로 이뤄져 있다. 도트 프로젝터는 적외선 카메라로 사용자의 얼굴을 3차원 형태로 측정한다. 사용자의 안면을 측정해 인식한 데이터는 내장된 인공지능 머신러닝 툴인 뉴럴 엔진을 통해 학습되고, 안경, 모자, 가발, 화장 등 기존 안면 인식 방식이 적용 불가능한 환경에서도 사용자를 정확하게 인식하는 것이 가능하다.

애플 아이폰11에는 후면에도 3D 카메라 기능을 적용한다. 이러한 기능은 구글이 탱고 프로젝트에서도 시도한 바 있다. 탱고폰은 세 개의 후면 카메라와 다섯 개의 내장 센서를 활용해 3차원 환경을 재구성하고 거리를 측정한다. 첫 번째 카메라는 일반 이미지를 찍고, 두 번째 적외선 카메라는 현실공간의 심도를 측정하고, 세 번째 카메라는 사물의 명암을 파악한다. 동시에 현실 공간의 특징을 인식할 수 있는 영역 학습 기능을 갖추고 있어 증강현실을 실현할 기본적인 기능을 갖추고 있다.

이처럼 후면에 배치된 3차원 카메라로 무엇을 더 할 수 있을까? 우선, 현장에서 바로 거리를 측정하거나, 드론에 탑재해 현실 공간에 대응하는 '디지털 트윈'을 실시간으로 3차원 모델링할 수 있다. 빌딩을 3차원으로 모델링하면 3차원 지도에 기반을 두고 길 안내 서비스를 증강현실 방식으로 제공하는 것이다. 또 집 안을 3차원으로 모델링하면 구입하려는 가구를 사전에 배치해보는 것이 가능하고, 실내에서 성벽 또는 숲이 등장하는 가상·증강현실 게임을 실행해 거실을 상호작용이 가능한 혼합 현실 세계로 바꿀 수 있다. 인체를 스캔함으로써 의복 착용, 화장, 운동, 수술 등의 다양한 시뮬레이션에 활용될 수도 있다.

일상생활에서의 활용

의료 분야에서는 가상·증강현실 기술을 통해 고소공포증이나 비행 공포증 같은 불안장애 및 외상 후 스트레스 장애를 치료할 수 있으며, 다양한 수술 과정을 교육할 수도 있다. 이뿐 아니라 환경이나 방재 등의 영역에서도 활용할 수 있다. 대기 오염이나 방사능 오염의 농도, 지진이나 수해의 피해 상황을 현실 세계에 가상적으로 펼쳐 보임으로써 관련자들이 최적의 판단을 할 수 있도록 지원하는 동시에 결정된 내용을 일반 사용자들이 직관적으로 이해할 수 있도록 제공하는 것이다.

지진이나 화재에 대비해서는 가상의 화염이나 연기, 사람들의 피난 행동 등 예측 시뮬레이션 결과를 현실 세계와 연관 지어 소방관의 활동이나 일반인 피난 유도 훈련에 활용한다. 태풍이나 홍수 등 풍수해 경우에도 침수, 단전, 정전 등을 예측해 피난을 유도한다. 그 외에도 신종 인플루엔자 등 전염병 재난 상황에서 확산 경로를 현실 세계에 직접 재현할 수도 있고, 대응책을 직접 제시하여 대피 유도에 유용하게 활용할 수 있다.

증강휴먼의 도래

수십억 개의 지능을 가진 스마트 디바이스가 초당 페타바이트로 서로 연결되고, 사실감 높은 가상·증강현실이 일상화된 미래에 인간은 어떤 모습일까. 두 가지를 전망해볼 수 있다. 하나는 모든 기능을 컴퓨터에 의존하는 무기력한 중독자의 모습이다. 또 하나는 가상·증강현실 기술을 활용하여 육체적, 지적, 사회적 능력을 강화해 정보, 지식, 경험 등을 보다 적극적으로 공유하고 교류하는 '아이언맨' 같은 새로운 증강휴먼의 모습이다.

육체적 · 지적 · 사회적 능력 강화

현실과 가상이 공존하고 인공지능과 연결된 현실의 모든 것이 스마트폰뿐 아니라 스마트안경이나 의복 또는 신체에 부착되거나 내장된 스마트 기기와 결합하면, 시공간의 한계가 사라지고 사람들의 능력이 확장될 수 있다. 예를 들면, 안경을 착용함으로써 시력을 높이듯이 증강현실용 안경을 쓰면 다양한 공간과 중첩할 수 있고, 관련 정보나 콘텐츠를 부가적으로 활용하면서 인간의 육체적·지적 능력을 강화할 수 있다. 또 물리적으로 멀리 떨어져 있는 가족, 친구, 동료 등을 내 눈앞으로 직접 불러와 보다 실감이 나고 현장감 넘치는 대화, 놀이, 교육, 회의, 교류, 협력 등이 가능해진다.

전인적 · 정량적 자아의 구성

스마트폰에 탑재된 에이전트는 여러 센서의 신호를 장기간에 걸쳐 지속적으로 수집 및 분석하여 신체 상태, 감정 상태, 사회적 관계 상태, 디지털 소비 등으로 구성된 '전인적·정량적 자아'를 구성할 것이다. 전인적·정량적 자아는 스마트폰에 내장된 각종 센서와 앱으로부터 사용자 정보를 축적하고, 주변 환경에 설치된 다양한 센서로부터 환경의 변화를 수집해 환경에 대한 맥락 정보를 생성한다. 이를테면 해석된 사용자 및 환경 맥락 정보와 카메라를 포함한 3차원 센서를 활용해 인식한 목표 대상물에 관련된 정보를 넘겨받아 현실공간의 대상물에 덧붙여 재현하는 방식이다.

'눈치 있는 인터페이스'와의 협업

스마트폰 같은 개인화 기기가 사용자를 오랜 시간 관찰함으로써 생각, 감정, 행동을 분석해 정량적 자아를 만들 수 있다면, 사용자의 직접적인 요구 외에도 암묵적인 요구나 필요에 대응하며 필요한 정보나 콘텐츠를 훨씬 더 빠르게 제공할 수도 있을 것이다. 사물인터넷, 빅데이터, 인공지능 등과 연동된 '눈치 있는 인터페이스'가 제공된다면 가상과 현실의 벽을 허무는 데서 그치지 않고, 사용자의 능력을 확장하는 새로운 개인화 미디어가 등장하게 될 것이다. 사용자를 이해하는 개인화된 에이전트는 사용자의 행동과 반응을 감시할 뿐만 아니라, 사람을 대신해 다른 에이전트와 협상하며, 합리적인 선택이나 결정을 하는 데 필요한 대안을 제공할 것이다.

'인간적인' 증강휴먼을 위한 전제

가상·증강현실 시대의 도래는 낙관적인 전망과 함께 현실 세계와 가상세계의 공존에 따른 혼동, 과몰입이나 중독, 현실 세계의 사회 관계 단절로 나타나는 인간 소외 등 여러 부작용에 대한 우려를 낳고 있다.

이러한 우려가 현실이 되지 않게 하려면 인간, 가상 객체, 인공물 등이 공존하고 시공간 한계가 사라지는 현상에 대해 사용자 차원에서 대비해야 한다. 사회적으로 경험을 공유하면서 인간이 지닌 능력을 확장할 수 있는 주체적인 증강휴먼의 시대를 준비하는 것이 매우 중요하다.

행복한 증강휴먼 시대를 위한 과제

때때로 기술은 위험을 내포하기도, 인간을 압도하기도 한다. 또 기술 중독에 빠진 인간은 사회에서 고립되거나 소외되기도 한다. 즉, 기술을 지나치게 사용하거나 의존하면 능력이 확장되는 것이 아니라, 아바타와 같은 수동적인 삶을 살게 되거나 모든 기능을 컴퓨터에만 의존하는 무기력한 중독자가 될 수도 있다.

핵심 기술 개선 및 개발

일상생활에서 증강현실을 활용하려면 핵심 기술을 개선하고 이를 증강현실 플랫폼과 저작 도구에 통합적으로 적용해야 한다. 특히 '환경 맵을 생성하는 동안 여러 관심 객체의 실시간 인식 및 추적', '사용자의 명시적인 요청을 인식하고 처리하는 것 외에도 암시적인 요구, 의도, 감정 등을 이해하고 처리하는 유기적 사용자 인터페이스', '즉각적으로 제때 이뤄지는 정보 시각화', '증강 텔레포테이션, 즉 증강된 현실공간으로의 순간이동 시 멀티모달 상호작용 및 협업' 등이 핵심 이슈다. 이런 이슈를 해결해야만 사용자가 늘어나고 사용자들이 서로 경험을 공유하면서 관련 생태계가 안정적으로 만들어질 것이다.

산학연 협력 대응 체계 구축

미래 시장을 선점할 발판을 만들기 위해서는 국가적 차원의 지원과 좀 더 체계적인 산학연과의 공동 대응이 필요하다. 특히 전자, 전산, 기계, 인간공학, 디자인, 문화 기술, 심리, 정보과학 등 다양한 분야를 아우르는 융합 연구를 위해서는 상대적으로 인적, 물적 교류가 자유로운 대학이나 제3의 지역에 가칭 '증강휴먼연구소'를 설립하고, 이를 공동 연구의 허브로 삼을 필요가 있다.

증강휴먼연구소에서는 가상현실 및 증강현실 분야의 국내외 우수한 산학연 연구 인력을 유치하고 교육해, 원천 기술 및 특허를 확보하고 향후 공동으로 활용할 수 있도록 해야 한다. 일상에서의 가상·증강현실의 활용과 증강휴먼 지원을 위해서는 현실 세계 인지 및 모델링, 실감 콘텐츠 저작, 실감 상호작용 및 협업, 혼합현실 체험, 맥락인지 기반 지능형 에이전트 등을 위한 소프트웨어와 하드웨어 핵심기술의 통합적 연구가 우선 필요하다. 나아가 CPND(Contents, Platform, Network, Device)의 통합적인 표준화, 서비스 기반 구축, 실증 등도 요구된다.

윤리적·사회적 문제 예방연구

융합된 세상에서는, 인간들로 하여금 스스로 현실에서 불가능한 심리적 만족감을 얻게 할 수도 있을 것이다. 그러나 스마트폰보다 몰입성이 더 강한 존재로 인한 사회적 소통의 부재에 따른 정신적 피폐와 실제가 아닌 세상에서 나타날 수 있는 폭력성에 대해서는 경계해야 한다. 그뿐 아니라, 인지 부조화에 따른 멀미 등 사용 시의 안전성 검증이나, 과몰입, 중독, 가상과 현실의 혼동으로 인한 사회적 문제(사회적 고립·소외, 리셋·리플리 증후군 등)의 예방을 위한 대책도 필요하다.

2

삶의 변화

KAIST Future Strategy 2020

데이터 알고리즘 시대
인간의 삶

—————— 4차 산업혁명을 움직이는 핵심 동력이 컴퓨팅 파워의 발전과 빅데이터 그리고 알고리즘이라는 것에 대해서는 이견이 드물 것이다. 컴퓨팅 파워는 CPU에서 GPU로, 그리고 퀀텀 컴퓨팅의 상용화 단계까지 눈앞에 둘 만큼 빠른 속도로 발전하고 있다. 데이터 분야에서도 소셜미디어를 중심으로 서비스들이 플랫폼화되면서 기존에는 상상하기 어려웠을 정도의 많은 데이터가 축적되고 있다.

데이터가 4차 산업혁명의 원유에 해당한다면, 알고리즘은 원유를 정제해 활용하도록 처리하는 과정에 해당한다. 따라서 데이터와 알고리즘은 분리될 수 없고, 서로 합쳐져 작동 원리를 만들어낸다. 우리는 이러한 데이터 알고리즘의 강력한 힘을 최대한 활용해 전 산업 영역에서 혁신이 일어날 수 있게 해야 한다. 그러나 동시에 데이터 알고리즘의 잠재적인 위협을 통제하고 우리 삶에 유익한 방식으로 활용될 수 있도록 각별한 노력을 기울여야 한다.

데이터 알고리즘은 4차 산업혁명의 추동력

알고리즘은, 데이터를 입력 값으로 할 때 규칙과 절차에 따라 원하는 결과 값을 출력해내는 일련의 작동 원리라고 할 수 있다. 이러한 알고리즘은 앨런 튜링과 존 매카시, 마빈 민스키 등의 선각자들에 의해 발전해 왔다. 컴퓨팅 파워의 발전, 데이터의 축적, 알고리즘의 발전은 인공지능이라는 고도화된 데이터 알고리즘으로 발전하게 된다.

이런 데이터 알고리즘은 이전의 알고리즘과 크게 차별화되는 부분이 있다. 이전의 알고리즘은 데이터가 증가함에 따라 성능이 높아지다가 어느 정도 수준에 이르면 데이터가 아무리 늘어나더라도 더 높아지지 않는다. 이때 성능을 더 증가시키려면 인간이 개입하여 알고리즘을 수정하고 보완하여 다시 적용해야만 했다. 반면에 현재의 고도화된 데이터 알고리즘은 데이터가 늘어남에 따라 자체적으로, 또 지속적으로 성능이 높아진다. 따라서 데이터가 늘어나면 늘어날수록 알고리즘 자체도 고도화된다.

이렇게 고도화된 데이터 알고리즘은 삶의 모든 영역에서 그 영향력을 확대해가고 있다. 금융에 적용돼 핀테크가 가능하게 되었으며 수많은 센서에서 발생하는 많은 데이터를 효율적으로 처리할 수 있게 되면서 IoT와 스마트공장이 가능하게 되었다. 데이터 알고리즘은 자율주행 등 스마트 모빌리티에서도 핵심적인 역할을 하고 있으며 넷플릭스와 같은 미디어의 개인 맞춤 추천 시스템에서도 강력한 성능을 증명해내고 있다.

이뿐만 아니라 1차 산업인 농업과 축산 분야에서도 데이터 알고리즘은 산업의 틀을 바꾸는 역할을 담당하고 있다. 일례로 미국의 스타트업

클라이밋 코퍼레이션Climate corporation은 농장에서 발생하는 각종 데이터를 수집, 데이터 알고리즘을 통해 최적 농법을 찾아내고 이를 제공해 농가 수익 극대화를 시도하고 있다. 이처럼 데이터 알고리즘에 기반을 둔 기술은 이미 사회 곳곳에 스며들면서 영향력을 확대해나가고 있으며, 앞으로 인간의 삶에 더 큰 영향력을 끼칠 것으로 예측된다.

데이터 알고리즘 시대의 일자리

새로운 기술 혁신이 일어나면 기존의 일자리 체계에 변동이 온다. 처음에는 잔잔한 파문으로 시작하지만 곧 쓰나미처럼 거대한 물결이 된다. 1차 산업혁명은 증기기관에, 2차 산업혁명은 전기, 3차 산업혁명은 정보통신에 기반을 두고 있다. 통상적으로 일자리의 개수는 정해져 있으므로, 산업혁명 단계를 거치면서 기술 진보에 따른 생산 방식의 변화가 궁극적으로 사람들의 일자리를 사라지게 할 것이라는 예측이 지배적이었다.

그러나 이러한 '노동량 불변의 오류'는 명칭 그대로 잘못되었음이 입증되었다. 다만 새로운 기술에 사회가 적응해나가는 데는 오랜 시간이 필요한 것이 사실이다. 1차 산업혁명의 근간이 되는 역직기力織機는 1810년에 개발되었다. 하지만 숙련된 기술자가 부족했기 때문에 섬유 산업이 발전하는 데는 35년이라는 시간이 걸렸다. 농업 등 기존 산업에서 넘어온 인력들을 수용할 만큼 발전하는 데 한 세대가 넘는 시간이 걸린 셈이다.

결국 데이터 알고리즘에 기반을 둔 4차 산업혁명에서도 근로자들이 새로운 일자리를 찾아낼 것이라는 주장도 많지만, 이것은 근거가 부족한 추측일 수 있다. 앞서 언급한 것처럼 새로운 기술에 일자리 체계가 적응하는 데는 많은 시간이 필요하다. 긴 역사의 흐름 속에서 보면 점과 같이 보이는 찰나의 시간일지라도 그것이 수십 년, 혹은 그 이상이라면 당장 그 세대를 살아가는 사람들에게는 감내하기 힘든 고통이 될 수 있다. 그리고 1차 산업혁명에서 3차 산업혁명까지는 계속 사람과 함께하는 작업 패턴을 고수했다. 투입된 노동력의 최적화, 효율의 극대화에 초점을 맞추고 있었다. 하지만 4차 산업혁명은 사람을 줄이는 것을 넘어 거의 배제한다. 데이터 알고리즘의 판단 능력이 고도화되어 사람이 작업 과정에서 완전히 배제될 수 있게 되었고 점점 더 그런 방식으로 빠르게 전환되어가고 있다.

그렇게 큰 금액의 인상이 아님에도 불구하고 최저임금 인상에 따라 자동화의 물결은 더욱 가속화되고 있다. 김밥을 싸는 기계까지 보급될 정도다. 무인점포가 시범 서비스를 하고 있으며 엄청난 크기의 생산 공장에서도 사람을 거의 찾아보기 어려울 정도로 자동화가 진전되어가고 있다. 이런 식으로 데이터 알고리즘에 기반을 둔 자율 가동 모델은 사회를 더 안전하게 하고 더 높은 생산 능력을 제공하며 그 외에도 기존에 가능하지 않았던 많은 편익을 제공할 것이다. 그러나 그런 편익에 익숙해져서 인간의 노동력을 모든 산업 단계에서 배제하면 어떻게 될까? 문제는 일단 우리가 그 단계로 들어가게 되면 이전 단계로 다시는 돌아갈 수 없다는 점이다.

따라서 인간과 데이터 알고리즘 기반의 기술은 서로 공존하는 방향으로 가야 한다. 인간의 노동력을 완전히 대체 혹은 배제하는 방식보다는 인간의 노동력이 함께 참여하는 방식으로 데이터 알고리즘 기반의 기술이 설계되어야 한다. 또 그런 방식에 사회적 인센티브나 자원을 최우선으로 배분하여 기술 발전의 방향을 유도해야 한다. 동시에 사회에 필요한 많은 영역에서 인간이 주도적으로 참여하고 근로의 보람을 찾을 수 있는 방향으로 기술 발전이 이루어져야 한다.

데이터 알고리즘 시대의 그림자

개인은 신용도를 높이기 위해 대출을 관리하고 작은 납부 항목이라도 연체 정보가 쌓이는 일이 없도록 주의한다. 기업도 신용평가기관이 요구하는 기준에 부합하기 위해 1년 내내 노력하고 신용을 관리한다. 신용등급이 떨어지면 대출금을 회수당할 수 있고 다른 기업과 거래할 때도 많은 어려움을 겪기 때문이다. 이것은 이미 우리 생활이 데이터 기반 알고리즘의 영향을 많이 받고 있음을 보여준다.

데이터 알고리즘이 평가하고 통제하는 인간의 삶

앞으로 우리의 모든 삶은 데이터로 측정되고 평가될 것이다. 효율과 역량이 높은 개인이나 단체는 높은 평가와 대우를 받게 될 것이다. 반대의 경우는 사회의 자원에 대한 접근이 제한되고 악순환의 고리에 들어가서 주변부로 점점 더 밀려나게 될 것이다. 데이터 알고리즘의 성능이 극대화되면서 우리의 삶이 편리해지고 각 산업 영역에서 이전에는 상상할 수 없던 수준의 혁신이 일어나는 반면, 그만큼 큰 그림자가 생기고 어두운 면이 드러나고 있다.

미국의 지방 정부에서 활용하는 프레드폴PredPol이라는 순찰 지시 알고리즘 기술이 있다. 예를 들어 이전에는 경찰이 관할 지역을 주기적으로 순찰했다면, 프레드폴 시스템은 순찰할 특정 지역을 지시한다. 즉, 'A 경찰은 1-3 블록 지구를 오후 3시부터 4시까지 순찰하라고 지시하는 식이다. 프레드폴이 수집한 각종 데이터를 알고리즘으로 분석해 특정 시간, 특정 지역에서 범죄 발생 가능성이 있다고 판단하기 때문이다. 미국 경찰은 이 시스템을 활용하면서 기존보다 훨씬 적은 인원으로 순찰할 수 있게 되었으며 범죄 예방 효과도 매우 높은 것으로 전해진다.

앞으로 범죄율 경감을 위한 지능형 순찰 시스템에 지금보다 훨씬 고도화된 인공지능 기술이 적용될 것이다. 지금까지는 범죄 기록과 범죄자 분포 지역 등 수십, 수백 가지의 데이터 포인트를 분석했다면, 앞으로는 소셜미디어, 신용 정보 등 수천, 수만 가지의 데이터 포인트를 실시간으로 분석해 범죄 발생 가능 지역을 예측하게 된다. 프레드폴과 같은 순찰 시스템이 그렇게 고도화되면 범죄가 예상되는 시간과 장소에 미리 순찰 인력을 배치함으로써 잠재적 범죄를 막고 범죄율을 낮출 수 있게 된다. 그리고 지역 경내를 계속 순찰할 필요가 없어지기 때문에 훨씬 적은 인원으로 순찰 업무를 담당할 수 있을 것이다.

이는 데이터 알고리즘의 긍정적인 효과이지만 반대로 어두운 그림자도 생긴다. 과거에 인간이 일했던 방식과는 전혀 다른 패턴을 보이게 되는데 과거에는 인간이 할 일을 기계에 시켰다면 앞으로는 데이터 알고리즘이 판단하고 인간에게 지시를 내리는 방식으로 일을 처리하게 된다. 사람은 단지 인공지능 시스템의 지시를 받아 움직이는 수족처럼 작동하게 되는 것이다. 이러한 작업 방식은 경찰의 순찰 업무뿐만 아니라 다른 영역의 일하는 방식에서도 똑같이 적용될 것이다. 발생한 사고의 상당수가 휴먼 에러에서 발생하는 만큼 앞으로 지시와 통제의 권한은 데이터 알고리즘 기반의 고도화된 인공지능이 가지게 되고 인간은 그 지시를 따라 움직이는 현상이 강화될지도 모른다.

차등과 소외의 악순환 고리

　애초 좋은 의도를 바탕에 둔 계획과 달리 피해자나 피해 지역을 양산할 수 있다는 문제도 고려해야 한다. 앞서 예시한 순찰 시스템을 다시 살펴보자. 고도화된 지능형 순찰 시스템이 수백만 개의 데이터 포인트를 확인한 결과, A지구에서 범죄가 발생할 가능성이 크다고 판단되어 그 지역의 순찰을 늘린다. 그렇게 되면 경찰은 그 지역을 다른 지역보다 더 많이 순찰하게 되고, 그 결과 치명적인 범죄가 아니더라도 법에 위반되는 도로 무단횡단, 노상방뇨 등의 경범죄를 더 많이 적발하게 된다. 순찰을 늘림에 따라서 이렇게 경범죄 검거가 늘어나면, 이는 그 지역의 전체 범죄율 증가로 이어진다. A지구의 범죄율이 늘어나기 때문에 지능형 순찰 시스템은 그 지역 순찰을 계속해서 더 강화하게 된다. 그렇게 되면 자연스럽게 각종 경범죄를 처벌하게 되고 또다시 범죄율은 높아지게 된다.

　범죄율이 높아지면 그 지역에 대한 평판이 나빠져서 주택 가격이 하락하고 거리가 슬럼화되면서 범죄자 유입이 늘어날 수 있다. 슬럼화와 범죄자 유입에 따라 범죄율은 증가하게 되고 지능형 순찰 시스템은 이전보다 더 많이 순찰을 늘리게 된다. 이러한 것이 데이터 알고리즘이 유발하는 '악순환의 고리'다. 애초에 범죄를 예방하려는 좋은 의도에서 시작되었으나 시간이 지나면서 이와 같은 악순환 고리가 발생하게 되고 결국 한 지역의 슬럼화를 촉진하는 것이다.

　금융 상담을 위해 콜센터로 전화할 때도 이러한 일이 일어날 수 있다. 고객이 콜센터로 전화할 때 신용등급이 높은 고객일수록 전용 데스크로 더 빨리 연결되는 것은 지금도 시행되고 있다. 여기서 좀 더 고도화되면 데이터 알고리즘은 고객이 전화할 때 고객으로부터 파악할 수 있는 모든 정보를 분석해 더 많은 수익 창출이 예상되는 고객부터 상담원과 곧바로 연결해준다. 고객 등급에 따라 서비스 순서에 차등을 두는 방식이다. 이런 방식은 앞으로 콜센터 업무뿐만 아니라 많은 영역에 적용되고 우리는 가진 것이 많은 사람에게 우선권이 주어지는 데이터 알고리즘의 작동 방식에 적응해야 할 것이다.

이는 비행기에서 이코노미석 승객 서비스와 비즈니스석 승객 서비스가 다르더라도 우리가 이의를 제기하지 않는 것과 비슷한 맥락이다. 좌석 등급이 높은 손님에게 더 넓은 자리, 고급 식사, 더 나은 서비스가 제공되는 것에 대해서는 모두 인정한다. 그런데 문제는 이러한 부가적 서비스가 아니라 생명을 다투는 응급 상황에서 발생한다. 응급 상황이 발생해 비행기에서 빨리 대피해야 할 때도 비즈니스석 손님이 먼저 내리는 방식이라면, 그것은 문제가 될 수 있다. 단지 돈을 더 냈다고 해서 생명에 우선권이 확보되는 것은 아니기 때문이다.

데이터 알고리즘의 영역 또한 마찬가지다. 미래 이익 가치가 큰 고객에게 더 좋은 서비스를 제공하는 정도는 이해할 수 있지만, 응급 상황에서도 데이터 알고리즘이 자체 기준으로 서열화한 방식으로만 대응한다면 문제가 있다. 데이터 알고리즘의 체계는 설정된 규칙과 방법에 따라 대응 범위를 확산하기 때문에 이를 그대로 놔두면 이런 상황이 충분히 발생할 수 있다. 따라서 사회는 데이터 알고리즘이 사회적 약자를 소외시키지 않도록 주의를 기울이고 감시할 필요가 있다.

민주주의를 위협하는 플랫폼

페이스북, 구글, 넷플릭스, 우버, 에어비앤비 등 플랫폼 기업들이 점점 많아지고 있다. 이런 플랫폼들은 흘러들어 온 데이터들을 저장하고 담아둔다. 시간이 지나며 사용자가 늘어날수록 플랫폼에 담긴 데이터는 기하급수적으로 늘어나고 이것은 다시 플랫폼의 성능을 높여준다. 이런 기업들은 자사의 플랫폼에 저장된 데이터를 기반으로 효율적인 타깃 광고를 집행하는 등 다양한 수익 모델을 적용해 플랫폼 경쟁력을 지속적으로 강화하고 있다. 플랫폼에 담긴 데이터가 늘어나는 만큼 이들 플랫폼의 사회적 영향력은 강화되고 플랫폼에 속한 사람들의 종속성 역시 심화된다.

관건은, 한 국가의 정부보다 어떤 측면에서는 더 많은 데이터를 가진 플랫폼 기업들이, 자신들이 저장한 데이터를 과연 공정하게 관리하고 사용하고 있는가 하는 점이다. 최근에 일어난 일련의 사건들을 통해 플랫폼에서 가동되는 데이터 알고리즘이 잘못 사용될 경우 민주주의를 위협할 수도 있음을 알 수 있다.

그런 면에서 케임브리지 애널리티카 사건은 많은 시사점을 던져준다. 이 사건의 주요 내용을 설명하자면 이렇다. 알렉산더 코건 박사는 2014년 처음 개발한 'thisisyourdigitallife'라는 페이스북 앱을 통해 사용자들의 데이터를 수집했다. 문제는 이 앱에서 제공하는 퀴즈에 응모한 사람들의 프로필 정보뿐만 아니라 그 친구들의 개인정보까지 수집했다는 점이다. 그리고 이것은 그 당시 페이스북의 공식 정책상 허용된 행위였다.

실제 설문 조사에 응한 사람은 27만 명이었지만, 알렉산더 코건 박사는 페이스북의 관계망 및 다른 수단을 이용해 8천만 명이 넘는 페이스북 사용자의 데이터를 수집했다. 그리고 케임브리지 애널리티카라는 회사가 이 데이터를 사들였고, 이 데이터를 트럼프 선거 캠프에 다시 돈을 받고 판매한 것이다. 더불어 케임브리지 애널리티카의 데이터 과학자가 선거 6개월 전에 트럼프 선거 캠프에 전격 합류하여 최고 데이터 책임자를 맡은 바 있다.

미국의 대통령 선거에서는 플로리다, 오하이오, 네바다 등 경합을 벌이는 몇 개의 주가 매우 중요하다. 왜냐하면, 경합 주 외의 지역은 대부분 공화당 강세 지역, 또는 민주당 강세 지역으로 구분되기 때문이다. 트럼프 캠프에서 불법적인 개인정보를 사들여 이를 온라인 선거 운동에 활용한 것이 대통령 선거에서 힘의 균형을 깨뜨리는 데 결정적 역할을 했을 가능성이 매우 크다. 그리고 어떻게 보면 정치 신인인 트럼프가 백전노장인 힐러리 클린턴 캠프보다 동부 러스트 벨트(쇠락한 공업도시 지역)와 백인 노동자들의 정서를 정확히 분석해 선거에 이용한 점도 대규모의 개인정보 데이터를 활용한 결과일 수 있다. 이런 사례는 미국뿐만 아니라 다른 나라에서도 충분히 일어날 수 있다. 데이터 알고리즘을 이용해 선거의 판을 기울어진 운동장으로 만들 가능성을 여실히 보여준 사례다.

확증 편향의 심화

또 다른 사례에서도 시사점을 찾을 수 있다. 2019년 3월 15일 뉴질랜드에서 총기 난사로 51명이 사망하는 비극적인 사건이 발생했다. 놀라운 점은, 자칭 인종차별주의자인 범인이 현장에서 총기를 난사하는 장면을 페이스북으로 생중계한 것이다. 더 큰 문제는 페이스북, 유튜브 등의 알고리즘 작동 형태였다.

이들이 가동하고 있는 알고리즘은 사용자가 읽어본 기사나 콘텐츠 추천을 받은 문서의 내용을 분석해 사용자가 좋아하는 내용을 더 많이 보여주게 되어 있다. 알고리즘이 사용자가 선호하는 방식에 맞추어 관련 콘텐츠를 집중적으로 보여주기 때문이다. 이렇게 하면 인종차별주의자, 여성혐오주의자, 극우와 극좌, 테러리스트 등 극단주의자들은 점점 더 자기 확증에 가까운 생각을 갖도록 유도된다. 이 알고리즘 안에는 사용자에게 편향된 콘텐츠를 더 많이 보여주고, 심지어 보다 자극적인 내용을 노출해 사용자가 해당 시스템 안에서 더 많은 시간을 소비하도록 함으로써 광고 수익을 더 많이 끌어내려는 의도가 숨어 있다. 이런 방식의 데이터 알고리즘 운영은 사회 차별을 강화하고 극단주의자들의 병적인 상태를 심화시키는 데 이용될 여지가 크다.

페이스북을 비롯한 주요 플랫폼 기업들은 사용자의 무한한 데이터를 어떻게 활용하고 폐기하는지 정확하게 밝히지 않는다. 더구나 이렇게 데이터 알고리즘이 사회 편향성을 강화하고 극단주의자들을 모이게 하면서도 그것을 개선하려는 적극적인 노력을 하지 않은 채로 천문학적인 돈을 벌어들이고 있다. 사회적 감시와 통제를 통해 이런 데이터 기반 플랫폼이 불법적인 데이터 사용이나 편향성이 들어간 데이터 알고리즘을 사용하고 있는지 점검해야 한다. 데이터 알고리즘이 모든 사람의 삶은 물론이고 공동체의 건강성에도 결정적인 영향을 미칠 수 있기 때문이다.

데이터 알고리즘 시대에 나아갈 방향

IT 시장조사 업체인 KRG의 통계 자료에 따르면 2015년 2,623억 원이었던 국내 빅데이터 시장 규모가 2020년에는 약 9,100억 원 규모로, 연평균 28.2% 성장할 것으로 보인다. 빠른 성장세라고 할 수 있지만 세계 전체 시장의 규모와 비교하면 아직 미미한 수준에 머물고 있다. 리서치 기업 위키본이 발표한 2017년 자료에 의하면, 2020년 빅데이터 세계 시장 규모는 573억 달러(약 60조 원)에 달할 것으로 예측된다. 전 세계 빅데이터 시장에서 우리나라의 예상 점유율은 2% 미만으로, 너무 작은 규모다.

이는 신규 산업에 대한 규제의 틀이 매우 강한 한국적 특성이 반영된 결과라고 할 수 있다. 빅데이터 시장이 활성화되기 위해서는 개인별 맞춤형 서비스가 가능해야 하고 이를 위해서는 국내 개인정보보호법의 불명확한 부분과 복잡성 부분이 명료하게 정리되어야 한다. 다행인 점은 정부가 빅데이터 산업을 국가경쟁력 강화에 기여하는 전략적 자원으로 인식하고 있으며 기업 역시 생존과 직결된 핵심 영역으로 인식하면서 데이터 알고리즘에 대한 기술과 데이터의 축적에 대한 투자를 늘리고 있다는 것이다.

현행 개인정보보호법의 규정은, 당연히 문제가 있을 것으로 예측하고 원천적으로 개인정보에 대한 사용과 접근을 막는 형태다. 경직적인 사전 동의 제도 등을 풀고 사후 검증과 통제를 강화하는 방법으로 데이터 알고리즘 기반 산업을 활성화하면서 동시에 데이터 알고리즘의 부작용을 막는 산업 모형을 만들어내야 할 것이다.

국내 빅데이터 산업은 선진국과 비교하면 초기 단계라고 볼 수 있다. 어떻게 보면 시장의 형태가 아직 굳어지지 않은 스폰지 덩어리다. 스폰지는 사각형 상자에 넣으면 사각형이 되고 동그란 구조물에 넣으면 동그란 형태가 된다. 데이터 알고리즘 선진국에서는 앞서 살펴본 페이스북 사례와 같이 많은 문제가 일어나고 있다. 우리가 뒤따라가면서 그런 시스템을 답습할 필요는 없다.

우리가 데이터를 통해 알고 있는 것에 한계가 있다는 것을 기억해야 한다. 정확하다고 믿고 있는 데이터들이 실제로는 부정확한 경우가 많다. 기존에 인간이 가지고 있던 편향성이 데이터 알고리즘에 포함되기 때문이다. 무서운 점은, 알고리즘이 가동되면 이런 편향성은 루프처럼 계속 돌아가면서 끝없이 강화된다. 데이터 알고리즘에서 불가피하게 중요도를 선정할 수밖에 없겠지만, 그것을 절대적이고 변경 불가능한 것으로 수용할 경우 왜곡이 발생하게 된다.

물론 데이터 알고리즘이 긍정적으로 사용되는 사례는 수없이 많다. 데이터 알고리즘에 기반을 둔 디지털 기술로 추적 도구를 만들고 유전자 염기 서열을 파악한 덕분에 소아마비는 이제 퇴치 직전에 다다르게 되었다. 그리고 장시간 노동, 수면 장애 등의 데이터를 분석해 자살 예방을 돕는 프로그램도 가동되고 있다. 이 외에도 4차 산업혁명의 모든 영역에서 데이터 알고리즘은 가장 핵심적인 두뇌 역할을 하고 있다.

이제 데이터 알고리즘이 중심이 되는 물결을 피할 수 없는 시대가 되었다. 앞서 살펴본 것처럼 데이터 알고리즘은 4차 산업혁명의 추동력으로 작동함과 동시에 잘못 사용될 경우 사회에 어두운 그림자를 드리울 수도 있다. 그렇다고 해서 일부 시민단체의 주장처럼 빅데이터에 대한 접근을 아예 차단한다든지 규제를 강화해 실질적인 활용을 막는 방식의 대응은 적절하지 못하다. 오히려 데이터의 전면 개방과 함께, 접근을 용이하게 하되 적절한 통제가 병행되어야 한다.

우선 우리 사회가 이미 활용하고 있는 '정보공개 청구' 제도와 같이 알고리즘에 대한 공개 청구를 통해 기업과 정부가 만든 알고리즘에 대한 사회의 점검이 가능하도록 해야 한다. 그리고 공공과 기업의 영역에서 데이터 알고리즘으로 피해를 본 경우 데이터의 공개를 요청할 수 있

게 해야 한다. 자유롭게 활용을 할 수는 있지만 활용한 데이터는 반드시
공개를 전제로 해야 한다는 것이다.

일하는 공간,
일하는 방식 그리고
라이프스타일의 변화

──────────── 인공지능, 사물인터넷, 빅데이터 등 4차 산업혁
명의 기반기술로 상징되는 디지털 첨단 기술은 생산 방식과 산업 생태
계에만 영향을 주고 있는 게 아니다. 인간이 일하는 방식에도 영향을 주
고 있다. 궁극적으로 일의 의미는 물론 삶의 방식도 바꾸고 있다. 정보
통신기술을 활용한 원격 근무만이 아니라 유비쿼터스 컴퓨팅으로 무장
한 디지털 노마드의 대거 등장으로 물리적 업무 공간의 의미가 퇴색하
고 긱 이코노미도 생겨나고 있다. 그런데, 자유로움은 이면에 불안정성
이라는 또 다른 얼굴을 지니고 있다. 새로운 기술이 일의 의미, 나아가
삶의 의미를 풍요롭게 만들 것인지, 아니면 반대로 또 다른 인간의 소외
를 더 부추기게 될 것인지, 변화의 흐름을 간파하면서 진지한 성찰과 준
비가 함께 필요한 시점이다.

생산 방식에 따른 일의 공간적 의미 변화

생산 방식에 따른 사회의 변화는 인간의 노동 공간 측면에서도 변화해왔다. 일하는 직장과 주거지가 별개의 공간으로 인식되는 게 통상적이지만, 오랜 역사를 뒤돌아보면 인간의 노동 공간과 주거 공간은 하나였다. 생산 방식이 인간에게 일하는 방식은 물론 일의 공간적 의미도 변화시켜온 것이다. 산업 시대가 유형자산의 시대라면 디지털 시대는 무형자산, 나아가 데이터와 알고리즘의 시대다. 네트워크를 매개체로 하는 전문가들의 이합집산과 협업을 통한 업무 진행으로 작업의 시공간 개념이 사라지고 있다.

산업혁명 이전의 일과 생활 공간: 직주일치職住一致

30만 년 전 지구에 출현한 호모 사피엔스는 수렵과 채집으로 생존을 이어갔다. 그들은 일정 구역을 이동하면서 사냥과 전투, 취사와 육아 등 생존을 위한 모든 활동을 병행적으로 수행했다. 또 끊임없이 이동하는 유랑 생활의 특성상 일, 주거 공간, 휴식 공간 등의 개념이 분화될 수 없었고, 휴대할 수 있는 최소한의 도구만 만들어서 사용했다.

그러나 농경 시대로 접어들면서 정착 생활이 시작되었고 축적과 분업의 개념이 생겨났다. 파종과 추수의 정기적 주기가 생겨나고 이동에서 정착으로 변화된 생활로 인해 미래를 위한 축적이 가능해져서 건물이 세워지고 도구와 기술이 발달하게 되었다.

또 생활 공간의 분리도 일어났다. 일상 생활을 할 수 있는 주거 공간, 가축을 키우는 외양간, 도구를 보관하는 창고, 일하는 작업 공간 등으로 구별하게 된 것이다. 그러나 농경 시대의 공간 구분은 생활 공간의 근접 확장 개념이었다. 도보 중심의 이동 방식에서 경작지와 주거지의 거리가 확연히 멀어질 수는 없었기 때문이다. 따라서 거주지와 작업지가 인접한 상태에서 제한된 공간의 기능을 나누어 생활 편의성과 이용 효율성을 높이는 단계였고, 농토를 중심으로 생활 공간은 고정되었다. 간단히 말해 일터와 삶의 터가 같은, 직주일치의 시대였다.

산업혁명 이후의 일과 생활 공간: 직주분리職住分離

18세기 중반에 진행된 산업혁명의 핵심은 증기기관의 사용과 이에 따른 분업의 심화다. 가축과 물레방아 등을 동력으로 사용하던 시대에는 농사는 물론 수공업자의 작업 공간도 소규모로 분산되었다. 하지만 증기기관이라는 동력을 사용하면서 많은 인원이 같은 공간에 모여서 작업하는 방식의 장점이 커졌다. 또 정교한 분업으로 구성된 작업 방식은 근대의 기초가 되었다. 그 결과, 산업혁명은 일하는 작업 공간과 주거 공간의 분리를 가져왔다. 공장 시대가 본격화되면서 근로자는 집에서 작업할 수 없게 되었다. 직주분리의 필요성이 커졌던 것이다. 공장에서만 일하고 집에서는 생활하는 구조로 변화했는데, 산업화와 도시화가 가속화되고 대중교통 수단의 발달로 원거리 통근이 가능해지면서 이는 더욱 확대되었다.

디지털 혁명으로 일과 생활 공간이 재결합

20세기 후반 시작된 정보화 물결은 21세기 디지털 격변으로 이어지면서 일과 생활 공간을 다시 결합시키는 방향으로 변모시키고 있다. 산업혁명 시대는 유형의 원재료를 투입해 공장에서 제품을 제조하는 방식이었지만 디지털 시대는 무형의 데이터를 투입하여 네트워크를 통해서 소프트웨어와 알고리즘을 개발하는 구조로 바뀌었기 때문이다. 공장은 존재하지만 현장 인원이 최소화되고, 중요한 공정 제어는 원격으로 이루어진다. 소프트웨어는 작업자가 위치한 장소나 일하는 시간과 무관하게 분업과 협업을 진행하며 가치를 만들어낼 수 있다.

물론 호모 사피엔스의 특성상 특정 공간에서 서로 교류하고 스킨십으로 친밀감을 나누는 것이 중요하지만 이는 부차적 사항으로 밀려났다. 대신 언제 어디서나 정보 접근이 가능한 유비쿼터스 컴퓨팅 기술을 토대로 원격 근무나 재택 근무가 전 방위적으로 확산되고 있다. 특히 네트워크 기반의 플랫폼 경제가 확대되고 1인 기업이 늘어나면서 노동과 주거의 공간은 대량생산의 산업화 시대 이전처럼 다시 합쳐지거나 근접하는 등으로 변모하고 있다.

디지털 시대, 일하는 방식의 변화

이처럼 디지털 기술의 발달에 따른 원격 근무나 재택 근무의 실현은 일과 생활 공간의 경계선을 모호하게 만들고 있다. 일하는 방식의 변화가 일하는 공간의 변화를 가져왔겠지만, 순환적으로 일하는 공간의 변화는 일하는 방식의 변화를 더 가속화하고 있다. 온라인 가상 공간은 놀이와 커뮤니케이션을 위한 공간에서 출발했지만, 이제는 실질적인 경제 활동이 이뤄지는 공간으로 바뀌고 있다.

긱 이코노미의 확산
일하는 공간으로부터 자유로워지면서, 일은 물리적으로 고정된 업무 공간에 도착하는 순간이 아니라 자신의 컴퓨터를 켜는 순간 시작된다. 일과 휴식, 생활이 단일한 공간으로 통합되는 흐름은 다양한 분야의 1인 기업가들에게서 잘 나타나고 있다. 이들은 인터넷을 통해 자신의 역량과 전문성을 필요로 하는 수요자를 물색해 그들과 계약하고 결과물을 전달한다. 글로벌 차원에서도 시간과 공간의 제약 없이 작업을 진행하고 품질은 자신이 책임진다. 그에 대한 고객의 피드백과 시장 수요에 따라 금전적 보상 수준이 변한다. 프로젝트에 따라 계약직 혹은 임시직으로 고용 관계를 맺는 이른바 긱 이코노미는, 이러한 현상이 글로벌 노동 시장 차원으로 확산된 것이다. 결국, 긱 이코노미 시대에는 네트워킹 능력이 필수적이며, 프로젝트별 업무 추진을 위해 개방적이면서도 협력적인 관계 맺기 능력이 중요해지고 있다.

정보 접근 패러다임의 변화

일과 노동의 의미가 변화하게 된 이유는 개인이 인터넷상의 정보와 지식을 쉽고 빠르게 활용할 수 있게 되었기 때문이다. 도구 역시 발전하여, 개인용 컴퓨터만 있으면 언제 어디서나 전문적 업무 수행이 가능하다.

중세 시대 유럽의 대표적인 도서관이었던 스위스 장크트갈렌의 베네딕트 수도원 부속 도서관이 9세기 후반 소장했던 서적은 겨우 500권 정도였다. 인쇄본 서적이 등장하기 이전 15세기 영국에서 가장 많은 장서를 보유했던 캔터베리 대성당의 도서관 장서는 2천여 권이었고, 케임브리지 대학교 도서관 장서는 300여 권에 불과했다. 서양의 세계 최대 도서관 장서가 이렇게 적은 이유는 비싼 책값 때문이었다. 성경 한 권을 필사하는 데에 숙련된 수도사 1명이 대략 2년을 작업해야 했고, 지금 비용으로 따지면 한 권에 2억 원 이상이 드는 셈이었다. 500여 권의 책도 현재 가치로 따지면 1천억 원이 소요될 만큼 당시에 책은 귀중품이었고, 높은 신분의 귀족일지라도 성경 한 권을 소유하는 것은 대단한 명예이고 부귀를 상징하는 것이었다.

비싼 필사본을 읽어야만 했던 시절에는 종교 경전이나 국가 기록 정도만 책으로 만들어졌다. 20세기 중반까지만 해도 학술, 문학, 교육 등 사회적으로 중요한 분야에 한해서 책을 출간했다. 하지만 이제는 평범한 사람들의 이야기도 공감을 얻고 책으로 출간된다. 나아가 20세기 후반에 본격화된 정보혁명은 이러한 제한을 사실상 없애버렸다. 언제 어디서든 누구나 PC나 스마트폰을 이용해 인터넷에 접속하면 제한 없이 정보와 지식에 접근할 수 있게 되었다. 정보 격차는 여전히 존재하지만, 과거와 비교하면 정보 접근성이 월등히 높아진 것이다.

"나는 제3세계 출신입니다. 내 궁극적인 목표는 읽고 쓸 줄도, 컴퓨터를 다룰 줄도 모르는 사람조차 세상의 모든 지식에 접근할 수 있도록 시스템을 개발하는 것입니다. 한 세대 전만 해도 탄자니아의 어린이가 미국의 대통령과 똑같은 정보를 얻는 일은 상상조차 할 수 없었지요."

구글 검색 엔진의 공동개발자인 벤 고메스의 말이다. 그는 아프리카 탄자니아에서 태어나 인도의 방갈로르에서 성장했고 가족 중에서 처음으로 정규 교육을 받았다. 고메스의 표현대로 이제 전 세계 누구나 인터넷에 연결된 디바이스만 있으면 검색 엔진을 통해 인류가 축적한 지식에 무제한으로 접근이 가능하다.

저렴한 원격 교육이 발전하면서 체계적 지식 교육의 전달 구조도 변하고 있다. 미국을 중심으로 급성장하고 있는 온라인 공개 수업 무크MOOC는 전 세계 수강생들에게 첨단 고급 지식을 빠르고 쉬운 방식으로 전달하고 있다. 지식의 생산과 유통 과정에서 시공간의 개념은 사실상 사라진 것이다.

개인으로의 권력이동

정보와 지식에 대한 접근과 함께 개인들이 디지털 네트워크로 연결되면서 글로벌 차원의 P2P 생태계가 다양한 분야에서 중층적으로 형성되고 있다. 이는 디지털 시대 개인으로의 권력이동으로 나타난다. 미래학자 앨빈 토플러는 1990년에 출간된 그의 저서 《권력이동》에서 정보화의 진전에 따른 개인으로의 권력이동을 예견한 바 있다.

가령, 블록체인 기술이 출현하기 전에는 중앙 서버를 통해 개인들이 연결되었고, 네트워크의 주도권은 중앙관리자에게 있었다. 그러나 이제는 블록체인 기술로 글로벌 차원에서 분산된 개인들이 상호연결되어 자생적 질서를 형성하게 되었다. 예를 들어, 2016년 출범한 P2P 장터 오픈바자에서는 네트워크 참여자들 간 거래를 비트코인으로 결제한다. 구매자와 판매자들이 이렇게 직접 연결되면 거래 비용을 대폭 절감할 수 있다. 음악 저작권 관리 분야도 블록체인 기술을 적용한 P2P 방식으로 투명하고 정확하게 저작권자의 로열티를 산정한다. 금융 분야에서는 물리적 연계가 전혀 없는 개인들이 자발적으로 모여들어 가치를 교환하는 사이버 통화 질서를 형성하고 있다.

그런가 하면, 아날로그 미디어인 종이신문, 라디오, 공중파TV 시대에는 콘텐츠 생산과 유통에 드는 막대한 비용과 기술적 어려움 때문에 일반인은 오직 수용자가 될 수밖에 없었다. 그러나 디지털 혁신으로 이제는 개인이 손쉽게 콘텐츠를 생산해 페이스북, 트위터, 유튜브, 블로그 등의 플랫폼을 통해 전 세계에 유통시킬 수 있게 되었다. 동영상 플랫폼에서 활동하는 개인 중에는 아날로그 시대의 메이저 미디어를 능가하는 구독자를 보유한 사람도 있다. 소셜미디어에서도 과거 유력 언론사의 유명 기자들보다 더 큰 사회적 영향력을 행사하는 평범한 개인들이 대거 등장하고 있다.

새로워지는 라이프스타일: 코워킹, 코리빙, 취향 커뮤니티

일과 생활 공간의 물리적 경계와 거리가 사라지고 일의 방식이 변화하면서 라이프스타일도 변화하고 있다. 이미 컴퓨터 기능이 더해진 스마트폰과 IoT, 5G 등의 기술들은 초연결을 지향하고, 일상 생활과 융합되고 있는 가상·증강현실 기술은 서로 떨어져 있는 사람들과의 소통을 더 원활하게 만들며, 기존의 고정적 업무 공간으로부터의 기술적 이탈 가능성을 높이고 있다. 이러한 기술을 바탕으로 국경이 따로 없는 기업의 문화도 확산되면서 원격 근무나 재택 근무를 포함한 직주일치의 변화를 더 가속화시키고 있다. 또 이러한 변화는 디지털 장비를 활용해 일과 주거에 있어 자유로운 디지털 유목민, 즉 디지털 노마드도 대거 양산하고 있다.

하지만 직주일치의 의미가 과거 산업화 시대 이전과 동일하지는 않을 것이다. 개인의 가치와 취향을 중시하는 밀레니얼 세대[8]들은 코워킹co-working이나 코리빙co-living과 같이 직주공간의 일치를 추구하면서도 공간을 타인과 공유하는 새로운 개념의 일터와 주거지의 공유 문화를 만들어갈 것으로 보인다. 나아가 일과 여가의 경계마저 모호해지면서 다양한 취향 커뮤니티와 취향 경제도 늘어날 것으로 전망된다.[9] 이미 원하는 제품과 서비스를 찾아 맞춤형 서비스를 제공하는 관심 경제가 빅데이터와 인공지능 기술을 기반으로 확장되고 있고, 소비자 차원에서도 비슷한 취향의 타인들과 온·오프라인 커뮤니티를 구성해가며 새로운 취향 문화를 형성해가고 있다. 독서, 여행, 요리, 음악 등 다양한 영역에서 나타나고 있는, 같은 취향을 공유하며 경험을 주고받는 취향 공동체들이 여기에 속한다. 결국, 대량생산된 제품이나 다수가 열망하는 명품이 아니라 자신의 개성에 맞춘 취향 소비의 시대로 이어질 것으로 보인다.

한편, 이러한 변화가 전 방위적으로 나타나고 있는 시대에 우리 사회나 개인 모두 대응 전략이 필요하다. 예를 들어 국가나 사회적 차원에서는 긱 이코노미의 고용 유연성의 그림자인 불안정성과 열악한 노동 조건에 대비해야 한다. 프리랜서와 같은 계약 노동자나 독립 노동자에 대한 관련 법과 제도를 개선하거나 새롭게 만들어가야 한다. 또 이제는 이러한 개념에 맞춰 도시 자원을 연결하는 플랫폼을 만들고 복합적 공간 활용을 돕는 등 다양한 기술적 토대를 제공할 수 있는 도시 공간을 설계해야 한다. 개인적 차원에서는 무엇보다 이러한 흐름을 꿰뚫어볼 수 있는 변화 인식 능력이 시급하다. 그래야만 아날로그 노동자에서 디지털 전문가로 거듭날 수 있을 것이다.

자본주의를 위협하는
공유사회[10]

———————————— 약 250년 전 영국에서 시작되어 자본주의의 발전을 가속화시켜 온 산업혁명은 첨단 기술 문명 역사의 기점이라고 할 수 있다. 하지만 그간 자본주의의 모순이 누적되면서 고전적인 산업 생산 방식은 한계에 도달하게 되었다. 새로운 변화의 패러다임을 모색해야 할 시기가 도래한 것이다.

지금 시대적 담론이 된 4차 산업혁명, 공유경제, 긱 이코노미, 한계비용 제로 사회, 드림 소사이어티 등은 미래 사회에 대한 다양한 전망과 해석들이다. 우리는 사적인 소유 기반의 자본주의 시대를 살아왔지만, 리스, 렌탈, 카풀 등 최근의 소비 생활 트렌드에서 읽히는 키워드 중 하나는 '공유'다. 공유경제, 공유사회, 오픈소스 등 공유를 기반으로 하는 이러한 변화는, 오늘날 글로벌 트렌드다. 이렇게 미래 사회가 점점 공유사회, 공유문화로 간다면 자본주의 경제에 어떤 변화가 올 것인지, 공유

사회의 문화가 자본주의 패러다임과 모순되는 상황에 직면하는 건 아닌지 등의 문제를 생각하지 않을 수 없다.

자본주의를 다시 생각한다

경제학 교과서에는 '공짜 점심은 없다'라는 말이 나온다. 무슨 뜻일까. 우리는 '하나를 사면 하나를 공짜로 준다(1+1)'는 광고를 보고 충동적으로 물건을 사는 경우가 많다. 하지만 정말 그것이 공짜이겠는가. 자본주의 경제는 사적 소유를 기반으로 하며, 대다수 물건에는 주인이 있다. 내 소유가 아니면 마음대로 할 수 없고 남의 물건을 가지려면 합당한 가격을 치러야 한다. 때문에 자본주의 경제에는 공짜가 없다는 것이 경제학의 상식이다. 하지만 만약 이러한 소유 개념이 무너진다면 이야기는 달라지지 않을까. 여기서 우리는 자본주의가 무엇인가를 다시 한번 생각해봐야 한다.

자본주의의 본질적 특성

표준국어대사전에서 자본주의는 "생산수단을 자본으로 소유한 자본가가 이윤 획득을 위해 생산 활동을 하도록 보장하는 사회경제 체제"라고 정의되어 있다. 여기에서 중요한 것은 자본주의는 모든 경제 활동이 이른바 사유재산 제도에 입각해 움직이는 경제 체제라는 점이다.

역사적으로 보면 원시, 고대사회는 수렵채집 경제였고, 중세사회는 농업 기반의 장원제였다. 근대 산업혁명으로 공장 기반의 제조업이 발달하면서 자본주의 경제 체제가 자리를 잡았다. 자본주의에서 생산은 노동력과 생산 수단의 결합으로 이루어진다. 생산 수단은 토지, 삼림 등의 노동 대상, 도구나 기계 등의 노동 수단, 건물, 공장 등의 노동 설비를 모두 아우르는 개념이다.

생산 수단이 영리적 목적으로 사용될 때 이를 자본資本이라고 한다. 자본은 곧 돈을 말한다. 자본주의 경제 체제에서는 두 개의 계급이 존재한다. 자본을 소유한 계급은 부르주아 또는 유산 계급이라고 하고, 자본을 소유하지 못한 계급은 프롤레타리아 또는 무산 계급이라고 한다.

그렇다면 자본주의의 본질은 무엇일까. 고전 정치경제학자 애덤 스미스는 《국부론》에서 자본주의의 바탕이 되는 경제적 자유를 설명하면서 자유방임이야말로 국부를 증진시킨다고 주장했다. 특히 그는 자본주의의 본질은 '이기심과 이윤 추구self-interest'라고 했다. 그에 따르면 "우리가 저녁 식사를 할 수 있는 것은 푸줏간 주인, 양조장 주인, 빵집 주인의 자비심 덕분이 아니라, 그들이 자기 이익을 챙기려는 생각, 이기심 덕분이다. 각 개인은 자신의 이익을 추구함으로써 오히려 더 효과적으로 사회의 이익을 촉진한다"는 것이다.

한편 자본주의의 본질을 연구한 사람은 공산주의를 꿈꾸었던 카를 마르크스였다. 마르크스는 자본주의를 "생산 수단의 사적 소유하에서 이윤 획득을 목적으로 상품 생산이 이뤄지고 노동력이 상품화되어 인간 소외 현상이 발생하며 생산이 무계획적으로 이루어지는 경제적 사회구성"이라고 정의했다. 특히 그는 자본주의의 기본모순은 "생산의 사회적 성격과 사적 소유 간의 모순"에 있다고 보았다. 사회적으로 제조한 생산물을 사회 전체의 이익을 위해서가 아니라 자신의 이익을 취득하기 위해서 사용하는 것이 자본주의의 모순이고, 그 모순은 임노동과 자본 간의 첨예한 적대적 대립으로 표출된다고 보았던 것이다. 마르크스는 사회의 본질은 경제적 사회 구성에 의해 결정된다고 보는 경제결정론자다.

마르크스의 해석과 달리 사회의 본질은 경제적 측면만이 아니라 정치, 경제, 문화 등 세 가지 측면이 중층적으로 결정한다고 주장했던 사람이 막스 베버다. 하지만 베버 역시 근대자본주의는 '합법적 이윤을 합리적으로 추구하는 정신적 태도'라고 정의함으로써 자본주의가 이윤 추구를 위한 경제 체제라는 데에 이의를 제기하지는 않았다. 종합해보면, 자본주의는 상품 생산, 자유로운 경제 활동, 인간 노동력의 상품화, 잉여가치 생산, 이윤 추구, 사적 소유 등을 특징으로 하는 경제 체제라고 할 수 있다.

성장 임계점에 도달한 자본주의

대량 생산 체제가 가능해지면서 자본주의 경제는 성장을 거듭해왔다. 하지만 제조업 기반의 성장은 끝없이 계속될 수는 없었고 주기적인 불황과 위기를 맞곤 했다. 그러다 성장 임계점에 도달하자 '4차 산업혁명'이라는 새로운 패러다임이 대두되었다. 미래학자들은 산업사회 이후의 시대에 대해 다양한 예측을 하고 있다.

가령 덴마크의 미래학자 롤프 옌센은 정보사회 이후에는 '드림 소사이어티'가 올 것이라고 내다봤다. 드림 소사이어티란 정보가 아니라 '이야기'를 바탕으로 성공할 수 있는 사회이며, 이야기 경제, 경험경제 등을 기반으로 한다. 그는 이야기야말로 가치의 원천이고 수익을 창출할 수 있다고 강조했다. 그는 한 강연에서 핀란드의 자수정 광산을 예로 들며 드림 소사이어티를 설명한 바 있다. 핀란드 북부 지방에 램피바라라는 마지막 남은 자수정 광산이 있는데, 수익성이 좋지 않았다. 값싼 노동력으로 운영되는 브라질 자수정 광산에 비해 경쟁력이 떨어졌기에 위기를 맞은 것이다. 하지만 과감하게 인식의 대전환을 통해 이곳을 테마파크로 리모델링했다. 방문객들에게 자수정에 얽힌 신화와 전설을 들려주고 장비를 나눠준 후 자수정 원석 캐기 체험을 할 수 있게 해 광산 부흥에 성공한 것이다.[11] 체험을 제공하고 자수정에 대한 이야기를 들려주면 방문객들은 이를 즐기면서 기꺼이 비용을 치른다. 바로 이런 것이 굴뚝 없는 산업이라고 불리는 문화 산업이다.

한편 《노동의 종말》, 《소유의 종말》 등 초대형 베스트셀러를 통해 현대 자본주의의 위기를 예고해온 미래학자 제러미 리프킨은 '한계비용 제로 사회'라는 신개념을 들고 나왔다.[12] 시장 자본주의는 협력적 공유 사회로 이행할 것이고, 기술 혁신과 디지털화로 인해 한계비용이 제로에 수렴한다고 예측했다. 한계비용이란, '생산물 한 단위를 추가로 생산할 때 필요한 총비용의 증가분'을 말한다. 아날로그 세계에서는 가능하지 않지만 디지털 세계에서는 충분히 가능하다. 예컨대 아날로그 LP판 하나를 더 제작하는 데 드는 한계비용은 생산량이 많아질수록 감소하지만, 결코 제로가 될 수는 없다. 하지만 디지털 음원 파일의 경우는 다르다. 한계비용은 복제량에 상관없이 거의 제로에 수렴한다. 게다가 디지털 파일의 경우에는 원판과 복제판이 질적으로 아무런 차이가 없다. 무한대로 복제해도 원판과 똑같은 품질을 유지할 수 있고 한계비용도 거의 제로에 가깝다. 이것이 4차 산업혁명이 기반으로 삼는 디지털 경제의 강점이다. 4차 산업혁명의 전도사 클라우스 슈밥 다보스 포럼 회장은 4차 산업혁명은 디지털과 물리와 바이오의 융합으로 이루어진다고 강조한다. 특히 디지털 세상과 물리 세상의 융합, 즉 CPS는 그가 주창하는 4차 산업혁명론의 핵심 개념이다.

자본주의의 본질에 대한 도전

우리가 주목해야 할 점은 이러한 변화가 자본주의의 본질에 대한 도전이라는 것이다. 전통적 자본주의를 떠받쳐온 '소유'의 의미가 점점 퇴색되고 있기 때문이다. 지금 우리는 인터넷의 발달 덕분에 굳이 물건을 소유하지 않더라도 필요할 때 연결해 사용할 수 있는 사회에서 살고 있다. 미디어 전략가 톰 굿윈은 2015년 3월 〈테크크런치〉에 "세계에서 가장 큰 택시 기업 우버는 소유하고 있는 자동차가 없고, 세계에서 가장 많이 활용되는 미디어 페이스북은 콘텐츠를 생산하지 않으며, 세계에서 가장 큰 숙박업체 에어비앤비는 소유한 부동산이 없다"라고 썼다.[13] 산업화 시대에는 감히 상상조차 할 수 없는 일이었지만, 사이버와 물리 세계가 연결될 때 접속은 공유를 가능하게 한다.

미래학자들은 소유(더 정확하게 말하면 사적 소유)의 시대는 가고, 공유의 시대가 올 것으로 예측한다. 일찍이 2000년 리프킨은 《소유의 종말》이라는 책을 출간하면서 소유의 종말을 예고했다. 그는 더 이상 자본주의적 소유는 필요하지 않으며 물건을 빌려 쓰고 인간의 체험도 돈을 주고 사는 자본주의의 새로운 단계에 접어들었음을 갈파했던 셈이다. 리스나 렌탈은 공유경제의 일반적인 소비 패턴이다. 차량 리스, 정수기 렌탈은 물론이고 이제는 침대, 안락의자, 고가의 헬스기구, 가전제품까지도 빌려 쓰고 있다. 법학자 로런스 레시그 교수는 제품을 여럿이 공유해서 쓰는 협력 소비를 기반으로 하는 경제 방식을 '공유경제'라고 명명했다. 물품, 생산설비, 서비스 등을 개인이 모두 소유할 필요가 없고, 필요할 때 필요한 만큼 빌려 쓰고 자신이 사용하지 않을 때는 다른 사람에게 빌려주는 공유 소비가 가능하다는 것이다.

오늘날 글로벌 트렌드인 메이커 운동에서도 '오픈소스open-source'가 일반적이다. 접속과 공유를 기반으로 하는 오픈소스란, 소프트웨어의 설계도에 해당하는 소스코드를 인터넷을 통해 무상으로 공개함으로써 누구나 사용할 수 있고 재배포할 수 있게 한 것을 말한다. 오픈소스는 공짜로 사용할 수 있음은 물론이고 이를 개량하거나 응용해도 된다. 디지털 융합과 네트워크의 연결은 이제 세상을 바꾸고 있다. 네트워크에 접속만 하면 많은 소스코드를 공짜로 사용할 수 있다. 산업혁명 시대에는 소유가 아닌 공유에서 이러한 가치가 창출될 것이라고는 상상하지 못했을 것이다. 첨단 기술의 발전은 이제 사회경제 패러다임과 자본주의의 문법을 바꿀 정도에 이르렀다.

이제 우리는 4차 산업혁명의 첨단 기술들이 미래 자본주의와 미래 문화를 어떻게 바꿀 것인가에 주목해야 한다. 자본주의의 미래 변화를 예측하고 대비하기 위해서는 인간을 넘어설지도 모르는 인공지능, 시공간 개념을 넘어서는 초연결 기술, 화폐경제의 대안이 될 수 있는 블록체인 등의 혁신 기술들을 우선 고려해야 할 것이다. 미래에는 많이 소유하는 것이 미덕이 아니라 많이 연결되고 다양하게 융합하는 것이 미덕이 될 것이다. 근대 초창기에 철학자 르네 데카르트는 '나는 생각한다. 고로 나는 존재한다'라는 명언을 남겼다. 하지만 미래에는 '나는 접속하고 연결된다. 고로 나는 존재한다'라고 말해야 할지도 모르겠다.

사회경제 패러다임의 변화와 명암

공유사회, 한계비용 제로 사회, 드림 소사이어티 등은 4차 산업혁명과 동시대적으로 일어나는 변화의 방향이다. 사회경제 패러다임을 변화시킬 4차 산업혁명은 한편으로는 기회고 다른 한편으로는 불안과 두려움의 대상이기도 하다. 혁명적 변화에는 빛과 어두움이 공존할 수밖에 없기 때문이다.

우선 가장 큰 변화는 일자리, 산업, 경제 분야에서 일어날 것이다. 자동화, 지능화를 기반으로 하는 스마트공장이 늘어나고 이에 따라 산업구조의 재편이 불가피하다. 사회 전체적으로는 생산력이 높아지고 인공지능이나 컴퓨터와 관련된 일자리가 늘어날 것이다. 하지만 비숙련노동은 인공지능과 기계로 대체될 가능성이 커져 대량 실업과 고용 불안정이라는 위기를 맞을 수 있다.

두 번째로, 생활은 더욱 편리해지고 모든 것이 연결되는 초연결사회를 맞게 될 것이다. 원격 교육과 재택 업무가 일상화되고 쇼핑은 대부분 온라인에서 이루어지며, 시간과 거리에 제약 없는 실시간 원격 소통이 가능해질 것이다. 반면 원치 않는 위험이 증가할 수 있다. 스마트폰은 언제 어디서나 타인과 연결해주는 편리한 소통 도구지만 해킹과 프라이버시 침해의 위험을 동반한다. 프랑스 철학자 폴 비릴리오는 이렇게 모든 것이 디지털화되고 연결된 세상을 '사생활의 종말la fin de la vie privée'이라고 명명하며 비판한다. 온라인에서 사람들은 항상 연결되지만, 오프라인 대면 접촉은 오히려 감소할 것이다. VR, AR을 이용한 간접·가상 경험은 늘겠지만, 몸을 움직이는 직접 경험은 감소할 것이다. 여기서 우리는 산업화나 기계화가 핵 위험, 환경 위험, 고용 위험 등 새로운 위험을 지속적으로 양산한다는 독일 사회학자 울리히 벡의 '위험사회론'에도 귀를 기울여야 한다.

세 번째로, 미래 사회는 인공지능과 빅데이터, 디지털 기술의 발달로 초지능화가 될 것이다. 그러나 데이터, 정보, 지식의 축적과 발달로 지식은 넘쳐나지만, 지식·정보의 홍수 속에서 정작 유용한 지식은 찾기 어려워지는 역설적인 상황을 맞을 수도 있다. 또 수명이 짧은 인스턴트 지식이나 실용 기술은 범람하지만, 성찰적 지식이나 인문학은 오히려 위기를 맞을지도 모른다. 인간과 인공지능 기계와의 공존으로 사람들은 상대적 박탈감이나 소외감을 느낄 수도 있고, 인간 자존감이 저하되거나 인간 정체성의 위기를 맞게 될 위험도 고려해봐야 한다.

미래 문화 이슈 및 대응전략

공유사회를 가능하게 하는 것은 디지털 기반의 공유 기술이다. 클라우드, 빅데이터, 5G 등의 기술 덕분에 각 개인은 서로 연결되고 사회는 효율적으로 관리될 수 있다. 사람들은 소유 대신에 접속을 통해 재화와 서비스를 편리하게 사용한다. 기술은 공유경제를 가능하게 한다. 또한 공유경제가 활성화되면 공유사회가 될 것이다. 공유경제, 공유사회는 협력 생산과 협력 소비가 가능한 사회다. 공유사회의 문화를 공유문화라고 할 수 있다. 사회문화 변동에 있어서 변화의 일차적인 동인은 기술이고 기술의 발전 및 상용화로 생산 방식의 변화가 일어난다. 생산 방식에 혁신적인 변화가 일어날 때 경제의 패러다임이 바뀌고 가장 최종적으로 문화 변동으로 나타난다. 지금 빠르게 발전하고 있는 기술이 공유경제, 공유사회로 이어지고 궁극적으로 공유문화를 정착시키게 될지는 좀 더 두고 보아야 할 것이다. 문화는 대중들의 공감대와 공유를 기반으로 하는 만큼 공유문화가 정착되려면 협력적 마인드, 공동체의식, 공유 가치 등이 사회적으로 뿌리내려야 하기 때문이다.

한편 기술이 발전하면 할수록 기술 관련 윤리적, 법적, 사회적 문제들이 사회적 이슈가 될 수 있다. 기술 발전에 가속도가 붙으면 변화 속도는 더 빨라질 것이다. 하지만 아무리 뛰어난 기술이라도 사회적 수용이 이루어져야만 상용화 될 수 있다. 기술에 따라서는 빠르게 수용되는 기술도 있고 더디게 수용되거나 아예 수용되지 못하는 수도 있다.

기술이나 상품 등 물질 변동에 비하면 제도, 인프라, 의식, 가치관 등 비물질적 문화는 변화가 느린 편이다. 물질적인 것과 비물질적인 것의 변동 속도 차이로 나타나는 부조화 현상을 윌리엄 오그번은 '문화지체Cultural lag' 현상이라고 명명한다. 첨단 기술 사회로 갈수록 문화지체 현상은 점점 더 많아질 것이다. 따라서 변화 과정에서 공유 기술로 인한 문화지체 현상에 대한 대응과 윤리적, 법적, 사회적 정비가 필요할 것이다. 기술 정책에는 반드시 기술의 사회적 수용 정책 또는 기술문화 정책이 동반되어야 한다. 한편으로는 혁신적 공유 기술이 발전할 수 있도록 정책적으로 지원하고 사회적으로 수용될 수 있게 규제 개혁도 해야겠지만, 다른 한편으로는 신기술이 야기할 윤리적, 법적, 사회적 문제에 대한 적절한 규제도 필요하다. 어디까지 허용하고 어디부터 규제할지에 대한 정답은 없다. 대화와 타협을 통한 사회적 합의 도출이 가장 중요하다.

새로운 기술들은 언제나 사회적 갈등의 소지를 안고 태어난다. 예컨대 광산 채굴에서의 인명 사고를 예방하겠다는 인도적 목적으로 알프레드 노벨이 만든 다이너마이트는 자신의 의도와는 달리 사람을 죽이는 무기로 더 많이 사용되었다. 원자력은 친환경 청정 에너지고 효율성이 높은 기술이지만, 한번 사고가 나면 인류에게 재앙이 될 수도 있다. 지금 우리 사회에서도 탈원전 정책을 둘러싸고 '안전·환경'이라는 관점과 '일자리·경제성'이라는 관점이 서로 부딪혀 사회적 갈등이 빚어지고 있다. 그 외에 방폐장, 사드의 전자파, 가습기 살균제, GMO 등 오늘날 사회적 갈등은 대다수 과학 기술 이슈다. 공유경제가 발전하면서 카풀, 타다 등을 둘러싸고도 극심한 사회적 갈등이 빚어지고 있다. 결국, 공유 기술을 비롯해 갈등의 소지를 안고 있는 이슈를 어떻게 합리적으로 조정하고 해결할지에 대한 정책이 필요한 것이다.

과학 기술이 사회변동의 핵심 동인이자 성장 엔진인 만큼 첨단 기술을 발전시켜 경쟁력을 키우는 것은 국가적으로 중요하다. 하지만 기술 발전에 있어서 보다 근본적인 것은 속도가 아니라 방향이다. 기술 발전이 미치는 사회적 영향이 어떠한지, 이 기술이 결국 누구를 위한 것인지에 대한 성찰이 모든 과학 기술 정책의 철학적 밑바탕이 되어야 한다.

신이 인간을 창조했지만, 신에 의해 창조된 인간은 신의 통제를 벗어나 바야흐로 스스로의 운명을 만들어가고 있다. 인간은 인공지능 같은 과학 기술을 만들었지만, 인간에 의해 만들어진 기술은 이제 인간의 통제를 벗어나려고 한다. 그렇다면 인간은 기술이 스스로 자기 운명을 개척하도록 내버려둬야 할 것인가. 신과 인간, 인간과 기술의 관계는 달라야 한다. 기술의 통제 가능성, 기술의 사회적 영향력 등이 과학 기술 정책에서 가장 기본적이고 우선적으로 고려되어야 하는 변수다. 결국, 인간이 바라는 미래 문화는 인간이 기술에 종속되는 문화가 아니라 인간이 기술을 통제하고 마음껏 부리는 모습이기 때문이다. 문화라는 것 자체는, 철저히 인공적이고 인간적인 산물이다. 과학 기술도 문화의 범주에서 벗어날 수는 없는 법이다.

신기술을 통한
기후 변화 대응의
편익과 위험

────────── 기후 변화와 같은 환경위기와 과학 기술의 상호 관계에 대한 논쟁은 오랜 역사가 있다. 예나 지금이나 환경 담론의 양극단을 차지하고 있는 것은, 현대 과학 기술이야말로 환경위기의 근원이라는 '과학 기술 비관주의'(대표적인 예로, 기술의 진보로 제품과 자원의 효율성을 증가시킬 때, 수요의 증가로 인해 자원의 소비가 증가하여 효율성 증가 효과를 상쇄한다는 '제본스의 역설')와 과학 기술은 환경위기를 해결할 수 있는 거의 유일한 수단이라는 '과학 기술 만능주의'다. 최근에는 4차 산업혁명과 관련한 논의가 활발해지면서 비관론보다는 낙관론이 우세해지고 있다. 인류가 빅데이터, 모바일 앱, 해커톤,[14] 사물인터넷, 지구공학 등을 활용할 경우 기후 변화의 해법을 찾을 수 있다는 주장이 대표적이다.[15] 하지만 기술 진보가 자동적으로 환경위기 탈출의 보증수표가 될 수는 없다.

4차 산업혁명 시대 신기술은 기후 변화 대응을 위한 해결사인가

신기술이 기후 변화에 대처하는 해결사가 될 수 있다는 희망은 두 갈래로 구분된다. 첫 번째는 인공지능으로 자동화와 연결성이 극대화되어 나타나는 사회·경제 시스템의 변화에 기대를 거는 것이다. 두 번째는 공학 기술을 이용해 지구 온난화 속도를 늦추려는 지구공학적 방법이다.

인공지능 활용을 통한 기후 변화 대응

이것은 기후 변화를 유발하는 에너지 시스템을 비롯해 각종 사회·경제 시스템에 초지능성을 구현하는 인공지능을 활용해 기온 상승을 막거나 억제하려는 방안이다. 여기에는 전력, 수송, 생산 및 소비, 토지이용, 도시, 가정 등 다양한 부문에 적용되는 스마트 기술이 포함된다.

청정 전력	• 저렴한 재생 에너지 발전 • 첨단 에너지 저장 • 청정 화석연료 • 차세대 전력망 관리 • 탄소 포집 저장 및 이용	• 에너지 효율 • 재생 열에너지 • 차세대 핵분열 • 핵융합
스마트 수송 시스템	• 청정 액체 및 가스 연료 • 시스템 효율 솔루션 • 청정 장거리 수송 • 고효율 엔진	• 차세대 배터리 • 에너지 고밀도 가스 연료 저장 • 기술 인식 수송 시스템

지속 가능한 생산 · 소비	· 순환경제 재활용 해법 · 공유경제 · 폐기물 감량 및 에너지 생산 · 화학물질, 철강, 시멘트, 종이의 청정 생산 체제	· 에너지 집약적 제품 및 원료의 내구력 강화 · IT · 데이터 센터의 초고효율화 · 공급망 투명성 · 제조 과정에서 이산화탄소 추출
지속 가능한 토지 이용	· 토지 이용의 투명성 · 탄소 저배출 농업 · 산림 관리 신기술 · 공급망 내 손실 최소화	· 토양 저장 · 탄소 저배출 단백질원 · 축산 부문 배출 저감 · 산림전용 방지
스마트시티와 가정	· 연계형 스마트홈 · 고효율 냉난방, 조명, 가전기기 · 고효율 창호 및 단열재	· 건물 에너지 저장 · 기술 인식 도시계획 및 건물 디자인 · 차세대 상업용 건물 관리

지구공학을 통한 기후 변화 대응

한편 자연의 기후 순환 시스템을 인위적으로 조작하는 지구공학을 통해 지구 온난화 속도를 늦추려는 시도도 이어지고 있다. 지구공학은 일각에서 '지구 해킹'이라 부를 정도로 논란이 많은 신기술이다. 이는 '태양복사 제어'와 '온실가스 제거'의 두 가지 유형으로 구분된다.

태양복사 제어	· 지표면: 극지방 해빙 또는 빙하의 인위적 확장, 해양의 밝기 조절, 반사율이 높은 작물의 대규모 재배 등 · 대류권: 구름층을 백색으로 변화시켜 반사율을 높이기 위해 바닷물 분사 · 대기권 상층: 성층권 황산염 에어로졸과 자기부상 에어로졸처럼 태양복사를 반사하는 물질을 인위적으로 형성 · 우주: 거대한 거울을 우주 궤도 위에 쏘아 올려 햇빛을 반사하는 '우주 거울' 등

이산화탄소 제거	• 비옥한 흑토와 혼합할 수 있는 바이오 숯 활용 • 바이오 에너지 탄소 포집 저장 • 주변 대기 중 이산화탄소를 제거하는 탄소 공기 포집 • 이산화탄소 흡수를 위한 조림, 재조림 및 산림 복원 • 식물 플랑크톤을 증식할 목적으로 바다에 철 성분 살포

국내에서 논의되는 기후 변화 대응 기술

2016년 미래창조과학부(현재의 과학기술정보통신부)는 '기후 변화 대응 기술 확보 로드맵'을 발표한 바 있다. 이 로드맵은 탄소 저감, 탄소 자원화, 기후 변화 적응의 3대 부문에서 10대 기후 기술을 제시한 후 총 50개의 세부 기술군으로 분류하고 있다. 총 718개의 세부 연구 과제들의 진행 현황 및 계획, 주요 예상 성과 및 도출 시점, 연구 결과 활용 계획 등의 내용도 포함된다. 당시 정부는 개발 중인 기후 변화 대응 신기술의 실증·사업화 계획이 성공적으로 완료될 경우 2030년 총 4,400만 톤의 감축 효과가 기대된다고 밝혔다. 기후 변화 대응 기술의 3대 분야와 10대 기후 기술은 다음과 같다.

- 탄소 저감: 태양전지, 연료전지, 바이오 연료, 이차전지, 전력 IT, 탄소 포집 저장.
- 탄소 자원화: 부생가스 전환, 이산화탄소 전환, 이산화탄소 광물화.
- 기후 변화 적응: 공통 플랫폼.

또한, 2019년 5월 정부는 포용적 녹색 국가 구현을 위한 〈제3차 녹색 성장 5개년(2019~2023) 계획〉을 발표했다. 이 계획에 따르면, 저소비·고효율 스마트 에너지 기술 등 '4차 산업혁명 녹색 기술', 온실가스 저감 기술 등 '10대 기후 기술', 미세먼지 솔루션 기술 등 '국민 생활 밀착형 녹색 기술' 개발이 추진된다. 이와 함께 태양광 발전 적용 입지 다변화, 대형 해상 풍력 발전 시스템, 재생 에너지 계통 연계 안정화, 분산자원 통합 가상발전소 시스템, 충전 인프라에 연결된 전기차의 충전 전력을 수요 자원으로 활용할 수 있는 전기차 V2G(Vehicle to Grid) 운영 플랫폼 등 녹색 기술의 실증과 상용화도 포함되어 있다.

신기술을 통한 기후 변화 대응 가능성과 편익

2015년 12월 12일 파리 기후변화협약이 타결되기 전까지 국제 사회에서 합의된 목표는 지구 평균 기온 상승폭을 산업화 이전에 견줘 2℃ 이내로 억제한다는 것이었다. 이 목표를 66% 이상 달성하려면, 2050년까지 온실가스 배출량을 2010년 대비 40~70% 줄이고 늦어도 21세기 말까지 '탄소 중립'을 실현해야 한다.[16]

그런데 파리협정에는 이보다 더 강력한 목표가 명시되었다. 21세기 말까지 기온 상승폭을 2℃보다 '훨씬' 아래로 억제하고, 가능하면 1.5℃를 넘지 않도록 한다는 것이다. 1.5℃ 목표를 달성하려면 2050년 온실가스 총 배출량은 제로(0)에 도달해야 하며, 에너지, 토지, 도시 인프라(교통과 건물), 산업 시스템의 급속하고 광범위한 전환이 요구된다.[17] 이 과정에서 2050년에는 필요한 전력의 70~85%를 재생 에너지를 통해 공급하게 될 것이다. 2050년 산업 부문의 이산화탄소 배출은 2010년 대비 75~90%로 줄어들 것으로 전망되는데, 이는 지속 가능한 바이오 에너지와 대체재, 탄소 포집 저장 및 이용을 비롯하여 새로운 기술의 적용을 통해 달성될 수 있다.

하지만 세계 온실가스 배출량이 정점에 도달했다는 징후는 아직 관찰되지 않고 있다. 2014년부터 2016년까지 배출량 증가 추세는 완화되고 안정되는 듯 보였지만 2017년에는 535억 톤을 기록해 전년 대비 약 7억 톤 증가했다. 1.5℃ 이하를 유지하기 위해서는 2030년 배출량이 2017년 대비 55%가량 낮은 수준으로 유지되어야 한다.[18]

세계 에너지 시장에서 청정 에너지 투자액은 매우 빠른 속도로 증가 추세를 보인다. 하지만 투자 여건의 변화에 따라 투자액이 일시적으로 감소하기도 한다. 2018년에는 총 투자액이 3,321억 달러를 기록해 투자액이 3천억 달러를 초과한 다섯 번째 해였다. 이는 2017년보다 8% 감소한 수준이다.[19] 국제에너지기구International Energy Agency에 따르면, 2017년 세계 전력 부문 신규 투자액 중 재생 에너지는 2,980억 달러(66.7%)였는데 석유, 석탄, 천연가스 등 화석연료와 원자력은 각각 1,320억 달러(29.5%)와 170억 달러(3.8%)에 불과했다.[20] 재생 에너지 신규 투자액이 화석연료와 원자력 투자액을 합한 액수의 두 배를 웃도는 현실은, 세계 에너지 시장에서는 재생 에너지 주도의 에너지 전환이 이미 대세가 되었다는 사실을 말해준다.

재생 에너지 신규 투자액의 비약적인 증가는 발전 비용 하락과 무관하지 않다. 2018년 세계 가중치 평균 전력 비용 분석 결과에 따르면, 집광형 태양광 발전의 비용은 전년 대비 26%, 바이오 에너지는 13%, 태양광과 육상풍력은 각각 13%, 수력은 12%, 지열과 해상풍력은 각각 1% 하락했다.[21] 기술 비용의 급격한 하락은 재생 에너지의 경쟁력 상승과 에너지 탈탄소화의 핵심 추동력으로 평가된다.

재생 에너지가 주도하는 저탄소 경제의 편익에 대해서도 국제 사회의 관심이 커지고 있다. 기후 변화와 경제 성장의 관계 규명 연구를 주도하는 국제 단체인 신기후 경제The New Climate Economy는 2018년 보고서를 통해 2030년 저탄소 경제의 총 편익이 총 26조 달러로 전망된다는 분석 결과를 발표했다. 여기에는 6,500만 개의 일자리 창출, 약 70만 명의 조기 사망자 수 감소, 탄소 가격 제도 도입 및 화석연료 보조금 제도 개혁으로 공공영역에 2조 8천억 달러 규모의 투자 가능, 여성 고용 증가 등이 포함된다.[22]

신기술 적용의 위험과 한계

기후 변화에 관한 정부 간 협의체IPCC, Intergovernmental Panel on Climate Change가 2018년 발간한 〈지구 온난화 1.5℃ 보고서〉에 따르면 지구공학 중에서도 '바이오 에너지 탄소 포집·저장'을 핵심 기술의 하나로 제시한다. 지구공학을 옹호하는 쪽에서는 그 근거로 우선, 사람들의 행동 방식은 쉽게 변하지 않으며, 변한다 하더라도 지구 온난화를 멈추게 하기에는 역부족이라는 점을 꼽는다. 또 지구공학의 해결 방식은 기후 변화 협상처럼 많은 시간이 필요하지 않기 때문에 기후 변화의 긴급성에 부합한다고 주장한다. 하지만 여기에 많은 비판과 우려가 제기되고 있는 것도 사실이다. 지구공학은 기후 변화의 근본적인 원인 제거와 무관하며, 대부분 실험실 수준에서만 그 효과를 평가했기 때문에 실질적인 검증을 거치지 않았다는 것이다. 실제로 식물 플랑크톤을 증식할 목적으로 바다에 철 성분을 살포하는 것이 어떤 부작용을 가져올 것인지, 에어로졸을 성층권의 오존층에 유입시키면 환경에 어떤 변화가 올 것인지 누구도 답을 내놓지 못하고 있다.

이처럼 신기술 활용은 기후 변화 대응과 지속 가능한 발전에 기여할 엄청난 잠재력을 지니고 있지만 많은 위험을 동반하는 것도 사실이다. 특히 인공지능을 적용했을 경우에 예상되는 위험을 성과, 안전, 제어, 윤리, 경제, 사회의 여섯 개 분야로 구분하여 살펴보고자 한다.[23]

성과 리스크

인공지능 시스템의 최종 결과물은 대부분 '블랙박스' 안에서 결정되기 때문에 투명성과 신뢰도 문제를 동반한다. 인공지능 알고리즘은 특성상 이해하기 어렵고 모든 사람에게 설명하는 것이 불가능하므로 성과의 정확도와 적절성을 확신하기 어렵다. 홍수와 같은 자연재해 조기경보 시스템의 기계적 학습은 과거의 기상 데이터에 기초해 이루어진다. 인공지능 모델 훈련에 사용되는 데이터에 현실이 충분히 반영돼 있지 않으면 경보 시스템이 오작동할 수 있다.

안전 리스크

해킹을 통한 인공지능의 오용은 자동화 무기 개발 등 지구 공동체의 안전을 심각하게 위협하는 결과를 초래할 수 있다. 딥러닝Deep learning 알고리즘에 내재된 불확실성은 '적대적 공격'에 의해 모델의 투입 및 산출 요소를 왜곡하기도 한다. 또 해커들이 자동화된 재난경보 시스템이나 수송 플랫폼에 난입해 시스템을 붕괴시킬 수 있다.

제어 리스크

자율적으로 일하거나 상호 작용하는 인공지능 시스템은 예기치 않은 결과를 초래할 수 있다. 상호 연계되는 챗봇들은 인간이 이해할 수 없는 그들만의 언어를 생성하기도 한다. 개별 건물의 에너지 소비에 의사결정이 최적화될 경우 지역 에너지 시스템과 상호 작용할 때 예기치 않은 결과에 직면할 수 있다.[24]

경제 리스크

기업이 인공지능을 활용할 경우 시장의 생태계가 변하는데 그 과정에서 승자와 패자가 나타날 수 있다. 인공지능으로 의사결정 개선에 성공하는 기업들은 수익을 확대할 수 있지만, 인공지능 활용에 늦은 기업들은 경쟁에서 뒤처지게 된다. 자동화가 수반하는 생산성 증대, 개인화, 제품 디자인, 인공지능 기반 마케팅 개선에 따른 소비의 증가는 자원 소비를 늘리고 폐기물 발생량과 에너지 수요를 증가시킬 수 있다.

사회 리스크

자동화가 광범위해질수록 수송, 제조, 농업, 서비스 부문에서 고용의 감소를 초래할 수 있으며, 높은 실업률은 사회적 불평등을 증폭시킨다. 특정 인구집단에 편향된 데이터로 알고리즘이 디자인될 경우, 무의식적으로 편견이 반영되어 소수자와 사회적 약자가 소외당할 위험이 있다. 자율주행차와 에너지 효율적인 사물인터넷 등은 다양한 편익을 제공하지만 동시에 고용 감소의 원인으로 작용할 수 있다.

윤리 리스크

윤리적이고 책임 있는 인공지능의 활용은 필연적으로 빅데이터 이용, 업무와 의사결정에서 알고리즘 의존도 증가, 인간 역할의 점진적 감소 등의 문제와 직면하게 된다. 이 같은 문제들은 공정, 책임, 평등, 인권, 프라이버시 등과 밀접한 관련이 있다. 예를 들어 자율적인 비상 음식 전달 체계의 학습은 과거의 수요 패턴에 기초해 이루어지므로 결과적으로 특정 지역 선호와 우선순위 설정의 오류를 초래할 위험이 있다.

신기술 활용을 위한 과제

예상되는 부작용과 위험이 초래할 결과를 돌이킬 수 없다는 점에서, 지구공학은 실현 가능성, 효과, 영향 등에 대해 엄격한 기준을 적용해야 한다. 4차 산업혁명은 세 차례의 앞선 산업혁명과 달리 생태일 것이라는 낙관적인 전망이 많다. 자율주행차는 대기 오염 물질 배출량을 획기적으로 줄일 잠재력이 충분하다. 인공지능 시스템은 재활용에 필요한 쓰레기를 눈 깜짝할 사이에 선별하고, 전력 송전과 배전을 한 치의 오차도 없이 정확하게 효율적으로 해낼 것이다.[25] 하지만 기술 진보가 자동적으로 기후위기 탈출의 보증수표가 되는 것은 아니다. 신기술이 기후 변화 시대의 메시아가 될 수 있을까. 그것은 다음과 같은 과제의 해결 여부에 달려 있다.

과학 기술의 사회적 책임 강화

신기술은 현대 문명이 맞닥뜨리고 있는 위험을 낮출 잠재력이 있지만, 반대로 그 위험을 증폭시킬 수도 있다. 앞에서 인공지능 리스크에 대해 살펴본 것처럼 기후 변화 대응 신기술은 오작동과 시스템 붕괴, 자동화와 효율 개선에 따른 리바운드 효과Rebound effects,[26] 고용 감소와 불평등 심화, 프라이버시 침해 등의 문제를 일으킬 수 있다. 따라서 기술 적용 과정에서 투명성을 강화하고 신기술의 편익을 소수가 독점하지 않도록 공정한 규칙을 마련하는 것이 중요하다. 특히 사회안전망 확충, 직업 훈련과 전환의 기회 확대, 신산업 육성, 정보통신 정책에 시민 참여 강화 같은 방안을 통해 고용 감소와 프라이버시 침해 등의 가능성에 대비해야 한다.

사회 혁신과 경제 혁신의 병행

과거 수백 년간 다양한 분야에서 기술이 비약적으로 발전했지만, 온실가스 배출량이 증가하는 등 지구 생태계에 가하는 환경 부하는 줄지 않았다. 기술의 쓰임새, 더 나아가 기술 발전의 방향과 속도는 사회경제적 제도의 영향 아래 놓여 있다. 신기술이 등장했을 때 기술 자체보다 중요한 것은, 그것을 받아들여 생산 및 생활 영역에 활용할 수 있도록 사회적 준비가 되어 있는지 여부다. 따라서 과학 기술의 문제 해결 능력을 과신하기보다는 자원 및 에너지 이용 시스템의 전환과 사회와 경제의 구조적 혁신을 통해 신기술의 효용성과 사회적 수용성을 높여야 한다. 또 기후 변화 대응 신기술의 R&D 투자를 확대하고 저감 및 적응 설비 투자에 대한 금융 지원을 강화해야 한다.

동반 편익과 상충성에 대한 고려

기후 변화 대응 신기술은 보건, 고용, 복지, 경제, 생태계 등에 긍정적인 영향을 미쳐 추가적인 편익을 가져올 수 있다. 이는 신기술의 개발 및 적용에 있어서 대기 오염 물질 저감에 따른 조기 사망자의 감소, 일자리 확대, 지역 경제 활성화, 생태계 서비스 확대와 같은 동반 편익과 지속 가능한 발전의 시너지 효과를 고려해야 한다는 사실을 의미한다. 상충성trade-offs 여부도 면밀하게 살펴야 한다. 신기술 적용은 사회적 불평등을 심화시킬 수 있으며, 보건 환경을 약화하고 자연 생태계를 잠식할 수 있다. 바이오 에너지는 토지 이용과 경쟁하며, 농업과 식량 시스템, 생물 다양성과 생태계 서비스에 부정적인 영향을 미칠 수 있다. 신기술 관련 정책들은 동반 편익을 극대화하고 상충성을 최소화하는 방향에서 설계되고 추진되어야 한다.

과학 기술, 사회, 인간의
공진화

────────── 미래 사회를 만들어가는 것은 과학 기술이다. 인공지능, 빅데이터 등의 디지털 기술과 자율주행차, 로봇 등의 자율화 기술은 음성인식 스피커, 인공지능 의사, 스마트공장, 스마트시티 등의 형태로 개인의 생활과 산업 그리고 사회의 다양한 분야에서 혁명적인 변화를 만들어내고 있다. 블록체인, 양자컴퓨팅 등의 디지털 기술, 유전체 분석, 유전자가위, 합성생물학 등의 바이오기술, 수소전지, 차세대태양전지 등의 에너지 기술, 그래핀, 탄소복합소재, 바이오플라스틱 등의 소재 기술은 또 다른 산업혁명의 도래를 예고하고 있다. 미래를 안다는 것은 단순히 지식을 넘어 힘이고 더 솔직하게는 돈이다. 과학 기술이 미래를 만들어가는 세상에서는 유망 기술에 대한 전망이 곧 미래를 아는 것이다.

미래 과학 기술 전망의 가치

모든 조직과 사람들은 '미래에는 어떤 기술이 유망할까?'라는 질문에 대한 답을 찾고자 노력한다. 조금 더 구체적으로 표현하면, 지금 우리가 알지 못하는 어떤 기술이 미래에 중요해질까? 현재 우리가 알고 있는 기술이 미래에는 얼마나 더 발전해나갈까? 전 사회에 보급되어 막대한 파급효과를 가져올 것인가, 아니면 일부 영역에서 활용되는 수준에 머물 것인가, 그것도 아니면 현재의 기대와 달리 한순간 사라져버릴 것인가 하는 것들이다.

이 질문들에 대한 해답이나 힌트를 찾을 수만 있다면, 기업은 어떤 기술에 투자할 것인가를 결정할 수 있고, 투자자들은 어느 금융 상품에 투자할 것인지를 선택할 수 있을 것이다. 한편 과학 기술 연구계에서도 어떤 주제를 연구해야 가치가 있을 것인지, 학생들은 어떤 전공을 선택해야 할 것인지 결정할 수 있을 것이며, 정부 부처에서도 어떤 연구 사업에 지원해야 국가적으로 성과를 얻을 수 있을지 판단할 수 있을 것이다. 그렇다면 과학 기술의 미래를 우리는 어떻게 전망할 것인가?

미래 유망 기술 전망

미래 유망 기술을 전망하는 것은 그리 만만치 않다. 신기술은 처음에는 잘 보이지 않지만 나중에는 그것만 보여서 문제다. 가트너의 하이프 사이클 곡선이 나타내듯, 새로운 기술에 대한 사회적인 기대는 처음에는 0에서 시작해 시간이 지날수록 지나치게 높아졌다가 일정 시간이 지나면 급격히 하락한다. 이후 시장에서 살아남은 기술은 다시 완만하게

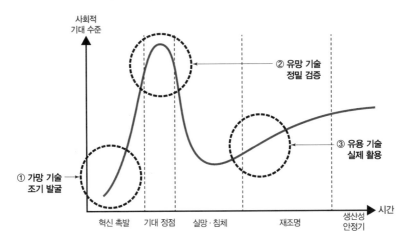

| 그림 4 | 하이프 사이클과 단계별 핵심 이슈

상승하는 패턴을 보인다. 그러므로 신기술에 대한 탐색 기능이 부족하면 잠재력 있는 기술을 놓치기 쉽고, 분석 및 검증 기능이 제대로 작동하지 않으면 사회적인 기대나 대응의 수준이 롤러코스터를 탈 우려가 있다. 그래서 과학 기술 정책 관점에서 유념해야 할 것은 가망성 있는 기술을 발굴하는 것, 유망하다고 알려진 기술을 정밀 검증하는 것(잠재력이 과장된 기술의 한계를 직시하는 것), 세간의 주목에서 벗어났어도 여전히 유용한 기술을 다시 찾아내어 현실에 활용하는 것이다.

가망 기술 조기 발굴하기

기술적 특성이나 산업 발전의 역사를 고려하면 최근의 기술 및 산업적 변화는 새로운 4차 산업혁명이라기보다는 3차 산업혁명의 후반부 또는 3.5차 산업혁명이라고 볼 수도 있다. 만약 지금이 3차 산업혁명의 후반부라면 지금 우리에게 중요한 것은 현재 진행되고 있는 산업혁명, 즉 디지털 혁명에 효과적으로 대응하는 것과 함께 넥스트 산업혁명을 준비하는 작업일 것이다. 과거 역사를 볼 때 가깝게는 향후 10~20년 내 또 다른 산업혁명이 일어날 수 있고 이미 지금 그 맹아가 싹트고 있을지도 모르기 때문이다.

기존 문헌이나 최근에 과학기술정책연구원에서 수행한 전문가 조사 결과에 따르면 장기적으로 산업혁명을 일으킬 잠재력이 있는 분야로 많은 전문가가 바이오, 소재, 에너지를 주목하고 있다. 일본도 2016년부터 경제 산업성 주도로 바이오 기술이 의료·헬스케어와 농림수산업을 넘어 제조와 에너지까지 변화시킬 가능성을 겨냥해 바이오 기술 중심의 5차 산업혁명에 대비하고 있다. 현재 우리나라에서는 인공지능, 블록체인 등 디지털 기술에 대한 기대감이 높고 관련 연구도 활발하게 진행되고 있다. 그러나 디지털 기술에 집중된 관심의 일부를 나누어 바이오, 소재, 에너지 분야 기술에도 투자해야 할 것이다. 바이오, 소재, 에너지 분야의 가망 기술을 조기에 발굴하기 위해서는 현재 이 기술들의 보급을 저해하는 기술 및 제도 요인들을 명확히 파악하고 주기적으로 그 변화 추이를 모니터링해야 한다.

중장기 기술 전망과 관련해서는 기존에도 많은 조사가 이루어지고 있다. 예를 들어 2017년 발간된 〈제5회 과학기술예측조사(2016~2040)〉에서는 267개 미래 기술을 대상으로 기술적 실현 시기, 중요도, 필요한 정부 정책 등을 조사하고, 24개 주요 기술에 대해 기술 확산점을 예측했다. 미래 유망 기술 목록 등 전망의 결과를 얻는 것도 중요하지만 기술의 미래 유망성을 분석하는 과정이나 논리, 근거 등을 충분히 제시하여 다른 연구나 정책 수립에 풍부한 아이디어와 시사점을 제공하고 공감대를 넓혀가는 것도 중요하다.

유망 기술 정밀 검증하기

새로운 기술을 발굴하는 것만큼이나 이미 기대를 모으고 있는 기술의 잠재력과 한계를 지속적으로 검증하는 일도 꼭 필요하다. 이를 위해서는 기술의 본질과 메커니즘, 소비자의 수용 가능성, 경제성, 기존 제도와의 정합성 등을 종합적으로 검토해야 한다.

2018년 과학기술정책연구원에서는 인공지능, 블록체인, 자율주행차의 미래 발전 가능성을 균형 있고 중립적으로 전망하기 위해 기술·공급 측면과 사회·수요 측면, 그리고 기술, 시스템, 생태계 레벨로 구분해 분석하는 틀을 수립한 바 있다.

이를 활용하면 기술 레벨(성능, 확장성, 오류, 악용), 시스템 레벨(보완재, 인프라, 기존 제도와의 관계), 생태계 레벨(인간과의 협업, 전환비용, 부작용)에서 해당 과학 기술의 장점과 잠재력뿐 아니라 단점과 한계도 고려할 수 있

| 그림 5 | STEPI 과학 기술 미래 전망의 틀

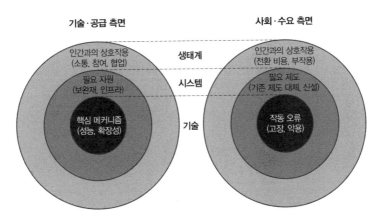

다. 이와 같은 분석을 통해 블록체인의 경우 참여자 수에 따른 속도 저하, 시스템 유지보수, 암호화폐와의 연계성, 개인정보보호법과의 상충 가능성 등을 해결해야 한다는 결론이 났다. 또 자율주행차의 경우 고속 통신선 확보, 일반 차량과의 상호작용, 사고 시 책임 규명 등의 해결이 중요하다는 점이 지적되었다.

유용 기술 실제 활용하기

'손 안에 든 새 한 마리는 숲에 있는 새 두 마리보다 낫다'는 말이 있다. 신기술을 발굴하고 육성하는 것의 최종 목적은 기술을 실제로 활용하는 것이다. 미래의 역사는 이론에 의해 결정되는 것이 아니라 우리의 전략에 의해 결정된다. 다시 말해, 역사를 바꾼 유망 기술은 사전에 정해져 있는 것이 아니라 누군가가 그 잠재력을 포착하고 유용하게 활용한 결과다. 딥러닝, 블록체인, 자율주행차 등의 기술들도 킬러앱을 찾지 못한다면 현재의 기대와는 달리 일부 영역에서만 활용되는 수준에 머물거나 사라져버릴 가능성도 배제할 수 없다.

스타트업에게 린 스타트업,[27] 스몰 베팅 스케일업을 주문하는 것과 같이 신기술 활용도 초기 목표 시장을 '작고' 그리고 '구체적으로' 선정해야 한다. 예를 들어 자율주행차의 경우 불특정 다수를 대상으로 개발하면 다양한 주행 환경에 대응해야 하므로 기술적으로 구현하기가 어렵다. 또 개인의 근본적인 소비 행태 변화가 필요하므로 시장 형성에 장기간이 소요되며 준비해야 할 제도도 많아 복잡하다. 따라서 일반 승객 대상보다는 화물 운송, 일반 도시보다는 제한된 공간에서 성공적으로 구현한 뒤 이를 바탕으로 점차 활용 범위를 확대해나가는 전략이 바람직하다.

과학 기술의 미래, 어떻게 전망할 것인가?

다시 처음의 질문으로 돌아가자. 그렇다면 기술의 미래를 어떻게 전망할 것인가? 첫째, 해당 기술에 대한 이해가 선행되어야 한다. 과학 기술의 원리와 핵심 메커니즘을 제대로 이해하지 못하면 균형적이고 중립적인 관점을 갖기 어렵고 기술 낙관론자들이나 기술을 마케팅하려는 기업들의 주장을 무비판적으로 받아들이기 쉽다.

3D 프린팅의 사례를 들어보자. 전 세계 미디어와 전문가들이 3D 프린터가 PC와 같이 가정마다 한 대씩 보급되며, 제조업에 산업혁명에 버금가는 변화를 가져올 것으로 전망한 바 있다. 과연 그러한가? 3D 프린팅 기술의 핵심 메커니즘은 '적층積層', 즉 고열이나 레이저로 필라멘트나 분말을 녹이거나 액상 수지를 굳혀서 한 층씩 쌓아가는 것이다. 그래서 금형이 불필요하고, 복잡한 물체의 제조에 용이하다는 장점이 있다. 그러나 이와 같은 장점에도 불구하고 적층의 태생적인 한계로 인해, 만들어내는 제품의 표면 정밀도 및 강도가 낮고, 사용 가능한 소재가 플라스틱과 일부 금속으로 제한되며, 생산 비용이 높고 제조 속도가 느리다. 물론 기술 발전에 따라 제품 품질, 공정 효율성, 소재 다양성이 점차 개선될 수도 있으나 제품 품질과 공정 효율성 간에 상충관계가 존재하기 때문에 3D 프린팅으로 제품을 더 단단하게 만들면서 동시에 더 빠르게 만드는 것은 매우 어렵다.

따라서 기존 제조 기술과의 가성비 격차는 당분간 좁혀지기 힘들 것이다. 3D 프린팅 기술이 향후 수년 내에 국내 주요 제조업에서 기존 제조 기술들을 대체할 가능성은 적을 것으로 전망되며 현재와 같이 시제품 제작에 주로 활용될 것이다.[28] 3D 프린팅의 이러한 기술적 한계를 고려하면 기존 제조 기술을 3D 프린팅으로 대체해나가는 정책보다는 기존 제조 기술과 3D 프린팅을 결합한 새로운 제조 방식을 모색하는 정책이 더 효과적일 것이다. 물론 3D 프린팅이 미래 유망 기술이 될 수 있다는 가능성을 유지하면서 기술적 교환관계를 변화시킬 수 있는 신소재 또는 신공법의 등장을 계속 모니터링하거나 개발해나가는 전략도 필요하다. 이처럼 기술에 대한 이해는 기술을 보는 관점, 더 나아가서는 전략이나 정책의 방향성에 큰 영향을 미친다.

둘째, 기술이 사회에 도입되어 확산되는 과정에 대한 종합적인 관점을 가져야 한다. 기술결정론에서는 기술이 사회 변화의 가장 중요한 변수라고 주장하지만, 실제 기술과 사회 간의 관계는 이보다는 더 복잡하다. 〈그림 6〉은 특정 기술 시스템이 다른 기술 시스템으로 전환되는 과정을 개략적으로 도식화한 것이다.[29] 그림은 기술 시스템 전환에 영향을 미치는 요인으로 세 가지를 제시한다. 위에서부터 보면 첫 번째 요인은 사회 기술 제반 환경이고, 두 번째 요인은 시장, 산업, 정책, 문화 등으로 구성된 기술·산업 체제이며, 세 번째 요인은 틈새 기술 혁신이다. 어떤 틈새 기술 혁신이 등장했을 때 사회경제적 트렌드에 부합하고 기술·산업 체제가 우호적인 방향으로 조성될 경우, 그 기술은 사회에 폭넓게 확산된다는 것이다. 따라서 특정 기술이 향후 유망할 것인가를 전망하려면 사회경제적 트렌드, 기술·산업 체제(시장, 산업, 정책, 문화 등), 관련 기술 혁신 동향 등에 대한 종합적인 이해가 필요하다.

종합하자면, 기술의 미래를 전망하려면 기술에 대한 이해와 이를 둘러싼 사회 그리고 인간에 대한 이해가 매우 중요하다. 기술과 사회 또는 기술과 인간은 일방적으로 영향을 주는 것이 아니라 공진화coevolution 하는 관계이기 때문이다. 사회는 기술이 등장할 여건을 조성하지만 일단

| 그림 6 | 기술 시스템 전환을 보는 다층 관점

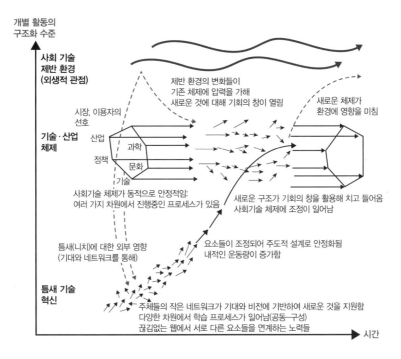

기술이 등장하면 사회도 변화한다. 기술이 사회 갈등 같은 문제를 야기하기도 하지만 때로는 해결하기도 한다. 그러니까 기술과 사회, 기술과 인간의 교집합 영역에 대한 연구가 활성화되어야 한다. 기술 전문가들과 사회 분야 전문가들은 더 자주 만나야 한다. 어느 하나를 안다고 해서 바로 전망할 수 있을 만큼, 미래는 그렇게 간단하지 않기 때문이다.

KAIST Future Strategy 2020

2

나와 대한민국을 위한
STEPPER 전략

1

사회 분야
미래전략
Society

KAIST Future Strategy 2020

기술 변동을 넘어선
사람 중심의
문화 변동

─────────── 지금 우리는 급속한 기술 발전의 시대를 살고 있다. 기술 변화는 산업 구조나 직업 세계에 변화를 불러오지만 거기서 끝나지 않는다. 사람들이 기술을 수용해 일상에서 사용할 때 그것은 문화가 된다. 기술에서 변화가 시작되어도 인간에게 더 의미 있는 것은 문화 변동이다. 인간의 가치나 인식, 생활 방식과 관련되기 때문이다. 이제 4차 산업혁명이라는 변화도 문화 관점에서 생각해볼 필요가 있다.

인간의 시각, 청각, 미각, 후각, 촉각 등 인간 감각의 한계를 넘어서는 것이 과학 기술이라면, 인간의 본능적 욕망 충족에 기여하는 감성적 접근이 문화 기술이다. 미래 사회에서 기계가 더 많은 일을 하게 되면, 인간의 노동 시간이 줄고 여가가 늘면서 놀고 즐기는 데에서 일자리와 산업 창출의 기회가 증가한다. 4차 산업혁명이야말로 문화 부흥의 기회다. 그 어느 때보다 문화 기술과 문화 콘텐츠 산업 진흥 정책에 대한 적극적인 추진이 필요하며, 문화 기술은 새로운 여가 산업과 유희 활동 발굴에 주목해야 한다.

문화 관점에서 바라본 4차 산업혁명

4차 산업혁명 논의의 대부분은 기술, 직업, 경제에 초점이 맞춰져 있다. 즉, 한국 사회에 인공지능 열풍을 일으킨 알파고 사건 이후 등장한 일련의 4차 산업혁명 담론들이 수용자인 시민의 관점을 배제한 채 공급자인 정부의 관점을 비대칭적으로 반영하고 있기 때문이다. 그 결과 새로운 산업과 비즈니스 창출의 기회로 바라보는 '산업적 담론'과 사회 구성원 모두가 자기계발을 통해 여기에 적응해야 한다는 '생존 기술의 담론'만이 지배적으로 되어버렸다.[30]

또한, '4차 산업혁명'으로 도서를 검색해보면 4차 산업혁명 관련 테크놀로지, 플랫폼, 직업 변화, 마케팅 등을 다루는 책이 대다수다. 4차 산업혁명과 문화를 다룬 책은 거의 없다. 4차 산업혁명은 문화와는 별개의 영역일까. 절대 그렇지 않다. 신기술은 으레 문화 변동으로까지 이어진다. 가령 컴퓨터와 인터넷, 스마트폰의 발명은 단순한 기술적 발명이 아니다. 사람들 간의 소통 방식, 삶의 방식, 업무 방식까지 바꿔 놓았다. 인간 사회에서 문화의 영역을 벗어나는 것은 아무것도 없다.

기술, 사회 그리고 문화의 관계

호모 사피엔스가 출현한 지는 20만 년이나 된다. 오랜 기간 인류는 스스로 의식주를 해결하고 도시와 사회를 건설하고 제도와 가치, 사상 등을 만들었다. 인류학자 에드워드 타일러는 문화를 "지식, 신앙, 예술, 법률, 도덕, 관습 그리고 사회의 구성원으로서의 인간에 의해 얻어진 모든 능력이나 관습들을 포함하는 복합적 총체"라고 포괄적으로 정의했다. 한 사회의 구성원들이 후천적인 학습을 통해 함께 지니게 되는 행동양식과 사고방식까지 포함한다.[31] 이러한 관점에서 과학 기술도 문화의 한 부분이라고 할 수 있다. 과학 기술이 문화가 되기 위해서는 사회 구성원이 그것을 인지하고 수용하고 활용함으로써 사회 속에 자리 잡고 뿌리를 내려야 한다.

4차 산업혁명의 첨단 테크놀로지도 기술 변동에서 그치지 않고 인간의 삶과 사회문화에 크고 작은 영향을 미치면서 변화를 일으킬 것이다. 인공지능 기술이 발전해 인간 노동을 대체하면 직업에 대한 인식 변화가 생길 것이며, 자율주행차가 상용화되면 차를 운전한다는 개념이 작동한다는 개념으로 바뀔 것이다. 혁명이란 관습이나 제도, 방식 따위를 무너뜨리고 질적으로 새로운 것을 급격하게 세운다는 의미다. 4차 산업혁명도 테크놀로지 변화만을 이야기하지 않는다. 혁명적 변화에는 반드시 문화적 변화가 수반된다. 따라서 문화적인 관점을 배제하는 것은 중요한 변화 동인을 놓치는 결과를 낳는다. 문화 역시 고정불변이 아니라 끊임없이 변하기 때문이다.

4차 산업혁명은 문화 영역의 기회

문화 관점에서 볼 때 4차 산업혁명은 위험일까, 기회일까. 기회가 될 수 있는 그 근거는 다음과 같다.[32]

첫째, 문화예술은 창의성, 감성의 영역이므로 4차 산업혁명으로 인한 자동화의 위험이 상대적으로 적다. 미래 예측 보고서들을 보면 대체로 단순반복 작업, 연산, 금융, 행정 등과 관련된 일자리는 자동화 위험이 크고, 문화예술 분야는 상대적으로 덜 위험하다는 분석이 많다. 알파고 쇼크 직후 한국고용정보원이 발표한 연구 결과에 따르면, 자동화 대체 확률이 높은 직업은 콘크리트공, 제품 조립원, 조세행정 사무원, 경리 사무원, 부동산 중개인 등 단순 반복적이고 정교함이 떨어지는 일이나 사람들과 소통이 적은 업무다.

반면 자동화 대체 확률이 낮은 직업은 화가·조각가, 사진 작가, 지휘자·연주자, 만화가, 가수, 패션 디자이너 등 대부분 문화예술 관련 분야이거나 창의성, 감성, 사회적 소통과 협력을 필요로 하는 직업이다.[33] 또 통계청이 2017년 고시한 제7차 개정안 '한국표준직업분류'에서도 4차 산업혁명으로 인한 직업의 변화 추세를 읽을 수 있다. 10년 만에 개정한 표준 직업 분류에 신설된 직업에는 데이터 분석가, 모바일 애플리케이션 프로그래머, 로봇공학 시험원 등 4차 산업혁명과 직접적 연관을 가진 ICT 기반의 직업들도 있지만, 미디어 콘텐츠 창작자, 사용자 경험 및 인터페이스 디자이너, 공연·영화 및 음반 기획자 등 문화 콘텐츠 분야 직업도 포함되어 있다.[34]

둘째, 기술 문명이 발전하면 인간은 변화로 인한 문화적 충격을 겪게 되고 문화에 대해 더 많은 관심을 지니게 될 것이다. 첨단 기술이 지배하는 세상이 오면 인간은 '기계 대 인간'이라는 갈등 구도로 인해 자존감이 위축되고 소외감이 커질 수 있으며 때로는 가치관과 윤리 의식의 혼란을 느낄 수 있다. 이런 사회심리적 위기에서는 자아성찰을 위한 인문학과 인간적 가치에 기반한 문화에 주목하게 될 것이다. 마음의 안정과 행복감은 인공지능 기계의 편리함에서가 아니라 문화예술이 가져다주는 여유에서 찾을 수 있다.

셋째, 4차 산업혁명은 특정 기술이 이끄는 변화가 아니라, 여러 가지 첨단 기술들이 융합되어 변화를 일으키는 혁신이다. 여기에서 변화의 글로벌 트렌드는 창의융합이다. 문화 콘텐츠나 문화 기술은 콘텐츠와 기술, 문화와 기술, 하드와 소프트의 융합으로 이루어지므로 가장 창의적인 영역이며, 변화의 트렌드에도 걸맞다. 기술에 대한 인문학적 감수성을 강화하는 것은 단지 감각적인 차원의 접근만을 의미하지 않는다. 그것은 문화적 감수성이고 당대의 문화 정신이라고 할 수 있다. 기술과 문화는 상호피드백을 통해 공진화된다.[35]

기술혁명에 대비하는 문화 전략

가장 중요한 것은 문화 관점과 어젠다를 지속적으로 가져가야 한다는 것이다. 문화를 어젠다로 가져가야 한다는 말의 의미는, 단지 문화 과제를 포함한다는 의미가 아니라 기술 중심이 아닌 사람 중심의 관점으로 4차 산업혁명을 바라봐야 한다는 것이다. 첨단 기술로부터 촉발되는 혁명적 변화가 기술 변동에서 그친다면 그 의미는 반감될 수밖에 없다. 인간이 발명하고 개발한 모든 기술의 궁극적 목표와 지향점은 인간이고, 인간이 체감하는 가장 중요한 변화는 문화 변동이다. 문화는 단기간에 구체적인 성과를 낼 수 없으므로 일관성을 갖고 지속해서 투자해야 한다. 이러한 점을 간과한다면 정책 추진자가 이끌어가는 기술 정책과 일반 시민이 원하는 기술이 어긋나는 괴리 현상이 나타날 수도 있다.

4차 산업혁명 시대 문화적 가치의 프레임 정립

- 4차 산업혁명 전략 내 기술문화 전략 포함(과학 기술-과학 기술 문화, 정보통신-정보통신 문화 등) 및 관련 전문가의 전략 구축 과정 참여 필요
- 4차 산업혁명의 변화를 수용할 대다수 시민에게 소구할 수 있는 바람직한 미래 가치 제시 및 공유
- 시민 참여와 협력적 창의성을 통해 삶의 질을 고양하는 방향으로의 정책적 전환 필요

문화 지체를 막는 제도와 인프라에 대한 정비 필요

- 인공지능, 드론, IoT 등 첨단 기술 도입에 따른 법제도 정비, 변화에 대한 국민의 이해 제고, 가치관 확립 필요
- 기술의 윤리적, 법적, 사회적 함의를 고려하는 기술 영향 평가 강화
- 기술 영향 평가 시 시민단체, 인문사회학계의 적극적 참여 및 독임제가 아닌 복수 기관에서의 수행 필요

4차 산업혁명의 인본적 토양 구축

- 과학과 인문학의 단절을 가져왔던 현대 서구 문화의 경고 인식
- 4차 산업혁명의 격변이 기계 대 인간, 과학 대 문화예술의 대립과 긴장으로 이어지는 기술과 인문 간의 균열 방지
- 첨단 기술이 인간과 사회에 미치는 영향과 의미에 대한 성찰 등 인문학의 역할 재확립
- 기술 변화에 대한 사회 구성원들의 주체적 수용이 가능하도록 창의적 교육 방식으로 전환
- 지능정보 기술의 윤리성과 책무성을 보완해주는 교육 콘텐츠 제공

기술 진보에 따른
노동의 미래

─────────── 기술혁명으로 인한 노동 시장의 변화는 곧 인간의 삶 전반의 변화를 의미한다. 이러한 변화에 사람과 제도가 얼마나 민감하게 적응하고 대비하느냐가 관건이다. 사회 변화와 함께 풀어야 할 노동 문제는 다양하지만, 특히 4차 산업혁명과 관련해서 여전히 뜨거운 주제 중 하나는 기술 진보가 일자리에 미치는 영향에 관한 것이다.

전문가의 토론장에서조차도 여전히 유토피아와 디스토피아를 대조하는 논의가 이루어지고 있다. 올바른 미래전략과 대응 방안을 마련하기 위해서는 현상을 제대로 이해하고 직면한 도전을 잘 정의해야 한다. 과연 로봇과 인공지능으로 인해 일자리가 현저하게 줄어드는 것이 우리가 당면한 도전의 요체일까. 기술 진보는 직업 세계와 고용에 어떤 변화를 가져올까. 변화의 요체는 무엇이고 그에 대응하는 노동 분야의 대응 전략은 어떠해야 하는가.

기술 진보와 일자리 변화의 요체

기술 진보로 일자리에 무슨 일이 일어나는지를 이해하기 위해서는 기술이 직무(업무, 일), 직업, 고용(일자리)에 미치는 영향을 구분해서 들여다보아야 한다. 디지털 기술에 더하여 지능정보 기술의 발전은 기존 상품과 서비스의 전통적 가치사슬을 해체했다. 자동화 범위도 현저하게 확대되었다. 가치사슬 해체는 기업들의 경쟁우위 패러다임을 변화무쌍하게 바꾸고 있으며, 그 과정에서 일하는 방식, 직무와 업무 변화가 일어나고 있다.

직무, 직업, 고용에 미치는 상이한 영향

자동화에 의한 노동 대체가 어떤 '직무'의 대량 소멸을 의미할 수 있다. 또 일부의 직업을 파괴할 수도 있다. 하지만 전반적으로 고용 파괴를 의미하지는 않는다. 하나의 직업이나 한 사람의 일자리는 여러 직무로 이루어져 있기 때문이다. 인공지능이 직무와 직업과 고용에 미치는 영향도 이러한 자동화 영향의 연장선 속에 있다.

기술이 어떤 일자리의 직무 일부를 대체하더라도 일부와는 보완관계에 있는 경우가 일반적이다. 기술과 보완되는 업무가 있다면 기술이 업무 일부를 대체하더라도 보완관계에 있는 업무의 생산성은 늘어난다. 그렇게 해서 해당 일자리의 생산성이 올라가면 그 일자리는 없어지지 않는다. 오히려 수요가 늘어날 수도 있다. 그러므로 일자리가 없어지고 줄어드느냐, 즉 고용이 파괴되느냐는 자동화 기술에 달려 있지 않다. 사람과 제도가 변화에 어떻게 적응하느냐에 달려 있다.

변화는 정책적·제도적 적응의 결과

인공지능 발달과 자동화로 특정 직무가 대체된다면 그런 직무로만 이루어진 직업은 기계로 대체될 가능성이 크다. 하지만 직업 대부분은 그 안에 기계와 협업하여 생산성을 높일 수 있는 직무 또한 포함하고 있다. 기술이 내 업무의 일부를 대체하더라도 내가 하는 다른 업무가 그 기술과 보완관계에 있다면, 그 일자리의 생산성은 향상되고 이러한 직업들은 일반적인 예상과 달리 소멸하지 않을 것이다.

정형화된 업무로 이루어진 직업은 점차 줄어들겠지만 이러한 일자리도 해당 직업의 직무가 변화하면 살아남을 수 있다. 오늘 내가 하는 일의 자동화 확률이 50%쯤 된다고 하더라도 내년에 내 일의 자동화 가능성이 반드시 50%를 넘는 것은 아니다. 기술 진보에도 불구하고 자동화 가능성은 오히려 떨어질 수도 있다. 실제로 미국의 직업정보시스템O*Net의 직업별 자동화 가능성을 보면 2006년에서 2016년 사이 거의 변화가 없거나 오히려 감소한 직업을 다수 발견할 수 있다. 그 이유는 바로 기술 진보와 함께 해당 직업의 직무가 변화했기 때문이다. 이런 점에서 일자리의 양이나 질 모두에 결정적 영향을 미치는 요인은 기술 자체라기보다는 변화를 수용하고 대응하는 정책과 제도 요인이 큰 측면도 있다.

노동의 미래 전망

기술 진보에 대해 어떻게 제도적·정책적으로 적응하는지가 일자리의 공급과 질을 좌우하는 결정적 요인이라는 사실은 일자리 정책과 노동 정책에 중요한 시사점을 준다. 지난 10년을 돌이켜보면 정부는 새로운 비즈니스 활동이 활발해지는 데 적합한 규제 방식을 마련하지 못했다. 대기업들은 지능정보 기술을 활용한 국내 스타트업에 효과적으로 플랫폼을 제공하지 못했다. 근로자들은 지나치게 수동적이고 장기적 이익에 무심했다. 노사 모두 신뢰를 구축하지 못했다. 이러한 반성은 정부와 기업과 노조가 앞으로 해야 할 일을 자연스럽게 정의해준다. 노동 시장 제도 개혁의 시급성을 인식하고 공동의 노력을 기울여야 한다.

인간과 기계의 협업

기술 진보의 영향은 단순히 직무 변화에 그치지 않는다. 기술 진보를 생산성 향상으로 이어지게 하는 과정에서, 신기술의 잠재력을 충분히 활용하는 방식으로 작업조직이 변화할 것이다. 테일러리즘Tailorism이나 포디즘Fordism은 장인匠人을 저숙련 공장 노동자로 대체하는 기술 변화가 일어나는 과정에서 과학적 관리 시스템으로 정착되었다. 인공지능 시대의 작업 방식은 인간-네트워크, 인간-기계 사이의 역동적 협력 형태일 것이다. 이미 '인간과 함께 일하는 로봇' 개념을 구체화한 제조용 로봇 개발과 상용화가 진행되고 있다. 이뿐만 아니라 네트워크에서 빅데이터를 생산하고 가공해 부가가치를 만들어내는 과정에서 인간이 인공지능과 협업할 것이다. 제조 과정에서도 인간과 기계(전통적 공장에서 보던 기계설비는 물론 인공지능 알고리즘을 체화하고 있는 로봇 포함)가 협업할 것이다.

고용 형태와 근로 형태의 다양화

디지털 기술의 발전은 생산 방식의 거래 비용을 혁명적으로 낮추었다. 특히 프로젝트형 고용 계약 형식이 늘어나면서 외부 자원 거래 비용을 크게 낮추었다. 기술 진보가 제공한 거래 비용 감소를 이용해 많은 스타트업들이 비즈니스 모델을 혁신하고 있기도 하다.

비즈니스 모델의 확산에서 주목할 만한 현상 중 하나는 취업 형태가 다양해지고 비전통적 고용 계약이 늘어나고 있는 점이다. 주문형on-demand 거래의 확산으로 임시직, 파견, 재택 근무, 파트타임 등 다양한 취업형태가 나타나고 있다. 지난 10년간 미국에서 창출된 일자리는 바로 이러한 대안적 근로 형태에서 많이 창출되었다.[36] 디지털 기기가 실시간으로 연결되면서 시간과 장소에 매이지 않고 일하는 클라우드 워커처럼, 온라인 근로, 재택 근로, 원격 근로 등이 확산되어 근로 시간과 여가의 구분과 근로 공간과 비근로 공간의 구분이 모호해지는 것도 변화의 일부다. 일하는 날과 휴일에 경계가 없고 모여서만 일하는 것이 아니라 각자 맡은 업무를 장소에 상관없이 알아서 완성하는 방식이 늘어나고 있다. 한 사람의 근로자가 여러 고용주를 위해 일하는 사례도 늘어나고 있어 전통적 고용 관계는 느슨해지거나 해체되고 있다. 명령을 받는 고용 관계가 아니라 상호약속한 업무를 스스로 결정하고 통제할 수 있는 환경에서 처리하여 넘기는 관계로의 변화도 적잖다.

이에 따라 산업화 과정에서 확립된 기업 조직과 노동규범(예컨대, 1일 근로 시간, 휴게 시간, 감시 감독 등의 근로 기준)의 변화도 불가피해지고 있다. 기업 조직이 핵심 인력 중심으로 축소되고 임금 근로자-자영업자 성격이 혼합된 계약 형태가 확산되는가 하면, 감시 감독, 보안, 사생활 침해가 모두 새로운 차원에 직면하고 있다. 2018년부터 시작된 주당 근로시간 52시간 상한제는 일과 가정의 양립 및 조직적 노동으로부터 직무 중심 노동을 유인하는 계기가 될 것이다.

비즈니스 패러다임의 변화

기업 가치가 높은 세계 10대 기업 중 대다수는 ICT 기업이다(애플, 알파벳, 마이크로소프트, 아마존, 페이스북 등). 또한, 기업 가치가 아직 크지 않더라도 시장에서 인정받고 있는 기업들 상당수도 ICT를 이용한 비즈니스와 관련이 깊다.

예를 들어, 유통 기업 아마존이나 동영상 스트리밍 서비스사인 넷플릭스는 빅데이터를 활용해 사업을 성장시킨 대표적 기업이다. 숙박 시설 공유 기업 에어비앤비나 차량 공유 기업 우버는 아이디어로부터 시작했지만, 빅데이터 활용을 통해 기업의 지속 가능성을 높이고 시장 지배력을 확대했다. 나이키, 아디다스와 같은 스포츠 용품 기업도 데이터를 이용한 비즈니스 생태계를 구축하고 있다. 인도에 있는 GE의 스마트공장은 높은 생산성을 자랑하면서도 자동화보다는 빅데이터를 생산과정에 응용하는 것이 특징이다. 가령, 이곳에서는 종업원들이 제품의 사진을 찍어 클라우드에 올리고 고객의 반응을 보는 것과 같은 실험에 한없이 관대하다. 이렇듯 ICT를 활용한 새로운 비즈니스 모델이 만들어지거나 이를 적용한 기업의 경쟁력이 두드러지고 있는 점은 향후 인력 양성 측면이나 고용 시장 전망에서 고려해야 할 사항이다.

노동 미래전략

4차 산업혁명은 패러다임 전환의 특성을 지니고 있는 것이 사실이다. 그렇다면 공장에 로봇과 자동화 시스템 도입 여부나 얼마나 빨리 도입할 것인지보다, 사람과 로봇, 사람과 인공지능이 어떻게 협업할 것인지 등 변화에 대한 전망과 향후 전략에 대한 논의가 선행되어야 한다. 4차 산업혁명이 시대적 흐름에 성공적으로 안착하려면 이러한 준비는 필수적이다.

논의 플랫폼과 이해 당사자의 신뢰 구축

- 독일에서 'Industrie 4.0' 이니셔티브가 시작된 후 노조가 그에 맞는 'Arbeit 4.0'이 필요하다며 관련 논의의 필요성을 제기하고 기업들과 함께 논의를 시작한 사례 참조
- 정부 주도의 논의 플랫폼이 아니라 기업과 근로자가 협의하고 중앙 정부와 지방 정부가 협의하는 방식으로 전환
- 노사협의의 전통이 미흡한 한국적 상황에서는 경제사회노동위원회와 일자리위원회를 중심으로 논의 플랫폼을 확장하고 신뢰를 구축하는 것이 급선무

대안적 노동규범 모색과 합의

- 근로 형태와 방식 변화로 기존 노동규범의 존립 근거가 송두리째 흔들리고 있는 상황에 대한 인식 필요
- 사회보험의 경우, 복수의 사업장에서 일하는 임금 근로자, 한 사업장에서 월 60시간 미만 근로하는 단시간 근로자 등도 적용 대상에서 제외되지 않도록 기존의 행정 방식 보완
- '종속성을 갖고 일하는 1인 자영자' 현상에 대한 대처 규범 마련 및 해당 범주의 노동 시장 참여자를 포함하는 사회보장 시스템 재구축
- 근로기준법 등 중요한 노동관계법은 모두 임금 근로자를 대상으로 함. 그러나 기업은 노동 비용과 관리 비용을 절감하기 위해, 또는

급변하는 산업 환경 변화에 유연하게 적응하기 위해 아웃소싱을 활용하는 경향이 강해짐. 따라서 노동 시장 변화를 고려한 근로기준법의 획일성과 경직성 보완

- 근로계약법으로 노동 시장 내 노무 거래 일반을 규율하되 고용·근로 형태 다양화에 대응하여 사안별로 계약관계의 공정성, 투명성, 예측 가능성 확보
- 복합적이고 다양한 고용관계를 모두 법제도로 규율하는 것에는 한계 존재. 기업, 지역, 산업, 국가 수준에서 노사정이 사회적 대화와 협약을 통해 사회적 자본을 늘려가는 여건 조성

창의·융합 미래 인재를 위한 인력 양성 제도의 혁신

- 단순히 따라하기나 정답을 말하는 교육이 아닌 창의력 교육, 즉 질문할 줄 아는 교육, 나아가 가설적 주장을 할 줄 아는 교육으로 전환
- 구직과 구인을 어렵게 만드는 인력과 노동의 미스매치(전공 분야 간, 학력 수준 간)를 해소하고 사회에 필요한 인재를 기를 수 있는 교육 여건 마련
- 4차 산업혁명의 또 다른 특징은 생산의 개방화임. 즉 소프트웨어적 기술을 가진 사람은 누구나 하드웨어를 생산할 수 있다는 의미. 플랫폼만 갖춰지면 소프트웨어 개발자가 하드웨어 개발자로서 동시적인 역할을 할 수 있기에 모든 산업에서 소프트웨어를 다룰 수 있는 인력 양성

일자리 감소에 대비하여 로봇세와 기본소득 신설

- 과거에는 기계가 노동을 대체했지만, 미래에는 소프트웨어인 인공

지능이 노동을 대체할 가능성 증가. 그런데 하드웨어와 달리 소프트웨어 생산에는 추가 노동이 거의 들어가지 않으므로 줄어들 일자리 문제를 다각적으로 논의

- 일자리가 줄어 실업자가 늘면 납세자도 줄어든다는 의미. 세금 수요를 충당하기 위하여 세율을 높이면서 우려되는 저항, 즉 납세자들의 '불만사회' 대처
- 로봇세 신설은 새로운 세원을 발굴하는 하나의 방안. 인간의 노동을 대체하는 기계에 세금을 부과하고 정부는 이렇게 생긴 돈을 기본소득 재원으로 삼아 실업자 부양 자금으로 활용

새로운 도약을 위한
한국형 복지와
사회안전망

미래 세대가 감당할 수 있고, 생산과 분배가 선순환하는 한국형 복지와 사회안전망 구축이 그 어느 때보다 필요한 시점이다. 개인의 생활 양식을 변화시키고 있는 4차 산업혁명은 기술혁명이자 사람 중심의 문화이며, 경제·사회적 현상으로 파생되는 패러다임의 전환이라고 볼 수 있다. 이러한 전환 속에 4차 산업혁명이 가져올 장밋빛 미래와 함께 일자리 감소에 대한 불안감도 병존하고 있어 국가의 중점 해결 과제로 '인간 중심의 4차 산업혁명 완성'이 더욱 주목받고 있다.

1997년 외환위기 이후 한국 사회에서 지속적으로 제기된 고용 유연성 문제는 아직도 해결이 요원한 상태인데, 가장 큰 원인은 낮은 사회안전망과 복지에 있다고 볼 수 있다. 즉, 고용 유연성을 높이기 위해서는 이의 반대급부로 사회안전망이 지금보다 더욱 튼실하고 촘촘해야 한다. 이뿐 아니라 한국 사회가 4차 산업혁명에 선제적으로 대응하고 새로운 도약의 기회로 삼기 위해서는 지능정보 기술 발전과 복지 생태계 구축이 공존하는 사회안전망에 대한 논의가 먼저 이뤄져야 한다.

그동안의 성과와 앞으로의 극복 과제

우리나라는 2000년대 초반에 사회보험과 공공부조로 구성되는 사회보장제도의 기본적인 골격을 완성했고, 산재보험, 건강보험, 국민연금, 고용보험 등 4대 사회보험제도의 적용 범위 측면에서 보편성을 강화하는 등의 중요한 성과를 일궈 왔다. 그러나 여전히 실질적인 결과 측면에서 여러 문제가 대두되고 있으며, 이는 사회보장제도의 구조뿐만 아니라 노동 시장의 문제와 밀접히 관련되어 있다.

국민기초생활보장제도와 사회보장제도의 명과 암

우리나라는 2000년 이후 국민기초생활보장제도를 통해 사회적 약자들과 저소득층에게 최저 생계를 보장해오고 있으며, 이를 사회적 책무이자 '수급권'으로 인정함으로써 복지 정책에서 시민권이 대폭 강화되어왔다고 볼 수 있다. 그러나 여러 가지 개선해야 할 점들이 많이 남아있다. 대표적으로, 부양 의무 규정과 재산 평가액의 반영 등으로 인해 저소득층 가운데 상당수가 수급대상에서 제외되는 문제가 있다. 기초생활보장제로 직접 도움을 받는 계층은 전 인구의 3.1%(158만 명) 수준이지만 2018년 1분기 시장 소득 기준 상대적 빈곤율[39]은 20.9%로 늘어한계를 드러냈다.

또 국민기초생활보장제도의 도입과 더불어 사회보험의 적용 대상이 대폭 확대된 것도 중요한 성과라고 볼 수 있다. 사회보험은 1998년 이후 급속한 변화가 이뤄졌는데, 국민연금 확대(1994년), 의료보험 통합(1999년), 고용보험 대상 확대(1998년), 산재보험 적용 확대(2000년) 등 사회보험제도의 내실화 및 사회복지 서비스 확대를 추진했다. 그러나 이러한 성과에도 불구하고 근본적으로 우리나라의 사회보험제도는 외양으로는 국가적 제도이지만, 사실상 모두 개인적 해결 수단에 머무르는 한계를 지니고 있다. 즉, (부분적) 사회적 해결 방식의 제도인 국민기초생활보장제도를 제외한 사회보험제도가 모두 국가가 운영하는 개인적 해결 수단이라고 볼 수 있다. 실제로 국민연금의 소득대체율[40](국민연금 지급률)은 40%이며 자영업자, 플랫폼 노동자 등 전체 취업자의 45%(1,200만 명)가 고용보험 혜택을 전혀 받지 못하고 있다. 일본은 단기간 근무하는 비정규 노동자에게도 실업 수당이 지급되도록 고용보험 적용 대상을 확대해 사회안전망을 넓히고 있다. 덴마크의 경우 최근 3년간 52주 동안 일한 경험이 있으면 실업 급여를 받을 수 있으며, 소득 대체율은 평균 67%, 최저임금 근로자는 기존 임금의 90%까지 보전받을 수 있는 등 실업 급여 지원 수준이 높다.

고령화 문제 극복

고령화를 준비하지 못하면 고통스러운 결과를 맞이할 수 있다. 특히 연금과 같은 노후 생활 대비책이 없는 상황에서 맞이하는 노후는 곧 빈곤을 의미한다. 우리나라 노인빈곤율이 OECD 국가 중 최고인 46.1%(2018년 2분기 기준)에 이른다. 노인 두 명 중 한 명은 중위 소득의 50%에 못 미치는 수입으로 생활하고 있다는 뜻이다. 따라서 우리 복지 시스템은 이 문제를 해결하는 데서 시작해야 한다.

저출산 문제 극복

저출산 문제의 원인과 결과는 매우 복합적인데, 일종의 생활 양식 변화에서부터 양육과 교육비 부담, 여성 일자리 연속성 부담 등 다양한 분야에 걸쳐 있다. 그 원인이 어떠하든 저출산 문제는 필수 노동력 확보 차원만이 아니라, 적절한 시장 규모 유지를 위한 인구 규모 차원에서도 해결되어야 한다. 특히 소수의 청년이 다수의 노인을 부양하는 부담을 낮추기 위해서는 적절한 인구 규모가 필수적이다. 따라서 출산율을 높이고 인구를 늘리는 차원의 복지 정책은 국가 미래를 위한 투자이기도 하다.

일자리 확대 및 성장에 기여하는 복지

복지가 소모적이거나 낭비적인 지출이 아니라는 점에는 많은 사람이 동의하고 있다. 저출산과 고령화 문제를 해결하기 위해서라도 복지에의 투자와 지출은 불가피하다. 선진국들과 비교하면 우리나라 고용 분야 중에서 가장 취약한 부문은 사회 서비스업이다. 보건, 복지, 보육 등 복지와 관련된 분야에서 상대적으로 고용이 저조하고 처우가 열악하다. 고용 환경이 적절히 개선된다면, 이 분야는 고용이 늘어날 수 있는 잠재력이 충분하다. 복지 확대가 곧 일자리 확대와 내수 증진으로 이어질 수 있다.

지속 가능한 복지 재정

복지를 늘려야 하는 당위성이 분명하고 그것이 국가의 경제와 고용 구조 개선에도 기여할 것이라는 기대도 타당하다. 하지만 복지 확대가 국가 재정이 감당할 수 있는 범위를 넘어서는 안 된다. 복지 지출에서 낭비적인 요소를 줄이고 고용 확대와 고용의 질 개선에 기여하는 영역에 집중 투자해야 한다. 이와 함께 복지 재정 중 국민 부담률을 점진적으로 높여감으로써 '적정 부담, 적정 혜택'의 규범이 지켜져야 한다.

문제는 이 과정에서 당장 복지 혜택을 얻는 현세대는 부담을 지지 않고 이를 미래 세대에 지우는 정치적인 태도다. 즉, 지금 복지를 확대하는 데 소요되는 재정을 다음 세대에 부채로 남기는 방식이다.

통일을 대비하는 복지국가 전략

통일 시대 복지 전략에서도 재정적으로 지속 가능한 공정 복지의 기본 원칙은 매우 중요하다. 복지 수준이 점차 확대됨에 따라 복지 비용을 적절하고 공정하게 분담하는 데 우선순위를 두어야 한다. 한국의 경우, 통일 준비라는 특유의 상황 때문에 통일 이전부터라도 복지국가 확장에 속도 조절이 필요하다. 통일 비용은 특히 북한 주민의 복지를 증진하는 사회보장성 비용과 관련된다. 독일식 통일이 현실화된다면, 가장 낮은 단계의 공공부조 프로그램인 국민기초생활보장제도만 적용할 경우 북한지역 GDP의 약 300%, 통일 한국 GDP의 약 8%가 소요될 것으로 추산된다. 장기적으로는 편익이 비용을 상쇄할 수 있을지도 모르지만, 적어도 단기적으로는 대규모의 급격한 복지 비용 발생이 예상된다. 이런 점을 고려해본다면, 통일 이전 남한의 복지 확대는 증세에 기대는 것이 옳고, 만약 국채를 통해 복지를 할 여지가 있다면 통일 시대의 북한지역 복지 확대를 위한 최후의 보루로 남겨야 할 것이다.

예상 통일 비용
통일 비용은 통일을 저해하는 허들이다. 완전한 통일까지 들어갈 비용을 고민하는 것도 전략에 포함되어야 한다. 우리보다 앞서 통일을 이룬 독일의 경험은 우리의 미래전략 마련에도 큰 시사점을 준다. 독일 통일에 들어간 경제적 비용은 최소 1조 유로(약 1,490조 원)에서 최대 2조 1천억 유로(약 3,129조 원) 정도로 알려져 있다. 이중에서 초기 13년간 동독 지역 주민에 대한 연금, 노동 시장 보조금, 육아 보조금 등을 포함한 사회보장에 들어간 비용은 전체 통일 비용의 49.2%를 차지한다. 통일 비용 중 복지국가를 위한 사회보장 지출 비중이 가장 높았던 셈이다.

한반도의 평화 정착에 필요한 비용 또한 만만치 않을 것이다. 영국의 자산운용사 유리존 SLJ가 발표한 보고서에 따르면, 향후 10년간 필요한 비용은 2,167조 원에 이를 것이라는 전망이다. 이 계산은 독일 통일 과정을 참고로 삼아 이루어진 것이다. 또 동독보다 훨씬 낮은 수준을 보이는 북한 경제를 상향 견인하려면 독일 통일 때보다 비용이 더 필요할 것으로 예상했다.

통일 그리고 4차 산업혁명 시대 복지국가의 방향성

지속 가능한 복지국가의 방향성, 특히 4차 산업혁명 시대에 줄어드는 일자리 문제를 고려할 경우 전략적 지향은 근로 동기 침해 효과가 있는 현금 복지보다는 고용친화적 사회 서비스 복지를 강화하는 것에서 찾아야 한다. 이는 통일 시대의 복지국가 확대 과정에서도 동일하게 적용되어야 할 문제다.

사회 서비스를 중심으로 한 생산과 복지 결합

사회 서비스는 전통적으로 여성이 전담하던 일들을 사회가 떠맡아주는 것을 의미한다. 이는 교육받은 여성의 노동 시장 참여를 도와 사회 전체의 생산성 제고에 기여하게 된다. 근로 빈곤층의 상황도 다양한 복지 문제와 결부된 경우가 적지 않다. 현금 급여와 더불어 다양한 부가적 사회복지 서비스, 예컨대 약물 남용 상담, 건강 서비스, 자녀교육 서비스 등이 있어야 직업 훈련이나 근로 시간 확보 등이 수월해지기 때문이다. 따라서 현금 급여만으로 해결되지 않는 문제들을 사회 서비스를 통해 해결할 수 있게 된다. 또한, 사회 서비스를 중심으로 생산과 복지가 결합된다면 정책 효과성도 높다. 복지 혜택에서 제외될 것을 우려해 제대로 된 노동 활동을 회피하는 현상인 '빈곤의 덫'과 같은 근로 동기 침해를 예방하는 데에는 사회 서비스가 현금 복지보다 우월한 효과를 지닌다. 특히 적극적 노동 시장 서비스는 그 자체로 고용친화성이 높다.

미래 복지국가를 향한 혁신 방향

지속 가능한 복지 재정을 위해서는 조세·국민부담률을 점진적으로 높여가는 것이 중요하다. 우리나라의 조세부담률(GDP에서 국세와 지방세 등 세금이 차지하는 비율)은 21.2%(2018년 기준) 그리고 국민부담률(GDP에서 조세와 사회보장기여금이 차지하는 비중)은 26.8%(2018년 기준)를 기록하고 있다.

하지만 복지 수요 충족을 위해 무조건 조세부담률과 국민부담률을 높이는 데에는 한계가 있다. 조세 증가가 경제에 미치는 영향을 고려할 필요가 있으며, 무엇보다 국민적인 합의가 이루어질 수 있는가도 고려해야한다. 결국, 이와 같은 막대한 재정 수요에 대응하기 위해 우선순위를 선정하고 지출 수요의 특성에 맞는 재원 연계가 필요하다.

지속 가능한 복지 재정 실현

• 국민연금 상한액 인상을 통한 재정 안정성 확보
• 공적 연금 외에 개인 연금을 연계하는 노후 보장의 다층보장 체제 구축
• 중부담-중복지 모델을 중심으로 사회적 논의를 통해 적정 복지 지출 수준 합의

기술혁명에 걸맞은 사회안전망 강화

• 초단시간 근로자, O2O 노동자 등 임금 노동자 성격이 불명확하더라도 종속적 지위에 있는 취업자를 대상으로 한 고용보험 적용 범위 확대
• 국민기초생활보장제도의 수급 체계 세분화(생계 급여, 주거 급여, 의료 급여, 교육 급여, 자활 급여 등)로 맞춤형 지원 확대 및 다양화
• 실업급여 혜택에서 제외된 청년들의 구직 지원을 위해 한국형 청년 안전망 도입
• 기본소득 제도의 도입 및 이에 기초한 사회보험 서비스 통합화 모색

미래 사회에 필요한
교육 혁신의 방향

─────────── 시대 변화와 기술 혁신에 따라 교육의 방식이나 형식은 달라져왔다. 그러나 동서고금을 막론하고 교육의 핵심 3대 요소는 교수자, 학습자 그리고 이전 세대 문화유산의 정수를 압축한 교육 과정이다. 교육의 영역과 목표에 따라 인공지능 등 새로운 기술이 교육의 각 단계에서 교수자를 대체 또는 보조할 수 있다. 그러나 학습자의 자아실현을 돕는 교육의 효능성은 교수자와 학습자 사이의 전인격적 만남 속에서 향상된다. 교육 철학자 마르틴 부버는 가르치는 자와 배우는 자 사이의 만남을 참교육이 이루어지는 핵심이라 여기며, 수단적 관계가 아닌 주체적 관계로서의 만남에 주목했다. 다만, 기계와 인간이 공존하는 지능정보사회에서 필요한 교육의 역할을 고민하며 이를 위한 교육혁신 전략을 마련해야 한다.

교육의 본질과 가치

교육은 이전 세대의 문화유산을 전달해 전통적으로 그 사회가 인정하는 지식, 기술, 가치관을 전수하는 보수적인 '사회화' 기능과 다음 세대 문화를 창달하는 진보적인 '사회 혁신' 기능을 동시에 수행한다. 이에 따라 상호갈등하는 가치의 선택 과정에서 갈등에 처하기 쉬운 숙명을 가지고 있다.

우리 사회는 숭문주의, 사농공상 등의 전통으로 교육을 중시한 데다, 해방 이후 대한민국 정부 수립과 함께 교육 기회가 평등해지고 교육을 통한 계층이동 사례가 축적되었다. 이는 압축 성장의 원동력이 되었고 대한민국은 세계사에서 최초로 원조를 받던 국가에서 원조를 제공하는 국가로 거듭났다.

반면 이러한 압축 성장 과정은 수단과 방법을 가리지 않고 목적만 달성하면 된다는 결과주의를 낳았고, 결과주의는 다시 경제지상주의를 정당화하며 연줄과 비리의 산파로 기능했다. 이러한 연결고리는 교육 분야에도 그대로 녹아들어 학교는 경쟁의 장이 되었고 교육 현장에서 가치의 갈등이 심화되었다. 수월성과 평등성, 효율성과 자율 다양성 등 공공정책이 추구하는 가치는 정책의 취지, 정책의 이해관계자, 정책 환경 등을 적절히 조합하여 추구해야 한다. 하지만 거의 모든 교육 정책 결정과 집행 과정에서 효율성이냐 평등성이냐 하는 식의 대결 구도를 형성하며 불필요한 교육 갈등이 증폭되거나 부각되었다. 즉, 교육의 가치를 주로 도구적 측면에서 조명하는 사회 일반의 시각과 사회 유지 및 혁신 기능을 동시에 보유한 교육의 양면성이 대립하며 교육 현장은 늘 갈등의 연속이었다.

교육 혁신의 필요성

지식과 기술의 변화 주기가 급속히 짧아지며 사회 전반에 패러다임 전환이 이루어지고 있다. 익숙한 관행과의 결별이 절실한 대전환기를 맞이하면서 사회 시스템 재설계가 논의되는 가운데 무엇보다도 미래 준비를 위한 교육 혁신의 필요성이 대두되고 있다. 이세돌 9단과 세기의 바둑 대결을 벌인 인공지능 알파고의 승리가 우리에게 충격으로 다가오며, 지능정보사회나 4차 산업혁명에 관한 관심을 증폭시킨 것도 사실이다.

이런 상황에서 교육 혁신은 변화하는 시대의 본질적 의미를 파악하면서 새로운 개념의 인재 양성에 초점을 맞출 수 있는 방향으로 이루어져야 할 것이다. 기계와 인간이 공존하는 새로운 사회 그리고 기존 가치와 상충하는 새로운 가치의 연속적 등장에 대처하는 문제해결 능력이 그 어느 때보다 절실하기 때문이다. 즉, 기존의 인지적 지식 습득 능력 중심에서 탈피하고, 자발적으로 문제를 찾아내 보다 나은 사회를 만드는 데 협력하는 인재가 필요한 시점이다. 따라서 문제해결력을 지닌 창의·융합형 인재를 기르고 지원하는 교육 시스템이 필요하다. 4차 산업혁명 시대의 인재는 잘 정의되고 구조화된 문제는 인공지능에 맡기고 가장 인간적인 특성과 잠재력을 살려 부가가치를 창출해야 한다.

미래 사회가 요구하는 인재와 교육

교육의 역할은 개인의 자아실현을 지원하고, 사회가 필요로 하는 인재를 길러내는 것이다. 인공지능과 공존하며 더 나은 사회를 위한 문제 해결이 중시되는 4차 산업혁명 시대가 깊어질수록 교육은 무엇을 지향해야 할 것인가.

첫째, 교육 혁신은 다양한 매체를 통해 폭발적으로 증가하는 지식을 선별하여 활용할 수 있도록 지식 활용 능력 배양에 초점을 두어야 할 것이다. 폭증하는 지식을 암기할 수도 없고 머릿속에 넣어둘 필요도 없으나, 기본 원리를 이해하고 문제를 찾아내 해결하는 과정에서 활용할 수 있어야 한다. 둘째, 인간은 물론 기계와 자율적으로 협업할 수 있도록 인성 교육을 강화해야 한다. 셋째, 문제를 정의할 수 있는 창의성과 복잡한 문제를 해결할 수 있는 역량에 주목해야 한다. 여러 사회 문제에 대한 감수성을 기르고, 주어진 문제의 해결을 넘어 문제를 찾아낼 수도 있는 창의성 교육의 활성화가 필요하다.

한편, 4차 산업혁명 담론의 진원지인 다보스 포럼이 제시한 21세기 학생들에게 필요한 16개 스킬도 선택적으로 참조할 필요가 있다. 16개 스킬이란, 문해력, 산술 능력, 과학 소양, ICT 소양, 금융 소양, 문화적 시민 소양 등 여섯 가지 기초 소양과 비판적 사고력 및 문제해결 능력, 창의력, 소통 능력, 협업 능력 등 네 가지 역량 그리고 호기심, 진취성, 적응력, 리더십, 사회문화적 의식 등 여섯 가지 성격적 특성이다.[39]

이처럼 4차 산업혁명 시대에는 발전을 거듭하는 과학 기술을 활용하는 역량뿐 아니라, 인간 본연의 정신 역량을 더욱 강화하는 방향으로 나아가야 한다. 기존 학교 중심의 학제를 평생학습 제도로 재구조화해 다양성과 개방성을 높이고, 학습자의 요구와 필요에 따라 자율적으로 온라인과 오프라인을 넘나드는 것이 가능하게 해야 한다. 궁극적으로 언제 어디서나 성숙한 세계 시민으로 살아가도록 자율성, 책무성, 창의성,

회복탄력성 등의 함양에 주력하는 교육이 이루어져야 할 것이다.

변화 대응력 중심의 통합 교육

종래의 경직된 학교 체질과 획일적인 학교문화를 혁신하려면 물리적 공간 중심의 학교 체제 틀에서 벗어나 다양한 주체가 자율적으로 참여하고 협업이 가능한 형태로 학습 현장을 유연하게 운영해야 한다. 또 맞춤형 학습이 가능한 형태로 재구조화해야 한다. 미래 사회에 필요한 역량 중심으로 교육 과정이 전개되도록 현재 교과 중심으로 분절된 교육 과정을 미래 사회가 요구하는 변화 대응력 중심의 통합 교육 방식으로 개편해야 한다.

이러한 맥락에서 창의·융합형 인재를 양성할 혁신적인 교육 방법론으로서 빈번하게 논의되는 것이 토론학습 중심의 창의성 함양 교육과 융합 인재교육, 즉 STEM(Science, Technology, Engineering, and Mathematics) 교육이다. STEM 교육은 1990년대 미국과 유럽에서 시작된 과학 교육 방법이며 우리나라에서는 교육부와 한국과학창의재단이 여기에 Arts 를 접목하여 'STEAM 교육'을 제안했다. 이는 기본적으로 탄탄한 기초 과학 교육을 바탕으로 문제중심 학습Problem-Based Learning, 협업 프로젝트 수업 등을 교실에서 활용하는 것을 말하는데, 그에 합당한 교육 과정 개발과 교원의 사전 준비가 있어야 가능하다. 결국, 미래 교육의 핵심은 창의성, 질문과 토론, 인성 그리고 융합이다. 질문을 통해 새로운 생각이 나오고, 토론을 통해 다른 사람과의 협동이나 배려를 배우게 된다.

인공지능 시대에 적합한 ICT 기반의 교육

컴퓨팅 사고력을 바탕으로 한 프로그래밍과 ICT 능력, 정보윤리 등 기초 정보 소양과 코드 리터러시Code Literacy 강화에 초점을 두어 교육 내용을 체계화해야 한다. 우리나라는 높은 수준의 정보화 기반을 갖추고 있음에도 불구하고 학교 현장에서의 정보화 기기 활용도는 매우 낮다. 따라서 앞으로는 학령 인구의 감소를 공교육의 여건 개선과 교육 제도 개선의 기회로 활용해야 하며, ICT와 인공지능 로봇공학을 활용해 개별화된 완전 학습이 가능한 수준으로 교육의 질을 높여야 한다.

사회 변화를 선도하는 평생 학습 체제

첨단 기술을 선도할 엘리트 교육뿐 아니라, 기술 변화에 뒤처진 사람들을 위한 재교육과 초고령사회에서 제2의 인생 진로를 탐색하는 사람들을 위한 평생학습 체제 구축도 절실하다. 격변기를 기회로 삼아 주요 선진국에 비해 취약한 평생교육과 직업교육을 강화함으로써 삶의 기술과 일 역량을 적시에 학습할 수 있게 하는 학제로 전환해야 한다. 이를 토대로 학력주의 모델에서 벗어나 새로운 교육 모델을 만들어야 한다.

새로운 개념의 인재 양성을 위한 교육 혁신 전략

창의·융합형 인재 양성을 위해서는 개방적이고 유연한 교육 지원 체제와 포용적 혁신이 관건이다. 구체적으로는 인공지능을 비롯한 다양한 첨단 기술의 바른 활용과 협업 역량 강화를 위해 지능형 맞춤 학습이 활성화되어야 한다. 학교 제도와 교육 과정은 개방적이고 유연하게 바뀌어야 하고, 학습과 고용의 연계 체계도 강화해야 한다.

커넥티드 러닝을 통한 지능형 맞춤 학습

초연결사회는 교육 분야에서 커넥티드 러닝을 촉발하고 있다. 교육에 기술을 결합하는 커넥티드 러닝은 인터넷과 스마트폰, 소셜미디어 등을 이용해 다양한 교육 소재와 정보를 활용하고, 교사와 학생 또는 학생 간 상호작용을 돕는 방식이다. 또한, 증강현실이나 가상현실을 이용해 학습자의 흥미와 몰입도를 높일 수 있고, 인공지능과 빅데이터 등을 활용해 개인 학습자에게 최적화된 맞춤 학습을 제공한다.

- 기술을 활용하여 지능형 맞춤 학습 프로그램 구현
- 개별화된 학습을 지원하는 시스템적 교육 인프라 구축
- 4차 산업혁명을 주도하는 STEM 교육을 기반으로 한 통합 교과 중심의 학습 체제 마련
- 데이터에 기반을 둔 비선형적 학습 지도로 학습자의 성취 수준과 상호작용에 맞춰 예측, 조정하여 궁극적으로 학습자의 학습 능력 개선

유연한 교육 체제와 역량 중심의 교육 과정

전통적인 학교 체제 및 교육 과정에 대한 전면적 개편도 검토해야 한다. 기존 6-3-3-4 기본 학제를 산업계 수요와 삶의 주기에 맞게 평생학습 학제로 개편하고, 학점제, 무학년제 도입 등을 통해 교육 과정 운영의 유연성을 확보하는 것이 필요하다. 기초 역량 강화 중심의 교육 과정 운영을 위해서는 기존의 교과 중심 교육 과정을 미래 사회 역량 중심으로 전면 개편해야 한다.

- 미래 노동 시장과 사회에서 필요로 하는 범용적인 역량을 기를 수 있도록 교과 중심 체제에서 역량 중심 체제로 개편
- 디지털 윤리, 코드 리터러시 등 세계 디지털 시민으로서 갖추어야 할 기본 덕목과 역량 교육 강화
- 인공지능이 수행하기 어려운 정신 역량과 문화예술에 대한 감수성을 함양하기 위해 사회문화 인프라 확충 및 교육 과정과의 연계 운영 확대
- 규제를 완화해 다양한 학교 체제 도입
- 대안학교, 학점제, 온라인 교육, 홈스쿨 등 다양한 형태의 교육 체제와 상생하는 교육 생태계 구축을 위해 학력 인정 규정 제도 정비
- 교원 임용 제도의 혁신을 통해 다양한 분야 전문가들의 교육 현장 참여 유도

학습과 고용의 연계 체계 강화

학습과 고용의 연계를 강화하기 위해서는 고등교육 체제의 혁신이 필요하다. 대중화된 고등교육 체제를 활용해 직업교육과의 연계성을 강화하고, 첨단 분야에 대한 전략적 투자가 집중될 필요가 있다.

- 온라인 교육을 활용해 기존의 대학 체제 유연화
- 학제적 협력 강화
- 직업교육과의 연계 확대
- 첨단 산업 분야 인재 양성을 위한 재원 확충과 관련 분야의 교육기관 설립
- 교육 분야에서의 공적 개발 원조 등 고등교육 인력을 활용한 국제

교육 교류 활성화를 통해 글로벌 차원으로 교육의 지평 확장
- 기존의 대학 진학 중심의 교육 체제에서 평생 직업형 교육 체제로 전환
- 초·중등교육 단계에서의 교육 목표와 내용 및 방법을 미래 역량 중심으로 최적화하고, 고등교육 단계에서는 직업 세계 적응을 위한 학습 지원 강화
- 고등교육과 평생 학습을 위한 교육 투자 비중 확대
- 교육 관련 투자 예산을 통합·관리하여 중복 부실 투자를 막고 투자 효율성과 효과성 제고

사회 통합을 위한
양극화 해소

───────────── 양극화 문제는 단순하지 않다. 산업 구조부터 노동 시장, 교육까지 사회 전 분야에 걸친 복합적인 문제다. 불평등과 불공정은 양극화를 극단으로 치닫게 한다. 이는 결국 사회 통합을 해치고 국가의 발전 동력을 저해한다. 이를 해결하기 위해 그동안 다양한 정책을 시도했으나 여전히 우리 사회의 양극화 지표는 우울한 현실을 반영한다. 통계청에 따르면 2019년 1분기 '균등화 처분가능소득 5분위 배율'은 전국 2인 이상 가구 기준으로 5.8배로 글로벌 금융위기였던 2008년 (5.81배), 2010년(5.82배) 수준이다. 각종 지원 정책에도 효과가 낮게 나타난 것은 저소득층이 시장에서 벌어들인 소득이 낮아졌기 때문이다. 실제로 소득 하위 20% 가구(1분위)의 월 평균 소득(2인 이상 가구, 명목 금액 기준)은 125만 4,700원으로, 2018년도 1분기(128만 6,700원)보다 2.5% 감소했으며, 그중 근로 소득은 40만 4,400원으로 전년 대비 4.5% 감소

했다.

　양극화 현상의 심화는 시장에서의 1차 분배 악화와 재분배 정책을 이용한 2차 분배의 더딘 대응 때문이다. 시장 경제에서 승자와 패자가 나뉘고, 그 결과 불평등한 상황이 발생하는 것은 구조적으로 불가피하다. 1차 분배 과정에서 공정성을 확보하는 것과 더불어, 1차 분배에서 공정성이 무너지는 경우를 보완하는 것이 필요하다. 양극화와 불평등은 경제적 분배의 문제를 넘어 사회적 통합을 가로막고 분열과 불안을 초래하기 때문이다.

양극화 이슈의 부상

　양극화가 경제와 사회의 핵심 문제로 떠오른 지 이미 10여 년이 지났다. 양극화라는 사회적 의제를 설정하는 단계를 지나, 지금은 양극화를 해결하기 위한 적극적 대안 모색에 나서고 있다. 시장의 분배가 불공정해지고 있는지, 그에 따른 양극화가 실재하며 개입이 필요한 수준인지가 초기 단계의 논의였다. 그러나 이제는 의제의 수용을 넘어 다각도의 적극적 대응이 요구되고 있다. 이는 근로 조건, 임금 수준, 고용 안정성이 양호한 1차 시장과 열악한 2차 시장으로 나뉜 노동 시장이 여러 사회 집단 사이의 격차를 벌리고 있다는 사실이 명확하기 때문이다.

양극화의 근원

　양극화의 원인을 보다 근원적으로 나눠보면 세 가지로 요약할 수 있다. 첫째로 산업 구조가 변화하면서 산업 간 임금 격차가 확대되고 있다. 높은 고용 비중에도 급여 격차가 크지 않았던 제조업 분야 일자리 수는 정체되고 있고, 급여 격차가 큰 서비스업에서 일자리가 늘어나고 있다. 2009년부터 2017년까지 전 산업에서 일자리 수는 연평균 4.35% 증가했지만, 제조업은 2.97% 늘어나는 데 그쳤고, 서비스업은 5.21% 증가했다. 상대적으로 일자리가 많이 늘어난 서비스업과 보건·복지 서비스업에서 2017년 160만 원 미만 급여 종사자는 각 산업 종사자의 20~30%에 이른다. 실제 2019년 5월 기준 제조업 종사자 수는 전년 동월 대비 0.6%(2만 1천 명) 증가했지만, 보건업 및 사회복지 서비스업은 9만 8천 명으로 전년 동월 대비 6.1% 증가했고 산업 중에서 종사자가 가장 많이 증가했다.

둘째로 이중적 노동 시장처럼 기업 규모와 고용 형태에 따른 노동 시장의 구조적 격차 문제를 지적할 수 있다. 대기업과 중소기업 종사자의 급여 차이가 존재하며, 정규직과 상용직에 비해 비정규직과 임시직의 급여가 낮다. 유연한 인사 관리의 필요성, 고용 비용을 줄이기 위한 기업의 시도와 불안정성 증가에 따른 노동자들의 대응은 이러한 이중 구조를 강화시켰다.

셋째로 하위 일자리에 대한 노동 공급이 늘어나고 있다. 가계 소득 증가의 정체에 따라 부족한 소득을 보충하기 위한 고령층 및 여성의 노동 시장 진입이 이뤄지면서 하위 일자리로의 진입이 늘어났다. 이는 서비스업 일자리 증가와도 맥락을 같이한다.

노동이 아닌 자산을 통한 소득 증가

노동 시장의 양극화는 결국 축적된 자산의 차이를 가져온다. 그리고 점차 자산을 통한 소득이 노동을 통한 소득을 초과하면서 부의 편중에 대한 경고도 커지고 있다. 통계청이 한국은행, 금융감독원과 공동으로 발표한 가계금융·복지조사 자료에 따르면, 우리나라에서 순자산 10억 원 이상을 보유한 가구는 2018년 기준 전체 가구의 6.1%이다. 이는 전년 대비 0.8% 포인트 증가한 수치다. 전체 가구의 순자산은 2017년 대비 7.8% 증가한 데 비해서 소득 5분위에서는 9% 증가했다. 주로 실물 자산인 부동산의 가격 상승이 영향을 미쳤다. 한편 국세청 국세통계연보에 따르면 2017년 연간 금융 소득이 2천만 원을 초과해 금융 소득 종합 과세가 이뤄진 사람은 13만 3,711명이며, 이중 금융 소득 5억 원 초과자는 4,515명으로 전년 대비 25.3% 증가했다.

노동을 통한 소득 확보의 지속 가능성은 줄어들고 있다. 자영업자 소득을 고려한 추정에서 노동 소득 분배율은 1996년에서 2012년 사이 하락했으며, 이는 서비스 산업화의 진전에 따른 것이 아니라 자본과 노동 간의 분배에서 자본이 가져가는 몫이 더 많아진 결과였다.[40] 이러한 상황에서 기계가 인간 일자리를 대체할 가능성이 커지고 있다. 노동을 통한 소득의 상대적 가치 절하에 충분히 대응하기도 전에 그 전략 자체의 지속 가능성에 대한 의심이 제기되는 것이다.

한국 노동 시장의 현황

경제 양극화는 우리 사회의 허리라고 할 수 있는 중간층이 엷어지는 대신 부자와 빈곤층이 늘어나면서 상하층이 많아지는 현상이다. 불평등이 사회 통합을 저해하는 주요한 원인이지만, 정책적으로 더 심각한 것은 불안정한 고용 구조와 임금 격차에 따른 근로 빈곤층 문제다.

고용 구조와 임금 격차 실태

노동 시장에서 비정규직 비율이 높다는 것이 양극화와 고용 불안정성의 주요 원인으로 지적되었다. 문재인 정부의 비정규직 해소 정책에 따라 공공 부문 중심으로 변화가 나타나고 있기는 하다. 지난 10여 년간 고용 형태별 고용 비율의 추이를 살펴보면 비정규직 비중은 조금 줄어들었지만(2009년 8월 34.8% → 2018년 8월 33%), 그 규모는 661만 4천 명으로 전년 동월 대비 3만 6천 명 증가했다.[41] 안정성, 임금, 근로 시간, 능력 개발, 산업 안전의 5개 항목을 측정한 고용의 질 측면에서도 개선은 되고 있지만, 아직 OECD 국가 평균에 미치지 못하는 것으로 나타났다.[42]

고용 측면에서 가장 큰 특징이 불안정성이라면, 임금 측면에서는 정규직 근로자와 비정규직 근로자 간 임금 격차다. 고용노동부가 2019년 4월 발표한 〈고용 형태별 근로실태조사〉(2018년 6월 기준)에 따르면, 정규직 근로자의 월 급여를 100으로 잡았을 때 비정규직 근로자의 월 급여는 45.2%로, 전년도 44.8% 수준보다는 조금 개선되었지만, 여전히 낮은 수준이다. 중위 임금의 3분의 2 미만 임금을 받는 저임금 근로자 비율은 19%로, 조사 시작 이래 처음으로 20% 이하로 떨어졌다. 비정규직 근로자의 시간당 임금 총액은 정규직 근로자의 68.3% 수준(14,492원)에 그쳤다. 이는 상대적으로 근로 시간이 짧은 특성이 반영된 결과다. 대기업과 중소기업 간 임금 격차도 크다. 고용노동부에 따르면, 제조업에서 300인 이상 사업체의 상용 근로자 월평균 임금 총액은 594만 4천 원이었지만 5~299인 사업체의 상용 근로자 월평균 임금 총액은 334만 3천 원이었다. 전체 산업 분야에서도 비슷한 수준으로 2019년 4월 기준 1~299인 사업체 근로자 임금은 월평균 302만 4천

원, 300인 이상 사업체 근로자 임금은 월평균 480만 1천 원으로 조사되었다. 이 둘의 격차는 177만 7천 원으로 전년 동월(175만 9천 원) 대비 다소 증가했다.

소득 불평등을 심화시키는 비경제적 요인

소득 불평등을 가져오는 요인은 다양하지만, 최근 한국 사회에서 나타나는 주목할 만한 요인은 바로 인구 구조의 변화라는 비경제적 요인이다. 우리나라는 2018년 고령사회(65세 이상 인구 비중 14% 이상)로 본격 진입한 가운데, 최근에는 특히 은퇴자가 급증하며 고령자들이 저소득층으로 급속하게 편입되고 있다.

통계청 가계 동향 조사 자료에 따르면, 65세 이상 노인 집단의 빈곤율은 2000년대 이후 지속적으로 증가했다. 고령자 중 상당수는 국민연금 도입 전에 혹은 도입 직후 은퇴했기 때문에 사회보험 소득은 극히 낮은 수준에 머무를 수밖에 없다. 또 노인 집단의 고령화 추세도 계속되고 있어 이들의 근로 활동 가능성도 점차 낮아진다. 이는 한국 사회의 고령화 정도가 진전될수록 사회 전반의 소득 불평등 정도는 더욱 증가할 수 있다는 점을 시사한다.

소득 분배의 불평등 정도를 나타내는 지니계수를 통해 소득 불평등 변화 추이를 살펴보면, 1960년대에 경제 개발이 시작되면서 불평등 심화를 의미하는 지니계수 상승 국면에 들었다가 1980년대부터 1990년대 초반까지 하락세를 보였다. 그러나 1990년대 중반부터 2000년대 중반까지 지니계수는 다시 가파르게 상승했으며 이후 2013년까지는 비교적 안정적 패턴을 보였다. 하지만 가구별 특성에 따라 소득 불평등 정도가 상당히 다르게 나타난다. 즉, 2인 이상 가구 대상의 지니계수는 소폭 하향 안정화 추세지만, 1인 가구를 포함한 전국 가구의 지니계수는 상대적으로 높다. 이것은 이혼 등 가족 해체에 따른 1인 가구 증가뿐 아니라 독거 노인 비중 확대가 소득 불평등을 확대하고 있다는 것을 의미한다.

사회보험과 공공부조

우리나라는 2000년대 초반에 사회보험과 공공부조로 구성되는 사회보장제도의 기본적인 골격을 완성했고, 장애, 실업, 은퇴에 따른 소득 상실의 위험에 대처하기 위해 산재보험, 국민연금, 고용보험의 적용 범위와 보장 원리 측면의 보편성을 강화해왔다. 그러나 여전히 실질적인 성과 측면에서 여러 가지 문제가 있으며, 이는 사회보장 제도의 구조 및 구체적인 설계뿐만 아니라 노동 시장의 문제와 밀접히 관련되어 있다.

구체적으로 살펴보면, 우선 사회보험제도의 실효성을 가늠할 수 있는 사각지대의 문제다. 특히 문제가 되는 것은 사회보험의 사각지대가 2차 노동 시장의 저소득층 노동자들에 집중된다는 점이다. 2018년 8월 기준 고용보험과 공적 연금의 미가입률은 각각 28.4%와 30.2%에 이른다. 그렇지만 고용보험과 공적 연금 가입 실태는 고용인 수가 1~4명 규모부터 300명 이상까지 다양한 사업체의 규모, 상용직·임시직·일용직 등의 종사상의 지위, 정규직 또는 비정규직과 같은 고용 형태에 따라 커다란 차이가 있다. 예를 들어, 2018년 8월 기준 정규직의 고용보험 가입률은 87%이지만, 비정규직의 가입률은 43.6%였다. 비정규직 가운데서도 시간제 근로자의 경우에는 국민연금, 건강보험, 고용보험과 같은 사회보험 가입률이 매우 낮은 상황이다.

또 실업과 은퇴에 대응하기 위해 발전한 사회보험의 적용은 임금 근로자 중심으로 발달해왔다. 이에 따라 과거부터 문제가 되어왔던 '특수 형태 근로 종사자', 최근 정보화의 발전에 따라 증가하고 있는 '플랫폼 노동자'와 같이 임금 근로자와 자영업자 사이에서 명확히 성격을 규명하기 어려운 고용 형태가 늘어나면서 사회보험의 실효성에 대한 의심이 커지고 있다. 업무의 유연화를 특징으로 하는 특정 업태에서는 변화하는 고용 지위에 따라 사회보험의 적용이 달라지기도 한다.

그 밖에도 작업장 재해가 아닌 질병에 따른 소득 상실의 위험을 보장하는 질병 급여가 없고, 장애에 따른 소득 상실의 위험을 보장하는 국민연금상 장애 연금은 낮은 소득대체율과 가입 기간 중 발생한 장애에 대해서만 보장한다는 문제를 가지고 있다.

고용보험

고용보험의 실질적인 보호 수준도 문제다. 글로벌 경제위기 이후 한 번 미끄러지면 멈추지 못하고 바닥까지 추락하는 '미끄럼틀 사회' 현상은 우리 현실에서도 나타나고 있다. 현재 고용보험의 보호를 받지 못하는 취약 계층은 대부분 실업 급여는커녕 변변한 퇴직금조차 받지 못해 실직 상태가 가구 빈곤으로 이어진다. 물론 고용보험 가입률을 높이기 위해 2012년 '두루누리 사회보험 지원제도'가 도입되었다. 그러나 저임금 일자리 지원 정책이라는 태생적 한계가 있으며, 건강보험을 포괄하지 않음으로 인해 취약 계층의 정책 순응도가 높지 않은 한계도 있다. 특수 형태 근로 종사자 등에 대한 고용보험 적용 방안이 마련될 필요가 있다.

한편 고용보험의 실업 급여 지급 기준은 자발적 실업 제한 외에도 실업 전 가입 기간 요건 등이 존재하며 지급 기간도 짧은 편이다. 고용보험으로부터 배제되거나 실업 급여를 소진한 장기 실업자를 보호할 수 있는 한국형 실업 부조 정책이 필요하다. 도덕적 해이에 대한 우려를 불식하기 위해서 노동 시장 정책에 성실하게 참여하는 실업자에게 조건부 현금 급여를 제공하는 방식을 도입해, 더 나은 일자리로의 이동을 지원할 수 있는 방향이어야 할 것이다.

경제 양극화 및 소득 불평등 개선을 위한 전략

양극화 문제 해결은 노동 시장에서 상대적으로 불리한 처우를 받는 집단에 대한 구조적인 차별 장치를 제거하는 것에서부터 시작해야 한다. 고용 안정성을 높여야 하고, 정규직과 비정규직 간 그리고 대기업과 중소기업 간 임금 격차를 해소하기 위한 부단한 노력이 병행되어야 한다.

그러나 시장 경제의 한 부분인 노동 시장에 대한 개입은, 제도에 의한 규율 외에도 자율적인 노사관계하에서의 건강한 체질 개선이 필요하다. 적절한 고용 보호 수준 확보, 특히 비정규직 보호와 간접 고용 규제, 근로기준법의 적용 범위 확대 및 최저임금 현실화와 제도 순응률 제고, 노동조합의 연대임금 정책과 이를 뒷받침할 수 있는 노사관계 기반 정비 등이 이루어져야 한다. 아울러 노동 시장 격차의 근원적 원인이 되는 산업 구조 양극화를 해소하는 노력이 뒷받침되어야 한다. 그뿐만 아니라, 기술 혁신이 주도하는 4차 산업혁명 환경에서는 기술과 자본 중심의 부의 편중 가능성이 증가한다. 4차 산업혁명에 대처하기 위해서는 교육후 노동 시장 참가 그리고 은퇴로 이어지는 노동 시장 중심의 생애주기 분배 방식이 아닌 각 개인의 다양한 사회적 활동 참여 경로에 맞춘 새로운 분배 방식에 대한 방안 모색이 필요하다.

그 밖에도 양극화와 불평등 심화가 저소득층 확산, 경제 성장 동력의 파괴 그리고 사회적 갈등으로 이어지는 악순환에서 벗어나기 위한 몇 가지 전략 방안을 살펴보면 다음과 같다.

정규직과 비정규직 사이의 '중간직' 신설

- 정규직과 비정규직으로 양극화된 고용 형태 사이에 다양한 고용 형태 제시
- 고용 안정성 외 노동 방식, 산업 환경 변화 등 미래 고용 형태 관점에서 유연한 접근 필요

비정규직 근로자의 공정한 처우 확립 방안 마련

- 차별시정 제도 활성화 외에 노사협의회 등에 비정규직의 참여 기회를 제도적으로 보장
- 기간제 근로자의 임금 등 근로 조건의 집단적 결정 가능성(기업 단위)과 파견 근로자의 임금 기준에 대한 집단적 결정 시스템(산업, 업종, 지역 단위) 도입 추진

직무급 임금 체계로의 전환

- 연공 중심의 속인적 임금체계, 소위 호봉제에서 직무급제로의 전환 필요
- 직무급은 같은 직무에 종사하는 근로자에게는 근속연수, 나이 등의 조건과 관계없이 동일 임금을 지급하는 방식
- 직무급 임금 체계의 정착을 위해 기업별 직무급 임금 체계가 아닌

직종별 숙련도와 역량을 고려한 광의의 직무급 체계 필요
- 직무급 표준화를 위한 노사와 정부의 사회적 합의 도출

사회안전망 체계 확대 및 강화

- 사회보험 사각지대를 줄이기 위한 '두루누리 사회보험 제도'의 실효성 지속적 제고
- 두루누리 사회보험과 건강 보험료 지원 연계 방안 마련
- 실업 급여를 이용한 국민연금 보험료 지원 제도와 같이 사회 보험 제도 간의 적용 및 징수의 연계 수준 강화
- 특수 형태 근로 종사자 등 임금 노동자 성격이 명확하지 않더라도 종속적인 지위에 있는 취업자들을 대상으로 사회 보험의 적용 범위 확장

국가 활력을 되찾는
사회이동성 제고

──────────── "성장을 지속시키면서 함께 잘 사는 경제를 만드는 것입니다. 미래의 희망을 만들면서 개천에서 용이 나오는 사회를 만들자는 것입니다." 2019년 1월 문재인 대통령의 신년 기자회견 내용 중 일부다. 개인의 노력만으로 개천에서 용이 나오기는 점점 어려워지고 있다. 공정한 기회 제공은 우리 사회의 역동성을 확보하기 위한 최소한의 전제 조건이지만, 점점 기울어진 운동장이 되어가고 있기 때문이다. 지역별로 편중된 서울대 진학 비율, 로스쿨 진학생들의 금수저 논란 그리고 은행권과 공기업의 채용 비리 등은 그저 단편적인 사건이 아니다. 이처럼 끊임없이 터져 나오는 문제들은 우리 사회의 역동성 확보를 위한 커다란 전제, 즉 공정한 기회, 공정한 사회라는 믿음이 무너지고 있음을 방증하고 있다.

기로에 서 있는 대한민국

최근 한국 사회를 자조적으로 보여주는 단어들이 많다. '금수저·흙수저', 연애, 결혼, 출산의 포기를 의미하는 '3포'에서 집과 인간관계, 꿈과 희망 등을 포기하는 'N포 세대', '이생망'(이번 생은 망했어) 등등의 말들을 한번쯤은 듣게 된다. 금수저·흙수저가 세대 간 이동성의 문제를 상징적으로 보여주는 것이라면, N포 세대나 이생망은 세대 내 이동성의 문제를 드러내는 말이다.

낮아진 세대 간, 세대 내 계층이동성은 사회의 양극화 고착으로 귀결된다. 그리고 소득 양극화는 부의 양극화, 교육 기회의 양극화, 결혼과 출산의 양극화로 다시 연결되어 계층이동성을 낮춘다. 20대 청년 세대만 보더라도 부모의 도움으로 좋은 직장에 쉽게 취업하거나 취업하지 않아도 살아가는 데 아무런 지장이 없는 청년들, 반면 취업은 하늘의 별따기이며 아르바이트로 생활을 영위하는 청년들로 나뉘는 '20대 양극화' 현상이 나타나고 있다. 이를 방증하듯 '인생에서 성공하는 데 부유한 집안이 중요'하다는 말에 동의하는 응답자가 80.8%에 이른다는 조사결과도 있다.[43]

2012년 앨런 크루거가 소개한 '위대한 개츠비 곡선'은 성장기에 소득 불평등이 낮은 나라일수록 계층이동성이 높음을 보여준다. 성장기의 소득 불평등은 교육 기회의 불평등한 분배로 이어지고, 그것이 부모와 자식 간 계층의 고착화로 이어질 수 있다는 것이다. 최근 발표된 OECD 보고서에 따르면 한국의 세대 간 사회이동성은 0.4로 분석되어, OECD 24개 국가 중 15위를 기록했다.[44] 결국, 우리 사회의 양극화가 만들어내는 다차원적 균열은 아무리 노력을 해도 안 된다는 의식을 키우고, 이는 다시 희망 없는 사회를 만든다. 따라서 사회이동성의 문제를 짚어보고,

이를 해결하기 위해 모두의 지혜를 모아야 할 시점이다.

사회이동성의 의미와 현황

역동적 사회는 열심히 노력하면 성공할 수 있다는 믿음, 이에 대한 제도적 지원을 토대로 한 실제의 이동성으로 만들어진다. 그러나 개천에서 용이 나기 어려워졌다거나 흙수저와 금수저와 같은 논쟁은 우리 사회에서 성공하기 위해서는 부모의 경제력과 사회적 지위가 뒷받침되어야 한다는 것을 의미한다. 과거 한국 사회에서 교육은 계층 사다리를 올라가는 기회를 제공했고, 교육 인프라의 확대에 따라 많은 이들이 교육을 받았으며, 또한 이러한 교육 이수자들을 위한 다양한 고임금 일자리가 존재했다. 그러나 이제 일반적인 수준의 교육으로는 선별의 기회를 얻지 못하고 있으며, 선별의 가능성을 높이기 위해 시도하는 일정 수준 이상의 교육 단계에서는 과다한 교육비 부담이 요구된다. 그러나 교육적 투자를 감당할 수 있는 계층은 한정돼 있어 교육이 새로운 형태로 계층을 고착화하는 데 일조한다는 비판이 일어나고 있다.

사회이동성의 의미

사회이동성이란 복수의 계층으로 분화된 사회에서, 특정 계층에 소속되어 있던 사람이 다른 계층으로 이동하는 정도를 의미한다. 즉 계층 간 이동의 정도를 말하며, 이때 계층 간 이동은 상승과 하락 모두를 포함한다.

사회이동성은 한 세대 내에서 이동을 바라보느냐, 아니면 세대를 넘

어선 이동을 바라보느냐에 따라 '세대 내' 이동성Intra-generational Mobility
과 '세대 간' 이동성Inter-generational Mobility으로 구분된다. '세대 내' 이동
성은 한 사람의 일생에서 발생하는 계층 이동으로 소득 분위가 이동했
거나, 직업 지위가 이동할 수 있다. '세대 간' 이동성은 부모와 자식 세
대에서 계층 간 변화가 발생하는 정도를 말한다.

한국의 사회이동성 현황

세대 내 소득 지위의 이동은 전년도 소득 분위와 올해의 소득 분위를
비교하면 어느 정도의 이동이 있었는지를 확인할 수 있다. 빈곤 계층이
계속 빈곤 계층에 머무르는 경향, 고소득 계층이 계속 고소득 계층에 머
무르는 경향이 어느 정도인지를 통해서 확인할 수 있다. 한국 사회에서
'세대 내' 소득 지위의 이동은 국제적인 수준에서는 높지만, 점차 낮아
지고 있다.[45]

소득 분위를 이동하지 않고 같은 소득 분위에 머무는 비율도 점차 늘
어나고 있다.[46] 소득 분위의 고착화 현상이 나타나는 것이다. 세대 내 사
회적 지위의 이동도 쉽지 않은 것으로 나타난다. 말단 사원에서 시작해
점차 직무 능력을 키워가면서 관리자로 성장해나가는 과정은 직업 기
술을 충분히 쌓을 수 있는 안정적 고용관계에서나 가능한 것이다. 저임
금 노동 시장과 고임금 노동 시장, 정규직 노동 시장과 비정규직 노동
시장의 단절이 있는 상태에서는 한번 저소득층이면 계속해서 저소득층
일 가능성이 상당하다.

'세대 간' 소득 지위의 이동도 낮아지고 있다. 그동안 아버지와 아들
세대 간 소득 이동성을 뜻하는 경제적 탄력성의 40.9%는 교육을 통해
이루어졌다.[47] 아버지의 임금 수준이 아들의 교육 연한에 영향을 주고,

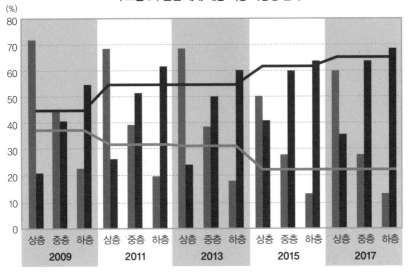

| 그림 7 | 본인 세대 계층 이동 가능성 인식

높은 편 ■ 낮은 편 — 전체(높은 편) — 전체(낮은 편)

• 자료: 통계청

이것이 다시 아들의 임금 상승이라는 결과로 나타나는 관계가 있다는 것이다. 그러나 1990년대 말 외환위기 이후 소득 불평등도가 높아지면서 아버지 세대의 소득 수준은 아들 세대의 교육 기회에 더 큰 영향을 미치며 계층의 상향 이동이 아니라 계층 대물림으로 이어지기 시작했다. 즉, 높은 사교육비 부담과 지역별 교육 격차는 교육이 계층 상승을 위한 통로가 더는 될 수 없다는 것을 의미한다.

세대 간 사회적 지위의 이동에서도 젊은 세대로 가까워질수록 아버지의 직업 지위와 본인의 직업 지위 간 고착화가 발견된다.[48] 한국 사회가 사무직과 관리직이 폭발적으로 증가하던 시기를 지나, 제한된 성공의 일자리를 놓고 경쟁하게 되는 단계에 이르자 부모의 사회경제적 지위가 자녀의 일자리에 영향을 미치게 되는 것이다.

이러한 현상들은 결과적으로 한국 사회에서의 사회이동성에 대해 불신하는 경향으로 이어지고 있다. 실제로 2018년 서울시가 발표한 〈2018 서울 서베이〉 결과에 따르면 계층 이동 가능성이 "낮다"고 응답한 비율은 27.7%로 2011년(22.7%)보다 상승했고, "높다"고 응답한 비율은 33%에서 24%로 하락했다. 이는 사회이동성에 대한 불신과 비관적 전망을 보여준다. 〈그림 7〉은 계층 이동 가능성 관련 통계청 사회조사 결과다. 이에 따르면, '본인 세대'의 계층이동 가능성이 높은 편이라는 응답은 2009년 37.6%에서 2015년에는 22.8%로 크게 하락했고, 2017년에는 22.7%로 그 수준을 유지했다. 가능성이 낮다는 부정적 응답은 2009년 45.6%였지만, 2015년에는 61.3%로 크게 늘었고, 2017년에도 65%로 하락 추세는 계속되었다.

'다음 세대'의 계층 이동 가능성에 대한 조사에서도 비슷한 양상을 보여주고 있다. 다음 세대의 계층이동 가능성에 대해서 높은 편이라는 긍정적 응답은 2009년 48.3%에서, 2011년 41.4%, 2013년 39.6%로 점차 낮아지다가, 2015년에는 30.1%로 크게 하락했으며, 2017년에도 29.5%로 낮아졌다. 낮은 편이라는 부정적 응답은 2009년 29.8%였지만, 2011년 42.7%, 2013년 42.8%로 늘어났으며, 2015년에는 51.4%로 크게 증가했고, 2017년에도 55%로 악화되었다.

사회이동성에 대한 비관적 인식은 구조적 조건의 변화에 부응하는 사회적 환경을 조성하지 못한 데에서도 비롯된 측면이 있다. 과거 한국 사회의 높은 세대 간 이동성을 지금 시점에서 기대하기는 어렵기 때문이다. 우리의 목표를 모두가 '용'이 될 수 있는 사회로 설정할 것인지, 계층과 계층 간의 격차가 적은 '앉은뱅이 격차' 사회로 설정할 것인지의 기로에 서 있는 셈이다.

사회이동성 제고 방안

사회이동성을 다시 높이려면 무엇이 바뀌어야 할까? 우선, 계층 간 이동을 활발하게 만들기 위해서는 계층 간 거리를 가깝게 만들 필요가 있다. 앞서 소개한 OECD 보고서에 따르면, 우리나라의 소득 하위 10% 집단이 현재의 세대 간 소득 탄력성을 유지한다고 할 때, 평균 소득 수준으로 올라가기 위해서는 5세대의 기간이 필요하다. 여기서는 부모와 자식 간의 소득 탄력성은 0.4로 1위 국가인 덴마크의 0.12에 비해 낮은 편이기는 하지만 매우 낮은 것은 아니다. 여기서 중요한 것은 소득 하위 집단과 다른 집단과의 격차다.

다음으로, 특히 젊은이들에게 계층 이동의 기회를 만들어주어야 한다. 구직 단계에 있는 청년층에게는 직업 능력 계발을 위한 경제적 지원과 일자리 소개를 적극적으로 실시할 필요가 있다. 청년의 다양한 재능을 활용할 수 있도록 취업이 아닌 창업을 지원하는 것도 필요하다. 취업을 선택한 청년이 경험할 수 있는 정규직과 비정규직 간의 부당한 차별을 줄여서 비정규직도 입직의 창구가 될 수 있도록 만들어야 한다. 대기업과 중소기업의 공정한 관계 형성 등을 통해 중소기업에서도 능력을 키우고 성공 기회를 잡을 수 있도록 해야 한다.

교육 외 분야에서 다차원적 격차를 줄이는 정책

구직 단계 및 취업 초기 단계에서는 특히 경제적 부담을 키우는 주거 문제를 해결할 필요가 있다. 주거 문제는 사회이동성과 관련하여 가장 필수적이고 직접적인 영향을 줌과 동시에 삶의 질과도 관련이 깊다. 현재 청년을 대상으로 다양한 주거 정책이 시행되고 있지만, 정책의 실효성, 체감도는 높지 않은 것이 사실이다. 보다 적극적이고 전면적인 개입을 통해 1인 가구, 대학생, 신혼부부 등을 위한 소형 주택 마련 등 맞춤형 공급 확대 노력이 필요하다.

그 외에도 사회적, 문화적 격차를 줄이는 다차원적 정책 방안이 요구된다. 또 사회이동성에 대한 부정적 인식의 근원에는 한국 사회 전반에 대한 불안감이 자리하고 있다는 상황 인식도 필요하다. 불안감이 해소될 수 있도록 사회안전망 장치를 확대해가고 좋은 일자리를 만드는 등 지속적인 양극화 완화 정책이 마련되어야 한다.

균등한 기회 제공을 통한 고용안정성 확보

- 채용 비리 등 차별적 요인 방지를 위한 강력한 제도 구축
- 직업훈련 확대 등을 통한 역량 개발 지원과 맞춤형 일자리 매칭
- 정규직과 비정규직 간의 부당한 차별 축소
- 사회 전반에 걸쳐 공정하고 균등한 기회를 제공하는 문화 조성
- 실제 일자리와 청년층의 희망 직업군 불일치 해소를 위해 교육과 직업 세계 연계 강화
- 정부 주도의 직업교육과 창업 인프라 조성 등의 미래 투자 확대

사회이동성 복원과 사회 통합을 위한 교육정책 재검토

- 농어촌, 도서산간 지역 등 상대적 취약 지역에 대한 교육 집중 지원
- 지역 균형 선발 등 사회경제적 취약 계층 배려 진학 정책뿐 아니라,

근원적으로 공교육 강화를 통해 사교육에서 비롯되는 교육 격차 해소
- 취약 계층 대상 교육비 지원 정책, 교육을 통해 상향 이동을 촉진할 수 있는 사회적 자본 확충 정책, 부모의 관심을 받을 수 없는 환경에 있는 아동들에 대한 정부의 조기개입 정책 등을 상호보완적으로 설계
- 맹목적인 대학 진학에서 벗어나 대졸 학력이 아니더라도 각자의 직업능력을 최적화하고 사회적 지위를 인정받을 수 있는 교육과 직업군 연계

2

기술 분야
미래전략
Technology

KAIST Future Strategy 2020

산업 지형 변화에 따른
국가 R&D
패러다임 전환

———————— 4차 산업혁명의 물결은 인간과 기계의 잠재력을 극대화하는 제반 기술 혁신에서 출발하여, 그 발전의 속도와 범위, 경제·사회 시스템에 미치는 영향의 측면에서 산업 지형에 큰 변화를 가져올 전망이다. 농경사회, 산업사회 그리고 정보사회로 이어진 인류의 발전은 기술 진보에 의한 것이었다. 미래 또한 기술 혁신으로 이루어질 것이다. 이런 관점에서 보면, 4차 산업혁명의 도래와 함께 선두권 다툼이 시작된 세계적인 기술 경쟁 속에서 연구개발 전략은 더욱 중요하다.

특히 우리나라는 인구 감소에 따른 생산력 저하와 ICT 발달에서 기인하는 사회 구조의 변화 등의 현안 과제를 떠안고 있다. 결국, 이러한 문제들을 해결하고 국가의 미래 성장 동력을 확보하기 위해서는 R&D 전략을 재점검하고 혁신하는 노력이 절실하다. R&D는 축적된 지식을 바탕으로 현재의 기술적 난제들을 풀어가는 과정의 연속이며, 곧 미래를 만들어가는 과정이다.

R&D의 목표

미래 메가트렌드 중 R&D와 직접 관련이 있는 것은 인구 구조 변화, 에너지·자원 고갈, 기후 변화 및 환경 문제, 과학 기술의 발달과 융복합화 등이다. R&D를 통한 기술 혁신으로 미래 메가트렌드에 얼마나 잘 대처하느냐에 대한민국의 미래가 달려 있다.

패러다임 전환이 필요한 R&D

국민이 국내외에서 벌어들인 총소득을 인구로 나눈 통계인 우리나라 1인당 국민총소득은 1953년 67달러에 불과했던 데에서 2006년 2만 달러를 돌파하고, 2017년에는 3만 달러를 넘어섰다. 압축 성장이 가능했던 사회경제적 배경 중심에는 수출 주력, 중화학공업 우선, 과학 기술 우대, 추격자 전략 등의 정책과 전략이 있었다.

R&D 분야에서도 이러한 전략은 유효했다. 1962년 '제1차 과학기술진흥 5개년 계획'이 발표될 당시 우리나라 총 R&D 투자는 12억 원에 불과했다. 이는 GDP 대비 0.25% 규모였다. 그러나 2016년 GDP 대비 R&D 투자 비중은 4.24%로 세계 2위를 기록하며 이스라엘과 최상위를 다투는 수준이다.

R&D에 대한 집중적인 투자는 우리나라의 위상을 높이는 데 주요한 영향을 끼쳤다. 하지만 복지 수요나 경제 상황 등을 고려할 때 앞으로는 지금까지와 같은 증가가 쉽지 않을 전망이다. 정부 R&D비의 추이를 보

면 증가율의 감소세가 뚜렷하게 나타나고 있는데, 2010년까지 10% 이상이던 증가율은 2016년 0.7%, 2017년 2.4%, 2018년 1.1%였다. 물가 상승을 고려할 경우 사실상 정체 또는 감소하고 있다고 볼 수 있다.

한편 GDP 대비 투자 규모나 외형적 성과와 달리 실제로 국민이 체감하는 연구 성과가 높지 않은 것도 사실이다. 현안 과제들을 해결하고 국민의 삶을 개선하는 데에 그동안의 연구 성과가 얼마나 기여해왔는가에 대한 문제의식이기도 하다. 경제 분야 곳곳에서는 이미 추격형 전략의 한계가 여실히 드러나고 있으며 선도형 전략으로의 전환이 요구되고 있다.

세계 유수 기관들이 발표한 미래 사회에 대한 다양한 전망을 종합해 보면 사회 갈등의 심화, 인구 구조의 변화, 문화적 다양성 증가, 에너지·자원의 고갈, 기후 변화 및 환경 문제 심화, 과학 기술의 발달과 융복합화, 중국의 부상 등으로 요약된다.

우리나라는 여기에 덧붙여 저출산과 고령화 추세가 그 어느 나라보다도 빠르고, 남북 분단의 문제와 통일을 고려해야 하는 특수한 상황에 놓여 있다. 이는 모두 위기 요인이 될 수 있다. 위기를 기회로 만드는 지혜를 발휘해야 하고 그 핵심에는 IT 기술과 융합 기술을 기반으로 한 혁신이 자리해야 한다.

과학 기술의 R&D 과제

2050년 우리나라 인구는 통일이 되지 않은 상태에서 4,200만 명으로 2019년 6월 기준 약 5,171만 명보다 적을 것이다. 2026년에는 65세 이상 고령 인구가 전체의 20%를 넘은 초고령사회가 될 것으로 예측되나, 최근 추세라면 초고령사회 진입 시기도 앞당겨질 것이며 2045년에

35%를 돌파할 것으로 예측된다. 인구 감소는 구매력 감소, 시장 감소, 일자리 감소, 경쟁력 저하로 이어진다. 또 고령화는 생산성의 저하, 복지 및 의료 비용 증가 등을 불러온다. 이를 해결하기 위해서는 로봇, 첨단제조, 정보통신, 바이오융합, 맞춤형 의료 등의 기술 혁신이 필요하다.

에너지 부족 문제도 심각하다. 전력 수요 증가, 화석 에너지 고갈, 중국의 급격한 산업화는 자원이 부족한 우리에게 에너지 안보 위협으로까지 발전할 수 있다. 특히 원자력 발전을 두고 존폐가 논의되고 있는 과정에서 대체 에너지, 재생 에너지 등 신에너지원 연구와 개발도 더 적극적으로 추진되어야 한다.

구체적으로 기술 혁신을 통해 실현해야 할 대한민국의 모습을 제시하면, 지속 가능한 건강장수사회, 신에너지 수급 체계 확보를 통한 에너지 독립 국가, 정보·기술의 초연결 글로벌 혁신 네트워크 중심 국가로 요약해볼 수 있다.

우선 지속 가능한 건강장수사회는 저출산, 고령화, 인구 감소로 수반되는 생산력 감소를 해소하고 지속 가능한 스마트 제조·생산 시스템을 갖춘 사회라고 볼 수 있다. 고령 인구가 건강하고 행복한 생활을 영위할 수 있는 사회 시스템을 구축해야 하는 것이다. 에너지 독립 국가가 되기 위해서는 신에너지원을 확보하고 이를 안정적이고 효율적으로 공급할 수 있는 제로 에너지 빌딩 및 에너지 네트워크를 구축해야 한다. 태양광 발전, 조력 발전, 해양, 풍력 및 스마트그리드와 같이 친환경적이고 지속 가능한 에너지 비중을 확대해나가야 한다. 미래 가치와 잠재적 위험을 동시에 갖는 원자력 발전에 대한 논의도 충분한 시간을 갖고 합리적으로 풀어야 한다.

미래를 위한 R&D 전략 원칙

실용화 기술 혁신의 중심은 민간이 주도하고, 정부는 공공분야와 기초 연구 분야 및 전략 산업 분야의 R&D 투자를 확대해 상호보완적 전략을 추진해나가야 한다. R&D에 대한 적절한 투자와 지원이 있어야 미래 기술을 선도하거나 추격이 가능하다. 또 출연연 및 공공 R&D는 새로운 지식과 산업의 출현을 가능하게 만드는 토대로서 혁신 생태계 전체를 새로운 방향으로 이끄는 역할을 담당해야 한다.

기초 융합 연구에 '선택과 집중'

선택과 집중은 자원이 부족한 우리나라에서는 불가결한 전략이다. 그간의 R&D 투자도 전체 60% 이상을 '산업 생산 및 기술 분야'에 투자할 수밖에 없었다. 기초 및 원천 기술의 토대가 취약하게 되었다는 비판은 있으나, 한정된 자원을 효율적으로 활용해 주력 산업을 육성해야 하는 한국적 상황에서는 최선의 선택이었다. 그러나 정부는 '선택과 집중'을 하되, 선택된 분야의 기초 연구를 촉진하는 역할을 해야 한다. 미국의 대표적인 기초 연구 지원 기관인 국립과학재단National Science Foundation 은 정부의 전체 R&D 예산 중 약 15%를 기초 연구에 투자하고 있으며, 새로운 분야를 창출할 만한 아이디어가 주도하는 변혁적 연구를 강조하고 있다. 우리나라도 스마트 지능형 ICT에 관심을 기울이되 원천 기술 연구에 집중함으로써 미래 기술을 선점해야 한다. 이 과정에서 정부와 민간 부문의 역할을 나누어 상호보완해가는 지혜가 필요하다.

도전 연구, 질적 평가, 자율 연구로의 개혁

최근 10여 년 동안 많은 투자에도 불구하고 R&D 성과가 미흡하다는 비판이 적잖다. 이러한 문제의 원인은 크게 세 가지다. 따라서 이러한 문제의 해결이 곧 미래전략 수립의 원칙이 되어야 한다.

첫째, 연구자들의 도전 정신 부족이다. 연구는 해보지 않은 것에 대한 도전이다. 그런데 한국의 연구는 90% 이상이 성공으로 기록된다. 이는 너무 쉬운 것에 도전하고 있다는 뜻이기도 하다. 정부는 실패를 용인해주는 분위기를 만들고, 연구자는 과감하게 도전해야 한다. 둘째, 연구 평가 제도를 바꾸어야 한다. 논문과 특허 건수 중심의 양적 평가를 지양하고 질적 평가로의 전환이 필요하다. 연구가 실제로 어떤 결과를 창출했느냐는 것보다 논문의 수로 평가를 하면 파괴력이 있는 큰 결과는 나오기 힘들다. 셋째, 정부의 간섭을 줄여야 한다. 최근 눈에 띄는 연구 결과가 나오지 않는다는 사회적인 압력이 있다. 이에 정부는 조급하게 실적을 내놓으라고 독촉을 한다. 대형 장기 연구도 빨리 가시적인 성과를 보여주지 않으면 중단될 위험에 놓인다. 독촉하게 되면 단기 성과를 목표로 하게 되고, 단기 성과를 내다 보면 최종적으로 큰 결과는 나오지 않는다. 악순환이 계속되는 것이다.

실행 전략

큰 성과가 없다고 비판해도, R&D는 대한민국의 미래를 밝혀주는 등불이다. 일부에서는 결과가 나오지 않는 R&D 분야에 대한 투자 축소는 당연하다고 말하는 사람도 있다. 이러한 시각은 위험하다. 연구 제도와 환경을 개선해 좋은 결과가 나오게 해야 한다. 연구를 축소해버리면 우리의 미래는 누가 밝혀주겠는가.

정부는 원천 기술 연구, 민간은 기술의 상용화 연구

- R&D의 효율성을 높이기 위해 정부와 민간의 역할 구분
- 정부는 민간 차원에서 시도하기 어려운 기초 연구와 파급 효과가 큰 원천 기술 연구, 글로벌 지식재산권 확보
- 민간 부문에서는 기술의 실용화, 상용화, 사업화
- 출연 연구기관들은 중소기업 기술 지원이 아니라 민간에서 할 수 없는 기초 및 원천, 공공 연구에 몰두
- 대기업에 대한 R&D 지원 규모는 축소, 중소기업과 벤처기업에 대한 지원 확대
- 대학과 출연연에서 확보된 글로벌 지식재산권의 기술 이전 및 공동 상용화를 위한 개방형 혁신 연구개발 확대

평가 체계 다양화로 도전적인 연구문화 장려

- 논문 수와 국내외 특허 등록 건수는 꾸준히 증가했으나, 기술 사업화 실적은 저조. 이러한 역설적 상황을 개선하기 위해서는 연구 평가 제도 개선 필요
- 연구 분야에 따라 양적 지표와 질적 수준 평가를 교차하는 평가 체계 다양화
- 연구와 개별 사업 특성을 반영한 질적 지표의 개발 및 전문가 정성 평가 확대
- 과제 평가 시 중간·연차 평가 폐지 및 간소화

- 실패를 용인하는 평가를 통해 독창적이고 도전적인 연구 우선 지원
- 연구 아이디어의 우수성, 신진 연구자들의 독창성 등을 고려하는 과제 선정 및 지원

개방형 혁신 생태계 구축

- '실험실에서 시장으로Lab to Market' 슬로건을 내세우며, 실험실에 머물러 있는 기초 연구 성과들을 빠르게 시장으로 이전해 가치를 창출할 수 있도록 미국 등 선진국의 생태계 현황 파악
- 기술 개발 속도가 빨라지면서 기업 단독의 R&D로 상용화에 도달하기까지는 많은 시간과 비용 소요. 따라서 산-학, 산-연 개방형 협업 연구개발 생태계를 통해 대학과 연구소는 글로벌 지식재산권을 확보하고 기업들은 이러한 연구 성과를 효과적으로 연계 활용하는 방안 확대
- 국가과학기술지식정보서비스와 국가기술은행 등의 특허 기술 정보 DB 개선과 민간 이용 효율 활성화를 통한 개방형 연구개발 혁신 생태계 구축 강화

파급 효과를 지닌 군사 기술 연구 추진

- 군사·우주 분야는 기술 자체가 중요한 경우가 많아 도전적 연구 추진 경향. 그러나 경제성 문제로 민간에서 추진하기는 어려운 부분
- 미래 전쟁은 인간보다 로봇이 싸우는 전쟁으로 기술 패러다임이 전환될 전망
- 지식재산권 문제의 재점검 필요. 현재 정부 투자를 받아 개발한 군사 관련 지식 재산은 민간이 소유하지 못하게 되어, 기술이 개발되

어도 특허를 출원하지 않고 흐지부지되는 상황. 민간 소유를 인정해 특허 관리의 동기부여
- 정보 보안이 필요하지 않은 기술 분야는 민간으로 확대, 활용하는 스핀 오프spin-off 방식의 민군 기술 개발 추진
- ICT 융합 등 민간이 앞서 있는 기술 분야는 이를 국방 기술에 적용하는 스핀 온spin-on 방식의 연구 및 기술 개발 확대

범용 기술 확보와 집중적 연구

- 독과점 경쟁력을 확보할 수 있도록 국제 표준을 염두에 둔 디지털 기술 혁신 필요
- 4차 산업혁명의 초기 물결이 안정적으로 자리를 잡으면 제조업 혁신과 같은 차원을 넘어 시장을 주도할 바이오 산업 육성 필요
- 바이오 관련 산업은 뇌 인지공학을 중심으로 재편 가능성 큼. 따라서 바이오연구, 뇌연구, 인지과학연구 등 뇌인지 분야 선도 전략 시급

고령화 사회에 대응하는 기술

- 건강한 장수사회는 고령자가 건강하고 행복한 삶을 살 수 있는 시스템을 갖춘 사회
- 생명공학과 의료 기술의 융합, 수명 연장과 장수 과학의 혁신을 통해 만들어지는 시스템 사회
- 원격 질병 관리 및 치료, 모바일 헬스 애플리케이션, 개 맞춤형 치료제 등의 기술 개발

에너지원을 확보하는 기술

- 세계적으로 대체 에너지, 신재생 에너지 등 새로운 에너지원 개발 경쟁 심화
- 에너지 수입국인 우리는 태양광 발전, 조력 발전, 풍력 발전 등 대체 에너지 개발 시급
- 전력 저장 시스템 기술 개발 및 혁신 필요
- 에너지원 확보와 함께 지속 가능한 에너지 네트워크 구축
- 중국, 러시아, 일본, 북한 등과의 에너지 네트워크 구축

4차 산업혁명을
움직이는 동력,
빅데이터

──────────── 빅데이터는 다른 첨단 디지털 기술의 바탕이다. 가령 빅데이터 수집과 분석 기술이 없었다면 인공지능의 귀환도 어려 웠을 것이다. 개인 맞춤형 정보 제공도 빅데이터 없이는 불가능하다. 2019년 4월 우리나라가 세계 최초로 상용화에 성공한 5세대 이동통신, 즉 5G에 쏠린 관심도 가상·증강현실, 자율주행 등 다른 첨단 기술을 추 동할 수 있는 빅데이터 처리 속도와 용량이 4세대 이동통신 LTE보다 훨씬 빠르고 많기 때문이다. 이렇듯, 새로운 기술 혁신의 현상 뒤에는 빅데이터가 있다.

4차 산업혁명의 추동력

인공지능이 빅데이터를 통한 학습 없이 제대로 가동될 수 있을까? 수백억 개가 넘는 디바이스가 센서로 연결되고 그 센서들에서 쏟아질 엄청난 데이터들을 관리할 기술 없이 사물인터넷이 제대로 작동할 수 있을까? 빅데이터는 이처럼 4차 산업혁명의 현상으로 나타나는 결과물들을 움직이는 중요한 동력이다.

빅데이터의 본질

글로벌 시장조사 업체 IDC 자료에 따르면 2016년에 생성된 데이터는 16ZB(제타바이트)로 하루에 482억 GB(기가바이트), 초당 56만 GB의 데이터가 만들어졌고, 세계 데이터는 매년 30%씩 증가해 2025년에는 180ZB에 이를 전망이다. 1ZB는 1조 1천억 GB로 고화질 영화 약 5천억 편에 해당하는 분량이다. 데이터의 원천은 크게 내장형 칩과 웨어러블 센서, 소셜미디어, 웹사이트, 조사 문서 등에서 취합한 빅데이터로 나뉜다. IDC는 2025년에는 전체 생성 데이터의 25%가 실시간으로 수집되고, 실시간 데이터의 대부분은 IoT 센서와 관련될 것으로 예상했다. 가트너는 네트워크와 연결되는 사물의 수가 2017년 64억 개에서 2020년에는 204억 개까지 늘어날 것으로 내다봤다. 연결된 사물 수가 많아질수록 데이터의 양은 더욱 늘어난다. 그리고 이러한 빅데이터의 80%는 비정형 데이터이다. 비정형 데이터는 비구조적 데이터로서 수치화하기 어려운 트위터, 이메일, 문서, 첨부파일, 메모, 이미지, 오디오, 동영상과 같은 데이터들을 말한다.

빅데이터 시대 이전의 데이터들은 분절돼 있었다. 회계 시스템, 공장

자동화 시스템, 그룹웨어 등 개별 시스템이 존재하고 데이터는 개별적인 시스템을 보조적으로 지원하는 방식이었다. 물론 개별 시스템에 속한 데이터들을 연결할 방법은 있었는데 이를 가능하게 하려면 별도의 연동 프로젝트를 통해 개별 시스템 간의 데이터를 연결해야 했다. 반면, 빅데이터 시대에서는 데이터가 중심이 되고 애플리케이션과 알고리즘이 보조 수단이 된다. 과거와 달리 데이터가 분절되어있는 것이 아니라 합쳐진 하나의 형태로 존재하고, 애플리케이션과 알고리즘은 이러한 빅데이터에 붙어서 필요한 데이터를 활용하는 방식이다.

활용을 위한 빅데이터 처리 과정

이러한 빅데이터의 처리 프로세스는 수집collect, 정제refine, 전달deliver의 3단계를 거친다. 수집이란, 데이터 확보 과정이다. 적절하면서 일정 규모 이상이 되는 데이터를 확보하는 것은 매우 중요하다. 정제는 확보된 데이터를 중복 제거와 압축 그리고 분류를 거쳐 분석이 가능한 양질의 데이터로 변환시키는 과정이다. 전달은 최종적인 단계로서 분석 결과를 시각적 혹은 수치적 형태로 이해하기 쉽게 전달하는 과정이다. 이러한 빅데이터 처리 절차를 거쳐 축적되고 합쳐진 어마어마한 양의 데이터에 고도화된 알고리즘과 강화된 컴퓨팅 파워가 결합하면서 이전에는 보지 못했던 패턴들이 빅데이터의 심연에서 드러나게 되었다. 그 결과 인간의 능력을 뛰어넘는 예측이 가능하게 된 것이다.

인공지능과 빅데이터

빅데이터가 주목받는 이유는 활용 가치가 높기 때문이다. 무한대로 생성되는 데이터 속에서 의미 있는 정보를 뽑아내고 분석해 적절히 활용하는 것이 빅데이터 산업의 핵심이다. 최근 인공지능 기술이 발전하면서 빅데이터 산업도 빠르게 성장하고 있다. 인공지능 연구는 오랜 역사를 지니고 있다. 2차 세계대전 때 독일군 암호를 해독하기 위해 지금의 컴퓨터와 같은 기계 장치를 만들어 낸 앨런 튜링부터 1956년 다트머스 대학 회의에서 '인공지능'이라는 말을 처음 사용하고 인공지능 프로그램 언어 개발에 노력한 존 매카시 등 여러 선구자가 있었다.

그럼에도 불구하고 미국, 일본 등 국가 차원에서 진행되던 인공지능 연구와 유명 학교들에서 진행하던 연구들이 실패하거나 성과를 내지 못하면서 1980년대 전후로 소위 '인공지능의 겨울AI winter'이 시작된다. 그 결과 인공지능은 아주 오랜 시간이 지난 뒤에야 가능할 것으로 여겨졌다. 하지만 현존 기술로는 가능할 것 같지 않았던 인공지능 기술이 2016년 알파고로 그 실체를 충격적으로 드러냈다. 가히 인공지능의 귀환이라고 할 만하다.

그렇긴 하지만 알파고에 사용된 알고리즘인 심층 신경망 기술Convolutional Neural Network은 전혀 새로운 것이 아니라, 1960년대 마빈 민스키가 최초로 개발한 신경망 시뮬레이터Stochastic Neural Analogy Reinforcement Computer로부터 발전된 것이다. 그러면 이전에는 가능하지 않았던 인공지능이 어떻게 지금은 가능하게 되었을까? 그것은 빅데이터와 고도화된 알고리즘 그리고 이를 뒷받침하는 컴퓨팅 파워의 발전 때문이다.

기존 알고리즘의 경우에는 데이터가 늘어나다가 어느 선에 이르면 성능이 동일 수준으로 유지되는 것과 달리, 인공지능 알고리즘은 데이터가 늘어남에 따라서 성능이 지속적으로 증가한다. 이것을 딥러닝이라고 부른다. 인공지능을 가능하게 한 핵심 요소다. 인공지능은 인간의 지능을 컴퓨터로 구현하는 것을 말하고, 머신러닝(기계학습)은 이러한 인공지능을 위해 컴퓨터로 모델링하는 모든 행위를 말한다. 딥러닝은 머신러닝 기법 가운데 특히 인공 신경망 기법을 기반으로 해 학습의 정밀도를 높이는 알고리즘이다. 이러한 복잡한 러닝(학습) 기법들은 이전에는 처리할 수 없었던 대용량의 데이터를 처리할 수가 있게 만들었다. 이때부터 빅데이터라는 용어가 출현한 셈이다. 바둑의 알파고, 의료 분야의 왓슨, 금융의 켄쇼 등 많은 영역에서 이미 인간의 능력을 뛰어넘는 인공지능은 모두 빅데이터 수준의 데이터로 학습을 거쳤다는 공통점을 가지고 있다. 고도화된 알고리즘과 컴퓨팅 파워만으로는 가능하지 않고 빅데이터가 결합돼야 인공지능도 가동되는 것이다.

빅데이터를 활용해 기존 시장을 파괴하는 선도 기업

빅데이터 시대 선도 기업들의 사례를 살펴보면 빅데이터의 발전 방향을 가늠해볼 수 있다. 아마존은 온라인 쇼핑뿐만 아니라 음성인식 인공지능, 클라우드 시장 등 IT 산업의 전 영역에서 놀라운 성과를 내고 있다. 특히 클라우드 분야에서는 마이크로소프트, 구글, IBM, 오라클 등 후발 주자들과 격차가 큰 압도적 1위를 유지하고 있다. 아마존은 2016년에 자사 핵심 경쟁력인 추천 알고리즘을 깃허브GitHub라는 개발자 커뮤니티에 모두 공개했다. 이제 아마존의 추천 알고리즘은 누구나 활용할 수 있게 되었다. 4차 산업혁명을 선도하는 기업들은 모두 기존 산업의 영역을 일정 부분 잠식하는 파괴적인 속성을 지니고 있다. 이러한 기존 산업 잠식의 가장 큰 동력은 빅데이터 활용 능력이다.

사례 1: 에어비앤비

숙박 공유 업체인 에어비앤비는 이러한 현상을 보여주는 대표적인 기업이다. 대표적인 글로벌 호텔 체인 힐튼호텔그룹의 시가총액을 넘어서는 가치를 평가받고 있다. 2008년에 설립되어 이제 10년을 겨우 넘긴 회사가 100년 된 최고의 호텔그룹 가치를 추월한 것이다. 더 놀라운 점은 부동산 자산 하나도 없이 '숙박 공유'라는 개념으로 세계 최고 호텔그룹의 가치를 넘어서게 된 것이다. 기존의 호텔업계는 정부로부터 많은 규제를 받는다. 소방법, 건축물, 보건위생, 직원 교육 등 많은 부분에서 규제를 받고 또 호텔의 청결과 경쟁력을 유지하기 위해서 큰 비용과 시간을 들이고 있다. 반면에 에어비앤비와 같은 기업은 데이터를 중심으로 이 같은 문제들을 상당 부분 해결한다. 고객과 숙박 임대자 사이의 상호 평가 시스템을 통해 규제나 특별한 장치 없이도 어느 정도 이상의 질적 수준이 유지되도록 하는 것이다.

사례 2: 넷플릭스

넷플릭스 역시 마찬가지 경우다. 사용자의 영화 성향 데이터 등 축적된 빅데이터에 기반을 둔 추천 알고리즘을 활용한다. 수백만 편의 영화 목록 중에서 사용자가 보고 싶은 영화를 적절하게 찾아 제공함으로써 미디어 경쟁에서 앞서 나가고 있다. 스트리밍 서비스를 통해 3천만 명 이상 시청자들의 행동을 관찰하고 이에 기반한 빅데이터 분석을 통해, 시청자가 원하는 맞춤형 콘텐츠인 〈하우스 오브 카드〉라는 드라마를 제작해 성공한 것이 대표적인 사례다.

사례 3: 테슬라

테슬라 자동차의 가장 큰 혁신은 에너지원이 전기로 바뀐 것이 아니라, 빅데이터를 활용하는 소프트웨어 기술을 사용한다는 점이다. 테슬라는 운전자의 모든 데이터를 테슬라 서버로 전송받는다. 이러한 데이터를 활용해 기존 제품의 성능을 업그레이드하고 다음 제품을 설계한다. 테슬라 자동차는 소프트웨어 자동 업그레이드를 통해 자동차의 성능까지 개선하는 방식을 적용하고 있다.

사례 4: 텐센트

중국 빅데이터 산업을 주도하는 기업은 텐센트다.[49] 중국 국가통계국은 텐센트와 함께 빅데이터 수집·처리·분석·탐색 기술을 개발하는 중이다. 텐센트의 인터넷 전문 은행 위뱅크는 빅데이터를 이용해 고객이 모바일 메신저 등으로 대출 신청을 하면 2.4초 만에 대출 심사를 완료하고 40초 만에 대출금을 입금해주는 상품도 개발했다. 빅데이터 산업은 중국 지역 경제에 획기적 전환을 가져오고 있다. 텐센트가 빅데이터 센터를 설립한 중국 구이저우성 구이양은 중국 내에서 가장 빈곤한 지역이었다. 구이저우성은 2010년까지 중국 32개 성 가운데 1인당 GDP가 최하위였다. 2014년 빅데이터 특화구로 지정되면서 구이양의 변화가 시작됐다. 알리바바와 텐센트 등 중국 기업은 물론 구글, 인텔 등 글로벌 IT기업들도 구이양의 빅데이터 산업에 투자했다. 현재 구이저우성은 '빅데이터 수도首都'로 통하며 급격하게 성장하고 있다.

사례 5: 바이두

2014년 4월 24일 바이두는 '빅데이터 엔진大數據引擎' 플랫폼 개방을 선언하고 빅데이터 저장, 처리 및 분석 서비스를 제공하기 시작했다.[50] 같은 해 8월에는 유엔UN, United Nations과 손잡고 '빅데이터 연합 실험실'을 설립, 글로벌 문제 해결에 빅데이터 기술을 활용한 선례를 남겼다. 최근에는 딥러닝, 뉴럴 네트워크 등 인공지능 핵심 기술을 기존 주력 사업 검색 엔진에 도입, 서비스 업그레이드에 속도를 내고 있다. 현재 바이두는 빅데이터 저장 분석, 마케팅, 비즈니스 분석 등 다양한 빅데이터 서비스를 제공한다. 주요 서비스로는 바이두 여론 API, 바이두 고객 분석, 바이두 지수 등이 있다.

빅데이터 선도 기업들의 공통점

숙박 공유 업체 에어비앤비의 창업자들은 숙박업계 종사자가 아니었다. 디자인스쿨을 졸업한 이들로 숙박업계와는 전혀 인연이 없는 사람들이었다. 테슬라의 일론 머스크 역시 자동차업계 종사자가 아니다. 아마존의 제프 베조스 역시 출판업계와 아무 상관이 없는 사람이었다. 우버와 넷플릭스 역시 마찬가지다. 이런 사람들이 철옹성과 같은 기존 업계의 최강자들을 물리치고 시장의 판도를 새롭게 만들어나가고 있다.

이와 같은 4차 산업혁명 선도 기업들의 공통점은, 데이터를 기반으로 회사가 운영되고, 데이터를 통해 새로운 기능을 추가하고 하드웨어 역량보다 소프트웨어 역량을 핵심 경쟁력으로 활용한다는 점이다. 미국 제조업의 자존심인 GE의 선언도 이러한 변화를 그대로 보여준다. GE는 2016년에 서비스업 중심의 소프트웨어 기업으로 재탄생하겠다고 선언한 바 있다. 그러면서 내놓은 것이 GE의 산업용 운영체제인 '프레딕스'다. GE는 그동안 팔아왔던 엔진과 기계, 헬스케어 제품의 유지 관리와 컨설팅·금융서비스를 통합한 솔루션 패키지 사업으로 돈을 벌어들이겠다는 계획이다. 또 산업별로 핵심적인 부분에서 1%를 절약하는 '1%의 힘'이라는 캐치프레이즈를 제시했다. 세계 항공 산업에서 생산을 1% 효율화하면 이익은 6%나 증가한다. 엔진에 부착된 센서와 산업용 IoT를 통해 다양한 데이터를 실시간으로 분석하는 '프레딕스'로 이를 실현할 수 있다고 강조한다.

빅데이터와 개인정보 보호

우리나라에서는 규제가 빅데이터 기술의 축적에 큰 장벽이 되고 있다. 사전규제 방식을 적용하는 우리와 달리 미국과 일본은 사후규제 방식을 사용한다. 규제의 목적은 개인정보 보호다. 디지털 시대에 있어서 개인정보 보호의 중요성은 아무리 강조해도 지나치지 않다. 여기서 따져볼 부분은 그 실효성이다. 우리나라는 사전규제 방식을 적용하지만 국민 상당수의 주민등록번호를 비롯한 개인정보가 이미 해킹이 되어 돌아다니고 있다. 실상은 사전규제 방식에서 실질적으로 개인정보 보호가 이루어지고 있지 않다는 것이다.

미국과 일본의 사후규제 방식

사후규제라고 해서 사전규제보다 개인정보 보호가 소홀하게 이루어지는 것이 결코 아니다. 사후규제 방식은 빅데이터 활용에 있어서 비식별 정보를 부정하게 사용하는 등 규정을 어긴 점이 사후에 발견되면 강도 높은 처벌을 내린다. 오히려 이러한 방식이 개인정보 보호에 훨씬 실효성이 있다. 사후규제 방식을 도입하고 있는 미국과 일본에서 개인정보 보호가 훨씬 더 잘 이루어지는 것을 보면 알 수 있다. 미국은 개인정보 수집 및 처리에 관하여 우편, 전자우편 등을 통해 정보 주체에게 알리고, 이에 대해 정보 주체가 공식적으로 이의를 제기하지 않으면 개인정보의 활용이 허용되는 방식이다. 일본은 2015년 개정된 정보보호법[51]에서 개인정보 및 프라이버시는 실질적으로 보호하면서, 빅데이터 활성화 등 개인정보의 이용 및 유통을 촉진하기 위해 개인정보를 가공해 식별 가능성을 낮춘 정보를 제공할 때에는 본인 동의를 요구하지 않도록 했다. 물론 개인정보를 오용하면 벌을 강하게 내린다.

유럽의 개인정보 보호

유럽연합의 개인정보보호법GDPR, General Data Protection Regulations이 2018년 5월 25일부터 시행에 들어갔다. GDPR에는 전문Recital 173개, 본문Chapter 11장, 조항Article 99개라는 방대한 개인정보 관련 항목들이 포함돼 있다. 유럽연합의 개인정보를 취급하는 사업자는 데이터 흐름을 파악해 GDPR 맞춤형 IT 시스템을 갖춰야 한다는 것이 핵심이다. 정보 업계는 GDPR을 '인터넷이 생긴 이후 가장 강력한 개인정보 보호 규정'이라고 평가한다. 사실상 전 세계 대부분의 IT 업체들이 법 적용을 받기 때문이다. GDPR은 프랑스, 독일 같은 유럽 내 거주자 개인정보를 처리하는 기업이면 전 세계 어디에 있든 상관없이 적용되는 법이다. 또 기업의 개인정보 유출처럼 법을 위반할 경우 중대성이나 의도성 같은 11가지 기준을 고려해 '일반 위반'과 '중대한 위반'으로 나누고, 이에 상응하는 처벌을 받게 된다. 일반 위반의 경우 위반 기업의 전 세계 연간 매출액 2%나 1천만 유로 중 높은 금액을 과징금으로 낸다. 중대한 위반의 경우 위반 기업의 전 세계 연간 매출액 4%나 2천만 유로 중 높은 금액을 과징금으로 내야 한다.

한국의 사전규제 방식

우리나라는 개인정보보호법 제2조 1항에 따라서 비식별 정보의 이용이 사실상 금지가 되어 있다. 이 조항에 따르면 개인정보란 "생존하는 개인에 관한 정보로서 성명, 주민등록번호 등에 의하여 특정 개인을 알아볼 수 있는 부호, 문자, 음성, 음향 및 영상 등의 정보(해당 정보만으로는 개인을 알아볼 수 없어도 다른 정보와 쉽게 결합하여 알아볼 수 있는 경우에는 그 정보를 포함한다)"를 말한다. 여기서 문제는 괄호 안의 내용이다. 이 내용이 굉장히 모호해서 사용자의 주민등록번호나 성명 같은 개인정보가 드러나지 않도록 비식별화한 내용도 사전 동의를 받아야 하는 것으로 해석될 소지가 많다. 실제로 법원 판례에 따르면 비식별 정보도 사전 동의 없이 활용하여 처벌받은 사례가[52] 있다.

이러한 사전규제 방식의 형식적 규제 강화는 실질적인 개인정보 보호 없이 빅데이터 관련 산업의 경쟁력 약화만 초래할 수 있다. 비식별화된 정보를 불법적으로 사용할 경우 엄격한 사후 처벌을 통해 시장의 질서를 바로잡을 수 있다. 따라서 사전규제 방식의 기존 법제도 개정에 대한 사회적 합의가 필요하다.

빅데이터 산업 발전 방안

우리나라에서는 빅데이터 기술을 이미 확보된 기술로 생각하거나 빅데이터에 의해 가능하게 된 현상에만 관심을 가지는 경향이 있다. 4차 산업혁명 시대에는 데이터를 제대로 활용하는 국가와 그렇지 못한 국가의 경쟁으로 구분될 수 있을 것이다.

규제 혁신을 통한 데이터 경제 환경 조성
- 빅데이터를 활용한 다양한 연구와 실험은 산업 활성화를 위해 필수적인 과정. 그러나 비식별화된 정보도 수백, 수천만 명의 동의를 사전에 받아야 한다면 사실상 활용 불가능한 실정
- 개인정보가 보호되면서 동시에 정보들이 활용될 수 있는 법적 환경 마련
- 식별자를 삭제한 개인정보의 경우 목적 외의 이용과 제3자 제공에 있어서 본인의 동의가 불필요하거나 사후 동의하는 방식으로 개정해 투명성 및 예측 가능성 제고
- 구글이나 아마존, 페이스북은 비식별 데이터 거래를 통해 많은 데이터를 확보하고 활용해 수준 높은 시스템 구축. 이러한 다른 국가 상황을 고려하면서 규제 정책 논의

소프트웨어 제값 주고 사기
- 빅데이터와 알고리즘 기술은 결국 소프트웨어 산업의 영역
- 소프트웨어 기업이 이윤을 확보하면서 성장할 수 있는 산업적 기반 필요
- 기업의 직원 수와 관계없이 사용하는 '사이트 라이선스' 개념 등 기업용 소프트웨어 시장의 잘못된 관행 개선
- 공공기관의 저가 발주 등 소프트웨어 산업의 열악한 환경 개선

최고데이터책임자 신설

- 효율적인 데이터 관리를 위해 최고데이터책임자(CDO, Chief Data Officer 혹은 Chief Digital Officer) 역할 신설
- 최고데이터책임자는 기업과 기관이 보유하고 있는 데이터를 파악·분류하고 처리하며, 데이터의 잠재적인 가치를 실현해 이를 성공적으로 활용할 수 있도록 컨트롤타워 역할
- 데이터 활용과 관련해서도 사일로 효과라고 불리기도 하는 부처 간 장벽 해소

공공데이터 개방과 활용 확대

- 공공데이터는 실시간으로 갱신되어 상호운용성이 높은 오픈 응용 프로그래밍 인터페이스API가 적고 재가공해 사용해야 하는 문서형태(HWP·DOC·XLS 등)가 대부분임
- 공공데이터 개방·활용을 위해 오픈 API 형태의 공공데이터 확대
- 수요를 중심으로 공공데이터 개방
- 민간의 연계 활용 지원

빅데이터 기술 연구

- 데이터의 수집부터 정제, 전달에 이르는 기술적 노하우 축적 시급
- 빅데이터 기술 연구가 핵심이라는 인식 아래 기술 연구 환경을 조성해야 함

미래 국가경쟁력의
촉매가 될
인공지능

──────────── 4차 산업혁명의 특징은 빅데이터를 바탕으로 인간의 인지 능력을 뛰어넘는 초지능성을 구현하는 것이다. 이를 위해 가장 중요한 것은 하루에도 수없이 쏟아지는 정보를 효과적으로 구축하고, 이를 이용한 학습을 통해 주어진 문제를 해결하는 인공지능 기술이다.

인공지능을 재조명하다

인공지능이라는 용어가 처음 등장한 1956년 이래, 인공지능 연구는 관심기와 침체기가 반복되는 부침을 거듭해왔다. 인간의 상상은 공상과학소설이나 영화로 끝없이 이어졌지만, 현실은 이를 따라가지 못했다.

이처럼 인공지능이 새로운 개념이나 기술이 아님에도 불구하고 최근 들어 다시 재조명되는 이유는, 바로 딥러닝이라고 불리는 심층 신경망 학습 기법과 이를 가능하게 만든 하드웨어의 발전 및 대용량 데이터 때문이다.

신경망을 기반으로 한 인식 기술은 1990년대 후반부터 꾸준히 연구되었으나, 작은 영상(예를 들어, 32×32픽셀 크기)의 필기체 문자를 인식하기 위한 신경망을 학습하는 데만도 2~3일이 소요되어 실제 적용이 어려웠다. 그러나 최근 병렬 처리에 매우 뛰어난 성능을 보이는 그래픽 처리 장치인 GPU에서 급속한 발전이 이뤄졌고, 가격 하락으로 단시간 내 대용량 데이터 학습이 가능해졌다. 이를 바탕으로 신경망 계층을 더욱 깊이 만들 수 있게 되어 복잡한 영상 및 음성 인식 성능이 비약적으로 향상되었다. 또 다양한 분야에서 지속적으로 대용량 데이터가 발생하고 이를 구축 및 유지, 보수하는 기술이 발전해 인공지능 기술의 활용도가 더욱 확대되고 있다.

인공지능의 활용 현황

페이스북은 2013년에 심층 신경망 학습 기술을 기반으로 얼굴 인식 성능을 인간 수준의 97% 이상으로 끌어 올려 관련 업계에서 화제를 모았다. 최근에는 그 성능이 99%에 육박하는 것으로 학계에 보고되었다. 이와 같은 심층 신경망 학습 기술로 인해 기존에 구현이 어려웠던 많은 기술들의 실현 가능성이 커지자 산업계에서는 이를 이용한 다양한 신사업 시도가 이어지고 있다. 특히 인공지능 기술은 자율주행으로 대표

되는 무인 이동체 산업, 고성능 진단을 기반으로 한 의료 산업, 생체인식 기술 및 로봇 기반의 개인 서비스, 유통 산업에서 획기적으로 변화를 일으킬 것으로 전망된다.

자율주행 · 무인 이동체 분야

자율주행에서의 핵심은 다양한 센서로부터 획득한 정보를 해석해 주어진 장면을 이해하는 기술이라고 할 수 있는데, 이는 심층 신경망 학습을 통해 가능하다. 자율주행 기술은 자율화된 수준에 따라 크게 5단계(Level 0~4)로 나뉘는데, 한국은 차선 유지 등의 적응형 자율주행이 가능한 2단계 수준에 와 있고, 테슬라는 위급한 경우 운전자가 개입하는 3단계 수준의 자율주행 상용화를 준비하고 있다. 또 구글의 자율주행차 부문 자회사인 웨이모는 애리조나주 피닉스에서 완전 자율주행 기술(Level 4)을 이용한 차량 호출을 시험 중이다. 인텔도 운전자 지원 시스템 분야에서 독보적 기업인 모빌아이를 17조 원에 인수하는 등 시장 선점에 노력을 쏟고 있다.

특히 자율주행차 R&D 전문가들이 가장 많이 이용하는 키티와 같이 라이다LiDAR 센서와 일반 카메라로 촬영한 대용량 영상 데이터를 무상으로 제공하는 곳이 많아지면서 단일 영상만을 이용한 3차원 깊이 지도 생성 등 다양한 솔루션이 개발되고 있다. 현대자동차도 빅데이터를 이용한 커넥티드 카 개발을 위해 대역폭 확대 등 관련 R&D에 투자하고 있다. 이는 자율주행차뿐 아니라 드론 등 다양한 무인 이동체에 폭넓게 적용되어 일상 생활에도 많은 변화를 가져올 것으로 예측된다.

의료 산업

IBM의 인공지능 왓슨은 암 영상에 대한 대용량 학습을 통해 국내 가천대학교 길병원에서 진단을 수행하고 있으며 이에 대한 환자의 만족도가 매우 높다. 이에 많은 주요 병원들이 앞다퉈 인공지능 기술을 도입하는데 힘쓰고 있으며, 관련 스타트업 기업도 활발히 생겨나고 있다.

국내 스타트업 루닛과 부노는 엑스레이 영상부터 병리학 영상까지 다양한 의료 영상에 대한 학습을 바탕으로 암이나 종양 같은 병변 영역을 확률 지도로 표시해주는 시스템을 개발했다. 최근에는 저화질 엑스레이 영상을 기반으로 치아 관련 질병을 판단하는 알고리즘 개발에도 많은 기업이 연구를 진행하고 있다.

인공지능과 다양한 서비스의 융합

아마존의 음성인식 스피커 에코는 '알렉사'라고 하는 음성인식 인공지능 플랫폼을 탑재한 것으로, 사용자의 음성 명령을 끊임없이 학습하고 인식 성능을 꾸준히 향상시키고 있다. 포드는 싱크3 차량 운행 시스템에 알렉사를 탑재해 사용자가 음성 명령만으로 해당 기능을 사용할 수 있게 했으며, 현대자동차 또한 차량 원격 제어 서비스인 블루링크 시스템에 알렉사를 적용하고 있다. 음성인식 기반 스피커 제품은 스마트홈 시나리오에서도 허브 역할을 할 것으로 기대되며, LG전자에서 이미 스마트 냉장고에 알렉사를 탑재했다.

아마존은 2015년부터 알렉사 SDK(Software Development Kit, 소프트웨어 개발 키트)를 공개함으로써 서드파티가 개발한 연동 앱을 1만 개 이상 확보하는 등 관련 생태계를 선점하는 전략을 가장 먼저 수립했다. 이후 애플의 시리, 구글의 구글 어시스턴트, 마이크로소프트의 코타나 등 음성인식 인공지능 플랫폼이 공개되면서 경쟁이 심화되고 있다. 국내에서도 SK텔레콤이 누구, KT가 기가지니, 네이버가 클로바, 카카오가 카카오미니 등 인공지능 스피커를 출시하면서 경쟁에 합류하고 있다. 앞으로 이 분야는 음성인식 성능, 자연어 처리 능력, 대화의 품질(인간의 의도 인식, 에피소드 기억 활용 기술 등) 경쟁으로 발전하며 선택과 도태가 이루어질 것으로 보인다.

인공지능 산업 생태계 조성의 선두주자인 아마존은 더 나아가 무인 마트 아마존고를 선보였다. 아마존고는 시범 운영을 거쳐 2018년 미국 시애틀에서 1호점을 연 이래, 시카고, 샌프란시스코 등지에서 매장 수를 늘려가고 있다. 오프라인 매장인 아마존고는 스마트폰 앱을 통해 회원가입을 한 이용자가 계산대에서 줄 설 필요 없이 상품을 골라 매장을 나서면 자동 센서 인식으로 결제가 처리되는, 계산대 없는 마트다. 아마존은 또 홀푸드를 약 15조 원에 인수해 무인 마트 사업에 박차를 가하고 있다.

주요 국가들은 어떻게 대응하고 있나

인공지능 기술로 인해 산업 전 분야에서 많은 변화가 예상되는 만큼 국가별 대응 방안도 다양하다.

미국

인공지능 원천 기술 확보를 위해 2013년 백악관을 중심으로 정부 차원에서 '브레인 이니셔티브 정책'을 수립하고 인간의 뇌를 중심으로 체계적인 인공지능 기술 개발을 추진하고 있다. 이를 위해 대통령 산하 과학기술정책국Office of Science and Technology Policy은 향후 10년 동안 30억 달러 규모로 예산 투자를 확대하고 기술 개발과 산업화를 동시에 진행하고 있다. 이 예산은 기초 연구에 주로 투자되고 나머지는 디바이스 연구, 뇌 이미지 분석을 위한 초미니 현미경과 시스템 개발, 뇌 시뮬레이션과 같은 IT 분야 연구에 투입되고 있다.

일본

인공지능의 발전 가능성과 사회에 미치는 영향을 종합적으로 분석하고 국제 경쟁력 강화 대책 마련을 위해 2015년 연구회를 출범시켰다. 이 연구회에는 뇌 정보통신, 사회 지知 해석, 혁신적 네트워크, 인공지능, 인지심리학 분야 등 공학을 비롯해 다양한 영역의 전문가가 참여한다. 또 인공지능 R&D를 기반으로 한 실용화와 기초 연구 간의 선순환을 위해 2015년 인공지능연구센터를 설립했다. 일본의 인공지능 R&D 투자는 연간 7,500만 달러 규모로 미국에 열세를 보여왔지만, 2016년부터 예산을 확대하고 본격적으로 관련 기술 개발에 참여하고 있다. 또한, 정부가 주도하는 통합혁신전략추진회를 통해 매년 인공지능 인재 25만 명 육성 등의 'AI 종합 전략'을 시행하고 있다.

유럽

뇌에 대한 종합적인 연구를 통해 인간 행동의 근원에 대한 이해와 뇌 관련 질환의 치료법 획득, 혁신적인 ICT 기술 개발 등이 가능할 것으로 예측한다. 향후 신기술 분야를 주도하기 위해 ICT 기반의 뇌 연구를 주요한 전략 분야로 선정하고, 이를 위한 R&D 플랫폼 구축을 위해 '인간

뇌 연구 프로젝트HBP, Human Brain Project'를 추진하고 있다. HBP는 신경과학, 의학, 애플리케이션 개발, ICT 플랫폼 개발, 수학적인 모델 개발, 데이터 생성 등으로 구성되어 있다. 인간 두뇌의 인지 형태 기반의 지식처리를 위한 HBP는 10년간 약 10억 유로를 투입해 데이터와 지식의통합을 구현하고 뇌에 대한 이해, 뇌 질병에 대한 치료 방법 개발 및 뇌의 운동을 모사하는 프로그램 기술을 준비할 것으로 알려졌다.

중국

급격히 성장하고 있는 자국 IT기업(바이두, 알리바바, 텐센트 등)을 중심으로 인공지능 전문가를 적극적으로 영입하고 있으며, 인공지능 기술에서 가장 중요한 학습 데이터 축적을 위해 체계적인 시스템을 구축하고있다. 특히 중국 정부는 2016년부터 인공지능 연구 프로젝트인 '차이나 브레인China Brain'을 통해 범국가적 지원 아래 인공지능 개발을 추진하면서 인공지능 최강국을 목표로 하고 있다. 이 프로젝트는 국립 연구기관과 기업에 산재한 연구를 통합 관리하면서 효율적인 시스템을 구축하는 것 등을 포함한다. 이와 같은 노력으로 중국은 2017년 인공지능관련 기업 수와 지식재산권 수 기준으로 미국에 이어 세계 2대 강국으로 발돋움하였다.

우리의 대응 전략과 방향

4차 산업혁명은 인공지능 기술로 인해 점점 우리 일상 생활의 일부분으로 다가오고 있다. 그러나 국내 대비 상황은 아직 부족한 부분이 많다. 인공지능 분야에서 뒤처지지 않기 위해서는 신속한 대응이 이어져야 한다.

양질의 데이터 구축 및 관리

- 심층 신경망의 인식 성능 제고를 위해 양질의 데이터를 수집하고 가공하는 기술 필요
- 각 분야에서 발생하는 빅데이터 서버 구축 및 유지, 보수 기술 필요
- 각 분야의 핵심 주체가 영상, 음성, 신호 패턴 등의 정보를 통합적으로 축적하고 관리하는 것이 중요
- 데이터 수집, 빅데이터 처리, 클라우드 컴퓨팅 등 단계별 지원체제 확립으로 인공지능 기술의 효과 극대화
- 정부 차원에서 대용량의 표준 데이터베이스 확보 및 고성능 컴퓨팅 자원 체계 구축
- 고가의 슈퍼컴퓨터를 보유할 수 없는 중소·중견기업에 저렴한 비용으로 인공지능을 개발할 수 있는 여건 제공

소프트웨어 및 빅데이터에 대한 인식 개선

- 정해진 사양에 맞춰 생산하는 제조업과 달리 소프트웨어의 알고리즘 정립에는 많은 시간이 투입된다는 것에 대한 이해 필요
- 대용량 데이터 구축과 학습에 많은 시간이 소요되므로 개발 과정을 이해하고 개발을 장려하는 분위기 조성
- 대용량 데이터를 효과적으로 수집하고 이를 정해진 규격에 맞게 가공, 유지 및 보수하는 작업은 알고리즘 개발 못지않게 매우 중요하기 때문에 이에 대한 인식 개선 필요

- 스마트폰 외에 의료, 가전, 전자장비 등 인공지능 기술이 적용될 수 있는 분야 확산

문제 해결력을 갖춘 인재 양성

- 소프트웨어 기술과 데이터를 분석하는 기술에 대한 체계적 교육
- 한 가지 기술에 대한 특화된 능력보다는 필요한 기술을 적절히 활용할 수 있도록 소프트웨어 구조 설계와 오픈소스 활용 능력 배양
- 주어진 문제를 효과적으로 해결하는 방법을 생각해내기 위해서는 단순 암기에서 벗어나 관련 배경 지식을 기반으로 절차를 수립하는 과정이 중요. 따라서 이러한 절차를 수립하기 위한 수단으로 사용되는 프로그래밍(코딩) 교육이 필수

장기적인 로드맵 구축

- 재생산성을 증대하기 위해 개발 결과를 공유하는 관련 생태계 조성
- 각 분야의 빅데이터를 효과적으로 구축 및 공유해 다양한 솔루션이 확산될 수 있는 시스템 필요
- 인공지능 관련 산업의 확산은 기존 일자리 감소, 윤리적 문제 등 사회적으로 많은 갈등을 유발할 것이므로 다양한 이슈를 고려해 미래를 설계하는 전략 병행
- 교육을 통해 인공지능 기술에 대한 막연한 두려움을 해소하는 한편, 제도 마련으로 사회적 부작용 최소화

진화하는
블록체인의
분권적 기술 시스템

──────────── 비트코인 등 암호화폐의 가치 등락이 현실 세계의 주요 관심 사항이라면, 디지털 공간에서는 블록체인 기반의 신경제 생태계 개발이 활발하다. 2025년쯤에는 블록체인 기반의 자산이 GDP의 10% 정도를 차지할 것이라는 예상도 있다. 따라서 기존의 경제 생태계와 다른 새로운 디지털 경제의 안착을 위해서는 산업계는 물론 이용자와 정부 등 생태계 구성원들의 건전한 이해와 수용이 필요하다.

블록체인의 특성과 기술 경쟁

블록체인은 안전하고 정의로운 디지털 경제를 구축하는 데 최적의 대안으로 인식되지만, 아직은 일부 서비스가 제공됨에도 불구하고 개발 단계에 머물러 있다. 비트코인 등장 이후, 이더리움, 리플 등 다양한 암호화폐들이 출시되면서 분산원장, 암호통화 지갑, 합의 알고리즘, 영지식 증명Zero Knowledge Proof 등의 블록체인 기술이 진화하는 상황이다.

블록체인의 기술적 방식

일반적인 블록체인은 거래 정보를 기록한 원장ledger을 모든 구성원node이 각자 분산 보관하는 방식이다. 새로운 거래가 발생할 때 암호방식으로 장부를 똑같이 업데이트하기에 개념적으로는 익명성과 보안성이 강력한 디지털 공공장부 또는 분산원장distributed ledger이라 말할 수 있다. 금융 자산 거래 시 이용자가 현금, 유가증권, 지식재산 등을 주고받는 모든 행위 과정에서 중앙 기관의 인증 및 승인을 통해 이루어진다.

반면에 블록체인은 중앙은행이나 관리 기관 없이 다수의 참여자(채굴자, 검증자, 거래자)가 보고 있는 가운데 P2P 기반의 분산 구조에서 거래가 이루어진다. 비트코인이 나오기 이전에는 P2P에서 구동되는 분권적 금융 거래 시스템이 불가능했는데, 그 이유는 신뢰성을 담보하는 중앙 기관 없이는 이중지불을 방지하거나 장부의 무결성을 유지할 수 없었기 때문이다. 그러나 블록체인의 작업증명Proof of Work 방식과 분산장부 기술 등으로 문제를 해결해 이제는 안전한 거래를 실현할 수 있게 되었다.

블록체인의 기술적 구분

블록체인은 기본적으로 누구나 참여할 수 있는 구조이지만 다양한 지식재산 거래의 효율성을 위해 암호·합의 알고리즘 기술이 업그레이드된 혼합형(하이브리드·반허가) 블록체인도 증가하는 추세다. 블록체인 종류는 합의성, 익명성, 불역성, 확장성 정도에 따라 구분되고, 거버넌스

| 표 2 | 블록체인 기술의 구분

구분		합의성 Consensus	익명성 Anonymity	불역성 Immutability	확장성 Scalability
공공	무허가형	PoW	높음	높음	낮음
	허가형	PoS	높음	보통	보통
	무허가형	FBA	보통	보통	보통
사설	허가형	PBFT	낮음	낮음	높음

• PoW(Proof of Work), PoS(Proof of Stake), FBA(Federated Byzantine Agreement), PBFT(Practical Byzantine Fault Tolerance)

주체에 따른 공공 및 사설 블록체인, 증명자·이용자의 참여에 따른 무허가형 및 허가형으로 나뉘지만, 실제로는 활용 형태에 따라 매우 다양하게 나타나고 있다. 특히 합의 알고리즘의 경우, 작업증명 방식과 지분증명 방식이 널리 적용되었으나, 탈중앙화, 거버넌스, 전력 소모, 처리 속도, 보안의 이유로 이를 변형시킨 DPoS(Delegated Proof of Stake), PBFT(Practical Byzantine Fault Tolerance) 등의 방식이 계속 개발되고 있다. 이밖에 ZNP(Zero Knowledge Proof) 이용도 늘고 있다.

블록체인 기술의 특징과 한계

기술적 측면에서 보면 블록체인은 컴퓨터 프로그램의 암호 기술을 이용해 설계한 블록에 다양한 정보를 담아 체인처럼 연결한 것이다. 비트코인은 이를 실제 구현한 대표적인 사례다. 비트코인은 안전한 해시 알고리즘SHA, Secure Hash Algorithm 중의 하나인 SHA256[53] 방식으로 다수의 참여자가 작업증명을 통해 블록체인을 만든 것이다. 이를 암호화폐라 부르며, 새로운 블록이 생성될 때마다 보상(12.5BTC)이 주어진다. 한편 블록체인상의 거래란 특정 정보의 입력과 출력을 말하며, 주소를 통해 이동하는 형태로 구성된다. 개별 거래를 구별하기 위해 TXID(Transaction ID) 또는 TxHash를 부여하고 거래 시 발행되는 해시값을 통해 송수신 주소, 수량, 시간 등을 확인할 수 있다. 그리고 UTXO(Unspent Transaction Output)란 자신에게 보내진 거래 출력 중에 아직 다른 지갑에 전송되지 않은 미사용 데이터 구조를 말하며, 블록체인 지갑 주소에서 잔액의 개념이다.

합의 알고리즘 방식이 블록체인의 성격과 용도를 규정하기 때문에 어떤 형식을 띠고 있는지에 따라 장단점도 달라진다. 블록체인의 합의 알고리즘은 무허가형인 PoW에서 출발했지만, 채굴 전력 소모와 담합 가능성의 문제점이 발생해 현재는 PoS와 대표자에게 합의 권한을 위임하는 DPoS 등으로 관심이 집중되고 있다. 최근에는 양자컴퓨터의 해킹을 방지하는 양자 해시 암호Quantum Hash Cryptography 기술이 등장하고 있다.

블록체인 미래전략

포브스 기술위원회는[54] 기후 변화, 빈곤, 투표, 건강 관리 등 사회 문제 해결을 위한 기술로 블록체인을 대안으로 제시하며 초신뢰 사회 구축에 매우 적합한 기술로 평가하고 있다. 특히 블록체인으로 초신뢰를 구축할 수 있는 분야는 개인정보 유출, 저작권 침해, 포털·소셜미디어 불신, 원산지 변조, 금융 비용 부담, 미터링 불편, 자산 관리 불안, 투표·세금 조작 등 여덟가지로 요약되며, 그에 따른 문제 정의, 해결 방안, 문제

| 표 3 | 블록체인 합의 알고리즘의 특징과 한계

구분	특징	한계
PoW (BTC, ETH 등)	• 탈중앙화를 반영해 민주주의 실현 • 누구나 참여, 각 노드의 연산 능력으로 증명하고 새로운 블록을 생성 • 이더리움은 Casper PoS+PBFT 도입 예정	• 거래 처리 속도가 느리고 참여 노드의 연산 능력 보유에 따라 중앙화 가능 • 개별 노드 연산 능력 증명을 통해 컴퓨팅 자원의 전력 소모 과다
PoS (QTUM 등)	• 소유 지분량에 비례하여 블록 생성 권한을 부여받을 확률을 높이는 방식 • 지분증명에 고가의 하드웨어 칩이 필요하지 않고, 전기 에너지도 절약	• PoW 전력소모 단점을 보완했지만, 지분량에 의한 중앙화 우려(소수 지배) • 보유 지분에 비례한 보상으로 '부익부 빈익빈' 초래 가능
DPoS (EOS 등)	• PoS 방식에서 투표를 통해 대리인을 선출하고 선출된 소수 대리인에게 블록 생성 권한을 부여 • 빠른 합의 속도와 낮은 거래 비용	• 위임받은 대리인이 공개되기 때문에 해커들의 공격에 노출되어 보안 위협 • 지분을 위임받은 대리인들의 수가 제한되어 탈중앙화에 한계
OPoS (ADA 등)	• PoS 문제점인 그라인딩 공격(Grinding Attack)을 방어하기 위해 코인토싱(coin tossing) 프로토콜을 사용해 합의 • 지분 독점을 막기 위해 랜덤성 추가	• 랜덤성으로 인해 블록 생성 주기가 불확실하고 다소 느린 전송 속도 • 하드웨어 보안 모듈인 HSM(SGX 등)을 사용하므로 업체의 의존적 구조
PBFT (NEO, IBM 등)	• 비잔틴 노드(악의적 노드)가 어느 정도 존재해도 다수결에 의해 합의 가능 • 의사결정이 완료된 뒤에 블록을 생성, 최종 확정성과 성능 문제 해결	• 노드 증가에 따라 통신량이 증대해 성능 감소, 수십 개의 노드가 한계 • 노드 수가 늘어나면 복잡도가 증가해 확장성 및 합의성 도출 어려움
Tendermint (DPoS+PBFT)	• 가장 지분이 많은 n(101)개 노드 간의 투표로 새 블록을 합의하여 생성 • 미리 정해진 순서대로 새 블록 제안 • 노드 보유지분에 비례한 투표권한 행사	• 블록체인 노드가 예측 가능해 특정 대상 공격에 취약한 구조 • 모든 노드가 합의에 참여하기 때문에 과다한 통신 비용 발생
PoET (EdenChain 등)	• 신뢰할 수 있는 보안 모듈을 기반으로 블록을 생성하는 리더를 랜덤으로 선정 • 다수의 노드가 참여하고 보안 명령을 사용하여 안정성과 무작위성 확보	• 인텔의 독점적인 시스템을 활용해 중앙화 우려 및 신속 대응 한계 • 합의 알고리즘을 전적으로 인텔의 보안 모듈인 SGX의 CPU에 의존

해결 연구개발, 영향 및 효과는 〈그림 8〉과 같다.

또 블록체인 개발을 성공적으로 추진하기 위해서는 국가의 중장기적인 로드맵이 필요하다. 입법, 사법, 행정부 및 산업계가 머리를 맞대고 수요자 중심의 정책을 수립하는 게 급선무다. 우수 스타트업을 발굴·지원하기 위한 공공펀드를 확충해야 하며 강력한 세제 지원 등의 정책이 필요하다. 그러나 정부와 공공기관의 역할에는 한계가 있으므로 민간 산업체 주도의 경제 생태계가 조성되어야 한다. 분야별 실천 과제를 정리하면 다음과 같다.

지속적인 R&D 추진

- 디지털 콘텐츠의 저작권 보호를 위한 블록체인 인증 플랫폼·앱 개발
- IoT와 연계한 원산지 증명 시스템 및 인식 장치 개발
- 블록체인 기반의 초신뢰 플랫폼 및 서비스 개발
- 블록체인 기반의 공공 부문 전자문서 유통 관리 시스템 개발
- 가치 산정에 기반한 블록체인 디지털 자산 거래 시스템 개발
- 블록체인 기술을 적용한 국세 징수 시스템 및 암호 인증 개발
- 부정선거를 방지하는 선거 투표 시스템 및 결과 분석 툴 개발
- 개인정보 보호가 강화된 블록체인 기반의 자율 미터링 플랫폼 개발
- P2P 기반의 분산장부 금융(은행, 주식 등) 거래 시스템 솔루션 개발
- 핀테크 및 암호화폐와 연계한 디지털 거래용 K-암호화폐 개발

법제도 개선

- 암호화폐 기능에 대한 법적 위상 정립

| 그림 8 | 블록체인 초신뢰 사회 문제 정의, 해결 방안과 R&D 영향 및 효과

블록체인 활용

| 암호화폐 분야 Crytocurrencies |
| 공공 보안 분야 Public-Security |
| 산업 응용 분야 Industrial-Applications |
| 거래 결제 분야 Transaction & Payments |

블록체인 특성

| 확장성 |
| 불변성 |
| 익명성 |
| 합의성 |

사회 문제 정의 / 해결 방안 / 문제 해결 R&D : ICT : 블록체인

문제 분야	초신뢰 사회 문제 정의	법·제도	문화·복지	ICT R&D	네트워크	단말기기	SW서비스	블록체인
❶ 개인정보 유출	개인 민감 정보 유출	●	●	●	★★	★★	★★★	★★
❷ 저작권 침해	글, 사진, 음악, 영상 등	●	○	●	★	★	★★★	★★★
❸ 포털·소셜미디어 불신	어뷰징, 허위 댓글 등	●	○	●	★★	★★	★★★	★★★
❹ 원산지 위조변조	생산지, 날짜, 장소 등	●	○	●	★	★	★★	★★
❺ 금융비용 부담	거래, 송금, 결제 등	●	●	●	★	★	★	★★
❻ 미래일 불명	전기, 가스, 수도 검침 등	○	●	●	★★	★★	★★★	★★★
❼ 자산 관리 불안	산업 금융, 자산 인증 등	●	○	●	★★	★★	★★★	★★
❽ 투표, 세금 조작	투표 조작, 세금 포탈 등	●	●	●	★★	★	★★	★★★

BLOCK CHAIN

사이버 분야 / 영향 및 효과 : 블록체인

사이버 분야	블록체인 영향 및 효과
❶ 개인정보 유출	개인정보 보호, 유출 금지
❷ 저작권 침해	디지털 가치, 권리 강화
❸ 포털·소셜미디어 불신	어뷰징, 허위, 가짜 근절
❹ 원산지 위조변조	신뢰 거래, 안전한 유통
❺ 금융비용 부담	수수료 절감, 편리한 금융
❻ 미래일 불명	검침 정확, 자산 관리
❼ 자산관리 불안	산업 확인, 자산 안전
❽ 투표, 세금 조작	공정 투표, 세수 확대

문제 해결 R&D : 블록체인

	암호리즘	플랫폼	콘텐츠	서비스
A. 블록체인 시스템 개발	★★	★★	★★★	★★
B. 암호리즘 플랫폼 개발	★	★	★★★	★★★
C. 콘텐츠 서비스 개발	★★	★	★★★	★★★
D. 블록체인 ICT 융복합 개발	★★	★★	★★★	★★
E. 블록체인 초융합적 연구	★	★★	★★	★★★

- 암호화폐 사용·거래에 대한 조세 및 수수료 부과 제도 도입과 법제도 마련
- 전자증권 제도 실행을 위한 블록체인 기술 적용 규정 마련
- 블록체인 금융 거래 사고 분쟁 조정 체계 수립

인프라 구축

- 중앙 기관 없는 P2P 기반의 공공 블록체인 금융 인프라 구축
- 글로벌 유통의 암호화폐 거래소 및 공용 플랫폼 구축
- IaaS-PaaS-BaaS-SaaS 연계 거래 인증 시스템 구축
- 분야별 블록체인 표준화 및 협업 환경 구축

인력 양성

- 블록체인 기술, 암호화폐 채굴, 거래 인증 분야 전문 인력 양성
- 디지털 포렌식 기반의 암호화폐 불법 거래 탐지 수사관 양성
- 블록체인 기반의 비즈니스 모델 및 사회관계 컨설팅 인력 양성

다가오는
인간 친화적
자율주행차 시대

─────────────── 이제 자동차는 단순한 이동 수단이 아니다. 스스로 주변 환경을 인지해 운전자의 안전 주행을 지원하고, 나아가 이동 공간이 아니라 생활 공간 또는 사무 공간으로서도 활용될 전망이다. 궁극적으로 운전자의 조작 없이 자동차가 스스로 안전한 경로로 주행하고, 탑승자에게는 인프라나 다른 사물과 연결된 환경을 제공해줄 '인간 친화적 자동차 시대'가 다가오고 있다. 바로 자율주행차 시대로의 전환이다. 다만, 장밋빛 기술적 가능성을 현실화하기 위해서는 여러 안전성 문제를 해결하고 사회적 논의가 전제되어야 한다.

자율주행차의 기술 개발 동향

대다수 교통 사고가 사람의 실수로 발생하는 데 반해, 자율주행차는 차량의 첨단 센서를 통해 교통 상황을 인지하고 내장 컴퓨터가 빠른 속도로 위험을 감지하며 스스로 주행을 제어함으로써 교통 사고를 방지한다.

자율주행차는 기술 개발 수준과 사회적 수용에 따라 자동화 단계를 분류할 수 있는데, 미국 도로교통안전국은 운전자의 주행 조작 개입 정도에 따라 5단계(레벨 0~4)로 구분한다. 현재 레벨 3 수준의 자율주행이 기술적으로 가능하며, 5G의 상용화는 완전 자율주행을 가능하게 할 것으로 기대되고 있다. 그러나 기술적 한계만이 아니라 인프라 구축과 사고 발생 시 법적 책임이나 보험 문제 등 풀어야 할 과제가 산적해 있다.

그럼에도 불구하고, 보스턴 컨설팅 그룹, ABI리서치, 네비건트 리서치 등의 발표에 따르면 2025년을 기점으로 부분자율 주행 수준의 자율주행차 시장이 확장될 전망이다. 자율주행차 시장 확대 전망에 맞춰 폭스바겐, GM, 토요타, 현대자동차 등 기존 자동차 업체들은 자율주행차 개발에 박차를 가하고 있다. 자동차업체뿐만 아니라 구글, 애플, 엔비디아, 우버 등 IT 기업들도 자율주행차와 자율주행 기반 모빌리티 서비스 개발에 한창이다. 국내서도 자동차 업체뿐 아니라 이동통신 업체, IT 기업, 무인 시스템 전문 기업 등이 자율주행차 개발을 진행하고 있으며, 자율주행 기술의 주도권을 두고 업체 간 경쟁이 치열해지고 있다.

자율주행과 자율협력주행

'Autonomous(혹은 Automated) Vehicle'이라 불리는 자율주행차는

기본적으로 차량의 환경 센서로 상황을 인지하며 스스로 주행한다. 다만, 자율주행차의 환경 센서에는 전방에 장애물이나 센서의 시야를 벗어난 상황을 인지하지 못한다는 한계가 있다. 즉, 센서는 사람의 눈과 같아서 보이지 않는 것은 보지 못한다. 이러한 환경 센서 기반 자율주행 기술의 한계를 극복하고 V2X(vehicle-to-everything) 무선통신 기술 및 정밀도로지도 등을 이용해 자율주행차가 직접 탐지하지 못하는 상황에 대한 정보와 도로교통 인프라 정보를 공유하는 '자율협력주행'이 최근 주목받고 있다. 이에 따라 자율주행차의 눈과 귀의 역할을 하는 환경 센서뿐만 아니라 자율주행에 적합한 수준의 고속·저지연 차량 무선통신 기술과 도로교통 정보를 디지털화한 정밀도로지도에 대한 연구가 활발히 진행되고 있다.

자율주행 셔틀 및 상용차

승용차 위주의 자율주행차 외에 자율주행 셔틀과 같은 대중교통 차량과 자율주행 트럭에 대한 연구도 마찬가지로 원활히 진행되고 있다. 유럽에서는 시티모빌CityMobil과 같은 실증 프로젝트를 통해 나브야, 이지

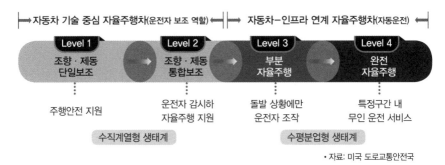

| 그림 9 | 자율주행차의 자동화 레벨

┣━→자동차 기술 중심 자율주행차(운전자 보조 역할)←┫┣━→자동차-인프라 연계 자율주행차(자동운전)←┫

| Level 1 | Level 2 | Level 3 | Level 4 |
| 조향·제동 단일보조 | 조향·제동 통합보조 | 부분 자율주행 | 완전 자율주행 |

주행안전 지원 · 운전자 감시하 자율주행 지원 · 돌발 상황에만 운전자 조작 · 특정구간 내 무인 운전 서비스

수직계열형 생태계 · 수평분업형 생태계

• 자료: 미국 도로교통안전국

마일, 로보소프트 등 자율주행 셔틀 개발 스타트업을 지원하고, 자율주행 셔틀의 상용화 기반을 마련하고 있다. 실제 프랑스 리옹과 네덜란드 로테르담, 그리스 트리칼라 등지에서는 자율주행 셔틀을 운영하고 있다. 자율주행 트럭은 기술적 측면에서 제동 거리 및 차량 환경 센서의 탐지 거리가 훨씬 길어야 하는 어려움이 있지만, 물류 비용 절감(인건비 및 에너지 비용 절감) 효과를 통해 수익성을 개선시켜준다. 이에 따라 다임러, 스카니아 등의 자동차 업체들과 오토 같은 물류 기업들이 자율주행 트럭 개발에 투자를 확대하고 있다.

안전한 자율주행 시대를 위한 미래전략

자율주행차 및 자율주행 기술 기반 모빌리티 서비스에 대한 기대가 높아지고 있고, 자율주행차의 상용화를 위한 투자가 확대되고 있음에도 자율주행차의 안전성에 대한 우려가 꾸준히 제기되고 있다. 자율주행차와 관련된 사고도 끊임없이 보고된다. 이에 기대만큼이나 안전에 대한 불안도 커지고 있다. 가령, 2017년에 개봉한 영화 〈분노의 질주: 더 익스트림〉을 보면, 테러 조직이 주인공을 잡기 위해 도시 내 자율주행차들을 해킹해 원격으로 조종하는 장면이 나온다. 비록 영화 속 한 장면이지만, 자율주행 시대에 발생할 수 있는 안전과 보안의 문제를 그대로 보여준다. 이러한 사이버 보안 문제를 비롯해 안전한 자율주행 시대를 위한 미래전략 과제를 살펴보고자 한다.

디지털 도로교통 인프라 구축

- 자율주행차의 인식 범위는 약 200미터에 불과, 따라서 자율주행차의 센서로 인지할 수 없는 상황을 인지하기 위해서는 인프라에서 검지한 정보를 공유하는 디지털 도로교통 인프라 필요
- 차량과 차량, 차량과 인프라, 차량과 보행자 등 도로 교통 객체 간 정보 공유를 가능케 하는 차량 무선통신 기술과 노드, 링크, 곡률, 구배 등 도로 선형 정보와 차선, 노면 정보, 표지 정보, 시설물 정보, 기상 정보 등이 포함된 정밀도로지도 등이 대표적 디지털 인프라 시스템
- 정밀도로지도는 실시간으로 변환하는 도로 상태 정보 및 교통 정보, 돌발 상황 등이 포함된 동적지도의 형태로 활용 가능
- 도심보다 교통 상황이 단순한 고속도로를 시작으로 디지털 인프라를 확대 구축
- SOC 예산을 디지털 인프라 구축에 투입하는 등의 재원 조달 방안 마련

고속 · 저지연 차량 무선 통신 기술의 확보

- 차량 무선 통신 기술은 차량과 차량, 차량과 인프라, 차량과 보행자 등을 연결해 위험 상황을 미리 공유하고 안전을 확보하는 디지털 인프라의 핵심 기술
- 차량 무선 통신 기술은 5.9기가헤르츠 극초단파의 근거리 전용 통신 기술을 고도화한 WAVE(Wireless Access in Vehicular Environment) 통신을 주로 사용해 첨단 교통 체계에서의 주요 안전 서비스 지원
- 정보 전달을 넘어 자율주행차가 서로 일정한 간격을 유지하며 운행

하는 군집주행과 차량이 서로 충돌 없이 교차하도록 차량을 관제하는 등의 차세대 첨단 교통 체계를 지원하기 위해서는 현재 상용화된 차량 전용 무선 통신 기술의 혁신 필요

- WAVE 중심의 차량 전용 통신망과 이동통신 사업자의 V2X망(Cellular V2X, C-V2X)이 전국의 모든 도로망에 구축되기 힘든 현실을 고려해 연구개발이 이뤄지고 있는 연동통신 기술Hybrid V2X의 개발 가속화
- 차세대 차량 무선 통신 기술의 상용화를 위해 정부와 이동통신 사업자의 투자가 확보되어야 하므로, 기술 신뢰성뿐만 아니라 자율주행 서비스의 공공성과 수익성을 모두 담보하는 기술 생태계 마련 및 비즈니스 모델 개발

자율주행차 테스트 시설 확보

- 기본적인 성능 시험과 실도로에서 발생 가능한 안전 시나리오 테스트 필요
- 미국 미시간주립대학교에 2015년 구축된 M-City는 약 4만 평 규모(약 8킬로미터 주행로)로, 신호 및 비신호 교차로, 접근 제한 고속도로, 주차 공간, 지하도, 빌딩 면 등을 갖추고 있고 대학, 연구기관, 기업 등이 포함된 회원사들이 정기 멤버십을 통해 활용하고 있음
- 영국에 호리바 마이라 자율주행차 주행 시험장이 있으며, 차량의 성능 및 안전성, 편의성 등의 종합적인 평가를 위해 약 104만 평 규모로 운영됨
- 한국교통안전공단 자동차안전연구원에 마련된 K-City는 대표적인 국내 자율주행차 주행 시험장 및 실험시설로 고속주행 도로, 도심

부 도로, 교외 도로, 커뮤니티 부도로, 자율주차 시설 등을 구비. 이 밖에 현대모비스, 자동차부품연구원, 한국건설기술연구원에서 다양한 목적의 주행 시험장 운영. 그러나 종합적이고 다양한 도로교통 환경에서 자율주행차를 테스트하기 위해서는 지속적인 시설 개선 및 테스트 시설의 확대 필요

- 자율주행 기술은 승용차 외에도 대중교통 차량과 트럭 같은 상용차에도 빠르게 적용되고 있으므로, 차체 크기와 주행 특성이 다른 대중교통 차량과 상용차를 모두 실험할 수 있는 규모의 실험 환경 구축
- 대중교통 차량과 상용차의 테스트를 위해서는 충분한 최소 평면 곡선 반지름이 적용된 곡선 구간과 함께 충분한 길이의 직선 주행 구간 필요
- 자율주행차는 차량의 환경 센서뿐만 아니라 첨단 인프라로부터 수집된 정보를 활용할 수 있어야 하므로, 실험 시설 초기 구축부터 ICT와 빅데이터, 인공지능 등의 기술을 융복합한 실험이 가능하도록 디지털 인프라를 구축

복잡한 도로 환경 개선과 도로 시설의 유지 관리

- 안전성을 담보하기 위해서는 자율주행차의 환경 센서 성능 향상과 자율주행 인공지능 알고리즘의 개발뿐만 아니라 복잡한 교통 환경의 개선 및 도로 시설 유지 관리와 같은 기존 도로 환경 개선 노력 병행
- 모호하고 예측 불가능한 도로 상황은 자율주행 판단 시스템의 구현을 방해하는 최대 요소임. 따라서 복잡한 도로교통 환경을 단순화하고 표준화하는 노력과 함께 도로교통 시설이 훼손되었을 경우 이

를 정밀도로지도에 즉각적으로 반영하거나 훼손된 시설을 신속히 복구하는 등의 관리 체계 확립

법제도 정비

- 자율주행차 관련법은 자동차 분야, 도로교통 분야, 개인정보 보호 분야로 구분하여 정비
- 자동차 분야에서는 자율주행차의 정의와 분류, 운행과 허가, 안전 기준 등 검토
- 도로교통 분야에서는 자율주행차의 상용화 시대를 대비해 도로 부속 시설의 안전 설치 기준, 운전자의 면허, 운전의무, 도로교통 규칙 등에 대한 검토 필요
- 개인정보 보호 분야에서는 개인정보의 이용과 허용 범위 등에 관한 법체계 정리
- 자율주행차 사고 발생 시 책임 소재에 대한 부분과 자율주행차 기반 서비스 제공 시 사업자 면허 및 관리 부분 등 기계가 운전하는 자동차라는 새로운 패러다임에 맞춘 법제도 마련

사이버 보안을 위한 기술적 · 정책적 준비

- 차량의 제어 신호를 공격자가 원하는 신호로 위조해 원하는 대로 움직이게 하거나, 센서 정보를 막아 교통 상황 인지를 불가능하게 하는 해킹 위험 존재
- 자율주행 기술 수준이 높은 차량일수록 사람보다 시스템의 역할이 커지고, 이는 곧 해킹의 위험도 커질 수 있음을 의미
- 주행 중 창문이 열리고 백미러가 접히거나 오디오 볼륨이 높아지는

등 주행 외의 기능에 대한 해킹 위험과 불편함 증대. 즉, 자율주행차의 사이버 보안 문제는 주행 및 편의 기능을 포함한 전 영역에 해당

- 해킹 방지 보안 기능에 대한 차량의 안전 기준 제정
- 해킹을 대비한 차량 제조사의 책임 문제와 공격자의 처벌 문제 정립
- 차량 해킹 시 차량의 사이버 보안 및 복구 기능 탑재 등의 정책적 준비 병행

첨단 기술의
꿈을 실은
드론

—————————— 아마존은 자율주행 드론으로 소포를 배달하고, 우버는 드론을 이용해 햄버거를 배달한다. 이 모두 꿈이 아니라 현실이다. 처음에는 군사용 목적으로 등장한 드론이, 최근 비약적으로 발전하며 활용 영역을 넓혀가고 있다. 특히 초소형 컴퓨터, 정밀 센서, 경량 리튬 배터리, 고성능 모터 등 첨단 IT 기술의 혁신과 더불어 드론의 성능과 활용도도 계속해서 커지고 있다.

드론 개발, 어디에서 어디로 가는가

무인항공기는 1차 세계대전이 한창이던 1910년대에 관련 연구가 시작되었으며, 1918년 미국에서 폭탄을 탑재한 일회용 무인 비행기 '케터링 버그'를 개발한 것이 드론 개발의 시초가 되었다. 1982년 이스라엘과 레바논 전쟁에서 군사용 드론이 본격적으로 사용되면서 드론 기술 개발이 적극적으로 추진되었다. 하지만 일상에 드론이 활발히 보급된 것은 2010년대부터인데, 이는 IT 기술에 힘입은 바 크다.

드론은 카메라, 센서, 통신 시스템 등이 탑재돼 있으며 무선 전파로 조종되는 무인항공기UAV, Unmanned Aerial Vehicle다. 사전에 입력된 프로그램에 따라 무선전파 유도로 비행 조종이 가능한 비행기나 헬리콥터 모양의 무인기를 총칭한다. 비행 가능한 플랫폼에 자동 비행을 가능하게 하는 비행 제어 장치가 부착되어 탑재된 카메라 등을 통해 다양한 임무를 수행할 수 있다.

벌이 웅웅거리듯 소리를 낸다고 하여 '드론'이라고 불리는 이것은 기체뿐만 아니라 지상 조종 장비, 통신 장비 등이 하나의 체계로 어우러진다는 관점에 따라 무인항공 시스템UAS, Unmanned Aircraft System이라고 불리기도 한다. 무인항공 시스템은 조종사가 없이 자율비행이 가능한 무인항공기와 원격에서 조종사가 반드시 조종해야 하는 무인항공기로 나뉘는데, 조종사가 없는 자율 무인항공기의 경우 법적인 책임 소재에 대한 논란 등이 있어 유엔 산하 국제민간항공기구International Civil Aviation Organization에서는 원격 조종 항공 시스템Remotely Piloted Aircraft System에 한해서 국제 비행을 허용한다.

드론의 확산

초창기 드론은 군사용으로 개발되어 공군의 미사일 폭격 연습 대상으로 쓰였는데, 점차 정찰기와 공격기로 용도가 확장되었다. 이런 군사용 드론은 항공기처럼 고정 형태의 날개를 가지고 있으며, 그 크기도 경량

항공기부터 대형 항공기에 이르기까지 다양하다. 최근에는 전기 모터와 배터리 등의 성능 향상 및 경량화에 힘입어 다수의 프로펠러로 구동되는 멀티콥터형 소형 드론이 개발되었다. 이에 따라 DHL, 아마존, 구글 등 민간 글로벌 기업들이 상업적으로 다양한 분야에서 이를 활용한다.

농업용으로는 살충제 및 비료 살포뿐 아니라 원격 농장 관리 등에 활용된다. 정보통신용으로는 여러 개의 드론을 이용해 무선으로 인터넷을 중계relay한 다음, 인터넷이 안 되는 지역에 인터넷 서비스를 제공하는 기술이 개발되고 있다. 재해 관측용으로는 지리적 한계나 안전상의 이유로 가지 못했던 장소에 드론을 자유롭게 접근시키고, 태풍 등 기상 변화와 환경 오염의 정도를 실시간 감시하며, 고속도로 운행 상황 확인 등 교통상황 관측에도 활용이 확대되고 있다.[55] 군사용 드론 시장은 미국의 군수 기업들(보잉, 제너럴 아토믹스, 록히드 마틴 등)이 장악하고 있다. 취미 소비자용 드론 시장은 중국의 DJI가 약 70%에 달하는 시장 점유율을 기록하고 있다.

한편 국가 정책 차원에서 '드론 시대'를 선언한 미국의 행보도 눈여겨 볼 부분이다. 2016년 미국 백악관의 과학기술정책실은 무인항공 시스템을 차세대 국가 전략 기술로 추진하겠다며 드론 관련 규제 완화 정책을 밝힌 바 있다. 여기에는 미연방항공청의 드론 규정을 개선하는 것도 포함된다. 이를테면 ①'가시권 내 비행'에서 '비가시권 비행'으로 완화하고, ②'한 명의 조종사가 한 대의 드론 운영'에서 '수백 대의 드론 운영'으로 확대하며, ③'사람 위를 날지 말 것'에서 '사람 위를 날아도 됨'으로, ④현행 고도 122미터를 전 공역으로 대폭 확대하여, 드론의 공역을 국가 공역 시스템National Airspace System으로 통합하는 것 등이 포함돼 있다. 하지만 소형 무인항공기에 대한 미연방항공청의 규정인 Part

107에는 아직 이와 같은 내용이 담겨 있지 않다. 미국 국제무인기협회는 향후 상업용 드론은 2025년까지 미국경제에 820억 달러의 경제 효과를 내고 약 10만 개의 일자리를 창출할 것으로 예상했다.[56]

글로벌 드론 특허 분석을 통한 기술 동향 예측

2012년부터 2016년 사이 미국 특허청에 등록된 드론, 무인항공기, 혹은 무인 항공 시스템 관련 글로벌 특허 130건에 대한 분석[57]은 앞으로의 기술적 동향을 예측할 수 있는 근거자료다.

이에 따르면 글로벌 드론 특허들은 ①사전에 비행 구역을 비행하면서 드론에 탑재된 GPS, 관성측정, 레이더, 라이다, 카메라, 마이크로폰, 초음파 등 센서들이 수집한 선행 정밀 지도와 선행 사물 데이터의 스마트 데이터와, 이를 바탕으로 실제 비행하면서 센서들이 실시간으로 수집한 지도와 데이터를 인공지능 센서 융합 알고리즘을 통해 비교 분석하여 충돌을 피하면서 경로를 따라 안전하게 비행하는 것, ②드론 사고가 났을 경우, 테러범이 납치했는지 인공지능 자율비행 장치가 판단을 잘못 내렸는지 시시비비를 따지기 위한 인공지능 블랙박스를 개발하는 것, ③15~30미터의 GPS 오차를 줄이기 위해 다른 센서들을 이용하거나, 배송 목적지를 정확히 찾아내는 것, ④드론 시대에 대비해 드론이 날 수 있는 도로 위의 회랑 등 도시 인프라가 새롭게 디자인되어야 한다는 것에 집중되어 있다.

기업별 특허 등록 건수를 보면, 중국의 DJI가 전체의 25%를 차지하고 있으며, 뒤를 이어 구글이 전체의 12%를 점유하고, 그 뒤를 이어 디즈니, IBM, 아마존 등이 올라 있다.

이러한 기술들은 몇 가지 특징을 내포하고 있는데, 그중 하나는 다양한 융합 활용이다. 예를 들어 중국 DJI가 2016년 미국의 특허청에 제출한 '주인 차량 주위 환경을 모니터링하기 위해 차량 위에서 이착륙이 가능한 드론 도킹 시스템과 방법'이라는 특허출원서는 배송과 모니터링을 위해 한 조가 되는 드론과 자동차의 융합 모습을 보여준다. 미국의 배송 전문업체 UPS가 하이브리드 전기차 트럭과 드론을 연동해 화물을 운반하는 테스트를 했다고 보도[58]된 것도 이러한 융합 서비스 사례에 속한다. 한편, DJI는 R&D를 통한 스피드 혁신으로 무인기 제조 기술, 비행안전, 무선통신, 제어 시스템 등 민간 드론 방면에서 독보적 기술력을 확보하고 있다. 또 관련 글로벌 특허 출원 개수만도 1,500건 이상이고, 실제 특허 보유 개수도 400여 건에 달하는 것으로 알려져 있다.

국내 현황

우리나라의 경우 국방과학연구소 등을 중심으로 1980년대부터 무인 항공기를 개발하고 있다. 또 항공우주연구원에서도 틸트로터tilt-rotor 항공기를 자체 기술로 개발하는 등 중대형 무인항공기의 경우 세계 7위 수준이라는 평가를 받은 바 있다. 하지만 2010년대부터 본격적으로 시작된 소형 무인기 분야에서는 중국에 열세를 면치 못하는 것이 현실이다.

사실 드론 관련 기술은 우리가 중국보다 앞서 있었지만, 국가가 주도적으로 개발한 기술을 민간이 활용해 산업화할 수 있는 환경이 마련되지 못하면서 기술 경쟁력에서도 밀리고 시장 주도권도 빼앗기게 되었다. 지난 2018년 평창동계올림픽 개막식을 빛냈던 1,218대의 드론 군집비행은 인텔이 담당했다. 우리나라도 2016년 같은 기술을 개발했지만, 각종 규제에 상용화가 더뎌진 탓에 경쟁에 밀렸기 때문이다.

정부는 물론 국내 드론업계를 육성하기 위해 수요 창출과 R&D 투자를 확대하고 관련 인력을 양성하는 등 다양한 지원 정책을 펴고 있다. 국토교통부는 드론 산업 육성을 위해 수도권인 경기 화성을 시범 공역에 추가했다. 드론 시범 공역에서는 고도 제한이나 비가시권 비행 제한과 같은 규제를 적용받지 않고 드론 비즈니스 모델 실증을 할 수 있다. 활용 비즈니스 주요 분야를 꼽자면, 물품 수송, 산림 보호 및 산림 재해 감시, 시설물 안전 진단, 국토 조사 및 민생 순찰, 해안선 및 접경 지역 관리, 통신망 활용 무인기 제어, 촬영, 레저 스포츠, 광고 등이다.[59] 한편, 드론특별자유화구역, 드론 강소기업, 드론 첨단 기술 지정 등 혁신적인 드론 생태계 조성 근거 마련을 위한 '드론산업 육성 및 지원에 관한 법률안'이 2019년 4월 국회 본회의를 통과하기도 했다. 그 밖에도 5G 상용화와 더불어 상업용 드론 시장의 수요가 더 커질 것으로 전망된다.

전 세계 드론 개발 동향과 우리의 전략

이제 어떤 기술 하나만을 따로 떼어 개발하는 시대는 지났다. 융합의 시대가 도래하였기 때문이다. 드론과 자동차가 융합되고 드론과 로봇이 융합되고 있으며, 여기에 자율주행차 전용 도로가 보급되면 로봇이 물건을 자율주행차에 싣고 자율주행차가 옮기면 마지막으로 드론이 그것을 최종 배송지로 배달하는 시대가 올 것이다. 좀 더 진화한 형태의 드론인 개인형 항공기PAV, Personal Air Vehicle가 개발되면 현재의 교통 체계는 전면적으로 바뀔 가능성도 있다.

드론 산업 생태계 육성

- 드론 관련 규제를 부분 완화 차원에서 전면 완화 수준으로 확대
- 농업, 물류, 관측 분야에 주로 제한된 드론 산업의 범위를 확대하기 위해 기술 창업 활성화
- 기술 아이디어의 축적과 교류의 장 구축
- 창의적 아이디어 제시와 기술 창업, 인수합병의 선순환 여건 마련
- 규제 완화나 연구 지원과 같은 단편적 지원 정책을 넘어 상상력을 펼 수 있는 연구 환경부터 미래 도시 설계까지 다차원적 접근 필요

드론이 상용화되는 미래 도시의 인프라 디자인

- 드론이 날 수 있는 도로 인프라와 공중회랑 인프라 디자인
- 가로등, 교통신호등, 전봇대, 디스플레이 모니터, 빌딩, 교량 등을 활용하는 방안을 포함, 드론과의 통신을 위한 커뮤니케이션 스테이션 구축
- 아마존이 2016년 특허 등록한 '기존의 기지국·가로등·전선주·건물을 이용한 드론 도킹·관제 시스템과 차세대 우체통'을 비롯해 '공중 물류센터'를 활용한 낙하산 배송 등의 아이디어 이해 필요
- 비행하는 드론에 도로의 상태, 도로 주변의 빌딩, 확정된 회랑경로, 비행 금지 지역, 임시 착륙 지역, 도시 주민들에게 공급하는 각종 택배를 풀고 싸는 패키지 허브 지역, 드론의 고도 정보, 가로등의 고도 정보, 빌딩의 고도 정보 등 다양한 정보를 제공하는 방안 마련

디지털 어시스턴트로 활용 확대

- 미국의 스카이디오Skydio는 2015년 드론을 '하늘을 나는 디지털 어

시스턴트Flying Digital Assistant'라고 표현함

- 공간적으로 하늘 위뿐 아니라 수중, 지하, 인체로의 활용 방안 및 기술 개발
- 현재 활용 시도가 가장 많은 농업이나 물류뿐 아니라 다른 산업 분야로도 활용 확대
- 제품 성능, 소프트웨어, 사용자 인터페이스 등 다각도로 기술 개발
- 융합적 관점에서 소비자의 달라진 트렌드나 요구사항을 반영한 제품 개발

드론 상용화가 가져올 문제에 대한 선제적 대응

- 비약적으로 증가할 사생활 침해 문제 예측 및 대비
- 무분별한 촬영 등 악용 사례 예측 및 방지책 강구
- 화학물질이나 소형폭탄 운반 등의 사회적·국가적 테러 위협 대비
- 여러 나라에서 개발되고 있는 드론 대응용 방어 솔루션 참조
- 드론 사고를 예방하는 안전 체계 구축 및 관리 감독 시스템 마련

지능형 교통 체계
스마트 모빌리티

──────────── 교통 부문에서도 인공지능, 클라우드, IoT 등 기술의 융복합을 통해 교통 체계의 효율성과 안전성 및 이용 편의성을 높이려는 다양한 시도가 이루어지고 있다.

특히 기후 변화와 고령화 등 사회 환경 변화에 대응하는 데 있어서 지속 가능한 교통 정책은 스마트 모빌리티로 모아지고 있다. 스마트 모빌리티 체계 안에서는 ICT 기반의 '차량-모바일의 융합 서비스'가 기본적으로 도로 네트워크 인프라와 무선통신 시스템으로 연결되기 때문에 차량, 교통 시설, 그리고 이용자 간의 연계가 가능해진다. 스마트 모빌리티가 자율주행 교통 체계, 전기차 교통 체계 그리고 통합 교통 체계를 토대로 한 이용자 중심의 맞춤형 교통 서비스라면, 스마트시티는 이런 교통 인프라가 실제로 구현되는 도시 모델이라고 할 수 있다.

스마트 모빌리티란 무엇인가

스마트 모빌리티를 구현하는 차량-ICT 네트워크는 정보 기술로 차량, 도로, 사람을 상호연계함으로써 똑똑하고, 편리하며, 친환경적인 교통 서비스를 제공한다. 기존 지능형 교통 체계Intelligent Transport Systems와는 달리 교통 수요자에 최적화된 교통 정보 서비스라고 할 수 있다.

이 네트워크에서는 단거리 전용 통신, 광대역 통신 등의 무선통신 기술, DMB 등 디지털 방송 기술을 통해 이용자-차량-도로 간 정보를 상호 유기적으로 연계하여 교통 이용자가 목적지까지 최적의 경로로 도착할 수 있도록 하는 스마트 통행 계획Smart Trip Planner을 제공하는 것이 가능하다. 스마트 통행 계획은 모든 교통수단을 실시간으로 연계하는 정보를 제공해 자가운전을 가급적 줄이고 대중교통이나 자전거를 이용하게 하거나 걷게 하는 통행 비서 역할을 할 수 있다.

차량-ICT 네트워크를 구성하는 요소는 크게 인프라, 차량, 정보센터, 정보 단말기다. 이렇게 연결된 유기적 관계는 곧 인간을 중심으로 결합된다. 교통정보연계센터에서는 복합 교통 수단과 통행자의 정보를 연계·통합해 교통 정보를 제공하는 것뿐만 아니라 도시의 탄소 배출 상황을 모니터링하며 실시간으로 도시의 수요 관리를 지원하게 된다.

최근 유럽에서 널리 퍼지고 있는 마스MaaS, Mobility as a Service로 대변되는 모빌리티 통합 서비스의 개념이 바로 스마트 모빌리티에 속한다. 예를 든다면 핀란드 벤처기업 마스 글로벌이 출시한 앱 '윔whim'이 신개념 모빌리티 서비스를 세계 최초로 적용한 사례다. 이 앱은 버스, 기차와 같은 대중교통은 물론 택시, 렌터카, 공유차량, 자전거까지 조합해 가장 저렴한 가격에 목적지까지 신속하게 도착할 수 있는 수단을 제공한다.

일본에서는 자동차 기업 토요타가 가장 적극적으로 마스를 도입하고 있다. 스마트폰 앱 '마이 루트my route'를 출시해 대중교통, 자가용, 렌터카, 자전거 등을 묶어 하나의 서비스로 제공한다. 토요타는 또한 소프트뱅크와 제휴를 맺고 합작회사 모네 테크놀로지를 설립해 마스 사업을 본격적으로 추진하고 있다.

기존 대중교통으로는 원하는 시간에 출발지부터 목적지까지 '도어 투 도어Door to Door'로의 이동성이 보장되지 못하므로 자가용의 선호도가 높을 수밖에 없었다. 그러나 앞으로 공유 교통 시스템이 스마트 모빌리티 서비스에 통합되면 기존 대중교통으로 연결할 수 없던 라스트마일까지 연계되므로 자가용 이용만큼의 편리성을 얻게 된다. 또 개인 차량의 이용이나 비효율적인 차량 이용이 줄어 대기 오염 같은 사회적인 문제 해결에도 큰 도움이 될 것이다. 더 나아가 승용차의 수요 감소는 도로의 효율성을 높여 대중교통 흐름을 더 원활하게 하는 등 사회적인 비용을 낮추며, 여분의 주차 공간을 다른 용도로 활용할 수 있게 되어 도시 인프라 사용을 통한 부가가치도 높아질 것이다.

스마트 모빌리티 구현을 위한 기술적 요건

스마트 모빌리티를 구현하기 위해서는 차량과 도로, 차량과 차량 그리고 차량과 네트워크가 유기적으로 정보를 연계하도록 하는 디지털 인프라가 구축되어야 한다. V2X 통신 방식은 와이파이 기반의 근거리 전용 무선통신 방식과 이동통신 기술 기반의 C-V2X 방식으로 나뉜다.

이때 차량은 주행 중 통신 지연 없이 정보를 주고받을 수 있어야 하고, 통신의 안정성뿐 아니라 신뢰성과 보안성도 뒷받침되어야 한다. 따라서 통신망과 노변기지국 등의 시설 구축, 차량 전용 단말기 보급 문제를 해결해야 하고, 보안 문제에도 대비해야 한다. 또 이동통신사 간 정보 연계나, 빅데이터 운영 관련 이해당사자 간 권한 조정, 모빌리티 사용으로 발생하는 통신요금 부과에 대한 차량 제작사 및 이용자와의 비용 문제 협의, 개인정보 보호 관련 법과 규제도 선제적으로 해결해야 할 문제다.

기존 인프라의 혁신도 필요하다. 도로 등 사회 기반 인프라는 이제 ICT와 빅데이터, 인공지능 기술이 융복합되도록 디지털 인프라로 전환되어야 한다. 단기적으로는 도로의 기하 구조와 도로표지 개선 등 물리적 인프라를 고도화해야 한다. 이를 기반으로 도로의 정밀지도를 구축해 주행 중인 차량을 정확하게 추적하도록 측위 기술을 융합하고, 차세대 지능형 교통 체계를 적용하는 정보통신 시설을 확충하면 디지털 인프라가 완성되는 것이다.

중장기적으로는 교통 빅데이터 분석으로 교통 안전을 관제하는 논리적 인프라 기술을 확보해야 한다. 이렇게 해야 우리도 스마트 모빌리티를 선도하는 국가 대열에 올라설 수 있다.

미래의 3차원 교통 네트워크

전 세계적으로 도시화가 빠르게 진행되고 인구밀도도 높아져 초고층 빌딩이 급속도로 확산되었다. 도시의 구조는 수평적 기반에서 수직적 기반으로 전환되었다. 이렇게 도시가 수직형 구조로 전환되면 시민들의 수직적인 공간 이동이 가능하도록 교통 인프라가 바뀌어야 한다. 수직 기반의 3차원 공간 교통 네트워크는 현재의 도로, 철도 등 수평 교통 인프라 기반에 지하, 지상, 공중의 입체화된 인프라 및 교통 수단을 새로이 포함하는 것이다. 특히 자율주행차, 수직이착륙 차량, 개인형 항공기, 드론 차량 등 새로운 교통수단들이 입체화된 공간에서 이동할 수 있도록 3D 교통 네트워크 기반의 인프라가 준비되어야 한다.

3D 교통 네트워크는 차량, 전자통신, 제어 시스템 등의 기술 발전 수준에 따라 다르게 나타날 것이다. 영화에서처럼 첨단 기술을 갖춘 모든 차량이 자체적으로 정적, 동적 장애물들을 피하면서 원하는 목적지까지 이동할 수 있다면, 이는 3차원 교통 네트워크의 궁극적인 모습이 될 것이다.

그러나 이를 구현하기 위해서는 단계적으로 모든 기술을 응용해야 하는데 그중 가장 중요한 것은 정보통신기술이다. 차량은 정보통신기술의 융합을 기반으로 차량과 차량 간의 연결, 차량과 교통 인프라 간의 연결이 가능하고, 지하-지상-공중을 모두 포함하는 3D 공간 구조의 인프라와 연계가 가능해야 한다. 수직·수평 수송 체계 기반의 3D 교통 네트워크에서는 기존의 고가도로나 케이블카 등 물리적인 인프라를 진공 튜브나 신개념의 교량, 터널 등으로 대체해야 한다. 이 경우 차량은 다양한 형태의 수직 이·착륙 차량으로 발전하거나 자기장 진공 튜브를 운행하는 무가선 모노레일 형태로 진화하며, 건물의 출발 지점과 도착 지점도 동적 수송에 따라 수직 또는 수평 이동이 가능하도록 운영될 것이다.

그러나 장기적으로는 이러한 구조물이 차량-ICT 및 인프라 융합 통신 네트워크 기반의 공간 구조로 바뀔 것으로 예측된다. 초고층 빌딩 간의 이동이 어떠한 형식으로 발전하게 될지는 아직 알 수 없지만, 도시의 공간 구조 변화에 따라 새로운 형태의 통행 수요가 발생할 것이고, 그러한 통행 수요에 맞추기 위한 새로운 교통 시스템이 필요해질 것은 분명하다. 즉, 지표면에 기반을 두지 않은 3차원 공간상의 교통 시스템이 등장할 것이기에 이에 대비해서 미래의 3D 교통 네트워크에 대한 논의도 시작해야 한다.

새로운
인증·보안 기술
생체인식의 부상

──────────── 지능정보 기술이 빠른 속도로 기존 산업과 서비스에 융합되고 있다. 이를 통해 우리는 더욱 편리한 환경에서 생활할 수 있지만, 지금보다 해킹이나 개인정보 유출의 위험에 더 많이 노출될 수도 있다. 이에 따라, 보안성과 편리성이 높은 생체인식 기술이 새로운 보안 기술의 대안으로 급부상하고 있다.

생체인식 기술과 보안

생체인식 기술은 자동화된 장치로 인간의 신체적, 행동적 특징을 추출해 개인을 식별하는 기술로, 바이오 인식 기술이나 바이오메트릭스라고 한다. 생체인식 기술은 센서로 획득할 수 있으며, 정량화가 쉽고, 사람마다 변하지 않는 고유한 생체 특성이 있다는 점에서 활용도가 높아질 것이다. 특히 신체 정보를 이용한 인식 방법은 분실이나 망각의 위험이 없고 쉽게 복제할 수 없어, 신분증이나 암호코드와 같은 기존의 인증 방식을 대체하는 차세대 보안 산업의 핵심 기술로 주목받고 있다.

생체인식 방식

생체인식은 신체적 특징을 활용하는 방식과 행동적 특징을 활용하는 방식으로 구분된다. 현재 생체인식 기술은 모바일 뱅킹, 전자상거래, 핀테크 분야에서 적극적으로 도입되고 있다. 공인인증서 의무 사용이 폐지되고, 보안성이 강화된 새로운 인증 수단이 필요한 상황에서 생체인식 기술이 주목받고 있다.

- 신체적 특징을 활용하는 방식으로는 각 개인의 얼굴 모양과 얼굴 열상을 이용하는 안면인식을 비롯해 홍채인식, 지문인식, 망막인식, 정맥인식, 손모양인식 등이 있음
- 행동적 특징을 활용하는 방식으로는 음성인식을 비롯해 걸음걸이나 서명 등을 이용함
- 최근에는 생체인식의 정확도와 보안 능력을 높이기 위해 신체적 특징과 행동적 특징을 복합적으로 접목한 다중 생체인식 방법을 활용하고 있음
- 향후 지문, 심전도, 심박수 등 다중 생체 신호 인증 플랫폼이 개발되면 웨어러블 디바이스를 통한 생체신호 측정이 차세대 인증 기술이 될 가능성이 큼

생체인식 기술 현황

생체인식 기반 인증 방식은 ID와 패스워드를 입력하지 않아도 되고, 공인인증서를 소유하지 않아도 된다는 점에서 편리하다. 또 사용자의 신체 정보를 사용하기 때문에 복제가 어려워 보안성이 높다는 장점이 있다. 특히 생체인식용 센서가 소형화되면서 활용 분야가 빠르게 증대되고 있다.

하지만 생체인식 기술은 보안 위협으로부터 아직 완벽하지는 않다. 해킹을 통한 신원 도용 등의 문제점이 야기되고 있기 때문이다. 이에 따라 미국 국립기술표준원은 2015년 생체 정보 위변조 방지를 위한 표준 기술을 제정했고, 국내에서는 한국인터넷진흥원과 한국바이오인식협의회를 중심으로 관련 기술에 대한 국가 표준을 제정했고 생체인식 위변조 방지 기술을 개발하고 있다.

새로운 인증 기술의 필요성과 생체인식

지금까지 국내에서 새로운 인증 수단이 도입되지 못했던 이유는 정부의 공인인증서 사용 의무화 등의 관련 법규 때문이었다. 그러나 2015년에 전자 금융 거래 시 공인인증서의 사용 의무가 폐지되었다. 공인인증서 사용 강제 근거 규정이 개정되었다. 또 비대면 실명 확인 방식이 허용되었고, 금융회사들은 금융 보안 수단을 자율적으로 결정할 수 있게되었다. 이에 따라 본인 인증, 거래 인증, 상호인증, 지급 결제 등에 다양한 인증 기술이 도입되고 있으며, 대표적인 예가 파이도FIDO, Fast Identity Online이다. 생체 인증은 보안성과 편리성을 동시에 갖는 장점이 있으나, 인증 과정에서 서버에 개인정보를 저장하는 서버형 운영 방식을 사용할 경우 해킹과 정보유출의 우려가 있다. 파이도는 지문, 홍채, 음성 등

| 표 4 | 생체인식 기술의 주요 활용처

활용 분야	세부 활용 분야	예시
보안 액세스 · 개인 인증	PC나 스마트폰 접근 권한	비밀번호를 대체한 본인 인증 수단. 아이폰의 FaceID 등
	모바일 결제	마스터카드의 셀피 페이는 모바일 사이트에서 신용카드로 결제할 때 얼굴 인식으로 본인 확인
	보안 분야의 출입 통제	지문, 홍채, 얼굴 인식 기술을 통한 출입 통제 및 근태 확인
	항공기 탑승	저가 항공사 젯블루는 탑승권의 대체 수단으로 얼굴 인식을 사용하는 실험을 진행. 탑승구에 셀프 탑승 단말을 마련해 승객의 얼굴과 여권 사진을 대조하는 방식
안전 보안	소매점	서점 등 소매 매장에서 절도를 방지하기 위한 목적으로 얼굴 인식 소프트웨어를 갖춘 방범 카메라 시스템 운용
	카지노	알려진 도박 사기범이나 범죄 조직원 등을 식별하기 위해 사용
	아파트	공동 현관에서 얼굴 인식 시스템으로 주민과 비주민을 식별하고, 개별 현관에서 거주자 확인
마케팅	전자간판	방문객의 성별과 연령대 등을 추정하여, 이에 따른 광고 제시. 향후 고객을 식별하고 구매 이력 및 기타 개인 정보 기반 타깃 광고
의료	기억 보조	스마트폰 기억 보조 앱을 통해 안면 실인증 환자 등에게 면회자의 성명 등을 알려주는 데 활용
	전자처방전	무인 시스템으로 환자 본인 인증 후, 전자 처방전 발급
	도박 의존증 치료	캐나다에서는 환자의 자가보고로 직접 등록한 얼굴 사진을 카지노에 제공한 후, 출입 통제

을 활용하는 생체 인증 시스템이면서, 인증 프로토콜과 인증 수단을 분리함으로써 보안을 강화하고 있다.

생체인식 기술의 시장 현황

전 세계 생체인식 기술의 시장 규모는 매년 큰 폭의 성장률을 보일 것이라는 전망에 이견이 없다. 마켓 리서치 퓨처의 2018년 보고서에 따르면, 생체인식 시스템 시장은 2023년까지 연평균 성장률 15% 수준으로, 약 330억 달러 규모로 커질 전망이다. IHS테크놀로지는 생체인식 기술 중 가장 널리 쓰이고 있는 지문인식 기술이 2015년 이후 출시된 스마트 기기 대부분에 탑재되면서 2020년에는 170억 달러 규모로 성장할 것으로 내다봤다. 2016년 한국과학기술정보연구원은 국내 생체인식 기술의 시장 규모가 전 세계적인 추세와 마찬가지로 매년 약 15%씩 성장할 것으로 전망했다.

생체인식 시스템 시장의 주요 업체로는 SA(프랑스), NEC Corporation (일본), Fujitsu Ltd.(일본), BIO Key International, Precise Biometrics AB(스웨덴), Secunet Security Networks AG(독일), Thales SA(프랑스), Aware, Inc.(미국), Cognitec Systems GmbH(독일), Cross Match Technologies(미국) 등이 있다.

생체인식 기술 확산 과제

개인정보 보호에 대한 요구가 커질수록 생체인식 기술은 금융, 의료, 보안, 공공 등 다양한 부문에서 활용될 것이다. 그러나 편리함과 안정성을 높이기 위해서는 아직 지속적인 기술 혁신과 대응 전략이 필요하다. 미국 샌프란시스코에서는 2019년 5월 시민들의 사생활과 프라이버시 침해 이슈로 출입국과 항만을 제외하고는 법 집행 기관에서 얼굴 인식 기술을 사용하지 못하게 하는 조례안을 통과시켰다. 생체인식 기술의 활용 범위가 급속도로 확대되면서 기술 남용 우려도 커지고 있음을 보여준다.

- 신체 상태(노화, 체중의 변화, 건강 상태 등)에 따라 달라질 수 있는 점을 고려한 생체 정보 인식 기술 개선
- 사용자 경험, 인지공학 등 관련 기술의 R&D를 통해 생체 정보 등록에 대한 사용자의 심리적 거부감 및 불안감 해소
- 생체 정보 보호를 위한 기술·정책적 제도 마련
- 생체 정보 외부 탈취 시 도용을 방지하는 강화된 암호화 기술 개발
- 센서, 소자, 보안, 소프트웨어, 통신 등 다른 기술과의 융복합
- 전후방 산업과의 연계. 즉 모바일 인증, 지문 자동 식별 시스템 등 전방 산업과 홈 네트워크, 텔레매틱스 등 후방 산업과의 연결
- 복합 인증을 통한 인식의 정확도 및 안정성 제고
- 정부의 연구 지원과 관련 법규 및 제도 정비
- 개인 프라이버시 침해에 대한 대응 전략 수립

3

환경 분야
미래전략
Environment

KAIST Future Strategy 2020

녹색 한반도를
설계하는
환경생태 전략

―――――――――― 4차 산업혁명 기술이 환경생태 분야에 본격적으로 도입될 경우 생물 다양성, 기후 변화, 생태계 서비스, 생태 복지 등에 매우 긍정적인 영향을 끼칠 것으로 기대된다. 이는 구체적으로 사전 예방적 환경 관리 가속화, 환경 정보 쌍방향 소통 및 협업 기반 확대 그리고 환경 산업 혁신을 통한 고부가가치 창출 등의 효과로 이어질 것이다. 환경생태 분야에서 고려해야 할 또 하나의 과제는 남북 협력이다. 남한의 환경생태뿐 아니라 녹색 한반도를 염두에 둔 장기적인 전략을 마련해야 하기 때문이다.

우리의 환경은 어떤 상황인가

환경생태 문제는 오염 물질의 배출에 따른 환경 오염과, 생물 자원의 무분별한 사용에 따른 생태 파괴 두 가지 방향에서 나타난다.

생물 다양성 감소 위기

생물 다양성이 중요한 이유는 많지만 무엇보다도 생태계는 에너지와 자원을 공급해준다. 또한 환경을 정화하고 조절해준다. 인간은 생물종 다양성을 이용해 생산품을 만들고 생태계 서비스를 받는다. 인간이 생태계로부터 받는 서비스를 크게 구분하자면 유지, 조정, 공급, 문화 네 가지다. 유지 서비스는 광합성에 의한 산소의 생산, 토양 형성, 영양 순환, 물 순환 등 모든 생물종의 존재에 필요한 환경을 형성하고 유지하는 것을 말한다. 조정 서비스는 홍수를 방지하는 것, 물을 정화하는 것 등 인간사회에 대한 환경의 영향을 완화하는 것을 말한다. 공급 서비스는 식량, 목재, 연료, 의복, 의약품 등 인간이 생태계에서 얻는 다양한 서비스를 지칭한다. 문화 서비스는 정신적인 충족, 미적인 즐거움, 사회 제도의 기반, 환경 학습의 기회 제공 등 생태계가 만들어내는 문화 및 정신적인 생활의 윤택함을 누리는 것을 의미한다.

우리나라에는 10만여 생물종이 있는 것으로 추산되며 이중 45,295종 (2015년 기준)을 관리하고 있다. 그런데 지난 30년간 1인당 녹지 면적은 25.2헥타르에서 17.3헥타르로 감소했다. 또 전국 산림의 0.8%(1991~2010), 갯벌의 22.6%(1987~2008)가 줄어들었다. 생물종의 서식지가 빠르게 사라진다는 얘기다. 산림 면적은 여의도 면적의 44배인 375제곱킬로미터가 줄었다(2003~2010). 생물의 이동 경로인 생태축이 단절된

곳도 987개나 된다. 생물의 이동이 원활하지 못하면 생물종 보존은 어려워진다.

생물 다양성 감소는 아쉬운 데서 끝나는 단순한 문제가 아니다. 국가적 측면에서는 생물 자원의 손실이자 인류 문명으로서는 생존 기반의 약화를 의미한다. 즉, 생태계 서비스와 같은 복합적인 기능의 훼손을 뜻한다. 그리고 생물 자원을 이용하는 경제 산업 활동이 심각한 타격을 받을 수도 있다.

기후 변화에 따른 생태계 변화

지금까지 육상 생물의 다양성 손실의 원인으로 산림 훼손이나 토지이용 변경 등이 지목되었으나, 앞으로 2050년까지 추가적인 생물 다양성 손실의 40% 이상은 기후 변화에서 기인할 것으로 전망된다. 지구 온난화로 인한 평균 기온 상승은 생물 서식지의 북상을 초래한다. 현재 우리나라 남해 지역도 아열대로 바뀌면서 어류와 해조류의 분포가 달라지고 있다. 제주 지역에서 잡히던 자리돔은 독도 지역에서 볼 수 있게 되었다. 한편 남해에서 볼 수 없었던 아열대 어종인 청새치, 귀상어, 노랑가오리를 이제 볼 수 있게 되었다. 기후 변화는 그 속도가 빨라서 생태계가 적응할 시간적 여유가 부족하기 때문에 생물 다양성 감소로 이어지게 된다.

반면 생물 다양성을 유지하면서 생태계의 복원력을 높이면 기후 변화 속도를 완화할 수도 있다. 지구 온난화의 원인 물질로는 이산화탄소가 56%, 메탄이 18%, 프레온가스가 13%, 오존이 7%, 질소산화물이 6% 비중을 차지하고 있다. 만일 산림 생태계를 충분히 복원시켜 이산화탄소가 광합성에 더 많이 쓰이도록 한다면 기후 변화 원인이 줄어드는 결과를 낳는다. 그리고 산업에서 배출하는 이산화탄소의 양을 줄이도록 친환경 기술을 개발, 보급하는 것도 효과적인 대응 방안이 될 것이다.

각국의 추진 전략

생물 다양성 감소에 대한 국제적 대응 방안으로 생물 다양성 협약이 있다. 생물 다양성 협약은 생물 다양성의 보전, 생물 다양성 구성 요소의 지속 가능한 이용, 유전자원으로부터 나는 이익의 공정하고 공평한 공유를 목표로 하며, 여기에는 194개 회원국이 가입되어 있다. 세계 각국은 생물 다양성에 대한 보호와 생명 연구 자원의 확보를 위해 적극적으로 전략을 추진하고 있다.

미국은 국가 바이오 경제 청사진 실현을 위해 생명 연구 자원 분야의 R&D를 강화하고 있다. 미국 국가과학기술위원회는 2014년 식물 게놈 계획을 발표했다. 이 계획은 1998년 이후 5년마다 수립되고 있으며, 식물 게놈의 체계와 기능에 대한 기초 지식을 배양하고 이러한 지식을 잠재적으로 경제적 가치가 있는 중요한 식물로 전환하기 위한 것이다.

유럽연합은 2011년 생물 다양성 전략을 수립해 2050년까지 생태계 서비스를 보존, 평가, 회복하는 비전을 제시했다. 여기에서는 생물 다양성 보호를 위한 관련 법안의 총체적 실현, 생태계 보호 및 녹색 인프라 사용 증대, 지속 가능한 농업 및 임업, 어류에 대한 체계적 관리, 외래종에 대한 엄격한 통제, 생물 다양성 보전을 위한 국제 활동 강화 등의 내용이 포함돼 있다.

일본은 국가 생물 자원 프로젝트와 '생물 다양성국가전략(2012~2020)'을 추진하고 있다. 국가 생물 자원 프로젝트는 세계적인 생명과학 연구 기반의 정비, 생물 자원의 수집, 보존, 제공과 기술 개발을 위한 프로그램 간 연계를 도모한다. 또 생물 다양성의 주류화, 사람과 자연의 관계 재구축, 숲-마을-강-바다의 연계, 과학 기반 정책 강화 등을 포함했다.

한편, 세계 각국에서는 생물 다양성에 경제적 개념을 접목한 프로그램을 운영하고 있는데, 대표적인 예로 '생물 다양성 오프셋'과 '생태계 서비스 지불 제도'가 있다. 생물 다양성 오프셋이란 어쩔 수 없이 생태계가 파괴되었을 경우 훼손 정도를 정량화해 이를 다른 곳에서 회복, 창출, 개선, 보전하는 방식으로서, 파괴를 상쇄시켜 생물 다양성의 손실을 막는 것이다. 생태계 서비스 지불 제도는 자발적인 계약에 근거해 특정 생태계 서비스 수혜자가 공급자에게 서비스 이용에 대한 일정액의 대가를 치르는 것을 말한다. 보이지 않는 자연의 가치를 시장 경제에서 수치화시켰다는 점에서 중요한 의미를 지닌다. 생태계 서비스가 이뤄지기 위해서는 서비스 구매자와 공급자의 존재, 서비스 수혜자와 공급자의 자발적인 매매, 서비스의 명확한 정의, 지속적인 서비스 공급의 보장이 필요하다. 이 제도는 1990년대 중반부터 도입되었고 세계적으로 300개 이상의 프로그램이 운영되고 있다.

환경생태 미래전략

전 지구적 기후 변화와 생물 다양성 감소에 따른 온실가스 증가의 상관관계에 대한 통찰을 통해 실효성 있는 접근이 필요하다.

생물 다양성 모니터링 및 사전 예방적 관리 시스템 구축

- 한반도의 자생 생물종 적극 발굴 및 DB 구축
- 한국생명공학연구원의 국가생명연구자원통합정보 시스템과 국가 적 차원에서의 생물 다양성 정보 공유 체계를 연계한 통합 시스템 구축
- 인간의 생산, 소비, 여가 활동이 생태계에 미치는 영향을 수치로 환 산한 지표인 생태 발자국을 작성해 생물 다양성 훼손 모니터링

생물 자원 보전과 생물 다양성 활용

- 자연환경 보호 지역 확대 및 규정 강화 등 적극적인 보호 정책 수립
- 멸종위기종 복원 사업뿐 아니라 생물 다양성 증진을 위한 서식처 복원 사업 본격화
- 기후 변화에 따라 유입되는 외래종에 대해 다양성 측면에서 긍정적 인 태도로 접근하여 새로운 활용 방안을 찾는 노력 병행
- 생물 다양성과 국가 생명 연구 자원 정보에 대한 통합 DB 구축과 해외 DB와의 연계를 통해 유전자원 접근 및 이익 공유 추진

생물 자원 관련 과학 기술 접목

- 바이오 시장에서 생물 자원의 확보는 매우 중요
- 생물 자원 이용에 대한 R&D와 다양한 생산품의 고부가가치화를 위한 기술 개발
- 유전자 변형 생물체Living Modified Organism 기술 개발이 바이오 경제 시대의 핵심 영역으로 부상하는 상황을 고려해 LMO 안전성 연구 와 이해 확대

통합적 정책 추진과 규제의 적절한 활용

- 부처별로 나뉘어 있는 생물 자원 보전 관리와 활용 정책을 통합·조정하는 제도적 장치 필요
- 중앙 정부와 지방 정부 간의 업무에서 일관되고 효율적인 거버넌스 체제 구축
- 정부, NGO, 민간기업, 대학의 정보 공유 및 다양한 이해관계자와의 논의 확대
- 경제적인 보상 등을 적절하게 활용해 환경생태 문제에 대한 시민 참여 유도

국제 협력 및 대응 체제 구축

- 인접 국가 간 협력을 강화하는 국제 생태 네트워크 개념 정립 및 활동
- 국제적 차원에서 생물 다양성 전략 수립과 집행에 필요한 기술정보 공유
- 생명 연구 자원 관리, 보전 시설 구축과 인력 양성 지원, 기술 교류, 노하우 이전 등 공적 개발 원조 사업 추진을 통해 개도국 자원의 공동 발굴 사업 참여

남북 협력을 통한 녹색 한반도 전략 마련

- 북한의 산림 복원과 이를 통한 남한의 온실가스 감축 등 녹색 한반도에 대한 인식 공유
- 수자원, 기상과 기후, 환경과 생태계 변화에 관한 정보 교환과 공동 연구
- 미세먼지를 비롯해 백두산 화산 활동과 같은 재해에 대응하는 자연

재해 공동 연구
- 임진강, 북한강 등 남북한이 공유하는 하천에서의 협력 증진. 기상, 수문 관측망 설치, 홍수 예보와 경보 시스템 구축, 농경지 정비 등 시범 사업 추진
- 에너지 안보의 관점에서 북한과의 재생 에너지 협력 추진
- 향후 북한 지역 개발이 본격화될 경우 전력 인프라 구축 필요. 따라서 동북아 슈퍼그리드의 구체화로 전력 연계
- 남북한, 나아가 동북아의 환경·경제 공동체 논의 및 구상 구체화

신기후 체제 속
저탄소사회로의 전환

──────── 2015년 타결된 파리협정은 기후 변화를 방치할 경우 국제 사회가 공멸할 수 있다는 위기의식의 산물이다. 1992년 브라질 리우데자네이루에서 기후 변화 협약이 채택되어 전 지구적 차원에서 온실가스 감축의 필요성을 공감한 이래, 1997년 교토의정서 채택을 통해 선진국 중심의 온실가스 감축 노력이 본격적으로 시작되었다. 23년 후 채택된 파리협정은 진정한 의미의 전 지구적 차원의 온실가스 감축 선언이다. 2020년에 만료되는 교토의정서를 대체할 파리협정은 전 세계가 신기후 체제에 돌입해야 함을 의미한다. 교토의정서가 선진국에만 적용되었다면 파리협정은 개도국에도 온실가스 감축 의무가 보편화된다는 점에서 차이가 있다. 기후 변화 대응 목표가 감축에서 적응으로 확대되며, 국가뿐 아니라 민간 부문의 참여를 유도하고, 국가와 지역 차원에서 이뤄지는 상향식 접근 방식으로 설계되었다는 측면에서

큰 의미가 있다.

온실가스 감축과 에너지 전환의 전 지구적 흐름

교토의정서 공약 기간인 2008년부터 2012년까지 선진국들의 온실가스 배출량 감축 목표는 초과 달성되었다. 그러나 IPCC의 〈제5차 기후변화보고서〉에 따르면, 2000년부터 2010년까지 전 세계 온실가스 배출량은 연평균 2.2%씩 증가해 1970년부터 2000년까지의 연평균 배출량 증가율 1.3%를 훨씬 초과했다. 이처럼 선진국들이 온실가스를 적극적으로 감축해왔음에도 불구하고 온실가스 총 배출량이 증가하는 원인은 중국, 인도, 브라질 등 이머징 국가들의 온실가스 배출량이 급증했기 때문이다. 1990년대에는 미국의 온실가스 배출량이 전체 배출량의 20% 이상을 차지했지만, 2000년대 중반 이후부터는 중국이 전 세계 온실가스 배출량의 20% 이상을 차지하고 있다.

인류가 감당할 수 있을 수준으로 온실가스를 감축하려면 선진국뿐만 아니라 개도국들도 온실가스 감축에 동참해야 한다는 공감대가 형성되었다. 그 결과 파리협정이 체결된 셈이다. 또 파리협정과 제21차 유엔 기후변화협약 당사국 총회 결정문에는 국가별로 현재 제시된 온실가스 감축 목표보다 강화된 감축 계획을 5년 단위로 제시하도록 했다.

신기후 체제의 의미

파리협정에 담긴 신기후체제의 의미를 정리해보면 다음과 같다. 첫째, 산업혁명 이전의 지구 평균온도 대비 2℃ 이내로 기온 상승을 억제하는 것보다 더 높은 수준인 1.5℃ 이내로 제한하도록 온실가스 농도를 안정화한다. 둘째, 2015년 제출된 국가별 온실가스 감축 기여 방안은 개별 국가의 온실가스 감축의 종착점이 아니라 출발점이다. 파리협정 결정문에서는 각국이 이미 제출한 온실가스 감축 목표를 대체하는 새로운 감축 목표를 2020년까지 자발적으로 제출하도록 권장하고 있다. 또 5년 단위로 더 강화된 온실가스 감축 목표를 제출하도록 요구한다. 따라서 각국은 2030년 온실가스 감축 목표보다 강화된 2040년, 2050년 그리고 그 이후의 온실가스 감축 목표안을 제출해야 하며 자체적으로 장기적인 온실가스 감축 경로를 준비해야 한다. 셋째, 온실가스 감축을 계속해서 강화해 에너지 효율 개선, 재생 에너지 대규모 확대 등과 같은 구조적 변화를 유도하면서 저탄소사회로의 전환을 추구한다.

우리나라의 온실가스 감축 로드맵

우리나라는 2015년에 온실가스 배출 전망치 대비 37% 감축 목표를 담은 2030년 온실가스 목표 배출량을 유엔기후변화협약 사무국에 제출했다. 그리고 2016년에 '2030년 국가 온실가스 감축 로드맵'을 발표했다. 그러나 국내외로부터 감축 의지가 약하다는 비판과 구체적인 감축 수단 제시가 미흡하다는 지적을 받았다. 이에 따라 로드맵 수정 작업이 진행되었으며, 2018년 '2030 국가 온실가스 감축 로드맵 수정안'이 확정되었다. 미세먼지 감축과 에너지 전환 정책을 반영하고, 국내 온실가스 감축 잠재량을 재평가하여 국가 온실가스 감축 목표 이행 가능성을 높이려 한 것이 수정안의 특징이다. 2015년에 발표한 배출량 목표는 그대로 유지하지만, 감축 목표의 3분의 1을 차지하는 국외 감축량 이행 방안이 불확실했던 만큼 이를 최소화하고 대신 국내 감축량을 늘려 보완했다.

　구체적으로 살펴보면, 전환 부문에서는 노후 석탄발전소 조기 폐쇄 등을 담은 '미세먼지 저감 종합대책(2017)'과 전력 수요 관리 강화 등을 담은 '제8차 전력수급계획(2017)'을 반영하되, 2020년 국가가 결정하는 감축 기여분 제출 전까지 에너지 세제 개편과 환경 급변 강화 등을 고려한 추가 감축 방안을 마련하기로 했다. 산업 부문에서는 에너지 이용 효율 제고 및 산업공정 개선, 친환경 원료와 연료로의 대체 등을 추진하되, 현재 업종별로 채택되고 있는 고효율 감축 기술, 온실가스 냉매 대체 같은 우수 사례를 2030년까지 해당 업종 전체로 확대한다는 내용을 반영했다. 건물 부문에서는 신축 건축물 허가 기준 강화, 기존 건축물의 그린 리모델링 활성화, 도시재생 연계 사업 모델 발굴 및 재생 에너지 확대를 고려했다. 수송 부문에서는 2030년까지 친환경차 보급을 확대, 자동차 연비 기준 강화와 선박 및 항공기 연료 효율 개선 등을 적용했다. 폐기물 부문에서는 폐기물 배출원별 감량화와 재활용 강화, 매립 최소화와 메탄가스 포집·자원화 등을 강화했다. 이를 기존 로드맵과 비교하면 〈표 5〉와 같다.

저탄소사회로의 전환

　국제에너지기구에서 매년 발간하는 〈세계 에너지 전망 보고서〉에 따르면, 2010년 이후 세계 에너지 시장에 급격한 구조적 변화가 나타나고 있다. 즉, 화석 연료에서 재생 에너지로 전환이 이루어지고 있다.

| 표 5 | 2030 국가 온실가스 감축 로드맵

(단위: 백만 톤, %)

부문		배출 전망 (BAU)	기존 로드맵		수정안	
			감축후 배출량 (감축량)	BAU 대비 감축률	감축후 배출량 (감축량)	BAU 대비 감축률
배출원 감축	산업	481.0	424.6	11.7	382.4	20.5
	건물	197.2	161.4	18.1	132.7	32.7
	수송	105.2	79.3	24.6	74.4	29.3
	농축산	20.7	19.7	4.8	19.0	7.9
	폐기물	15.5	11.9	23.0	11.0	28.9
	공공기타	21.0	17.4	17.3	15.7	25.3
	탈루 등	10.3	10.3	0.0	7.2	30.5
감축 수단 활용	전환	333.2	−64.5	−	(확정 감축량) −23.7 (추가 감축 잠재량) −34.1*	−
	E신산업/ CCUS	−	−28.2	−	−10.3	−
	산림 흡수원	−	−	−	−22.1	4.5
	국외 감축 등	−	−95.9	11.3	−16.2	
기존 국내 감축			631.9	25.7	574.3	32.5
합계		850.8	536.0	37.0	536.0	37.0

• 자료: 〈2030 국가 온실가스 감축 로드맵 수정안〉, 2018.
*전환 부문 배출량은 전기 및 열 사용량에 따라 부문별 배출량에 포함되어 합계로 산정됨.

탈석탄

2014년부터 신규로 건설된 발전 설비 중 석탄발전소보다 재생 에너지 발전원의 비중이 높게 나타나고 있다. 2016년에는 신규 태양광 발전 설비 용량이 76기가와트로 신규 석탄 발전 설비 용량(83기가와트)에 근접했다. 신규 태양광 발전 설비는 2017년엔 98기가와트로 석탄 용량을 크게 초과한 것은 물론 사상 최대치를 기록했다. 2014년 대비 2.5배 늘어난 수치다. 이는 태양광 등 재생 에너지원의 보급 증가와 발전 단가 하락이 상승작용을 하며 시장에서 경쟁력을 확보한 결과다. 이러한 추세는 앞으로도 계속 진행되어 재생 에너지 보급이 급격히 늘어날 것이다.

전력 생산에 큰 비중을 차지하던 석탄 발전은 2015년을 기점으로 서서히 감소하고 있다. 중국에서도 2015년 석탄 발전량이 감소했고, 미세먼지 문제 등 환경 문제 해결을 위해 더욱 급속히 줄어들 것으로 전망된다. 미국은 2005년에 석탄 발전이 최고점에 도달했다.

2017년에는 유럽연합 국가 중 19개 국가가 석탄 발전을 종식하겠다는 계획을 발표했다. 대표적으로 프랑스는 2022년까지, 영국, 이탈리아 등은 2025년까지, 덴마크, 핀란드 등은 2030년까지 석탄 발전을 폐지하기로 했다. 이외에도 2017년 독일 본에서 개최된 제23차 유엔기후변화협약 당사국 총회에서는 멕시코, 캐나다를 포함한 20개 국가가 석탄 발전 폐지를 위한 협력체 구성을 발표했다. 현재 인도, 중국 등에서 늘어난 것을 제외하면 석탄 발전은 점진적으로 사라질 것이다.

탈석유

석유 소비의 큰 축이었던 자동차의 탈석유가 급속히 진행될 것이다. 전기차의 누적 판매량은 2015년에 100만 대를, 2016년에 200만 대를 넘었다. 국제에너지기구의 〈2017년 세계 에너지 전망 보고서〉에 의하면 파리협정의 목표인 2℃ 이내의 온도상승 억제를 달성하기 위해서는 2025년까지 전기차 판매량이 매년 39%씩 증가해야 한다. 그러면 2040년에는 전 세계의 전기차 보급 대수는 약 9억 대에 이를 것으로 전망된다.

또 전 세계 자동차의 약 3분의 1이 전기를 동력원으로 사용할 것이다. 이미 노르웨이는 2025년까지, 스웨덴과 스코틀랜드는 2032년까지 그리고 영국, 프랑스 등은 2040년까지 내연기관 자동차 판매를 금지하기로 했다. 볼보, GM, 폭스바겐, 아우디 등의 자동차 제조사들은 전기차 위주의 생산 체제로 전환할 계획을 발표했다.

에너지 효율 개선

4차 산업혁명의 진행과 더불어 에너지 효율도 빠르게 높아질 것으로 예측된다. 스마트홈, 스마트그리드, 스마트 빌딩 사례가 보여주듯, IT 기술과 빅데이터 분석 등을 토대로 건물에서 사용되는 열과 전기의 사용량을 상당량 줄일 수 있다. 유럽연합에서는 이미 이러한 새로운 차원의 에너지 관리 시스템을 통해 2030년까지 건물의 에너지 소비를 30% 이상 감소시킨다는 목표를 설정했다. 즉, 적극적인 에너지 효율 개선으로 에너지 사용을 계속해서 줄여나가는 것이 전 세계적인 추세이며, 이를 통해 많은 양의 잠재 에너지를 절약할 수 있다.

우리나라의 저탄소 전략

저탄소 전략을 수립하는 데 있어 우선 살펴보아야 하는 것은 전 지구적 차원의 온실가스 감축 목표와 이러한 목표를 달성하기 위한 경로이다. IPCC는 "2050년까지 전 세계적으로 2010년 온실가스 배출량 대비 40~70% 배출량을 감축해야만 대기 중 온실가스 농도를 430~480ppm 수준으로 안정화시켜 온도 상승을 2℃ 이내로 억제할 수 있다"고 밝혔다. 또 지역과 경제적 상황을 중심으로 5개 그룹으로 국가를 분류해, 1990년 기준 OECD 회원국들은 2050년 기준 배출량을 2010년 대비 80~95%를 감축하는 대안을, 그리고 우리나라가 속한 아시아 국가들에 대해서는 평균적으로 2010년 대비 30~50%를 감축하는 대안을 제시했다.

그러나 우리나라는 1996년에 OECD에 가입한 회원국으로서 경제 규모나 1인당 소득 수준에서 상위에 속하므로, 이에 걸맞은 감축 노력이 필요하다. 우리나라의 위상을 고려할 때 최소한의 감축 목표는 아시아 국가 중 가장 높은 감축률, 그리고 전 세계에서 상위에 속하는 감축이 되어야 할 것이다.

- 우리나라가 제출한 감축 목표를 국내에서 실현하는 방안 구체화
- 장기적인 감축 목표와 이에 상응하는 기간별 배출량 목표 설정
- 목표 이행에 필요한 구체적인 계획과 함께 예산과 인력 확보
- 에너지 사용의 구조적인 변화 추구
- 저탄소 기술의 개발과 보급
- 전기차 보급의 확대를 위해 기술 개발 및 사회 기반 시설 설치
- 경제 주체들의 능동적 대응 유도. LED 조명, 고효율 전동기, 건물의

단열 강화 등 투자 대비 에너지 비용 절약 효과가 큰 기술과 기기 사용 활성화

- 초기 투자 부담을 완화하는 녹색 투자 재원 마련
- 화석 연료 가격에 온실가스와 대기 오염 물질 배출로 인한 피해 비용 반영
- 경제에 충격을 주지 않도록 장기적이고 확실한 에너지 세제 개편 목표와 일정 제시

도시 문제
해결을 위한
스마트시티

──────────── 2000년대 초반 개념적으로 제안된 스마트시티는 이제 세계가 주목하는 도시 패러다임이 되었다. 이를 새로운 성장 동력으로 활용하고자 하는 시도가 나타나고 있다. 더군다나 도시화율은 2050년 70%에 이를 것이며, 아시아와 아프리카에서 도시 인구가 폭발적으로 증가할 것이 예상된다.

도시화는 기반 시설의 부족, 교통 혼잡, 에너지 소비량의 증가 등 다양한 문제를 낳는다. 이러한 도시 문제를 해결하기 위한 수단으로 스마트시티가 더욱 주목받고 있다. 지금까지의 산업혁명이 그러했듯, 4차 산업혁명의 공간적 배경은 도시다. 즉, 스마트시티는 4차 산업혁명이 벌어지는 공간적인 플랫폼인 것이다. 안드로이드가 다양한 서비스의 개발을 유도했듯이, 스마트시티는 플랫폼이 되어 데이터를 상호연계하고 새로운 서비스를 창출하게 된다.

스마트시티 시장 전망

가트너는 도시를 미래 기술이 적용되는 플랫폼으로 판단했고, 향후 10년 이내에 자율주행차, 커넥티드 홈이 구현된다고 전망했다. 스마트 시티 분야에서 최고의 브랜드 파워와 기술력을 가진 IBM, 지멘스, 시스코, 구글 등도 이와 관련된 기술에 집중하고 있다. 즉, 스마트시티는 4차 산업혁명을 이끄는 첨단 기술들의 경연장이다.

시장조사 업체 프로스트 앤드 설리번은 중국, 인도 등 신흥국을 중심으로 스마트시티 시장이 2020년에는 1.6조 달러, 2025년에는 3.3조 달러에 이를 것으로 전망한다. 그 규모는 정부 및 교육(20.9%), 에너지(16.7%), 헬스케어(15.3%), 안전(14.1%), 인프라(13.8%), 건물(10.2%), 교통(9.1%) 순이다.

스마트시티 국내외 동향

2008년 무렵부터 추진되기 시작한 스마트시티 프로젝트들은 초고속 통신망 구축 등 기반 시설 구축 사업과 새로운 ICT 검증을 위한 소규모 테스트 베드 사업이었던 반면, 최근에는 국가나 지방 정부 주도로 대규모 투자가 이뤄지고 있다. 전 세계 스마트시티 프로젝트 가운데 84% 이상이 중국, 미국, 일본, 유럽, 그리고 한국에서 진행 중이며, 전체 프로젝트의 약 70%가 에너지, 교통, 안전 3대 요소에 집중될 전망이다.

중국

중국은 국가 차원의 신형 도시화 일환으로 2012년부터 지혜성시智慧城市를 추진하고 있다. 주택도시농촌건설부 총괄 기획을 시작으로 국가발전개혁위원회, 공업정보부, 과학기술부 등 다양한 정부 부처에서 스마트시티를 추진하고 있다. 항저우가 대표적인 스마트시티로 탈바꿈되는 가운데 주택도시농촌건설부는 2020년까지 500개의 스마트시티를 조성할 계획이며, 총 1조 위안(약 182조 원)을 투자하게 된다.

항저우는 알리바바의 본사가 있는 곳이기도 한데, 알리바바가 개발한 '시티 브레인City Brain'이라는 인공지능을 활용해 고질적인 교통 문제 등 각종 도시 문제를 해결하고 있다. 화웨이도 정저우, 난징 등 주요 대도시에서 교통망, 도시 인프라 관리 시스템 등을 운영한다. 화웨이는 또한 2017년 발표한 '스마트시티 신경망 전략'을 통해 다양한 스마트시티 기술을 개발하고 있다.

미국

2015년 '뉴 스마트시티 이니셔티브New Smart City Initiative'를 발표한 미국은 교통 혼잡 감소, 범죄 대응, 기후 변화 대응을 위해 스마트시티에 약 1.6억 달러의 R&D비를 지원하고 있다. 이를 위해 테스트 베드 지역 선정, 민간 기술 분야 및 도시 간 협력 강화, 스마트시티 기술 지원, 국제협력 추진, 4대 전략을 설정했다. 또 도시 문제를 해결하기 위해 시민, 기업, 대학, 연구소, 정부가 협력하는 거버넌스 모델을 만드는 중이다. 미국 교통부는 2016년 '스마트시티 챌린지Smart City Challenge' 공모를 통해 자율주행차, 스마트 가로등, 스마트카드 사업을 추진했다.

대표 사례로는 2016년 바르셀로나 스마티시티 엑스포에서 최고의 스마트시티로 선정된 뉴욕을 꼽을 수 있다. 뉴욕시는 공공와이파이, 도시 데이터 개방, 공유자전거, 자동 원격 점검 시스템 구축 등으로 데이터 중심의 스마트시티를 구현해가고 있다.

네덜란드

유럽 최초로 스마트시티를 추진한 암스테르담은 2006년에 수립된 '지속 가능한 발전을 위한 환경 도시 계획'에서 이미 전략을 마련했다. 이후 2009년부터 본격적으로 스마트시티 계획이 추진되었으며 주민, 정부, 기업 등이 공동으로 200여 개 프로젝트를 진행하고 있다. 암스테르담 스마트시티를 주도하는 '암스테르담 스마트시티ASC'에 따르면, ASC가 주도하는 스마트시티 플랫폼에서 정부기관이 차지하는 비중은 14.2%에 불과하다. 기업은 40.1%, 스타트업은 14.9%, 연구기관은 13.9%, 재단이 4.6% 수준으로, 민간 부문이 스마트시티 프로젝트를 주도하는 구조다. ASC는 '인프라 스트럭처와 테크놀로지,' '에너지, 물, 쓰레기,' '교통,' '순환 도시,' '거버넌스와 교육,' '시민과 생활' 6개 분야 프로젝트를 진행 중이며, 4,900여 명의 시민, 전문가, 기업인들이 여기에 참여하고 있다.

영국

영국은 2007년 국가기술전략위원회를 설치했고, 2012년 스마트시티 프로젝트에 대한 지방 정부 제안서를 공모했다. 2013년에는 공모에 참여한 30여 개 도시에 대한 타당성 조사와 제안서를 분석한 보고서를 발간했으며 교통, 범죄, 에너지, 환경 등의 도시 문제 해결에 스마트시티를 활용할 계획이다.

싱가포르

서울과 면적이 비슷한 싱가포르는 2014년 국가 차원의 '스마트 네이션Smart Nation' 프로젝트를 출범시켰다. 스마트시티 정책을 포괄적으로 추진하기 위해, 총리 산하에 프로젝트를 주도하는 정부 기구를 설치했고, 빅데이터를 공유하는 시스템을 구축했다. 싱가포르국립대학, 싱가포르 디자인기술대학이 여기에 참여하고 있으며 MIT로부터 기술을 지원받고 있다. 게다가 정부 투자 기업인 싱텔뿐만 아니라 IBM 등 다국적 기업들도 참여하고 있다.

스페인

바르셀로나는 스마트시티의 모범 사례로 꼽힌다. 바르셀로나는 생태, 환경, 에너지 분야에 ICT 기술을 활용해 시민의 편의성을 높이고, 에너지 절감 및 정책적인 비전을 달성하는 것을 목표로 한다. 바르셀로나의 스마트시티는 마치 유기적인 인간의 몸처럼 도시의 기능을 유기적으로 분류하고, 첨단 기술을 활용해 도시의 복합적인 성장을 추진하고 있다는 점에서 다른 도시들과 구분된다.

한국

우리나라는 2000년대 초반부터 스마트시티 전신인 U-City를 추진해왔다. U-City는 언제 어디서나 시민들이 편하게 행정, 교통, 복지, 환경, 방재 등의 도시 정보를 얻고 활용할 수 있는 여건을 제공한다는 차원에서, 유비쿼터스 도시 환경을 강조한 개념이다. 2003년 인천의 '송도정보화신도시 U-City 모델 연구'와 한국토지주택공사의 '흥덕 디지털 도시 연구'에 기초했으며, 2004년 화성동탄지구에 최초로 적용되었다. 2008년에는 '유비쿼터스 도시의 건설 등에 관한 법률'이 제정되었으며,[60] 2009년에는 국가 차원의 장기적인 청사진과 발전 방향을 종합적으로 제시하는 '유비쿼터스 도시 종합계획'이 수립되었다.

한국은 U-City 서비스 및 플랫폼 등을 세계에서 가장 빠르게 구현한 나라이고, U-City의 기능은 매우 우수한 편에 속한다. U-City와 스마트시티의 차이점을 꼽자면, 우선 U-City는 도시의 기능을 통합, 관제하는 데에 가장 큰 목적이 있었고 각종 서비스의 연계가 U-City 플랫폼의 핵심이었다.

반면, 스마트시티는 도시를 하나의 유기적인 플랫폼으로 생각해 IoT를 기반으로 하는 서비스를 제공하고, 이를 바탕으로 도시의 기능을 연계하는 것을 목표로 한다. 사업의 추진 주체 및 서비스 대상의 측면에서 비교해보면, U-City는 공급자 중심인 반면 스마트시티는 이용자 중심이라는 시각도 있다.

그동안 국내 지자체 가운데서는 서울과 부산, 대전이 스마트시티 사업을 비교적 활발하게 진행해왔다. 서울은 스마트시티 구현 차원에서 북촌 지역의 불법주차와 쓰레기 문제를 IoT 기술로 해결하고, 화재 감지 센서를 통한 화재예방, 공공와이파이 제공, 스마트폰 앱 다국어 관광 안내 등을 시범적으로 실시하고 있다. 부산은 해운대 지역에서 IoT 시범 단지를 운영 중이다. 자체 IoT 플랫폼 '모비우스'를 적용해 스마트 가로등, 시민 안심 서비스, 스마트 건널목 등을 시범 운영하고 있다. 대전은 광역시 최초로 스마트시티 통합 센터를 구축했으며, 스마트시티 통합 플랫폼을 활용한 안전망 연계 서비스를 구축했다.

정부는 또 스마트시티 국가 시범 도시 사업을 추진 중이다. 입지로 선정된 세종과 부산은 모빌리티, 헬스케어, 교육, 거버넌스, 문화, 쇼핑, 에너지, 환경 등 다양한 부문의 융·복합 서비스 구현을 목표로 하고 있다.

스마트시티 미래전략

도시의 미래에 중요한 키워드는 저출산·고령화, 개인화, 기후 변화 등으로 요약된다. 이런 문제들을 해결하는 방안으로 포용적 성장, 회복 탄력성, 시민 참여가 필요하다는 의견이 제시되었다. 국제적 노력의 일환으로 유엔은 2016년 해비타트 3차 총회에서 '새로운 도시 아젠다New Urban Agenda'를 채택했다. 이러한 국내외 스마트시티 동향, 미래 도시의 전망, 우리나라의 스마트시티 흐름을 고려해 향후 발전 전략을 제시하면 다음과 같다.

스마트 시티즌과 리빙 랩 필요

- 시민의 능동적 역할 필요
- 도시 운영의 목표는 삶의 질 향상과 지속 가능성이라는 인식 필요
- 시민은 수혜자에 머무는 것이 아닌 스마트 시티즌이 되어야 하고, 사용자 주도 개방형 혁신 생태계 '리빙 랩'을 만들어야 함
- 리빙 랩은 스마트시티가 실증되는 플랫폼의 역할을 함
- 시민과 기업이 개발 및 운영의 주체로 함께 참여하는 4P(Public-Private-People-Partnership) 방식 필요

개인화된 생활 밀착형 서비스 발굴

- 스마트시티의 서비스는 시민들에게 공평하게 제공되는 것이 기본이

지만, 보편적인 서비스만으로는 미래 시민들을 만족시키기 어려움
- 시민들은 개인 모바일 기기를 통해 개인화된 서비스를 추구함
- 스마트 보안, 음식물 자동 처리 서비스 등 생활 밀착형 서비스 발굴 및 확장

스마트 도시재생

- 도시재생 사업에 스마트시티 적용
- 도시재생 지역의 여건을 고려하고 지역 주민이 요구하는 적정 기술로 해당 지역을 활성화
- 스마트 안전·방범, 스마트 파킹, 스마트 에너지 그리드(전력, 수자원), 스마트 리사이클링, 사회적 약자 지원, 클라우드 펀딩을 활용한 공공시설물 확대 등

빅데이터를 활용한 융복합 솔루션 개발

- 각 도시에서 발생하는 데이터는 스마트시티가 유용하게 활용할 수 있는 자원
- 수많은 정보를 체계적으로 수집하고, 이를 가공·분석해 혁신적인 융복합 솔루션을 만들어내는 노력 필요
- 빅데이터를 분석, 활용하는 소프트웨어 개발
- 데이터 사이언티스트 같은 빅데이터 전문 인력 양성

맞춤형 해외 진출

- 2018년 발족된 해외인프라도시개발지원공사를 중심으로 국가 차원의 체계적인 행정적·재정적 지원 강화

• 스마트시티 기획 단계부터 세계화를 염두에 두고 국제 표준화, 기업 생태계 조성 등을 고려하는 해외의 좋은 사례를 참조해 시사점 발굴 및 적용

디지털 위험에
대응하는
사이버 보안

──────────── 디지털 기술의 눈부신 발전은 사이버 공간과 현실 공간의 희미한 경계마저 무너뜨리고 있다. 얽히고설킨 네트워크와 각종 기기의 연결은 이전과 비교할 수 없을 만큼 생산성을 향상시키지만 반대로 가늠하기조차 힘든 위협이 될 수도 있다. 디지털 혁명의 역기능 중 하나인 사이버 위협은 정보 유출과 금전 탈취 범죄 수준을 뛰어넘는다. 네트워크의 고도화로 여러 서비스가 합쳐지고, 여기에 자율 기능이 더해지면서 사이버 공격에 의한 폐해의 범위가 예측하기 어려울 정도로 광범위해지고 있다. 국가적 차원에서 대응 역량을 확보해야 하는 이유다.

4차 산업혁명 시대 보안 패러다임의 변화

　세계 각국은 사이버 위협을 국가의 부수적인 위협 수준에서 생존 위협 차원으로 끌어올리고 있다. 지구촌에서 가장 치열한 사이버 분쟁국을 꼽으라면 미국과 중국, 유럽연합과 러시아, 이스라엘과 아랍 국가 그리고 열강에 둘러싸인 한반도를 들 수 있겠다. 세계 최초로 5G 상용화에 들어간 한국은 역설적이게도 통신 인프라가 고도로 집적된 만큼 외부 사이버 공격에 취약하다. 국가 행위자의 개입이 두드러지고 있는 상황에서 적대 세력의 사이버 활동을 심도 있게 관찰하고 이에 적절히 대응해야 한다.

상상력이 무기가 되는 세상

　사이버 테러가 물리적 공격으로 이어지면서 상상력 자체가 무기가 되었다. 원자력발전소 같은 기반 시설을 겨냥한 악성코드는 소프트웨어를 수단으로 한 상상력의 산물이다. 테러리스트가 장난감 드론에 사제폭탄을 탑재하고 위성항법장치GPS 기능을 추가한다면, 장난감이 인명을 살상하는 무기로 둔갑한다. 테러리스트가 무기를 밀수하거나 폭발물을 가지고 국경을 넘나드는 대신에 현지에서 3D 프린터로 다기능 무기와 폭탄을 만들어낼 수도 있다.

　네트워크와 소프트웨어 그리고 물리적 파괴력의 만남으로 지구촌은 완전히 새로운 위험에 놓이게 됐다. 조만간 인명 살상 무인 시스템이 등장하고, 해킹당한 자율로봇이 치명적인 파괴를 낳으리라는 결과를 목격하지 않는다고 보장할 수 없다. 이러한 디지털 시대 위험성은 피해갈 수 없는 현실이다. 이를 해결하는 것이 국가 안보와 경제 성장을 위해 정면

돌파해야 할 과제다.

| 표 6 | 4차 산업혁명 시대의 보안 패러다임 변화

구분	현재	미래
공격주체	특정 집단·불만세력	국가·비국가·비인간 행위자
공격대상	불특정 다수	특정 소수(금융·국방·기반시설)
보호대상	단말·네트워크 (정보 시스템과 데이터 보호)	디바이스·네트워크·플랫폼 (사람과 환경에 대한 안전)
보안주체	정부·기업	정부·기업+전 국민
보안정책	정부 규제 위주	시장 역할과 민간 역량 활용
정보공유	부문별 제한된 정보획득	민·관·군 공조+국제 협력
경쟁우위	데이터 수집·분석	빅데이터+알고리즘
기술개발	(필요성) 기술 중심의 추격형 하드웨어·프로젝트 중심	(즉시성) 사람 중심의 선도형 소프트웨어·프로세스 중심

4차 산업혁명 시대에 더 커질 디지털 위험

첫째, 5G의 초고속성, 초저지연성, 초연결성, 고신뢰성, 고효율성 등의 많은 장점이 위협으로 바뀔 수 있다. 전송 속도가 빠르다는 것은 사이버 공격의 속도가 그만큼 빨라진다는 것이며, 네트워크와 연결되는 디지털 기기들은 디도스 공격에 악용될 수 있는 우려가 커진다는 것을 의미한다.

둘째, 사물이 가진 특성을 더욱 지능화한 사물인터넷이 오작동하면 사람의 생명을 위협할 수 있고, 어느 하나의 부실한 접점이 해킹의 경로가 될 수 있다. 의도적 공격뿐 아니라 부주의나 관리 소홀에 의한 비의도적 사고에 대비해야 한다. IoT 서비스 설계 단계에서부터 보안을 고려해야 하며 공급망 전 단계의 위험 관리 체계를 구축해야 한다.

셋째, 로봇의 알고리즘을 아무리 훌륭하게 설계하고 촘촘한 확인 절차를 거쳐도 로봇이 지금껏 보지 못한 사건에 맞닥뜨리면 예외적으로 행동할 수 있다. 인간보다 더 빠르고, 더 저렴하고, 더 정확한 로봇의 알고리즘이 누군가에 의해 악의적으로 변조된다면 돌이킬 수 없는 재앙을 불러올 수 있다.

넷째, 인공지능 시뮬레이션을 통해 내재한 취약점을 미리 찾아내거나 쏟아져 나오는 악성코드를 자동화 도구로 걸러내 중요도에 따라 대응하는 프로세스를 갖춰나가고 있다. 그러나 동시에 사이버 공격을 감행하는 주체도 인공지능을 활용해 표적 시스템의 취약점을 찾아내고 맞춤형 악성코드를 제작해 침투할 수 있다.

사이버 공격의 유형

사이버 공간의 끝없는 확장으로 범죄, 테러, 전쟁의 개념적 구분이 점점 어려워지고 있다. 국경이 따로 없는 사이버 공간은 공격자에게 더 많은 수단과 기회를 제공한다. 가장 손쉽게 획득할 수 있는 공격 도구는 악성코드다. 이를 사고파는 암시장이 있고, 여기에서는 사이버 청부 공격도 가능하다. 값비싼 정규군을 더욱 저렴한 용병이 대체하듯, 사이버 용병을 고용할 수 있다.

국가 혹은 국가의 지원을 받는 해커들의 활동이 속속 드러나고 있다. 이들은 사이버 공간을 자유자재로 활용하면서 추적을 따돌리고 주어진 임무를 수행한다. 2010년 미국과 이스라엘은 이란 핵시설에 악성코

| 표 7 | 사이버 공격 유형과 주요 내용

유형	주요 내용	사례
사이버 범죄	사이버 공간 범죄 활용 → 금전 탈취	2018년 북한, 전 세계 은행 · 암호화폐 거래소 해킹 2016년 북한, 고객 정보 인질 삼아 암호화폐 요구
사이버 첩보	국가 주요정보 훼손 → 기밀 절취	2016년 북한, 남한 국방망 해킹해 군사기밀 절취 2015년 중국, 미국 공무원 신상정보 대량 유출
사이버 테러	국가 기반 시설 마비 → 사회 혼란	2016년 러시아, 우크라이나 전력 시설 마비 2013년 북한, 남한 방송 · 금융기관 시스템 파괴
사이버 교란	거짓 · 기만 정보 유포 → 국론 분열	2017년 러시아, 유럽 국가 선거 개입 및 여론 조작 2010년 북한, 천안함 폭침 사실 왜곡 전파
사이버 작전	물리전과 연계한 공격 → 군사 작전	2014년 러시아, 크림반도 점령 시 사이버 공격 병행 2010년 미국 · 이스라엘, 이란 핵시설에 악성코드 침투

드를 침투시켜 통제 시스템을 오작동시켰다. 이는 전폭기를 동원한 공습에 버금가는 효과를 거뒀다. 2016년 러시아는 우크라이나 수도 키예프에 정전 사태를 일으킨 바 있다. 물리적 충격만이 아니다. 2014년 러시아의 크림공화국 합병과 우크라이나 분쟁 개입은 다차원적 전쟁으로 진행됐고 사이버 여론 조작으로 정치 · 사회적 혼란을 가중시켰다. 사이버 공격 유형과 내용은 〈표 7〉에서 보듯 다양하다.

사이버 안보 대응 전략

사이버 공격의 주요 표적은 정부기관은 물론 극심한 사회 혼란을 불러올 수 있는 금융, 에너지, 교통과 같은 국가 기반 시설이다. 기술적 요소와 심리적 요소가 복합적으로 맞물린 공격 양상을 띠며 경제적 피해와 심리적 충격을 함께 노린다. 하지만 이렇게 기습적이고 무차별적인 공격에 비해 대응은 상당히 제한적인 실정이다. 따라서 각계각층의 부단한 이해와 노력이 어느 때보다 필요한 시점이다.

이러한 상황에서 청와대 국가안보실은 2019년 4월 국가 사이버 안보 정책의 최상위 지침서인 〈국가사이버안보전략〉을 공표했다. 이 지침서에 따르면, 국가 간 정치·경제·군사적 분쟁이 사이버상 충돌로 이어지면서 사이버 군비 경쟁을 불러오고 있고, 각국은 사이버 역량을 국가 안보에 큰 영향을 미치는 전력으로 인식하고 있다. 이처럼 사이버 위협은 국민의 재산과 기본권뿐만 아니라 국가 안보와 직결되어 있다. 또 차질 없이 전략을 수행하려면 법적 근거가 있어야 한다. 그러나 아직도 대통령 훈령인 '국가사이버안전관리규정'이 기본법 역할을 하는 상황이다. 특히 사이버 테러를 당하고 '사후약방문'식으로 보완하다 보니 숱한 법규가 생겨났는데, 이마저도 일관성이 부족해 혼선이 우려된다. 따라서 기본법 제정과 함께 관련법을 재정비하면서 국가 차원에서 보안 사각지대를 해소해나가야 한다.

사이버 안보 컨트롤

• 사이버 안보 이슈에 과감히 도전하는 디지털 리더십 필요
• 사이버 위협에 대한 사회 공감대 형성과 국가 차원의 역량 확보

- 다양한 주체의 이해를 조율하고 협력을 이끄는 수행 체계 구축
- 디지털 시대에 걸맞은 '사이버안보기본법' 제정과 관련 법 정비

사이버 보안 전방위 교육

- 사이버 세상에서 안전성을 확보하고 윤리 의식을 높이는 교육 필요
- 4차 산업혁명을 둘러싼 다양한 기술과 보안 도구 활용
- 교육기관과 지자체가 연계한 조기·평생 보안 교육 프로그램 시행

사이버 방위 산업 육성

- 소프트웨어를 중심으로 한 사이버 방위 산업의 전략적 육성
- 소프트웨어 외주 개발·유지보수 대가를 인건비가 아닌 가치로 산정
- 융합 서비스의 보안 내재화 기술 고도화
- 디지털 제품 공급망 전반의 보증 체계 구축으로 '안전'을 브랜드화

사이버 국제 협력 및 공조

- 정통 안보와 구조적으로 다른 위협 판단 기준 마련
- 사이버 범죄 공조 수사 확대를 위해 국제 사법 체계와 절차에 참여
- 각국의 인터넷 거버넌스, 사이버 주권, 대응 역량 등의 차이점 인식
- 국제 안보 관점에서 일관된 원칙과 기조를 정하고 지역, 국가, 민간의 다차원적 국제 공조 전략 마련

사이버 공격 억지력 확보

- 사이버 공격에 대응하기 위해 사람-프로세스-기술의 균형과 이를 통한 억지 전략 모색

- 민·관·군의 창의적 기량과 기술 활용 능력을 높이는 실전 훈련장 마련
- 사이버 위협 정보를 공유하고 공격에 대한 실시간 탐지·대응 체계 구축

4

인구 분야
미래전략
Population

KAIST Future Strategy 2020

'적응'의 관점으로
저출산 추세에
대응하기

———————— 대한민국은 세계에서 유일하게 합계출산율이 1명 미만인 나라다. 출생 관련 수치는 연일 최저치를 기록 중이다. 2019년 상반기 출생아 수는 158,524명으로 1년 전보다 7.7% 감소했으며, 관련 통계 작성 이후 가장 적었다. 초저출산 현상이 심화되고 있는 것이다. 2005년 '저출산·고령사회 기본법'이 제정된 이후 역대 정부들은 막대한 자금을 쏟아부으며 저출산 대책을 펴왔다. 출산·양육에 대한 사회적 책임(노무현 정부), 일과 가정의 양립 일상화(이명박 정부), 청년 일자리, 주거대책 강화 및 맞춤형 돌봄 확대(박근혜 정부) 등을 표명했지만, 그 성과는 실패나 마찬가지다. 이에 문재인 정부는 2018년 7월 일과 생활의 균형을 강조하며 '고용·주거·교육에 대한 구조개혁 방침'을 발표했고, 2018년 12월 '제3차 기본계획(2016~2020)'을 대폭 수정한 '저출산·고령사회 정책 로드맵'을 발표했다. 대통령 직속 저출산고령사회위

원회에 따르면, 2017~2018년 정부·지자체가 저출산 명목으로 쓴 돈은 60조 원에 달한다고 한다. 하지만 정책의 개입으로 결혼과 출산 흐름이 금세 바뀔 수 있는 것이 아닌 만큼 저출산에 대한 대책은 여전히 절실하고 시급하다.

저출산과 고령화 현상은 미래의 지속 가능한 발전을 저해할 수 있다. 우선, 생산 가능 인구 감소로 노동력이 부족해지고, 노동력의 고령화로 노동 생산성도 낮아질 것이다. 고령 인구 증가는 사회보장 비용의 부담을 높이게 된다. 국가적으로 중요하게 보아야 할 것은 저출산의 장기적 추세다. 국내 인구 변천이 자연 감소 단계로 들어서고 있고 출산을 가장 많이 하는 30~34세 여성 인구 자체가 줄어들었으며, 여기에 경제적 여건과 문화적인 요인들이 복합적으로 작용해 나타나는 현상이다. 특히 정책 개입을 통해 초저출산 현상의 구조적 변화를 꾀하기는 쉽지 않다. 따라서 '극복'의 관점이 아니라 '적응'의 관점이 더 요구된다. 인구 구조와 관련한 정책의 시계를 보다 확장하여 장기적 관점에서 저출산 현상을 일으키는 사회·경제·문화적 요인들에 대한 개선이 이루어져야 한다.

인구 현황

한국은 급격한 인구 변천을 겪어왔다. 한국전쟁 이후 베이비 붐 현상이 나타나고, 보건의료 수준의 향상으로 사망률이 빠르게 감소하면서 1950년대 후반과 1960년대 초에 인구가 급격히 증가했다. 당시 인구증가율은 거의 연평균 3% 수준에 육박했다. 1960년대 초 경제 발전을 도모하기 위해 인구 증가를 억제할 필요가 있었으므로, 제1차 경제개발 5개년 계획부터 가족계획 사업이 실시되었다. 그 결과, 경제사회 발전과 더불어 정책의 효과로 출산율이 급격하게 낮아지기 시작했다.

1960년 당시 6.0명에 이르렀던 합계출산율은 1983년에는 2.08명으로 인구대체 수준 이하로 낮아졌으며, 1998년에는 처음으로 1.5명 미만으로 낮아졌다. 21세기에 들어서도 합계출산율은 계속 낮아져 2001년에 처음으로 1.3명까지, 2005년에는 1.08명으로까지 떨어졌다. 이후 합계출산율은 다소 높아지다가, 2016년에 다시 1.17명으로 하락하고 2017년에는 1.05명, 2018년에는 0.98명으로 최저 수치를 기록하는 등 초저출산(1.3명 이하) 현상을 벗어나지 못하고 있다. OECD 35개국 중 합계출산율이 0명대로 떨어진 국가는 한국이 유일하다.

출생아 숫자로 봐도 감소세가 두드러진다. 1970년대에는 매년 90만 명 이상이 태어났고, 1980년대에는 80만 명, 1990년대에는 60만~70만 명이 태어났다. 2000년 이후에는 더욱 급감하여, 2016년에는 406,300명이 태어났고, 2017년에는 357,700명, 2018년에는 326,900명이 태어났다. 머지않아 30만 명대도 무너질 것으로 예측된다.

저출산 현상은 필연적으로 인구 규모 감소와 고령화로 이어진다. 우리나라 인구는 2019년 6월 기준 약 5,171만 명에서 2028년 5,194만 명까지 증가 후 감소세로 전환하여, 2067년에는 3,929만 명이 될 전망이다. 총인구 중 노인 인구(65세 이상)의 비율은 2018년 14.3%를 지나 2025년 20%, 2051년 40%를 초과할 것으로 예측된다. 특히, 85세 이상 초고령 인구는 2017년 1.2%에서 2067년 13%로 예상되며 고령화는 더욱 심화될 것이다.

저출산 현상에 대응하는 단계별 인구 전략

저출산 현상이 장기적으로 지속되고 있다. 이는 일차적으로는 사회 전체의 인구 구성 측면에 영향을 주지만, 결국 노동력 부족과 사회보장 부담을 촉발할 것이다. 따라서 인구학적 접근과 경제·사회·문화적 접근이 통합적이고 체계적으로 이루어져야 한다. 노동력 부족과 그로 인한 내수 시장 위축, 경제 성장 둔화, 노동 계층의 사회보장 부담 증가, 사회 갈등 등을 방지하거나 완화하기 위해 현재의 시점에서 그리고 중장기적으로 실천해야 할 과제들과 이행 전략을 살펴본다.

단기 전략

단기적인 관점에서의 인구 전략은 출산력을 회복해 적정 인구나 안정 인구를 유지할 수 있는 수준의 합계출산율(인구대체 수준)을 지속시키는 것이다. 한국 사회가 존속하는 한(또는 미래에 로봇 등 기술이 발전하더라도) 필요한 노동력을 항시적으로 유지하기 위해서는 적정 수준의 출산율이 유지되어야 하기 때문이다. 관련 연구들은 적정인구 유지를 위해 2045년까지 합계출산율을 1.8명으로 회복시켜야 하며, 궁극적으로 인구감소와 고령화를 방지하기 위해서 인구대체 출산율인 합계출산율 2.1명으로까지 높여야 한다고 제시하고 있다.[61]

이러한 전략을 시도한 사례는 일본에서도 찾아볼 수 있다. 2015년 아베 신조 일본 총리는 2050년까지 일본 인구를 1억 명 수준으로 유지하기 위해 합계출산율 목표를 1.8명으로 설정했다. 그러나 합계출산율이 단기간에 급격하게 높아진 사례는 세계적으로 거의 찾아볼 수 없다. 따라서 이 전략은 지금부터 본격적으로 시행해야 하는 단기 전략이자, 장기적으로 일정한 목표출산율에 도달하려는 목표를 이어나가야 한다는 점에서 중장기적인 관점도 내포하고 있다.

중기 전략

중기적 관점에서의 인구 전략은 우리 사회가 보유한 유휴 잠재 인력을 적극적으로 활용한다는 측면에서 여성과 고령자의 고용률을 높이는 것이다. 이것은 앞서 살펴본 단기적 관점에서의 합계출산율 제고 전략이 미래에 요구되는 수준까지 달성되지 못할 경우에 채택할 수 있는 보충 전략이라고 할 수 있다.

우선, 한국 여성의 고용률은 2017년 기준 56.9%로, OECD 회원 33개국 가운데 27위다. 여성의 유휴 잠재 인력을 활용하는 전략은 노동력 부족 문제에 대응하는 보충 전략으로서 매우 중요한 의미를 지닌다. 여성 고용률이 상대적으로 높은 선진국의 경우, 출산율과 여성 고용률 간에 정(+)의 상관관계가 나타난다. 다시 말해, 여성의 경제 활동 참여를 진작시키기 위한 정책적 노력이 출산율 회복에도 효과를 거둘 수 있을 것이다.

또 다른 전략은 고령자를 보다 오랫동안 노동 시장에서 활동할 수 있도록 하는 것이다. 베이비붐 세대는 학력, 직무 능력, 건강 등의 측면에서 상대적으로 월등한 것으로 평가된다. 대다수가 노동 세대로 남아 있는 가운데 이것이 청년 세대의 실업 상황과 맞물리면서 문제가 되고 있으나, 이들 베이비붐 세대가 일을 그만두기 시작하면 노동력이 급격하게 줄어든다. 따라서 경제 활동 의지가 높은 미래 고령자 세대들을 노동 시장에 더 오래 남아 있게 하는 전략이 유효할 수 있다. 고령자들이 연금, 건강보험 등 사회보장 부담을 가중하지 않고 대신에 노동 활동을 계속 유지함으로써 노동력 부족을 완화할 뿐 아니라 세금과 보험료를 내고, 개인적으로는 육체적·정신적 건강을 유지할 수 있다는 점에서 매우 중요한 의미를 지닌다.

장기 전략

보다 장기적 관점에서 저출산 현상으로 인한 노동력 부족에 대응하기 위한 전략으로 이민 정책을 들 수 있다. 이 전략은 이민자 유입의 사회문화적 파급 효과를 고려하면서 다른 조건들과 결부해 채택 여부를 신중하게 결정해야 한다. 중소기업의 인력난을 고려하면 지금부터라도 '외국인 근로자 유입'을 추진할 필요가 있다. 그러나 이민자의 대규모 유입 정책은 당장 필요한 현실적인 문제라기보다는 미래 출산율 회복 수준과 국내 유휴 잠재 인력 활용도 등의 상황을 면밀하게 관찰하면서 결정해야 할 사안이다.

또 하나 장기적으로 고려해야 할 사안은 통일 시대의 인구 예측과 인구 전략이다. 통일로 가는 과정 및 통일 한국에서 시기별, 단계별로 모든 가능한 시나리오에 따른 인구 전략을 지금부터 논의할 필요가 있다. 이와 관련해 한국 사회를 구성하고 있는 '인구의 질'에 대한 관심도 병행되어야 한다. 한국 및 통일 한국에서의 적정 인구에 대한 예측은 인구 전략의 기초가 될 것이다. 현재 한국이 경험하고 있는 초저출산 현상의 심각성에 대한 우려는 있지만 이를 단기간에 극복하기란 쉽지 않다는 점을 고려할 때, 출생 인구의 질을 높여 다방면으로 생산성과 창의성을 높이는 노력도 함께 추진해야 한다. 인구의 질은 인구의 규모 못지않게 한 나라의 국가경쟁력을 결정하는 중요한 요소기 때문이다.

한편, 새로운 가족 공동체를 받아들이는 사회적 공감대 형성도 고려해볼 수 있는 사안이다. 1.5명까지 감소했던 합계출산율을 2018년

1.9명까지 끌어올린 프랑스가 대표적인 사례다. 프랑스는 '결혼'이라는 법적인 전통적 가족 제도를 넘어 이성·동성 커플들이 자유롭게 동거하고 아이를 기를 수 있는 팍스(PACs, Pacte Civile de Solidarité, 시민연대계약)를 도입했고, 혼인 여부 구분 없이 임신한 모든 여성에게 800유로를 지급하는 등 대상에 대한 지원 제도 혜택에 차별을 두고 있지 않다. 이미 국내에서도 가족 형태가 다양해지고 있다. 법적 혼인으로만 이루어진 가족을 넘어서서 새로운 가족 공동체를 인정하고, 다양한 육아 정책을 제공하는 것이 미래를 대비하는 장기적 관점에서 고민해야 할 이슈들이다.

인구 전략 실행 방안

앞서 살펴본 단계별 인구 전략을 실현하기 위해서는 구체적인 실행 방안이 뒤따라야 한다. 무엇보다 적정 인구 혹은 안정 인구를 유지할 수 있는 수준까지 출산율을 높이기 위해서는 지금부터 적극적인 투자가 이뤄져야 한다. 출산율 제고를 위한 재정 부담은 복지 차원의 비용 지출이 아닌 미래를 위한 투자로 인식되어야 할 것이다.

출산은 가정이, 보육은 국가가
- 지자체 중심의 공동체 돌봄 정책 설계
- 보육 시설이 부족한 지역을 파악하여 보완하고, 보육의 실질적 품질 제고
- 결혼·출산을 저해하는 만혼 현상의 사회환경적 문제 대폭 개선(결

혼 비용 및 주택 문제 등)

- 결혼과 연계한 청년층 대상 양질의 주거안정지원 정책 확대 및 현실화(장기임대 주택 등)
- 자녀 양육 관련 공공서비스 이용비용 무료화 또는 최소화
- 다자녀 가정을 우대하는 다양한 아동수당 지급 방식 설계
- 산모와 신생아에 대한 건강관리 지원 확대

일-가정 양립, 일-생활 균형 지원책

- 정책 대상자인 부모의 정책 수요 파악을 통해 상황에 따른 맞춤 지원 정책 설계
- 유연근무제 등 비정형 근로 형태 활성화로 일-가정 양립이 가능한 환경 조성
- 결혼, 출산 및 양육을 통해 삶의 질을 높이는 문화
- 일-가정 양립 제도의 사각지대 파악 및 지원 확대
- 보육 지원 체계와 일-가정 양립 제도 간 연계 강화(정규 시간 외 아동 보육 서비스, 긴급 돌봄 서비스 등)
- 가정-기업-국가의 삼각 연대 보육 지원 체계 강화
- 정규 교육과정 내 일-가정 양립 프로그램을 통한 사회적 인식 변화 및 공감대 형성 노력
- 여성 육아휴직뿐 아니라 남성 육아휴직 제도의 정상화 노력
- 가족친화적 조직문화 안착을 위한 기업 내 애로사항 해소 및 인센티브 강화(육아휴직 사용 확대를 위한 보조금, 법인세 감면 등)

경력단절 여성에 대한 방안

- 일-가정 양립 제도의 강화로 유자녀 여성 인력의 비자발적 이탈(경력단절) 방지
- 경력단절 여성이 노동 시장에 재진입할 경우 개인의 업무 역량이 발휘될 수 있는 다양한 일자리 기회 우선 제공(시간제, 프리랜서 등 다양한 근무 형태)
- 직장 내 양성평등 환경 구축을 위한 지원 정책 적극 시행
- 시간제 차별 해소 및 남녀 동등처우 보장을 위한 법제 정비

국내 유휴 잠재 인력 활용

- 여성들과 고령자들의 노동 시장 진출을 돕는 사회문화 조성
- 기간제와 통상근로자 전환 제도, 안정된 상용직 시간제 일자리 활성화를 위한 법제도 마련
- 고령 인력 확대를 위해 기업의 연공서열 체계를 성과 중심으로 개선
- 민관협력으로 노동력이 부족한 산업을 발굴하여 관련 산업 잠재 인력과 매칭
- 청년-고령자 세대 간 공생 발전 여건 조성
- 시간제 근로 전환 지원 등 점진적 퇴직 활성화
- 퇴직(예정) 근로자에 대한 전직 교육 강화 및 공공 전직 지원 서비스 활성화
- 개별 경력을 고려한 직업 훈련, 재교육, 사회 기여 및 재능 나눔 활성화

해외동포 등을 포함한 외국인 인력 활용

• 미래의 노동력 부족량에 연동하여 방문 취업 체류 기간 연장

• 외국인 인력 활용은 필요인력 충원과 우수 인재 유치라는 이중적
차원에서의 접근 필요

사회 운용 패러다임의
전환이 필요한
초고령사회

─────────── 우리나라의 인구 고령화는 세계에서 유례없이 빠른 속도로 진행 중이다. 다른 국가의 추세를 보면, 미국의 경우 고령화사회에서 고령사회가 되기까지 73년이 걸렸고, 초고령사회 진입에 21년이 소요되었다. 대표적인 고령 국가인 일본은 고령화사회에서 고령사회로 전환되기까지 24년이, 초고령사회로 진입하는 데에는 12년이 소요되었다. 반면 우리나라는 17년만에 고령화사회에서 고령사회로 진입해 세계에서 가장 빠른 추세를 보인다.

고령화사회의 현황과 의미

고령화는 생활 전반에 큰 파급 효과를 갖는 현상이자 사회 운용 패러다임의 대전환을 의미한다. 한국의 고령화가 세계 다른 나라들과 같이 100여 년에 걸쳐 서서히 진행된다면, 사회는 인구구조의 변화에 맞춰 서서히 적응하고 변모할 것이다. 그러나 한국의 고령화 속도는 지나치게 빠르다. 2018년 우리나라 노인의 49.6%가 빈곤 상태에 처해 있는 것으로 조사되었다. 한국은 OECD 회원국 중 '노인빈곤율 1위', '노인자살률 1위'를 차지했고, 노인의 삶의 질 수준은 OECD 평균에도 미치지 못한다. 이러한 현상들은 고령화라는 새로운 패러다임 전환에 대비하지 못해서 나타난 필연적인 결과라고 할 수 있다.

일부 전문가들은 한국에 2050년 노인 인구 비율이 38% 가까이 되어 세계 최고령 국가가 될 전망이므로 앞으로 더 많은 문제가 등장할 것이라고 경고한다. 가령, 생산 가능 인구의 감소에 따라 우리 경제의 성장 잠재력이 떨어질 것이라는 예측이 그러하다. 한국의 생산 가능 인구는 2017년 3,757만 명을 정점으로 이후 계속 감소하여 2067년에 이르면 1,784만 명 수준에 머물 전망이다.[62]

또 생산 가능 인구의 감소는 국가 재정 부족 문제와도 연결된다. 고령화로 인한 노인 인구 증가에 맞추어 의료비를 비롯한 각종 복지 지출이 확대되어야 하는데, 근로 인구가 감소하면 세입 기반이 위축되어 국가 재정 건전성에 적신호가 켜질 수밖에 없다. 이는 자연스럽게 국민연금, 건강보험 등 주요 제도의 지속 가능성에 위협을 가하게 되고, 세대 간 갈등을 악화시키는 원인이 될 것이다.

고령사회 대응 전략

우리는 지금까지 너무 '고령자' 개개인이 갖는 삶의 애로사항에 집중하는 경향이 있었다. 고령사회 대응 방향은 크게 두 가지로 볼 수 있다. 첫 번째는, 사회의 전환 과정에서 생기는 문제에 대응해야 한다. 즉, 고령 인구 증가로 인해 발생하는 사회적 문제에 대한 대응이 필요하다는 것이다. 예상되는 사회 문제들은 노동 인구 감소로 인한 생산성 저하, 연령주의로 인한 고령자 배제, 고령자 재교육의 부재로 인한 노동력의 질 저하, 교통 인프라 낙후성으로 인한 접근성 저하 등이다. 두 번째는, 사회 변화 과정에서 고령 인구의 삶의 질 저하가 초래되지 않도록 하는 방안을 모색하는 것이다.[63] 생산 시스템의 변화에 적응하지 못하는 저소득 고령자의 빈곤, 디지털 사회에서 고령자의 사회 활동 능력 저하, 전통적 가족 붕괴로 인한 돌봄의 약화, 독거노인의 안전사고 위험 등이다.

이 두 가지 방향의 대안들이 실효를 거둔다면, 고령사회에서 노인이 직면하는 '노후 4고苦(빈곤, 질병, 고독, 무위)'와 같은 문제들을 시의적절하게 해결할 수 있을 것이다. 또 고령화에 따른 사회 구조 개선이 잘 이루어져 새로운 기회와 발전적 가치를 발견할 수도 있을 것이다. 무엇보다 고령화로 인해 필연적으로 삶의 질에 대한 관심이 증대되며, 양적 성장에서 질적인 가치로 화두가 이동할 것이다. 가령 현재와 비교했을 때 고령사회에서는 건강, 여가, 배움 등 삶의 질을 높이는 분야가 더 중요해질 것으로 보인다. 그리고 노년에 대한 준비도가 높아진다면 노인들은 새로운 소비 주체가 될 수 있다. 이뿐만 아니라 고령화에 따른 라이프스타일의 변화에 맞춰 고령사회형 신규 일자리도 창출될 것이다. 실버문화 콘텐츠 개발자, 노후 설계 상담사 등 지금까지 부각되지 못했거나 존재하지 않았던 새로운 형태의 직업들이 그러한 예다.

단기 전략

단기적인 차원에서는 무엇보다 노후 소득과 고용 영역의 기초적인 사회 토대 확충에 주력해야 한다. 노인 자살의 원인 가운데 가장 큰 부분을 차지하는 것은 경제적 어려움이다. 경제적인 안정이 선결되지 않는다면 여가, 삶의 질 등 노후 생활을 윤택하게 만들기 위한 다른 노력은 무용지물이 될 것이다. 노후의 경제 상황을 개선하기 위해서는 세 가지 차원의 노력이 필요하다. 먼저 안정된 공적 노후소득 보장 체계를 구축해야 하며, 두 번째로는 연금 수급 이전까지 안정된 경제 활동을 보장하도록 중고령자 고용 관련 제도를 정비해야 한다. 세 번째로는 개인 차원에서 노후를 대비할 수 있도록 노후준비 제도를 활성화해야 한다.

우리나라의 공적 노후소득 보장 제도인 국민연금제도의 소득대체율은 2018년 39.3%인데 이는 OECD 평균 47.3%보다 낮다. 2016년도를 기준으로 우리나라 국민연금의 소득대체율은 복지국가로 알려진 스웨덴(36.6%)보다 높은 수준이지만, 이 국가들도 한때는 연금 소득대체율이 80~90%에 달했으며, 소득을 비롯한 제반 복지 여건이 튼튼하게 갖춰진 상황에서 연금 개혁을 통해 소득대체율을 낮춘 것이다. 아직도 다수의 유럽 국가들은 안정된 고령사회를 유지하기 위해 연금의 높은 소득대체율 수준을 유지하고 있다.

우리나라는 2008년 기초노령연금 도입을 비롯해 퇴직연금, 개인연금, 주택연금, 농지연금 등 다양한 노후 대비 수단을 마련해왔으나 포괄하는 대상층이 낮아 안정적인 노후소득 보장 제도로 기능하는 데 한계가 있다. 이를 위해 정부는 60세 정년을 법제화하고 2016년부터 공공기관 및 300인 이상 사업장에 적용을 시작으로 2017년부터는 300인 이하 사업장으로까지 확대했다. 그러나 법정 정년제가 제대로 이행된다고 하더라도, 국민연금 수급 시기와 정년 사이에는 여전히 괴리가 있어 소득 공백기가 존재한다. 따라서 중고령자들이 퇴직에 가까워진 나이에 더 안정적으로 경제 활동을 할 수 있게 만드는 제도적 장치에 대한 고민이 필요하다.

중기 전략

중기적 차원에서는 '복지'에서 '시장'으로 무게중심을 이동해야 한다. 즉, 고령화를 부담에서 기회로 전환하기 위해 본격적으로 노력해야 한다. 국가가 책임지는 복지적 대응만으로는 한계가 있으며, 고령화를 적극적인 성장 동력으로 활용하기 위해 고령사회의 특성을 반영한 새로운 시장을 형성해야 한다.

향후 '노년 서비스 시장'은 새로운 성장 동력이 될 수 있을 것으로 전망되며, 특히 고령자 적합형 주택 시장, 금융 시장, 여행 상품, 여가 관련 시장 등이 경제력을 갖춘 새로운 노인 세대의 소비를 진작시킴으로써 경제 활성화에 기여할 것으로 기대된다.

또 복지 차원에서는 그동안 확립된 복지 정책을 정비하는 작업이 중기 과제로 진행되어야 한다. 즉, 지난 2000년대 중반 이후 노인과 관련된 복지 정책 및 인프라는 빠른 속도로 확대되었는데, 이처럼 급속한 팽창은 필연적으로 역할과 기능의 측면에서 중첩되거나 사각지대를 발생시킨다. 따라서 중기적 과제로 노인 복지 분야의 공공 인프라 기능과 역할을 종합해 새롭게 재편성하는 체계 개편 작업이 진행되어야 한다.

장기 전략

장기적 차원에서는 근본적인 사회 시스템의 조정과 변화가 필요하다. 대표적인 영역은 교육이다. 현재 노년 교육은 복지관 등에서 진행되고 있는데, 더 구체적으로 의무교육 기간이 과연 고령사회 생애주기에 적합한 교육 시스템인지에 관한 재검토와 조정이 필요하다.

근본적인 사회 시스템의 조정과 변화가 필요한 또 다른 영역은 대안적 가족 공동체에 대한 부분이다. 가족의 형태는 산업화를 거치면서 대가족에서 핵가족의 형태로 변해왔는데, 고령사회의 진전과 함께 1인 가구가 많아질 것으로 예측된다. 특히 수명이 길어지면서 사별 등의 이유로 노인 1인 가구는 더욱 증가할 것으로 예측된다. 이러한 가족 형태가 보편화되면 가족의 개념에 대한 새로운 정의와 대안적인 가족 형태에 대한 범사회적 고민이 필요할 것이다. 다시 말해, 기존의 혈연 중심 가족관계를 대체하는 새로운 형태의 공동체에 대한 고민이 진행되어야 한다. 핀란드는 일종의 '노인 공동체'인 코티사타마kotisatama 장려 정책을 펼치고 있다. 이는 복지 비용을 절감시키고 지속 가능한 노인 보호 대책이라는 점에서 높이 평가된다. 또 프랑스에는 큰 집에 홀로 사는 노인과 가족을 연결해주는 기관이 있다. 홀로 사는 노인과 청년이 한집에 살거나, 홀로 사는 노인들과 또 다른 가족들이 한공간에서 새로운 가족 형태를 이루며 살아간다.

노인 인구가 전체 인구의 20%가 넘는 초고령사회에서, 노인은 특별한 집단이 아니다. 따라서 고령사회에 적응해가는 과정에서는 노인과 고령화에 특화된 대책들이 필요하지만, 장기적 관점에서는 모든 연령의 구분을 없애고, 연령에 관계없이 지속 가능한 사회적 환경 조성에 관한 구상을 마련해야 한다. 노인의 연령 기준 변경도 함께 논의되어야 한다.

단기적 실행 방안

- 노령 근로자에 대한 재취업 지원 등 노후의 경제적 안정화에 초점
- 현금 흐름을 개선할 수 있도록 주택·농지 연금 활성화
- 1인 1국민연금 체제 확립
- 기초 연금 내실화를 비롯해 국민연금 소득대체율과 연금보험료 상향 조정 논의 필요
- 공적연금 이외의 다양한 노후 준비를 위한 금융 상품 개발
- 정년과 연금 수급 연령을 일치시키기 위해 정년 제도의 실효성 제고
- 국민연금공단 행복노후준비지원센터 등 개인이 대비할 수 있는 노후 준비 지원 인프라 확충

중기적 실행 방안

- 정부 차원의 실버 산업 지원 체계 강화
- 교통, 관광, 식품 산업 등 현존하고 있는 시장 가운데 노인의 일상 생활에 밀착되어 있지만 노인에 특화된 서비스 제공에 한계를 보이는 시장 영역 중심으로 발전 모색
- 기술 활용을 통한 지역 사회 내 노인 복지 전달 체계 개선 및 맞춤형 서비스 지원 강화

장기적 실행 방안

- 민관협력 고령화 연구 센터 구축, 초고령사회를 대비할 연구 및 정책 개발 강화
- 은퇴 이후 인생 재설계 컨설팅, 직무 훈련, 평생학습 프로그램 등 전환기 노인을 위한 교육 재설계 및 교육 접근성 제고

- 초고령사회에 부합하는 생애 전체를 고려한 교육 시스템 재구조화
- 가족을 대체하는 공적지원 체계 구축 및 1인 가구를 위한 각종 법제도 정비
- 실버협동주택 등 비혈연 가구끼리 모여 사는 공동체 지원 정책 강구

100년을 설계하는
미래 세대 전략

───────────── 미래 세대를 고려하지 않는 나라에는 미래가 없다. 미래 세대란, 현세대의 결정과 행동의 영향을 직접 받으면서도 아직 미성년이거나 태어나지 않았기에 자신의 목소리를 현실 정치에 반영할 수 없는 세대를 말한다. 이는 곧 현세대의 의사결정이 미래 세대까지 포함해 장기적인 관점에서 이루어져야 한다는 것을 의미한다. 그러나 현실을 보면 미래 세대를 향한 관심과 투자는 여전히 매우 미흡한 실정이다. 특히 저출산과 고령화의 문제 그리고 자원 활용과 환경 정책 등은 미래 세대에 막대한 영향을 끼칠 요인들이다. 또 문명사적 전환에 비유되는 4차 산업혁명에 대한 대응 정책과 사회적 수용 방식은 어떤 측면에서는 현세대보다는 4차 산업혁명의 정점을 살아갈 미래 세대의 이슈일 것이다. 따라서 미래에 주요한 영향을 미칠 이슈의 경우에는 미래 세대를 함께 배려하는 관심과 정책을 더 필요로 한다.

청년층의 자조적인 미래관

도산 안창호 선생은 일찍이 "낙망은 청년의 죽음이요, 청년이 죽으면 민족이 죽는다"라고 말했다. 세계적 투자자로 알려진 짐 로저스는 2017년 KBS 〈명견만리〉에 출연하여 "나는 20년 전 한국의 외환위기 시절에 한국에 투자하여 크게 성공한 바 있다. 그러나 지금은 투자하지 않고 있다. 그 이유는 서울의 노량진에 가 보면 알 수 있다"라고 했다. 이는 젊은이들이 희망을 잃고, 변화를 도모하지 않으며, 공무원 시험이나 준비하는 나라에는 희망이 없어 투자하지 않는다는 뜻이다. 결혼 기피, 저출산, 자살률 등 여러 가지 국가적 의제들이 이러한 현상과 직결되어 있다. 현재 대한민국이 직면하고 있는 가장 큰 과제는, 어떻게 하면 청년들에게 희망을 불어넣느냐 하는 것이다.

현세대와 미래 세대 간 형평성 문제

미래 세대에 대한 무관심은 현재의 정치적, 제도적, 구조적 한계에서 비롯된다. 우리나라를 포함한 거의 모든 국가의 공식적인 제도는 현세대의 요구에 우선 대응하도록 구조화되어 있고, 이를 기초로 통치 행위의 정당성이 부여된다. 하지만 환경 오염과 이로 인한 생태계 파괴와 기후변화 그리고 자원 고갈 등 현세대가 남긴 폐해를 미래 세대가 고스란히 떠안아야 한다는 데 대한 경각심이 일고 있고, 이러한 의식들이 미미하게나마 미래 세대에 관심을 두는 계기가 되고 있다. 특히 한국의 낮은 출산율, 급속한 고령화, 복지 수요 확대에 따른 재정 건전성 문제 등이 최근 우리 사회의 뜨거운 현안이 되면서 미래를 향한 관심과 우려가 촉발되고 있다.

환경 및 자원 보존과 미래 세대

환경 및 자원 보존과 관련한 논의는 미래 세대의 '환경권'과 직결된다. 지구의 환경과 자원은 현세대의 소유물이 아니며, 미래 세대도 오염되지 않은 환경과 천연자원의 혜택을 누리고 살 권리를 갖는다. 현세대가 지금과 같이 자원 소비를 지속한다면 지구의 유한한 자원은 고갈될 수밖에 없으며, 환경 오염이나 생태계 파괴 등의 문제 또한 피할 수 없게 된다. 또 기후는 불안정해지고 있으며, 자연 재해도 증가하고 있다. 소득 수준에 비해 과다한 에너지 사용도 문제가 될 것이다.

세대 간 자원 분배 문제

세대 간 자원 분배의 불균형 문제를 초래하는 것은 현행 연금 제도다. 세대 간 부양의 원리에 기반을 둔 현행 공적연금제도는 저출산, 고령화가 가져올 인구 구조 변화에 매우 민감하다. 고령화가 진전되면 연금 지출은 늘어나지만, 출산율 저하와 경제 활동 인구의 감소로 연금 재원은 오히려 부족해지기 때문이다. 이는 곧 미래 세대에 커다란 부담으로 돌아가게 된다. 공무원, 사학, 군인, 국민 등의 연금 제도가 현재와 같은 양상으로 미래에도 지속이 된다면 결국 연금 재정이 고갈되어 재정위기를 맞을 수밖에 없다. 2018년 12월 보건복지부는 국민연금 제도 개편 방안을 발표한 바 있으나, 그 이후의 방안에 대한 논의는 지지부진한 상황이다. 예측되는 사회 문제들 속에서 국민연금 재정이 흔들림 없이 지속 가능할 것인가에 대한 우려가 여전히 존재한다. 그리고 그것은 미래 세대의 부담으로 직결된다.

한편 고령화의 진전과 사회적 양극화의 심화로 복지 수요는 지속하여 증가할 전망이다. 현행 복지 제도를 유지만 하더라도 2050년에는 사회복지 지출이 GDP의 15%를 넘어설 것으로 예측된다. 현세대를 위해 복지를 확대할 경우 이는 곧 미래 세대의 복지를 잠식하는 결과로 이어질 수 있다.

미래 세대를 위한 전략적 방안

한 해의 정부 살림살이를 파악할 수 있는 국가 재정 적자가 만성적으로 고착화되고 있다. 2008년 이후 대규모 재정적자가 이어지는 상황인데, 이러한 국가의 빚은 미래 세대에 막중한 부담이 될 것이다. 따라서 국가 부채에 대한 경각심을 가져야 하는 것은 물론 미래 세대를 배려하는 다양한 전략들을 추진해야 한다.

정책적 제안 사례

미래 세대와 현세대 간 형평성 문제를 해결하기 위한 개혁적인 제안들은 다양하게 존재한다. 이러한 제안들은 헌법 개정부터 입법부 내 위원회, 독립적 행정기관, 정책 의제 설정부터 평가에 이르기까지 정책 사이클의 모든 단계를 취급한다. 또 국외와 국내, 지방의 개혁 사항까지 포함한 공공정책의 모든 단계를 포함하고 있으며, 민간 영역 및 비영리 부문을 포함한 인간 행동의 다양한 부분까지 포괄한다.

〈표 8〉에서 보는 바와 같이 미래 세대의 권익 보호와 관련해 기존에 제시된 여러 해결책을 분석해보면, 상당수가 복합적인 목표를 지녔으

| **표 8** | **미래 세대의 권익 보호를 위한 해결책 제안**

---

1. 미래 세대를 위한 글로벌 거버넌스 조직 개혁

2. 미래 세대의 권익 보호를 위한 법 조항 마련 또는 강화

3. 미래의 중요한 의사결정을 선출직이 아닌 독립적인 기관에 양도

4. 선거 제도 및 투표권 개혁

5. 행정 및 입법기관의 설계 변경

6. 미래 예측 메커니즘과 계획 프로세스 강화

7. 장기적인 사안에 초점을 둔 새로운 전략과 계획 수립을 위한 연구 및 자문 기관 설치

8. 미래 세대의 후견, 또는 보호와 책임을 담당하는 새로운 기구 창설

9. 절차 및 실질적인 부문에서 의사결정자들을 제한하기 위한 새로운 규칙 도입

10. 예산·성과 관리 기구 및 책임성 강화

11. 새로운 정책 프레임워크에 기반한 회계·복지 측정을 위한 미래 준비 및 영향지수 개발

12. 시민사회 역량 강화

며, 단순히 미래 세대를 위한 것만은 아니다. 또 제안의 중요도나 복합성의 스펙트럼이 매우 다양하다. 개별 국가들의 헌법 규정, 정부 조직, 정당 간 경쟁 구조, 이념적인 양극화 수준, 사회적 신뢰와 호혜성 수준, 정책 프로그램의 특성, 정책 해결책과 연관된 보상 구조 등이 다양성에 영향을 주기 때문이다.

미래 세대를 위한 정책 설계의 원칙

미래 세대의 권익 보호와 세대 간 형평성 제고를 위한 제도 및 정책 설계를 위해서는 복합적인 사고가 필요하다. 또 많은 정치적, 제도적인 장애물을 극복해야 한다. 이는 단기간 내에 이루어질 수 없으며 장기적

인 계획과 지속적인 실천이 필수적이다. 미래 세대를 위한 정책과 제도들은 무엇보다 실행할 수 있고, 효과가 있어야 하며, 한국의 상황 요건에 부합해야 한다. 따라서 제도 및 정책 설계의 원칙으로 실행 가능성, 정책적 효과성, 한국적 적실성이라는 세 가지 방향성을 염두에 둘 필요가 있다.

전략적 실행 환경 제공

- 정책결정자들이 단기 이익을 넘어 중장기 미래에 관심을 가지도록 인센티브 제공
- 정책결정자들이 더 나은 의사결정을 할 수 있도록 데이터·분석 방법 및 절차 제공
- 국회 내 입법·정책에 대한 영향 평가 시스템을 구축해 중장기 효과성 평가 및 부작용 최소화

제도적 장치를 통한 실행 방안

- 정부 예산 편성 시 미래 세대에 미칠 영향을 미리 분석하는 미래 세대인지예산제 추진
- 국가 정책 의사결정 구조 내 미래 세대 대리인, 청년 참여 비율 확보
- 미래 세대 배려 정책을 수립하도록 적절한 정치적 보상 구조 마련
- 중장기 미래 및 미래 세대를 위한 정책 입안 시 가산점 부여 등 공무원 평가 제도 개편
- 미래 세대를 위한 의정 활동을 수행하는 의원들에게 특별한 보상제도 마련
- 미래 세대 대리인 선출, 즉 비례대표제를 미래 세대를 대표하는 제

도로 보완

- 협력적인 거버넌스를 통해 특정 정책에 대한 초당적 지지와 사회적 합의 모색

미래 세대에 희망 불어넣기

- 교육 사다리 회복: 공교육 정상화, 다양한 진로교육, 학력차별 금지, IT 기술을 활용한 교실 내 교육 환경 개선, 사교육 근절 등
- 사업 사다리 회복: 성실성과 기술만 가지면 사업을 펼치고 성공할 수 있는 사회 구축. 창업 지원 정책, 창업자 연대보증 금지, 실패 용인, 패자부활 등
- 신뢰 사다리 회복: 노력한 만큼 보상받을 수 있다는 사회적 신뢰 회복 프로세스 구축

국가 발전과 선순환하는 다문화사회

─────────── 우리나라에 체류하는 외국인이 240만 명을 넘어섰다. 이제 국민이 공감하고 국가 발전과 선순환하는 다문화사회전략이 필요한 시점이다. 오랫동안 정서적 동질성을 유지해온 한국은 다문화사회로 바뀌고 있다.

변화의 직접적 원인은 이민자의 유입이다. 1980년대 후반 외국인 근로자의 국내 유입으로 시작된 이민 흐름은 1990년대 초에는 결혼이민으로, 2000년 대에는 외국인 유학생 증가로 이어졌다. 법무부에 따르면 2021년에 국내 체류 외국인 수는 300만 명을 넘을 전망이다. 과거에는 이민자의 거의 전원이 중국과 일본 등 이웃나라에서 왔지만, 1980년대 말 이후에 한국에 들어온 이민자의 출신국은 중국이나 일본뿐 아니라 동남아시아, 서남 및 중앙아시아, 유럽 각국과 북미, 중남미 등 다양하다.

한국인과 결혼한 이민자들의 정착 또한 변화의 한 축을 이룬다. 국적,

민족, 종족, 인종이 다른 사람들 간 결혼이 늘어나고 있다. 2005년의 경우, 국내 전체 결혼 건수의 13.6%인 42,356건이 국제결혼이었다. 이후 2016년(20,591건)까지 하락세를 보이다가 2017년 20,835건, 2018년 22,698건을 기록하며 다시 증가세로 돌아섰다.

한편, 한국의 문화적 다양성 증대에 영향을 미치는 이들은 결혼 이주민이나 외국인 유학생보다는 외국인 근로자와 같은 경제 이민자들이다. 이들은 특정 지역에 밀집하며 한국 문화에 자신들의 문화를 녹아들게 한다. 다른 문화권의 이민자를 수용하는 것은 인구 결손을 보충하거나 경제적 이해뿐만 아니라 문화의 도약을 위해 필요한 일이다.

인구 고령화와 이민 수요

한국 사회의 저출산·고령화 문제에 따라 이민자 유입은 계속될 전망이다. 통계청이 전망한 '장래인구 특별추계'에 따르면, 한국의 총인구는 2018년 5,161만 명에서 2028년 5,194만 명까지 성장하다가 이후 감소세로 전환돼 2067년에는 3,929만 명에 이를 것으로 예측된다. 한국의 생산 가능 인구는 2017년 3,757만 명에서 2067년 1,784만 명, 총인구의 45.4% 수준으로 감소될 것이다. 전체 인구보다 노동력이 먼저 감소하는 것이다.

현재의 출생률과 사망률을 고려할 때, 한국의 고령화 추세를 몇 년 안에 반전시키기는 매우 어려우며, 인구 고령화에 대응하고 인구 구조조정 시간을 벌기 위해 생산 가능 인구 중 여성과 이민자 노동력을 수용하는 현실적인 대안 마련이 필요한 상황이다.

미래 이민 정책의 방향

이민 정책을 통해 교육과 기술 수준이 높은 노동력을 확보하고, 이민으로 인한 긍정적 효과를 극대화하려면 정부는 장기적 그림을 그리고 능동적 조취를 취해야 한다. 그 첫 과제는 이민 정책 설계와 운용에 대해 검토하는 것이다. 외국인과 더불어 해외 거주 한인과 관련 가족의 국내 유입을 고려해야 하며, 한국의 국적법을 수정해 국내 이주를 활성화해야 한다. 또 북한 거주민들을 수용할 정책을 병행하여 입안할 필요가 있다.

두뇌 유출 방지 대책 필요

정부는 '나가는 이민'의 중요성을 인정하고 이를 적극적으로 관리해야 한다. 청년층과 전문 기술직 종사자의 해외 취업은 언제든지 정주형 이민이나 가족이민으로 발전할 가능성이 있다. 이 경우 우리나라는 인재를 잃어버리고 인구가 감소한다. 정부에서 적극적인 재외동포 정책으로 해외 인재와 기업가를 한국으로 유치하지 않는다면, '두뇌 유출'에서 '두뇌 순환'으로 전환을 기대하기 어렵다. 그러한 점에서 한국인의 해외 진출을 장려하되 두뇌 유출을 방지하기 위한 다각적 정책이 뒤따라야 한다.

다각적 이민 정책 추진

다음으로 '들어오는 이민'이 국내 사회와 경제에 미치는 효과를 고려해야 한다. 정책 논의의 초점을 이민자의 숙련도와 국내 노동 시장 상황에 맞춰 어느 분야에서 얼마만큼 어떤 방식으로 이민자를 받아들여야 하는지를 설정해야 한다. 저숙련 이주 노동자와 전문 기술 인력 및 결혼 이민자 등을 받아들이는 방식은 달라야 한다.

이민자 유입은 내수 시장을 확대한다. 이민자들은 소비자가 되기 때문이다. 또 이민자들의 낮은 인건비가 제품의 가격을 하락시키면 내국인들은 저렴한 가격에 제품을 구입할 수 있다.

그렇지만 이민자의 노동 생산성이 지나치게 낮아 이민자에 대한 공적 이전 지출이 증가할 경우 1인당 GDP는 크게 달라지지 않을 것이다. 이민자들은 보통 가족을 동반하므로 국가는 이민자 가족에게 사회복지 혜택을 제공하게 된다. 또 은퇴 후에도 사회복지 혜택을 받으므로, 늘어난 기대 수명을 고려할 때 정부는 이민자들이 경제 활동을 하며 유입국 사회에 기여한 것보다 더 높은 비용을 사회보장비로 지출할 수도 있다. 더구나 현재 이민자들이 대부분 저임금 직종에 종사하는 점을 고려하면 이들의 사회 기여도는 더욱 낮을 것이다. 이런 관점에서 한국이 이민자 유입 효과를 누리려면 이주 노동자와 같은 '교체 순환형'과 영구 정착이 가능한 '정주형' 이민을 병행해야 한다.

우수 인력 확보를 위한 이민 정책

이민 정책은 우수 인력 확보 방안으로 활용될 수 있다. 흔히 기업의 미래는 우수 인력 확보가 관건이라 말한다. 국가도 마찬가지다. 내부 인력을 우수 인력으로 잘 길러내는 것 못지않게 외국에서 우수 인력을 유치해오는 방법도 필요하다. 이런 방법은 미국, 캐나다, 호주에서 활발하다. 인력 부족을 해결하기 위해서 이민을 받아들인다면, 공부 잘하고 성실하고 머리 좋은 사람을 받아들인다는 전략이다.

일본도 '미래투자전략 2017'에서 2022년까지 2만 명의 우수 외국인력을 활용한다는 정책을 제시하며 인력 부족을 해소하고 산업에 혁신을 일으키려 노력하고 있다. 일본 정부는 '인재 포인트' 제도를 통해 외국의 우수 인력 상황(경력, 학력, 연봉 등)에 따라 출입국 관리상 우대 조치를 받게 하거나, '인재 전문직' 제도를 통해 무제한으로 체류할 수 있게 하는 정책을 마련했다.

현재 한국에 살기를 원하는 외국인들이 적지 않다. 실제로 세계 각지의 사람들이 한국으로 유학오고, 대학 졸업 후에는 한국에 체류하기를 희망한다. 예를 들어서 한국 대학에서 이공계 박사 학위를 받는 유학생에게는 비교적 쉽게 시민권을 준다면, 선순환의 유학 이민 제도가 정착될 것이다.

이민자 유입에 따른 지원과 대처

정주형 이민자의 경우 사회 통합 정책을 통해 국내에서 성공적으로 정착하도록 지원해야 한다. 이민자들이 사회적, 경제적, 정치적 권리를 공정하게 누리고 의무를 이행할 수 있도록 국가는 시민권 제도부터 정비해야 한다. 아울러 이민자 유입으로 초래된 사회적 갈등과 비용을 줄이기 위한 노력도 병행해야 한다. 정주형 이민자는 내국인 노동자들의 임금 감소 및 실업, 주택, 취학 인구, 범죄, 문화와 공동체 해체, 복지 지출, 공공서비스, 공공재정 등의 문제에 이르기까지 광범위한 분야에서 사회에 영향을 미친다.

이민자 수가 많아지면서 이민자들은 다양한 형태의 사회 집단을 형성한다. 이들 중 일부는 개방적 정체성을 갖고 주류 사회 속으로 편입되지만, 다른 일부는 순수성과 배타성을 유지하며 자신들의 공동체에 폐쇄적으로 정착하기도 한다. 후자의 경우 공동체나 민족 또는 종교 안에서 출신국 사회의 독특한 문화를 간직한 '문화적 게토'를 형성하게 된다. 문화적 게토가 주류 사회의 문화를 풍요롭게 할 수도 있지만, 때로는 갈등의 주범이 되기도 한다. 특히, 극단적이고 폐쇄적인 게토는 사회의 위험 요인으로 간주된다.

정부는 이민자 유입의 부정적 측면을 진단하고 그것을 예방해야 한다. 인종적, 종족적 다양성을 문화적 다양성으로 승화시키고 조화를 이루려는 노력이 절실하다. 정부가 그러한 노력을 게을리하거나 사회 통합에 실패할 경우, 이민자와 내국인 간의 갈등이 사회 문제로 대두될 수 있는 점을 경계해야 한다.

성공적인 사회 통합

사회의 종족적 다양성을 문화적 다양성으로 확대하기 위해서는 이민자와 한국인 모두의 노력이 필요하다. 이질적인 문화를 가진 사람들이 상생하려면 이해와 관용의 정신으로 상대방을 존중하는 것이 필요하다.

외국인 또는 이민자에게 사회 적응은 힘든 경험이다. 낯선 언어와 문화, 관습을 이해하고 거기에 적응해야 하기 때문이다. 정부는 이민자들이 한국 사회에서 생활하는 데 필요한 정보와 기술을 습득해 자국의 문화적 정체성을 유지하면서도 한국 사회에 적응할 수 있도록 지원해야 하며, 마찰과 갈등을 줄이는 방안을 모색해야 한다. 한국인은 외국인과 외국 문화를 인정하고 이해해야 할 것이다. 정부, 기업, 시민사회가 해야 할 역할을 제시하면 다음과 같다.

지방 정부 차원의 다문화사회 지원

- 사회관계망 구축을 통해 외국인이 지역 주민으로 함께 살아갈 수 있는 토대 마련
- 지역 내 다문화가족, 외국인 주민, 지역 주민이 어울려 지내도록 지역 공동체 사업 개발
- 다문화 감수성 교육 등 정서적 교육 프로그램 개발 및 확산
- 외국인들의 자발적인 문화 행사를 지원하는 프로그램 운영
- 가칭 '다문화주의 기금'을 조성해 다양한 활동 지원
- 외국인 이주민들의 관점에서 문화적 수요 파악
- 외국인 업무 전담 부서 설립
- 외국인 주민 대표가 '외국인대표자회의'를 통해 지방 행정에 직접 참여하는 기회 부여
- 이주자 밀집 지역과 지역 주민 소통을 돕는 지역 특화 공동체 행사 활성화

다문화 수용에 걸맞은 기업문화 조성 및 외국인 노동자 인권 보호

- 외국인 노동자 차별 금지를 위한 상호감시 운동 운영
- 종교, 음식 등 외국인 노동자들의 전통문화와 생활관습을 존중하는 기업문화 조성
- 생산직 외국인 노동자 차별 대우와 인권 침해 근절 방안 강화
- 외국인 노동자의 권리 보호를 위한 법제도 보완 및 절차 간소화

시민사회 차원의 상생 프로그램 활성화

- 인식 개선 교육 등을 통해 외국인 차별 방지 문화 조성

- 가칭 '친구 맺기 프로그램'을 만들어 화합의 기회 확대
- 똑같은 시민으로서 '더불어 사는' 세계 시민 의식 교육

결혼 이주민과 다문화가족 자녀에 대한 관심과 지원

- '다문화가족지원법' 내 지원 대상과 범위 개선
- 국제결혼 이주민 실태 파악 및 인권 보호 장치 마련
- 국제결혼 이주민들의 성폭력 및 가정폭력 피해 해법 마련
- 아동기, 청소년기 이민자 학생들에게 교육의 기회를 폭넓게 보장하는 정책적 방안 마련(아동기 기초학력 보장 교육, 중도입국 자녀 대상의 언어 교육 지원 등)
- 한국 국적을 가진 다문화가족 2세들의 특성에 맞춘 심리 상담 및 진로 탐색 지원

인간이
중심이 되는
4차 산업혁명

───────── 기술의 발전이 막을 수 없는 변화의 흐름이라면, 그 흐름의 중심에 인간이 서야 한다. 인간과 기계가 교감하며, 기계가 아닌 인간을 중심으로 발전해야 한다. 4차 산업혁명과 기술 발전의 성공 여부는 인간에 대한 이해가 얼마나 깊은가에 달렸다.

과학 기술의 가속적 발전은 인류 역사에서 전대미문의 사건이다. 기술의 발전은 경제적 번영을 가져와 인류를 빈곤으로부터 해방시킨 것으로 찬양받았다. 실제로 증기기관을 기반으로 일어난 1차 산업혁명, 전기가 촉발한 2차 산업혁명은 경제 성장에 결정적 역할을 했다. 이후 20세기 후반 출현한 디지털 기술은 정보화혁명, 즉 3차 산업혁명을 촉발하고 최근 새로운 변곡점에 도달했다. 4차 산업혁명으로 도약하고 있는 것이다. 여기서 중요한 점은 논의의 출발점도, 종착점도 사람이 그 중심이 되어야 한다는 것이다.

낙원을 향한 꿈

4차 산업혁명은 가상과 현실 세계의 경계를 넘나드는 시스템을 구축함으로써 자동화·지능화된 생산 체제로 산업·경제·사회 구조를 급격히 바꾼다. 인간과 인간의 소통 기술로 실현되는 ICT의 단계를 넘어섰다는 점에 주목해야 한다.

경제적 번영

정보 기술은 이제 인간을 포함한 모든 사물에 스며들어, 만물의 소통과 조작을 실현하는 만물인터넷의 단계로 진입하고 있다. 만물인터넷은 사람, 기계, 설비, 물류, 제품 등 모든 것이 직접 정보를 교환하고 협력하는 지능형 디지털 네트워크 시스템이다.

이렇게 4차 산업혁명이 이끌어가는 미래에는 기계들이 지능화되고 서로 정보를 주고받고 스스로 소프트웨어를 업그레이드하면서 진화한다. 반면 기계를 지능화하는 데 필수적인 컴퓨터와 인공지능의 생산 비용은 가파르게 떨어지고 있다. 따라서 기업은 지능화된 기계로 비용이 많이 드는 인간의 노동력을 대체하는 과정을 본격화하고 있다. 지능화된 기계의 전면적이고 급속한 도입은 생산 부문에만 머무르지 않는다.

경영 관리에서도 딥러닝 그리고 딥디시전의 방식으로 지능화된 인공지능이 급속히 도입될 것이다. 이는 기존의 인간 조직이 의견 조율 과정에서 나타나는 시간의 지체, 경직화로 인한 관료화와 같은 문제점을 극복할 것이다. 또 신속하고 합리적인 결정으로 오류가 감소하고 운영 속도는 민첩해질 것이다. 이렇게 경제 전반이 지능화되면, 이는 더욱 큰 경제적 풍요를 가져다 줄 것이다.

죽지 않는 인간의 도래, 포스트 휴먼 시대

만약 4차 산업혁명이 계속 진행된다면, 포스트 휴먼 시대가 열릴 수 있다고 전문가들은 전망한다. 포스트 휴먼은 소위 트랜스 휴머니스트라고 불리는 미래주의자들이 미래에 출현할 것으로 예견하는 새로운 존재를 말한다. 이제 유전자가위를 이용해 인간 유전자를 원하는 형태로 편집할 수 있게 되었다. 자기 자신의 유전자를 그대로 가진 배아를 만드는 기술 또한 완성되었다. 자식에게 유전병을 물려주지 않겠다는 인간의 원초적인 욕구는 기존의 윤리 규범과 충돌하고 앞으로 많은 논란을 불러일으킬 것이다.

여러 가지 첨단 기술의 힘으로 기능이 증감된 인간이 바로 포스트 휴먼이다. 인간 이후 존재자가 출현하면, 인간의 생물학적 몸은 도태될 것이지만 이것은 불행한 사건만은 아니다. 기술을 통해 질병과 죽음으로부터 해방될 수 있기 때문이다.

4차 산업혁명, 누가 지휘하는가?

혁명은 인간이 원하는 방향으로 역사를 변혁하겠다는 역사 주체로서의 인간 선언이다. 근대 이후 인간은 역사의 주인으로서 혁명을 선언하기 시작했다. 그렇다면 4차 산업혁명도 그러한가? 만일 과학 기술 발전과 4차 산업혁명이 트랜스 휴머니즘이 예고하는 방향으로 진행된다면 혁명은 인간을 무기력한 존재로 만들지도 모른다.

할 일이 사라진 미래

4차 산업혁명이 현재와 같은 방향으로 계속된다면, 상당수의 인간이 미래에 일자리를 잃을 것이다. 물론 낙관적 전망도 있다. 기술 혁신이 한편으로는 기존의 일자리를 파괴하지만, 다른 한편으로 새로운 일자리를 창출할 것이라는 예측이다. 그러나 4차 산업혁명에는 이전의 혁명과 근본적으로 다른 점이 있다. 그것은 기본적으로 인간이 서로를 필요로 하지 않게 된다는 사실이다. 또 새로운 기술에 의해 창출되는 일자리 수는 사라지는 일자리 수를 상쇄하기에는 턱없이 부족할 것이다. 일례를 들면, 1990년대 초 제조업 경제의 메카였던 디트로이트의 자동차 회사들은 140만 명에 달하는 인원을 고용했지만, 4차 산업혁명의 중심 실리콘 밸리에 고용된 인원은 14만 명에 불과하다.

물론 4차 산업혁명은 제조업 분야의 일자리로부터 인간을 해방, 더 양질의 일자리를 제공할 것이라는 전망도 있다. 특히 인공지능이 대체할 수 없는 고도의 지적 능력을 갖춘 지식 자본가 그리고 인공지능과 로봇을 소유한 물적 자본가를 중심으로 한 소위 슈퍼리치 경제가 출현할 수도 있다. 이들 슈퍼리치들은 천문학적 규모의 부를 축적하고 그 부를 다양화된 욕망을 충족하는 데 소비할 것이며, 이는 새로운 서비스 산업의 출현을 촉진할 것이다.

하지만 과연 그럴까. 인공지능 개발에는 인간이 서로에 대해 요구하는 서비스들을 인공지능 로봇이나 가상현실로 대체하려는 목적이 있다. 백화점 안내, 노인 간호, 심지어 섹스까지 인공지능이 담당하는 미래가 오고 있다. 인공지능학자 데이비드 레비가 주도하는 '섹스 위드 로봇sex with robot' 프로젝트가 이를 증언한다. 이러한 추세가 계속되고 미래의 어느 시점에 완성기에 도달한다면, 인간은 어떤 누구도 필요로 하지 않으며, 누구도 나를 필요로 하지 않는 상황이 전개될 수 있다. 미래에는 나라는 인간도, 너라는 인간도, 그들이라는 인간들도 모두 필요 없는 존재가 될지도 모른다. 요컨대, 인간이 더 할 일이 없는 미래가 우리를 기다리고 있다.

빈곤

일이 없는 미래에 가장 먼저 예상되는 사태는 일이 없는 자들의 빈곤이다. 그리고 빈곤이 만연할 경우, 시장에서 소비자가 사라져 결국 총수요 부족이라는 경제적 파국을 맞을 것이다. 이 때문에 일부 경제학자들은 미래의 포스트 휴먼, 일이 없는 자들에게 기본임금을 주는 정책을 도입해 문제를 해결해야 한다고 주장한다. 심지어 인간은 로봇에게 일을 위임하고 정부는 기업으로부터 로봇세를 징수하여, 이것으로 기본소득을 충당하는, 노동 없는 시대를 예고하기도 한다. 인간이 일로부터 해방되고 낙원으로 향한다는 것이다.

하지만 이는 인간과 일의 관계에 대한 지극히 단선적인 사고다. 물론 기본소득은 일시적으로 경제적 궁핍과 사회의 양극화 그리고 총수요 부족을 진정시키며, 사회의 기초 안전망으로 기능할 것이라는 점에서 긍정적이다. 그러나 그것만으로 일이 없는 미래의 문제를 해결하려 한다면 그것은 큰 오산이다. 인간에게 일이란 단순히 생존을 위해 먹이를 구하는 동물의 행동과는 다른 차원의 것이기 때문이다.

권태와 중독

기존 경제학의 관점에서 볼 때 일은 생산 요소와 비용에 불과하다. 그러나 인간의 삶을 전체적으로 성찰해보면, 일은 인간의 품격, 개인의 사회적 가치를 실현하는 실존적 처신이다. 그렇기 때문에 일이 없는 상태는 인간의 실존적 삶에 많은 문제를 일으킨다. 특히 철학적 차원에서 가장 심각한 위험은 인간의 삶이 병리적 상황에 빠질 가능성이다. 일이 없는 자들에게 경제적 궁핍보다 더 위험한 사태는 이들이 권태에 빠져 결국 중독자로 전락하는 경우다.

중독은 단순한 질병이 아니다. 바이러스나 물질적 궁핍이 원인인 병이 아니다. 물질적 풍요 속에서도 발생하는, 인간에게만 나타나는 독특한 시간적 질병이다. 인간은 할 일이 없는 상태에서는 미래라는 시간과의 관계가 절연된 상황, 즉 절망적 상황에 놓인다. 미래와의 관계가 단절된 인간은 현재의 시간이 미래로 흐르지 않는 권태 상태에 빠지게 된다. 아무리 물질적으로나 영양학적으로 좋은 조건이 제공된다고 해도, 자신의 미래를 기획하고 그 기획을 적극적으로 실현할 수 있는 일이 사라지면 절망과 권태에 빠지게 되는 것이다. 이를 대표적으로 보여주는 사례가 컴퓨터 게임 중독이다. 게임 중독은 게임을 하는 시간에 비례하여 발병하는 증상이 아니다. 프로게이머는 게임중독자가 아니다. 프로게이머는 컴퓨터 게임을 일로 함으로써 미래로 향한다. 그러나 아직 실현되지 않은 다른 가능성을 향하는 길을 잃은 자들에게는 미래란 존재하지 않는 것과 같다. 오직 현재만 있을 뿐 시간이 흐르지 않고, 따라서 떨쳐버릴 수 없는 권태에 빠지는 것이다. 이 권태를 일시적으로 망각하는 수단이 오직 컴퓨터 게임이라면, 그는 컴퓨터 게임 중독자다.

이렇듯 인간의 일, 시간성 그리고 중독 현상을 살펴보면 우리는 다음과 같이 주장할 수 있다. 아무리 자율적 효율성과 정확성이 높은 기술이라 할지라도, 그것이 인간의 일을 박탈한다면, 인간을 권태에 빠뜨린다면 그러한 기술이 지배하는 사회는 결국 붕괴할 것이다.

4차 산업혁명의 인도적 전환

이러한 사실을 염두에 두면서 인간과 기술의 관계를 생각해보자. 이 때 잊지 말아야 할 사실이 있다. 인간의 일은 단순히 생존을 위해 먹이를 구하는 동물의 행동과는 다른 차원의 주권적인 처신이다. 인간만이 미래의 가치를 성취하기 위해 일을 한다. 기계는 작동할 뿐, 일하지 않는다. 인간이 일하기 때문에 기계가 필요한 것이다.

여기서 또 주목해야 할 사실이 있다. 인간은 맨몸으로만 살 수 없다는 점이다. 삶을 몸으로 살아내는 인간은 항상 도구와 기술에 의탁하며 살아간다. 기술과 함께 일함으로써 인간의 삶이 생동적이게 된다. 삶을 주체적으로 살아나갈 때 몸은 도구와 기술을 필요로 한다. 그러나 이 도구와 기술이 몸을 장식물로 전락시켜 삶에서 몸이 사라진다면 그 몸과 함께 결국 삶도 죽어갈 것이다.

지금까지의 논의를 다시 4차 산업혁명과 연관시켜보자. 4차 산업혁명은 지능적 기술의 발전이 전 산업에 매끄럽게 스며들어 산업 설비, 생산자, 소비자를 연결시키고 경제가 지능적으로 운영되는 현상이다. 이 때 결정적인 역할을 하는 주인공은 IoT를 기반으로 모든 것에 스며드는 인공지능, 즉 AoE(AI of Everything)다. 그러나 만일 AoE가 미래를 주도한다면 그 미래는 역설적으로 인간의 일을 빼앗고 미래라는 시간을 증발시키며 결국 인간을 중독의 상태로 몰고 갈 위험이 있다. 인간의 삶에서 미래와 자율적 주권을 박탈되지 않게 하기 위해서는 반드시 인공지능 및 첨단 기술은 인간과의 상호작용을 고려해 개발되어야 한다.

이러한 관점에서 눈여겨볼 가치가 있는 기술이 '적응형 자동화'다. 적응형 자동화는 인간을 일로부터 배제시키는 것이 아니라 인공지능에게 인간 친화적인 방식으로 인간과 기계의 협업을 조율하는 역할을 부여한다.

미래로 가는 도정에서 과학 기술 발전의 중요성은 아무리 강조해도 지나치지 않다. 그러나 그렇다고 해서 과학 기술이 인간을 천국으로 이끄는 구원의 신은 결코 아니라는 사실도 명심해야 한다.

가치의 문제 숙고

- 과학 기술의 가치중립성 인식 필요. 선용과 악용 가능성 모두 존재
- 과학 기술은 민주주의 발전에서 선용되기도 했지만, 제국주의의 팽창에 악용되었으며, 나치의 인종주의를 정당화하고 인종청소를 자행하는 데도 악용된 바 있음
- 과학 기술 발전과 함께 어떻게 사용할 것인지에 대한 고민 필요

과학 기술 선용을 위한 신뢰의 사회적 자본 확충

- 4차 산업혁명과 기술 발전에 대한 국가적 목표와 가치를 설정하고, 이에 대해 국민과 소통하는 노력 필요
- 4차 산업혁명은 시장 자본만으로 실현될 수 없으며 사회적 정의, 신뢰, 상호인정과 존중 등의 사회적 자본 확충이 매우 중요
- 사회적 자본 확충을 위한 사회 구성원들의 자발적이고 민주적인 협력 필요

성찰적 4차 산업혁명을 위한 정책 기획의 혁신

- 보다 가치 있는 미래로 가기 위해서는 정책 기획 단계에서 발상의 전환 필요

- 과학 기술을 발전시키고, 그것으로 시장 수요를 만들어내어 시장 자본을 축적하고, 그때 발생하는 부작용은 후순위의 부수적 과제로 생각하는 식의 기존 정책 기획 방식 개선 필요
- 과학 기술 선용을 위한 법과 제도적 방안 구축

5

정치 분야
미래전략
Politics

KAIST Future Strategy 2020

4차 산업혁명 시대의 행정

──────────── 행정을 더 효율적으로 만들기 위한 시도는 끊임없이 이어져왔다. 효율성과 민주성의 측면에서 많은 비판을 받는 관료제 역시 1차 산업혁명 시대 행정 혁신의 산물이었다. 독일의 사회학자 막스 베버가 분석한 대로, 관료제는 1차 산업혁명 시대가 요구했던 정확성, 신속성, 명료성, 통일성, 엄격한 상명하복, 비용 절감 등 모든 기술적 측면에서 과거의 조직 형태보다 우수했다. 3차 산업혁명 시대부터는 정보 기술과 인터넷을 행정에 도입하는 전자정부e-government가 정부 혁신의 중요한 전략 중 하나로 채택되었다. 이후 전자정부의 성숙도가 높아짐에 따라 정부 운영 시스템의 개선, 정부 기능의 합리적 조정과 부처 간 협력 제고, 대민 서비스 전달 방식의 혁신에 기여했다.

전자정부의 성과와 한계

1990년대 중반부터 전자정부 구현을 위한 정보화 예산 및 정보화 교육, 전자정부에 따른 행정 프로세스 개편 등 유·무형의 투자가 이루어져왔으며, 다음과 같은 성과를 거둔 것으로 평가된다.

첫째, 정부 내부의 업무 처리 절차의 전자화 완료 단계에 이르렀다. 인사(e-사람, 인사랑), 재정(dBrain, e-호조) 등 중앙부처와 지자체에서 수행하는 핵심 영역 업무에 대한 처리 절차의 전자화가 완료되었으며, 전자결재·업무 관리(온-나라), 기록물 관리, 정부 디렉토리 시스템, 전자문서 유통 시스템 등 행정 처리를 위한 주요 시스템이 구축되었다. 둘째, 주요 공공데이터의 전자화·DB화로 행정 업무와 서비스의 온라인 처리 기반이 마련되었다. 주민, 부동산, 자동차 등 국가 운영에 기본이 되는 데이터베이스가 구축되었고, 정보 자원의 관리·운영을 위한 '범정부 EA포털'을 구축, 공공기관의 정보 자원 관리 체계가 제도화되었다. 셋째, 지금까지의 기관별, 업무 분야별 정보 시스템을 탈피하여 협업 및 지식 기반 행정을 구현하는 정부 클라우드 기반을 마련하고 있다. 2013년부터 가상 서버를 제공하는 'G-클라우드' 인프라를 구축하고 기존 부처의 업무 시스템 전환을 추진하고 있다.

그러나 이와 같은 성과에도 불구하고 현실에서는 부처 간 칸막이, 비능률성, 저생산성 등 기존의 관료제가 갖고 있던 병폐는 여전히 사라지지 않고 있다. 지금까지의 전자정부는 '약한' 혁신에 머무르는 한계를 보였다. 개별 사업 단위에서 일부 성과가 있었으나, 부처 간 협업을 촉진하고 부처의 경계를 넘어서는 공공서비스를 제공하지 못하고 있다. 또 축적된 행정 정보의 활용 수준이 낮고, 정보 자원의 유지 및 보수 비용이 급격히 증가하고 있다. 예를 들면, 부처별로 따로 보유, 제공하고 있는 데이터 및 서비스의 통합을 통해 대국민 서비스의 질적 개선과 정보 자원 관리의 효율성을 높이고자 정부통합전산센터를 구축하였으나, 서비스의 수준과 효과는 제한적이라고 평가받는다.

이제 4차 산업혁명에 따른 정보 기술 패러다임의 전환적 발전을 적극적으로 활용하는 행정 혁신이 요구된다. 초연결성과 초지능성의 특성을 활용해 한국 사회의 난제들과 행정의 문제점들을 해결해나가야 한다. 그러나 정보 기술 도입 그 자체만으로는 충분하지 않다. 전자정부가 '약한' 혁신에 머물게 된 근본적인 이유는 제도, 조직, 인적 자원 등 행정의 구성 요소들의 변화 속도가 기술 발전 속도를 따라가지 못하면서, 정보 기술 도입의 효과가 반감되었기 때문이다. 결론적으로 다양한 정보 기술의 활용과 더불어 제도, 조직 관리, 인적 자원이 함께 공진화하는 혁신 모델을 구상할 필요가 있다.

4차 산업혁명 시대의 행정

기술 변화에 따른 사회적 환경의 변화

사회적으로는 소셜미디어 및 모바일 디바이스를 기반으로 '약한 연결'의 사회가 도래한다. 디지털 기술로 인한 개인 간 연결성의 확대는 지식과 정보를 연결하고 사회 활동에 드는 조정 비용을 줄이는 효과를 가져온다. 또 연결성의 확대는 대규모 집합 행동에 수반되는 거래 비용을 감소시키면서 정치사회적 변화의 가능성을 키운다. 가상세계에서 서로 연결된 시민들이 실제세계와 가상세계에서 특정한 정치적, 사회적 국면에서 다양한 형태의 집단 행동을 일으키게 된다.

개인들은 더욱 스마트해진다. 이미 많은 개인이 스마트 기기를 활용해 생산성을 높이고 있을 뿐만 아니라, 웹이나 소셜미디어에서 다양한 지식과 정보를 흡수하고 이를 응용한다. 나아가 향후 개인들이 인공지능을 손쉽게 활용할 수 있게 되면 각종 정보와 상황을 좀 더 정확히 해석하고 판단할 수 있을 것이다. 이때 정부, 기업, 시민 간에 존재하는 정보 비대칭성이 심화될 가능성이 크다.

초연결성을 활용한 행정 혁신

4차 산업혁명 시대에 행정은 다양한 행위자들이 당면한 사회 문제를 협력적으로 해결할 수 있는 형태로 발전할 것이다. 따라서 다양한 이해관계자들이 자유롭게 참여해 문제를 함께 발견 및 해결하는 플랫폼을 구축하고, 이를 통해 협력하는 행정을 추구할 필요가 있다. 이러한 맥락에서 나타나고 있는 특징은 다음과 같다.

첫째, 소셜미디어를 기반으로 한 새로운 행정 혁신 모델이 등장하고 있다. 예를 들면, 서울시는 시장의 개인 트위터 계정과 서울시의 공식 트위터 계정을 통해 시민들과 소통하고 시정 정보를 제공하며, 시민들로부터 정책 제언을 받아 시정에 반영한다. 소셜미디어를 통해 시장-공무원-시민 간의 연결성을 높이고, 공무원과 시민 개개인이 가지고 있는 시정과 관련된 정보와 지식을 연결하는 집단 지성을 구축함으로써, 시민들의 요구에 반응할 수 있다.

둘째, 행정 내부적으로는 클라우드 기반의 정보 시스템의 연계 및 통합을 통해 부처별로 나뉘어 있던 정보와 지식을 결합하는 혁신을 지향한다. 정부의 각 부처와 공공기관의 정보 시스템을 연계, 통합하는 정부 클라우드의 도입은 기존의 전자정부가 극복하지 못했던 '부처 간 칸막이'를 극복하는 기술적 기반이 될 것이다. 나아가 정부 부처 간, 공무원 개인 간 협업 수준의 제고와 그에 따른 정부의 정책 역량 및 대민 서비스의 질적 제고를 위한 정보의 기반을 마련해줄 것이다. 전산 자원의 물리적 통합뿐만 아니라 데이터 및 서비스 수준에서의 통합을 통해 새로운 공공서비스를 제공하고 정부는 정책 역량을 개선할 수 있을 것이다. 초연결성의 관점에서 해석한다면, 정부 클라우드 시스템이 정부 각 부처와 공공기관을 연결해 부처 간, 공무원 개인 간 협력을 촉진하고, 개별 기관의 정책 역량을 높이는 플랫폼이 되는 것이다.

초지능성을 활용한 행정 혁신

초연결성을 통한 지식과 정보의 결합은 초지능성을 기반으로 하는 행정 혁신을 가능케 한다. 정부 데이터와 함께 소셜미디어, IoT를 통해 수집한 빅데이터의 존재는 데이터 기반의 의사결정을 가능하게 한다. 이는 더 타당한 의사결정과 정책으로 이어질 수 있다.

예를 들어, CCTV 관제 정보를 활용하면 에너지, 교통, 환경, 재난 대비 영역 등에서 인공지능을 활용한 실시간 상황 모니터가 가능하다. 또 빅데이터 분석을 통해 재정, 환경, 의료 등 각종 위기 상황의 징후를 사전에 포착하고 이에 대한 정부의 대응 능력을 높여준다. 인공지능이 분석하는 각종 시나리오는 정책 분석 역량을 높임으로써 타당한 정책을 도출하게 해줄 것이다. 실제로 호주 국세청은 인공지능을 활용한 회계 감사를 통해 6천만 건 이상의 세금 징수 사례를 분석했고, 이를 통해 탈세 등과 관련된 움직임을 파악해 조사가 필요한 사례에 우선순위를 부여한다. 또한, 국세청 업무에 인공지능을 도입함으로써 약 9천 명의 세금감사원, 조사분석관들의 작업 시간을 줄였으며, 비정형 데이터 분석을 통해 감사 품질 및 결과의 정확도와 성과를 개선했다.

행정 전략

다양한 정보 기술을 행정에 성공적으로 접목시키려면 행정을 구성하는 여러 여건이 총체적으로 함께 변해야 한다.

행정 개혁을 위한 제도적 역량 강화
- 행정 개혁이 '강한' 혁신으로 귀결되기 위해서는 정부를 구성하는 제도, 조직 관리, 인적 자원의 동시적 변화 필요
- 행정 혁신에 대한 새로운 비전을 수립하고, 관련된 정책 결정 및 사업 수행의 '방향 잡기'와 이해관계자들을 조정하는 거버넌스 체계의 제도화 선행
- 데이터 활용에 따른 사생활 침해 방지 등 정보 기술의 발전과 민주적 가치의 상호선순환 촉진
- 개별 기술보다는 전체 시스템에 주목하고 이해관계를 조정하는 책임 있는 리더십 확보
- 정부 부처와 정책 영역을 넘나드는 협력 촉진을 위한 제도적 권한과 행정 자원 확보

성공적인 행정 개혁을 위한 거버넌스 체계 강화
- 제반 행정 실현을 위한 네트워크 역량 마련
- 정보 기술 활용의 일관성과 지속 가능성 확보를 위한 의사결정·조

정 체계 구축

- 초연결성과 초지능성을 구현하는 행정 개혁의 역기능 예측 및 제어

블록체인 거버넌스를 통한 행정 혁신 모색

- 블록체인을 통해 투명하고 편리한 행정 시스템 구축
- 언제, 어디서나 국민의 의사가 무비용·실시간으로 행정에 반영되는 시스템 구현
- 공공·보안 분야에서 디지털 계약, 공공기록, 전자시민증, 전자시민권, 전자투표 구현
- 주요 의제에 국민이 직접 참여하여 심도 있는 논의와 토론을 지속시키는 숙의민주주의 기반의 디지털크라시 행정 체제로의 발전 모색

정부의 데이터 및 정보 자원 관리 체계 정비

- 공공 부문 내의 데이터 상호연계 및 통합을 위해 개방적 환경 구현
- 부처 간, 기관 간 데이터 공유 문화 조성과 데이터 유통 채널 마련
- 데이터 및 정보 자원에 대한 체계적인 품질 관리 체계 구축
- 민간 데이터와의 융복합 촉진, 대국민 공개를 위한 통합적 정보 자원 관리 체계 구축
- 범정부 차원의 데이터 융합·분석 체계 구축을 위해 인적 자원 확보와 재정적 지원

블록체인 기반의
직접민주주의와
디지털 사회 혁신

─────────────── 정보화사회의 변화를 눈여겨본 사회학자 마누엘 카스텔이 지적했듯, 정보통신기술은 우리 생활을 구성하고 변화시키는 중요한 핵심 동인이 되었다. 정보통신기술의 발달은 무엇보다 시간과 공간을 넘어 의사소통할 수 있도록 커뮤니케이션 양식의 변화를 가져왔으며, 4차 산업혁명 시대의 새로운 디지털 기술과 커뮤니케이션 플랫폼은 지금까지 이뤄진 변화보다 훨씬 더 큰 변화를 가져올 전망이다. 그 핵심 기술 가운데 하나는 블록체인이며, 사회 혁신과 거버넌스 체계의 전환 그리고 직접민주주의 확대에 지대한 영향을 끼칠 것으로 보인다.

디지털 거버넌스의 진화

디지털 기술이 사회를 변화시키는 과정에서 정부는 이를 활용해 전자정부로 거듭났다. 한국의 전자정부 모델은 유엔에서도 주목할 만큼 성공 사례로 꼽힌다. 한편 디지털은 시민에게 전자정부와 전자민주주의를 제시했다. 이는 동전의 양면처럼 하나로 구성되는 정치적인 과정을 만들었다.

정치적 과정에서 디지털 기술의 활용은 전자민주주의, 디지털 거버넌스를 향해 계속 진화해나가고 있다. 디지털 거버넌스란 디지털 기술 융합에 기반을 둔 시장과 사회를 운영하는 새로운 메커니즘으로 시민, 정부, 기업이 ICT를 활용해 새로운 관계를 형성하고 공동체를 관리하는 운영 메커니즘으로 정의할 수 있다.

기술의 발전은 의사결정 및 조직의 지배 구조와 운영 방식을 변화시키고 있다. 새로운 의사결정 및 지배 구조 방식으로 '디지털크라시Digitalcracy'와 '헤테라키Heterarchy'가 떠오르고 있다. 디지털크라시는 디지털 및 모바일과 직접민주주의가 결합한 의사결정 방식을 의미한다. 디지털크라시가 발전하면 앞으로 거대 정당은 설 자리를 잃게 되고 정당은 개별 정책을 중심으로 시민사회와 연대하는 일종의 정책 네트워크 형태로 변해갈 것이다. 정치중개인(국회의원, 시의원 등)이 아니라 정책전문가 그룹이 정당의 주역이 되고 정당은 시민의 의사를 실시간으로 반영하는 온라인 형태로 전환될 것이다.

기존 정당들이 엘리트 중심의 대의민주주의 방식을 취하는 데 반해 헤테라키는 사회 구성원의 통합을 목표로 '다중 지배'에 중점을 둔다. 헤테라키 질서에는 자기 조직화로 강화된 개인과 정부, 정당, 시민단체

사이에 권력이 공유된다. 헤테라키는 위계적인 '하이어라키Hierarchy'와 구별되지만, '지배Archy'라는 속성을 여전히 갖고 있기 때문에 수평적인 협업의 의사결정을 지향한다. 이러한 헤테라키 체제에서 디지털 기술은 매우 중요한 역할을 하며, 시민들의 민주적 참여 촉진, 정치적 책임성 구현, 참여자 간 협동 촉진, 주권자로서 시민의 영향력 향상, 갈등 조정 등의 효과를 가져올 것으로 기대된다.

직접민주주의 구현

제2의 인터넷 네트워크 컴퓨팅 시스템이라고 볼 수 있는 블록체인 기술의 가장 큰 특징은 익명성, 분산성, 투명성, 보안성이다. 블록체인은 다수의 독립된 거래 당사자의 컴퓨터에 똑같이 저장되는 분산 장부 기술에 바탕을 둔 분산형 구조이기 때문에 신뢰성을 담보할 중앙 집중적 조직이나 공인된 제3자가 필요 없다. 블록체인 기술의 무궁무진한 활용 분야 가운데 공공·보안 분야에서는 디지털 계약, 공공기록, 전자시민증, 전자시민권, 전자투표 등이 활용될 수 있다.

블록체인 투표 시스템은 선거 보안의 대안으로 급부상하고 있다. 선거 유권자 모두가 서로를 감시·관리하면서도 효율성, 익명성, 안정성까지 담보할 수 있어 큰 기대를 모으고 있다. 블록체인 투표 시스템을 도입하면 유권자는 클릭 한 번으로 안전하게 어디서나 투표할 수 있으므로 투표의 장벽이 대폭 낮아지고, 복잡하고 오래 걸리는 재외국민 투표나 부재자 투표 방식 또한 개선할 수 있다. 궁극적으로 투표 관리에 들어가는 비용이 비약적으로 줄어든다.

이것은 곧 일상 속에서 직접민주주의를 구현하는 것이다. 주요 정책에 대해 수시로 국민 투표를 하거나 관련 데이터를 모두에게 공개할 수 있으며, 투표 이력은 영구히 보존된다. 재검표도 매우 수월해 선거 과정을 투명하게 관리할 수 있다. 실제로 스페인에서는 정당 차원에서 블록체인 투표 시스템을 사용하고 있으며, 인구 130만 명의 에스토니아에서는 국가 차원에서 활용하고 있다.

또한, 블록체인 기술을 통해 입법부의 혁신도 가능하다. 우리나라의 대의제 대표 기관인 국회는 현재 '대리인의 실패 또는 왜곡'으로 정책과 법률에 국민 전체의 의견이 아닌 이해관계자의 특수 이익을 반영하며 신뢰를 추락시켜왔다. 그러나 블록체인 의사결정 시스템을 통한다면 국민 주권 대표 기관으로 '온라인 하원'을 구성할 수 있다. 이를 통해 상하원 제도가 갖는 협치의 장점과 직접민주주의 장점을 동시에 구현할 수 있을 것이다.

다시 말해, O2O 비즈니스가 핵심 동인으로 떠오르는 시대에 이와 같은 맥락에서 블록체인 거버넌스 시스템을 통해 정치에서도 O2O가 구현될 것이다. 이러한 'O2O 정치'의 실험과 관련해 스위스와 핀란드의 사례는 시사점을 던져준다. 스위스는 대의민주제를 원칙으로 하나 필요에 따라 발의 의결권과 부결권의 보완적인 제도를 시행한다. 핀란드는 개방 내각이라는 온라인 플랫폼으로 이를 발전시켰다. O2O 국회가 운영된다면 가상공간에서 국민이 국회의원들의 활동을 확인하고 평가할수 있어 여러 문제에 대한 통제가 가능해진다. 특히 규제를 통한 합리화는 강제적이지만, 개방을 통한 공유는 자율적 통제를 가능하게 한다.

디지털 사회 혁신의 특성 및 시사점

디지털 사회 혁신이란 "혁신가, 이용자 그리고 공동체가 디지털 기술을 활용하여 광범위한 사회적 요구에 대한 지식과 해결책을 함께 창출하기 위해 협력하는 것"이다. 디지털 사회 혁신은 크라우드 소싱이나 온라인 청원 같이 디지털 기술을 활용해 정책의 수립과 집행 과정에 시민의 참여를 유도한다.

디지털 사회 혁신은 기술의 진보가 물리적으로 사회 시스템을 지원하는 1차원적인 결합을 넘어서서, 협치의 의사결정, 국정 운영 원리 등 거버넌스 상에서 협의 과정을 통해 투명성, 효과성을 강화하는 것을 보여주는 데 의의가 있다. 거버넌스의 질과 효능감이 크게 향상되면서 민주주의가 발전한다는 것이다.

예를 들어, 유럽연합에서는 디지털 사회 혁신을 "사회 문제와 전 지구적 도전을 해결하기 위해서 사람들의 참여를 모으고, 디지털 기술을 사용함으로써 협업과 집단 혁신을 촉진해 이전에 상상하기 어려웠던 해결책을 찾아내는 것"으로 정의한다. 그리고 현황 분석을 기반으로 디지털 사회 혁신의 정책화를 시도하고 있다. 구체적으로, 혁신의 중심에 시민을 놓고 이들이 활동할 수 있는 혁신 생태계를 조성하는 전략으로 '오픈 이노베이션 2.0'을 실행하고 있다. 오픈 이노베이션 2.0은 기존의 산업계, 연구소, 정부 등이 중심이 된 3중 나선 모델에서 시민을 포함한 4중 나선 모델로 진화해 이들 간의 연계를 추구한다.

또 2015년에 발표된 '사회혁신 활동 관련 보고서'는 총 1,044개의 디지털 사회 혁신 활동가 그룹을 소개하고, 이를 6개 분야로 구분했다. 6개 분야는 '협력경제', '새로운 생산 방식', '인식 네트워크', '열린 민주주의', '열린 접근', '펀딩·엑셀러레이션·인큐베이션' 이다.

블록체인 거버넌스 사회로의 전환

중앙 집중형 서버 없이 모든 사용자의 거래 정보를 암호화 구조로 공개하여 상호검증하고, 거래 편의성과 보안 문제를 동시에 해결하는 블록체인의 장점을 활용해 투명한 거버넌스 구축이 가능하다. 이를 통해 언제 어디서나 국민의 의사를 무비용·실시간으로 국정에 반영할 수 있다. 이렇게 되면 집단의 의사결정에 참여하는 비용이 획기적으로 줄어들고, 직접적 의사결정의 수준이 높아진다. 블록체인 기술이 기존의 모바일 투표의 문제점(본인인증과 정보보안)을 개선해 스마트폰에서 비밀투표를 가능하게 하며 직접민주주의를 구현할 것으로 기대를 모으고 있다.

이 과정에서 중심적인 촉발 매개체 역할을 누가 수행할 것인지가 매우 중요하다. 공공 영역과 사적 영역을 연계하는 시민사회의 역할과 기능에 주목하면서 관련 전략 과제들을 제시하면 다음과 같다.

시민사회의 선도자 역할

- 시민사회는 시민단체뿐 아니라 종교계, 학계의 다양한 주체들과 시민들을 아우르는 공론의 장을 의미
- 미래의 정치 리더 그룹은 거대 정당 중심의 정치중개인이 아니라 정책전문가 그룹이 활동하는 정책 네트워크로 재편될 전망
- 시민사회와 시민들의 의사를 실시간으로 반영하는 O2O 정당의 출현 등 전환 과정에서 시민사회의 선도자 역할 중요
- 새로운 정책 시장의 태동과 발전에 대응하기 위해 시민사회의 실질적인 역량 강화

시민사회의 융합적 연계자 역할

- 블록체인 기술을 활용한 직접민주주의의 발전으로 시민들은 주요 의사결정 과정에서 숙의 주체로 참여
- 양적인 참여뿐 아니라 질적인 참여를 통해 포퓰리즘 문제 해결
- 시민사회의 건설적인 활동과 협력 조직화. 분산 자율 조직을 통해 정부 주체 그리고 국회와 O2O 소통, 참여, 협력을 효과적으로 지원하는 조력자 역할 담당
- 정치적, 사회적, 기술적 리터러시 배양

시민사회의 디지털 혁신가 역할

- 디지털 혁신이 사회의 다양한 현장에서 이뤄지도록 디지털 혁신가 역할 수행
- 시민사회 주도의 정책 참여 플랫폼 구축 및 활성화
- 시민단체가 정책 플랫폼을 직접 운영하면서 플랫폼에서 생산되는 다양한 정책들을 주도적으로 제시하고 정책 결정에 적극적으로 참여
- D-CENT(Decentralized Citizens Engagement Technologies) 등 유럽의 개방형 정책 참여 온라인 플랫폼의 활동 및 정부와의 협력 사례에서 시사점 발굴
- 시민사회의 효과적인 정책 참여 플랫폼 구축을 위한 정부의 행정적·재정적 지원
- 디지털 플랫폼을 통해 채택된 정책 및 관련 사업에 대해 해당 시민단체가 직접 참여할 수 있는 다양한 기회를 제공

독일 통일에서
배우는 한반도
통일 전략

━━━━━━━━━━ 급변하는 한반도 정세는 여전히 많은 난관을 예
고하면서도, 동시에 상상을 넘어 현실적 차원의 통일 인식과 방안 마련
의 필요성을 제기하고 있다. 지난 20세기에는 베트남, 예멘 그리고 독일
이 통일을 이뤄냈다.

이중 독일의 사례는 우리에게 많은 시사점을 준다. 물론 독일의 상황
은 한반도의 환경과는 달랐다. 동서독은 동족상잔의 비극을 겪지 않았
으며, 통일 이전에도 상품 교역, 상호방문, 전화통화, 우편 교류, 도시 간
자매결연 등 다양한 분야에서 교류를 계속 추진했다. 이처럼 한반도의
상황과는 달랐지만, 독일 통일은 자유민주주의와 시장경제 체제의 진영
으로 통합된 유일한 평화적 통일의 사례라는 점에서 큰 의미를 지닌다.
또 주변 강대국들의 반대 등 어려운 여건을 극복하고 이룬 통일이라는
점에서도 적잖은 의미가 있다. 당시 주변 강대국들은 거대한 독일의 등

장을 우려하여 강하게 반대했지만, 독일은 이를 외교로 극복한 것이다. 통일을 준비했던 과정과 이후의 변화 과정은 우리에게 중요한 참고 자료가 된다. 가령, 독일 통일 과정에서 발생했던 다양한 이슈들(수십만 동독 주민의 서독 이주, 주변국의 지지를 얻기 위한 통일외교 활동, 통일비용 조달 문제, 동독 지역 주민들의 심리적 갈등 문제, 소련 점령기 때 몰수되었던 동독 내 토지의 소유권 문제 등)은 우리 통일 과정에서도 그대로 일어날 문제들이다. 이러한 선례로부터, 예상되는 문제와 이에 대한 해법을 찾아 한반도 상황에 맞춰 준비하는 것이 우리의 과제다.

독일의 통일에서 무엇을 배울 것인가

1989년 여름 동독 주민들은 대규모 탈출과 개혁을 요구하는 시위를 하며 분단의 상징인 베를린 장벽을 무너뜨렸다. 장벽 붕괴 후 3주가 지난 11월 28일 헬무트 콜 서독 총리는 극비리에 준비한 '독일과 유럽 분단 극복을 위한 10개 방안'을 발표하며 통일을 추진했다. 콜 총리의 10개 통일 방안은 ①동독의 정치, 경제, 사회 개혁을 이룬 다음에 ②동·서독이 국가 연합적 조직으로 발전하여 ③유럽 국가들과 협력하면서 통일을 이룩한다는 3단계로 요약된다.

'내부적인 문제'와 '대외적인 문제'의 해결

독일 통일은 분단 당사자인 서독과 동독의 문제였으나 동서독의 합의만으로는 통일을 이룰 수 없었다. 전승 4개국의 동의가 필요했기 때문이다. 따라서 독일은 '내부적인 문제'와 '대외적인 문제'의 해결이라는

'투 트랙' 전략으로 통일을 추진해야 했다.

내부적인 문제는 동서독이 협의하여 해결할 수 있는 것들이었다. 동서독 화폐 교환 비율, 경제·사회 통합, 기본법 개정, 서독 법의 동독 지역 내 적용, 통일된 독일의 수도 선정, 연방정부와 의회의 소재지 결정 등이었다. 이 문제들은 서독이 자유 총선(1990년 3월 18일 실시)에 의해 수립된 동독 민주 정부와 협의, 1990년 5월 18일에 '통화·경제·사회동맹 조약', 8월 31일에는 '통일 조약'을 체결하여 해결했다.

대외적인 문제는 포츠담 협정과 독일 조약으로 발생한 것들이었다. 전승 4개국의 '베를린과 전全 독일에 대한 권한과 책임'의 해제, 통일된 독일과 폴란드 간의 국경선, 통일된 독일의 북대서양조약기구 잔류, 동독 주둔 34만 소련군의 철수 시기와 철수 비용, 통일된 독일의 군 병력 감축과 핵·생화학 무기 포기 등이었다. 이러한 대외적인 문제는 전승 4개국이 해결할 문제였기 때문에 통일 여부와 시기는 전적으로 이들 문제를 어떻게 해결하느냐에 달려 있었다. 독일은 통일 과정 내내 미국의 확고한 지지 속에 전승 4개국과 수십 차례의 회담을 했고, 9월 12일 2+4 조약[64]을 체결하면서 대외적인 문제를 해결했다. 내부적인 문제와 대외적인 문제를 완전히 해결한 독일은 1990년 10월 3일 통일을 이뤄냈다.

독일이 통일을 이룰 수 있었던 요인

분단 시절 독일인들은 20세기에는 통일이 어려울 거라고 생각했다. 그 이유는 ①에리히 호네커 동독 서기장이 서독을 방문하는 등 동서독 교류가 너무 잘 이루어지고 있어 분단이 고착화할 것이고, ②소련이 중요한 위성국인 동독을 놓아주지 않을 것이며, ③강대국의 반대로 전승 4개국의 동의를 받기 어려울 것으로 전망했기 때문이다.

그렇다면 무엇이 독일의 통일을 가능하게 만들었을까? 우선 통일을 이루고자 하는 동서독 주민들의 강한 의지를 꼽을 수 있다. 동독 주민들은 1989년 베를린 장벽을 붕괴시킨 평화혁명을 이루었고, 서독 주민들은 동독 주민들의 평화혁명을 통일로 이끌었다.

미국의 조지 부시 대통령의 적극적인 지지도 빼놓을 수 없다. 소련, 영국, 프랑스의 반대로 통일이 불투명했으나, 부시 대통령의 지지는 결정적인 힘이 되었다. 또 콜 총리 등 국가 지도자들의 능력과 국가적 역량이 있었다. 베를린 장벽이 붕괴되자 콜 총리는 재빠르게 통일을 추진했고, 콜 총리와 한스 디트리히 겐셔 외무장관은 1990년에만 전승 4개국 정상 및 외무장관들과 60여 차례의 회담을 하며 2+4 조약을 체결했다.

국제정세 변화도 당시 독일의 통일을 도왔다. 1980년대 후반은 동독의 후견인 역할을 해왔던 소련이 붕괴되던 시기였는데, 소련의 붕괴에 따라 생긴 힘의 공백을 절묘하게 활용한 셈이다. 가령 서독은 재정적 어려움을 겪던 소련에 생필품과 농산품 지원, 마르크 차관 제공, 동독 주둔 소련군 철수 비용 지원 등 여러 차례 경제 지원을 하며 소련의 지지를 얻는 데 성공했다.

한반도 통일 전략

통일을 이루는 데에는 어려움이 따르고, 또 비용도 소요된다. 그러나 통일 한국의 면적은 영국과 비슷하고, 인구는 독일과 비슷해지며 강대국으로 발전할 수 있는 토대를 갖추게 된다. 통일 한국은 중국, 러시아, 일본과의 교류를 확대하며 이 지역의 경제 발전을 견인할 것이고, 국제 위상도 더욱 높아질 것이다.

- 1020 세대에게 통일 관심 제고(정부와 학계의 관심과 노력)
- 인도적인 분야(이산가족 상봉 등)를 비롯해 환경, 보건, 스포츠 등의 분야 교류 확대
- 북한의 '완전한 핵 폐기' 달성
- 북한 전반에 관한 정확한 정보 축적
- 정치, 외교, 경제, 사회, 문화, 노동, 교통 등 국가 업무 전반에 걸친 통일 역량 구축
- 경제력 증대, 낮은 국가 채무 비율 유지
- 국제 사회의 지지 기반 확대
- 남북기본조약 체결
- 새로운 사회 시스템 적응을 위한 교육 자료 준비, 남북 주민 간 소득격차 해소
- 북한 주민 이주 억제 대책과 수용 대책 마련(일자리와 거주지 제공 등)

통일 의지와 역량 구축

뜻이 있는 곳에 길이 있다고 했듯, 통일을 향한 관심과 의지는 통일을 이루는 토대다. 이러한 토대 위에 역량이 뒷받침되어야 통일이 가능하다. 남북 간 커다란 소득 격차를 보면, 통일 역량의 중요성을 깨달을 수 있다. 2018년 기준 북한의 명목 국민총소득GNI은 35조 9천억 원으로 남한의 53분의 1 수준이며, 1인당 GNI는 142만 8천 원으로 남한의 26분의 1 수준에 그친다. 더군다나 남한 인구는 북한의 두 배 수준이어서, 남한 주민 2명이 북한 주민 1명을 부양해야 하는 상황이다(독일 통일 시

서독 주민 4명이 동독 주민 1명을 부양했음).

따라서 GNI 증대는 통일 역량을 키우는 일이다. 통일 과정에서 매년 북한으로 일정한 비용을 이전할 경우, GNI가 늘어나면 그만큼 부담이 줄어들게 된다. 또 GDP 대비 국가 채무 비율도 낮은 수준으로 유지해야 한다. 우리나라의 GDP 대비 국가 채무 비율은 35.9%(2018년 기준)로 OECD 회원국과 비교해 양호한 편이지만, 통일에 대비해 가능한 한 낮은 수준으로 유지해야 한다. 채무 비율이 낮으면 통일 비용 조달이 좀 더 용이하다. 우리는 더 많은 준비로 통일 역량을 키워야 한다.

북한의 변화 유도

남북관계 개선, 평화 정착 그리고 통일의 토대를 마련하기 위해서는 북한이 긍정적으로 변해야 한다. 빌리 브란트가 추진한 '신동방 정책'의 토대를 마련했던 에곤 바는 "공산 국가는 스스로 변하지 않기 때문에 꾸준히 접촉하여 변화시켜야 한다"고 강조했다. 폐쇄 사회인 북한을 개혁·개방의 길로 이끄는 데 어려움이 있지만, 변화시켜야 한다.

북한 변화의 출발점은 '완전한 비핵화'다. 즉, '완전하고 검증 가능하며 되돌릴 수 없는 핵 폐기CVID, Complete, Verifiable Irreversible Dismantiement'를 이루어야 한다. 무엇보다도 북한이 '완전한 비핵화'로 가는 노선에서 중도에 이탈하지 않도록 잘 이끌어야 한다. '완전한 비핵화'와 연계해 인도적인 분야(영유아와 산모 지원, 이산가족 상봉), 환경(산림녹화), 보건(말라리아 퇴치), 스포츠(축구, 농구) 등의 분야에서 지원 또는 교류를 계속 확대해야 한다.

외부 정보 유입과 인권 문제 제기도 필요하다. 북한을 비방하는 내용보다는 한국과 국제 사회 소식, 노래와 드라마는 물론 자유와 인권, 민주주의 기본 개념을 이해할 수 있는 내용의 대북 방송을 하고, 이동저장 장치 등을 보내 북한 주민의 의식을 변화시켜야 한다. 북한의 인권유린 문제는 유엔도 해마다 거론할 정도로 국제 문제가 되었고, 우리는 북한 주민의 인권을 개선하기 위해 2016년 '북한인권법'을 제정했다. 인권은 인류 보편의 가치로서 북한의 인권유린 문제를 제기해야 북한 주민의 인권이 개선되고, 변화도 이끌 수 있다.

북한에 관한 정확한 정보 축적

독일 통일 과정에서 서독의 가장 큰 실수는 동독을 잘 몰랐다는 점이다. 특히 동독의 경제와 재정 문제를 올바로 파악하지 못했다. 통일 과정에서 경쟁력을 잃은 대부분의 동독 기업들의 파산으로 실업자가 발생했고, 실업 수당과 연금 등 사회보장비로 인해 통일 비용이 많이 소요되었다. 통일 이후 20년 동안 소요된 통일 비용 약 2조 1천억 유로의 52.4%가 사회보장비였다.

향후 북한과의 경제 협력과 통일에 대비해 정확하고 많은 정보를 축적해야 한다. 북한 경제 재건의 기초 자료인 인구, 국민소득, 도로·철도 시설, 산업 구조, 전력 수급 및 송전설비 현황, 자원 현황, 주택, 상하수도 시설 등에 관한 정보가 필요하다. 북한에 관한 정보를 많이 축적하면 할수록 통일 과정에서 실수와 비용을 줄일 수 있다.

국제 사회의 지지와 협조

한반도 통일의 대전제는 평화 통일이다. 북한 핵 위협과 한반도에 대한 주변 강대국의 이해관계에서 안정적이고 평화적인 통일 외교 전략이 요구된다. 우선 통일을 적극 지지해줄 국가를 확보해야 한다. 동맹

관계에 있고, 자유민주주의와 시장경제 가치를 공유하고 있는 미국과 확고한 협조 체제를 구축해야 하고, 북한과 강한 유대관계가 있는 중국의 지지와 협조를 얻어야 한다. 또 러시아, 일본, 유엔, 유럽연합, 아세안 등과의 외교도 필요하다. 한반도 통일을 지지해줄 국가가 많으면 많을수록 좋다.

남북기본조약 체결

1972년 12월에 체결한 동서독기본조약은 동서독 관계 발전의 토대가 되었다. 이 조약으로 동서독은 유엔 동시 가입, 상주대표부 교환에 이어 교류와 협력을 꾸준히 추진했다. 남북한 간에도 기본조약 체결이 필요하다. 기본조약은 남북관계를 정립하고 교류와 협력의 토대가 되며, 서울과 평양에 상주대표부 교환과 방송사·신문사 특파원 교류 등 전반적인 교류와 경제 협력의 기본 내용을 담는다. 이 조약은 남북 의회의 비준 동의를 받아 국민적 합의와 지지가 뒷받침되도록 한다.

북한 주민들의 심리적 상실감 대비

독일이 통일된 지 30년 가까이 되어 통합 작업은 대부분 완료되었으나, 아직 미진한 부분은 동독 주민들의 심리적인 갈등 문제다. 이는 분단국 주민들이 서로를 이해하고 하나가 되는 데 얼마나 어렵고 많은 시일이 소요되는지를 잘 보여준다. 특히 동독 지역 주민의 상실감이 컸는데, 그 주된 이유는 실직 때문이었다.

한반도 통일의 완성 또한 북한 주민들의 심리적인 갈등 해소에 달려있다. 남북한 주민들은 70년 넘게 서로 다른 체제에서 지냈으며, 북한 주민들은 자유민주주의와 시장경제를 경험하지 못했다. 이 준비는 통일 이후가 아닌 지금부터 해야 한다. 교류 증진, 새로운 사회 시스템에 적응할 수 있도록 하는 교육 준비는 물론 일자리 제공과 소득 격차 해소 방안 등이 필요하다. 또 이미 정착한 북한 이탈 주민(2018년 12월 기준 32,476명)들이 새로운 사회 체제 적응에 어려움이 없도록 촘촘한 보호 장치와 함께 지속적인 관심과 지원도 필요하다.

북한 주민의 대규모 이주 대비

독일 통일은 수십만 동독 주민의 서독 이주로 촉발이 되었고, 통일 이후에도 동독 지역 주민들이 서독 지역으로 꾸준히 이주했다. 한반도 통일 과정에서도 북한 주민들의 대규모 남한 이주가 예상된다. 그 이유는 ① 두 지역 간의 소득 격차가 크면 클수록, 소득이 낮은 지역의 주민들은 소득이 높은 지역으로 이주하게 되며, ② 젊은 층(20~40대)이 자신의 장래를 개척하기 위해서, ③ 통일이 확실히 이루어질 것인가에 대한 불안 때문이다. 일부에서 북한 주민에 대한 거주·이전의 자유를 제한해야 한다는 주장이 제기되고 있으나 이는 효과가 없다. 중국, 러시아, 또는 동해와 서해를 통해서 이동할 수 있기 때문이다.

이주 규모는 통일 전후로 약 178만 명에서 250만~300만 명이 예상되며, 통일 직후 1년간 최소 4만 3천 명에 이르는 북한 학생들이 남한으로 이주할 것으로 예측된다. 국내 탈북 학생 수의 17배에 달하는 규모다. 북한 주민의 대규모 이주는 북한 지역의 공동화를 초래하고 남한에는 북한 주민을 수용하는 문제가 따른다. 따라서 주민들이 북한에 계속 남아 있도록 북한 내 사회간접자본을 확충하여 일자리와 거주지 제공 등의 대책을 마련해야 한다. 독일의 경우 동독 내 산업 시설이 경제를 유지했으며, 그 덕분에 통일 후에도 동독 주민들이 서독으로 대거 이주하지 않았다. 동시에 북한 이주민을 우리 노동 시장에 흡수하는 방안과 거주지 마련, 이주 학생을 위한 교육 시설과 프로그램 확대 등의 대책도 필요하다.

국가 지도자의 확고한 통일 의지와 능력

독일이 통일을 이룰 수 있었던 요인 중의 하나는 국가 지도자들의 의지와 국가 역량이었다. 콜 총리는 베를린 장벽 붕괴라는 기회를 적기에 잡아 주변 강대국의 반대를 극복하고 통일을 이루었다. 동독과 통일 조약을 체결했던 쇼이블레 당시 서독 내무장관은 "동독과의 협상보다는 서독 내 연정 파트너, 의회, 야당, 주정부, 이익단체 등을 이해시키고 지지를 얻는 과정이 더 힘들었다"고 회고한 바 있다. 이는 한반도 통일 과정에서도 북한과의 협의보다는 한국 내 합의를 이루는 과정이 더 어려울 수 있다는 교훈을 준다.

대북 정책과 통일 문제에 대한 국민의 여론은 다양하다. 국가 지도자에게는 다양한 국민 여론을 모아 국민적 합의와 지지를 얻는 노력이 요구된다. 주변국 지도자들의 이해를 구하고 지지와 협조를 얻는 것도 국가 지도자의 몫이다. 또 꾸준한 준비로 통일 역량을 축적하고, 기회가 왔을 때 그 기회를 놓치지 않는 능력도 요구된다. 19세기 프로이센을 통일한 오토 폰 비스마르크는 "역사 속을 지나가는 신神의 옷자락을 놓치지 않고 잡아채는 것이 정치가의 임무"라고 했다. 통일 기회를 잡는 것은, 정치인의 몫이자 능력이다.

단계적 통일의 의미와
남북 공동체 복원의 길

──────────── 한반도 통일은 분단을 초래하고 이를 장기간 고착시킨 요인들을 해소하는 과정 그 자체다. 이 해소가 일거에 이루어질 수 없다면, 통일은 점진적이면서 단계적으로 이루어질 것이다. 단기적 통일을 가로막는 요소는 크게 세 가지다. 첫째, 남북의 뿌리 깊은 정치적·이념적 적대. 둘째, 남북의 서로 다른 체제에서 만들어진 문화적 이질성. 셋째, 남북의 현격한 소득 격차다. 이런 요소들이 그대로 남아 있는 상태에서는 통일이 되더라도 그 이후의 과정은 반목, 갈등, 불평등의 심화로 점철될 것이다. 이러한 통일은 자칫 또 다른 분단의 빌미가 될 수 있다.

통일의 전제이자 결과로서의 사회 통합

준비가 안 된 통일은 북한 주민들의 대규모 주거 이탈, 남한 주민들의 무분별한 대북 진출, 월남 주민들에 대한 배척과 차별, 소득이나 고용 측면에서 남북 주민 간 불평등과 같은 사회 문제를 후유증으로 남긴다. 남과 북 체제의 통합이 통일의 완성 단계라 하더라도, 그 완성도는 사회 통합이 내부적으로 실제 얼마나 이뤄지느냐에 따라 달라진다.

70년이 넘게 분단된 상태로 지낸 남한과 북한은 가치관, 정체성, 삶의 행태까지 다르다. 그러나 남북은 본래 같은 민족, 같은 국가에 속했기에 통일은 남북이 민족으로서 화합과 유대를 회복하는 사회 통합의 과정이다. 사회 통합은 그래서 통일의 저항을 줄이는 준비의 조건이면서 통일 이후 사회적 안정을 담보할 결과의 조건이기도 하다.

남북 체제의 병존과 단계적 통일

적대, 이질성, 격차의 씨앗들은 남과 북의 체제에 배태된 것들이다. 동서독과 같은 흡수통일 방식으로 한반도 통일이 하루아침에 이루어질 수 없는 까닭은 이와 관련된다. 따라서 한반도 통일은 남북의 체제가 일정 기간 병존하면서 체제 간 적대, 차이, 격차를 점진적으로 해소해가는 과정에서 구현될 것이다. 단계적 통일은 '통일 준비 → 전면 통일 → 통일 이후'와 같은 시간적 의미만 아니라 '사회 통합 → 경제 통합 → 정치 통합' 같은 내용적 의미까지 함축한다. 한반도 통일은 민족의 틀 내에서 분열 국가를 통합 국가로 역전시키는 과정이기 때문에 정치 통합이 외형적이면서 최종적 모습이라면, 민족공동체의 통합적 복원이 그 속을 채운다.

사회 통합의 원칙과 방법

사회통합은 크게 세 가지 층위를 갖는다. 첫째는 개인 행위자 차원에서의 미시적 수준의 사회적 통합이다. 둘째는 시공간을 넘어서는 제도와 규칙의 상호작용에 의한 거시적 수준의 체제적 통합이다. 셋째는 이두 가지의 결합에 의한 범사회적 통합이다. 사회 통합은 '행위 → 제도 → 구조'의 차원으로 확장하는 것이면서, 이 모두를 망라하는 것이기도 하다. 부문 개념을 적용하면, 행위는 사회적 통합(일상적 관계를 중심으로 하는 통합), 제도는 경제적 통합(시장경제 제도를 중심으로 하는 통합), 구조는 정치적 통합(통치를 위한 법제도를 중심으로 하는 통합)으로 구분된다. 하지만 남북의 사회 통합은 지리적으로 분리된 두 이질적 사회의 개인적, 집단적 연대와 유대를 복원하는 것이기 때문에 초 장소적 상호교류의 메커니즘이 매개되어야 한다.

사회 통합의 단계별 전략

사회 통합은 충분한 시간을 두고 단계별로 진행되어야 한다. 만약 지금부터 30년 후를 통일 시점으로 상정한다면, 단일헌법의 단일국가 목표를 이루기 이전에 초기 10년간은 개인 차원의 교류와 협력을 통한 상호 이해 증진이 필요하다. 2단계의 10년간은 문화와 제도의 공유를 통해 이질성을 극복해야 한다. 이를 바탕으로 3단계 10년간은 공동관리 정부 구성을 통해 제도적 통합을 본격적으로 진행할 수 있을 것이다.

1단계: 교류, 협력, 상호이해

남북 사회 통합의 출발점은 상호방문과 교류를 활성화하는 것이다. 이 모든 것은 단절된 민족공동체 삶의 일상관계를 복원하는 일이어야 한다. 아울러 사회 통합을 저해하는 요소들을 사전적으로 차단하는 대책을 남북이 공동으로 취해야 한다. 이를테면, 북한 주민들의 일시적 과잉 주거 이탈에 대한 예방, 남한 주민들의 무분별한 북한 진출 통제, 경제 협력이라는 이름으로 이루어지는 난개발에 대한 관리 등을 꼽을 수 있다.

① 상호방문

이산가족 상봉, 친지 초청, 성묘, 연고지 방문 등과 같은 개인과 가족 차원의 자유로운 방문에서 시작해서 일반 주민 사이의 서신 교류, 선물 교환, 물품 배달, SNS 소통 등의 전면 허용으로 교류를 확대해야 한다. 역사유적지 관광, 경승지 탐방, 탐방로 순례, 체험 관광, 초청 봉사활동 등과 같은 개인 차원의 비경제적 목적의 방문도 활성화되어야 한다.

② 단체 교류

단체 차원의 교류도 다양하게 허용되어야 한다. 교육단체(학교 등), 봉사단체, 종교단체, 시민단체, 문화예술단체, 연구기관, 지방자치단체 등 공익적 활동을 하는 남북 단체 간의 상호방문, 인적 교류, 정보 교류, 공동 사업 추진이 여기에 속한다.

③ 공동체 협력

남북 사회 각각에 낙후한 사회 부문을 지원하고 차별과 배제를 겪지 않도록 해야 한다. 여기에는 크게 세 종류의 협력 사업이 있다. 첫째는 사회복지와 관련된 공동체 협력이다. 남북 사회에 함께 살아가는 영역을 복원하고 구축하는 것으로, 취약 지역과 취약 계층(저소득층, 장애인, 노령자, 노동불능자, 청소년, 여성 등)을 위한 복지를 확충하는 것이 이에 해당한다. 둘째는 환경과 관련된 협력이다. 농촌 및 도시 지역의 훼손되고 파괴된 환경 복원(예, 산림녹화, 범람하천의 정비, 자연재해의 예방, 서식지 보호, 전통 경관 복원 등)을 돕는 협력 사업이 이에 해당한다. 셋째는 공동체 삶의 복원이다. 남북 주민들이 함께 참여하는 마을 가꾸기, 마을 복지(탁아, 육아 등), 커뮤니티 서비스, 커뮤니티 재생 등과 같은 협력 사업을 들 수 있다.

④ 남북소통교류센터 설치

남북의 시·군 단위에 설치하는 남북소통교류센터(가칭)는 남북 주민 간의 교류와 소통을 지원한다. 지역 주민 주도의 소통교류센터 운영은 그 자체로 개인 차원의 사회 통합을 도모하는 것이다.

2단계: 문화 공유 및 보편 권리 보호

이 단계에서는 문화와 제도의 공유를 통해 이질성을 극복하는 것이 목표다. 전략과 실천 방안을 수립해야 한다. 또 단체 차원에서 남북의 전면적인 사회 통합을 촉진하는 법률적 근거를 마련하는 것도 필요하다.

① 기초 교육

사회화는 대개 교육을 통해 이루어진다. 따라서 통일 준비 2단계에서 남북의 사회 통합을 이끄는 핵심 방안은 남북이 동일한 초등교육을 제도화하는 것이다. 동일한 초등교육을 채택하면, 사회화 초기 단계부터 남북 주민은 동일한 지식과 세계관을 학습하고 사회 통합을 이룰 가능성은 그만큼 더 커질 것이다.

② 민족문화

남북은 같은 언어를 사용했지만, 분단 이후 용어와 말의 의미가 달라진 게 많아, 통일 후 남북 주민 간 소통에 적잖은 걸림돌이 될 수 있다. 따라서 2단계에서 남북 간 이질화된 언어를 같은 우리말로 회복하는 것(공동사전 발간, 방송 표준어 사용, 전문용어 통일 등)과 함께, 민족의 기원과 정체성에 관한 역사(민족신화, 삼국역사, 식민역사, 근대사 등)를 하나로 통일하는 것을 주요 사업으로 추진해야 한다.

③ 미디어 개방

남북 주민들은 이념적으로 상이한 정보와 이미지를 갖고 있다. 남북 간 미디어의 상호개방은 이러한 문제를 해결하는 데 가장 효과적인 방법이다. 특히 텔레비전 채널의 상호개방은 남북 주민들이 상대의 의식과 태도, 생활방식, 대중문화, 가치관 등을 이해하는 데 크게 도움된다. 시공간 제약을 넘어서는, 즉 가상공간 혹은 초현실공간을 통한 다양한 사회적 상호작용을 이끌 수 있어 지리적으로 분리된 남북의 통합을 이루는 수단으로 활용되어야 한다.

④ 기초 복지 서비스 제공

개방적 사회 통합 과정에서 남북 어디에서든 배제당하거나 상대적 소외를 겪는 사람, 계층, 집단, 지역이 필연적으로 있게 마련이다. 저소득층, 실업자, 농촌 거주자, 청소년, 장애인, 낙후 지역 주민 같은 취약층에 대해서는 최소한의 소득, 교육, 복지, 주거 서비스를 제공해야 한다. 이를 위해 남북은 공동으로 복지 재원을 조성하고 모든 지역에 복지 전달 체계를 균등하게 구축해야 한다.

⑤ 남북주민복지지원센터 설치

남북 주민 모두가 인간답게 살 수 있는 보편적 권리로서 기초 복지서비스를 받는 것은 사회 통합 차원에서 대단히 중요하다. 남북이 하나의 복지 공동체로서 '남북주민복지지원센터(가칭)'를 설치해 누구든 사는 곳에서 기초 복지 서비스를 받을 수 있도록 해야 한다.

3단계: 공동관리정부, 연합 정치, 공동 외교, 화폐 통합

체제 차원에서 남북 연합을 구성하되, 그 핵심은 실행위원회 방식의 '공동관리정부' 구성이 될 수 있다. 남북의 정부가 있는 상태에서 따로 구성되는 공동관리정부는 남북의 통합을 위한 실행 과제의 선정과 추진을 공동관리하는 협치 기구인 셈이다. 또 경제권 단일화를 위한 선행 조치로 화폐 단일화를 시행해야 한다.

① '공동관리정부' 구성

통일 준비 3단계에서의 사회 통합은 제도와 체제 차원에서 이루어져야 한다. 핵심은 남과 북이 공동으로 관리해야 할 부문을 도출해 이를 (임시)공동관리정부 역할로 구성하는 것이다. 이는 남북 체제가 완전히 하나로 통합되기 전에 각종 정책 사업을 공동 관리하기 위한 것이다. 공동관리정부는 남북의 두 정부 위에 꾸려지는 과도기 협치(거버넌스) 기구다. 일종의 (준)연방 정부와 같은 것으로서 정치적 통합을 거쳐 태어날 단일 국가의 정부 전신이 될 것이다.

② '통일국민회의' 설립

공동관리정부가 남북의 공동 행정을 담당하는 실행위원회 기구라면, 남북 주민을 대표하는 사람들로 구성하는 '통일국민회의(가칭)'는 일종의 통일의회와 같은 대의 기구다. 모여 통일 과정에서 남북 대표들이 필요한 의제를 논의하고 남북 정부에 대해 이의 추진을 제안하며, 나아가 통일 관련 남북의 공통 의제를 추진의 성과를 평가하고 공론화한다. 이 또한 남북 간 합의에 기초해야 하지만 양측 의회가 합의한다면, 각 의회의 구성원, 혹은 각 의회가 추천하는 남북 주민 대표들로 운영하는 방안도 있다.

③ 정당 교류

정치적 통합에 관한 원칙이나 방법 등을 논의하고 합의 도출까지 지루한 줄다리기가 계속될 수 있다. 따라서 남북 정당들은 교류를 통해 서로의 정치 방식을 이해하면서 통일 국가의 성격이나 구성 방식 등에 관한 합의를 이끌어야 한다. 남북 합의를 바탕으로 하는 정당 교류는 남북 주요 정치집단 간의 친목, 대화, 상호이해를 위한 것이지만, 활동 여하에 따라 남북 연합이란 틀 내에서 이루어지는 고도의 정치적 과정이 될 수 있다.

④ '남북지자체연합' 구성

남한의 시·군·구에 해당하는 남북의 기초자치단체들이 참여하는 연대체를 구성해 지자체 차원의 교류와 협력을 조직적으로 추진한다. 이는 앞선 단계의 지자체 간 자발적, 공식적, 비공식적 교류와 달리 통일 이후 통치의 한 단위로 풀뿌리자치, 참여자치, 기관자치 등을 어떻게 꾸려갈지를 사전적으로 그려보고 논의하는 것이 주된 목적이다.

⑤ 공동 외교

남북연합의 틀이 갖추어지면 외교 분야도 남북이 하나의 채널로 운영할 수 있다. 해외 각국에 설치된 남북의 대사관을 하나로 통합 운영하는 것이 이에 해당한다. 통합 대사관은 기존의 남북 외교 업무를 각각 처리할 수 있는 업무 분장 시스템을 일정 기간 가동하더라도, 이후에는 하나로 통합되어야 한다. 남북 정부가 완전히 통합되지 않은 상태에서는 통합 공관이 설치되더라도 외교 업무를 통합 외무와 비통합 외무로 나누어야 할 것이다. 미국, 중국, 일본 등 주요 국가에서 남북의 공동 외교를 먼저 실시하는 것도 한 방법이다.

⑥ 화폐 단일화

화폐 통합은 남북의 정치 체제 통합과 더불어 사회 통합의 핵심 부분이다. 단일화폐의 사용은 상품의 생산과 소비가 이루어지는 경제권을 하나로 만든다. 남북 동일경제권 형성은 행위자 차원의 미시적 사회 통합을 넘어 거래와 권리 설정을 제도화하여 거시적 사회 통합으로 가는 중간 지대를 구축한다. 하지만 남북의 격차가 현저하게 남아 있는 상황에서 동일한 화폐의 사용은 부의 유출(북에서 남으로)을 자극해 북한 경제를 상대적으로 피폐하게 만들 수 있다. 잉글랜드와 스코틀랜드가 파운드란 화폐를 공유하지만 각각의 파운드화를 구분하듯이, 남북도 일정 기간 독자 화폐를 사용하면서 하나의 경제권을 점진적으로 만들어가야 할 것이다. 이와 함께 부의 유출을 막는 제도들을 동시에 마련해야 한다.

통일 한국을 위한
한반도 정치 체제
디자인

남북이 조선왕조 시대의 체제로 돌아가지 않는 이상 통일 후 한반도의 정치 체제는 새롭게 디자인될 수밖에 없다. 일부 논자들은 남한의 정치 체제가 통일 한국의 원형이 되어야 한다고 주장하지만, 남한의 정치 체제는 200년도 더 된 서구의 낡은 시스템일 뿐이다. 오늘날 정치 체제는 18세기에 발명된 것이며, 21세기의 현실과 조화를 이루지 못하고 있다.

이러한 측면에서 한반도의 통일은 새로운 정치 체제를 실험해볼 수 있는 전례 없는 기회일 수도 있다. 따라서 21세기의 기술적, 문화적, 사회적 현실과 가치를 반영한 정치 체제가 설계되어야 한다. 궁극적으로 직접민주주의와 분권·분산된 정치 권력이 근간이 되어야 한다. 그러나 통일 한국의 정치적 실험이 성공하기 위해서는 점진적이면서도 단계적인 전략과 실행이 이뤄져야 할 것이다.

남북 체제 현황과 비교

남북한의 정치 체제는 이질적이고 대립적인 이념을 기반으로 성립되었다. 1948년 남한에는 자유민주주의 체제가 수립되었고, 북한에는 평등을 강조하는 사회주의 체제가 수립되었다. 경제적으로는 남한은 시장경제에 입각한 자본주의 체제라면, 북한은 생산 수단의 사적 소유를 인정하지 않는 사회주의 체제를 표방한다. 남한은 의회민주주의를 기반으로 견제와 균형을 원리로 하는 대통령제를 채택하고 있으며, 북한은 중앙집권적 공산당의 권력 독점을 그 특징으로 하고 있다. 남북한 정부가 수립된 이후 남과 북은 정치적 환경 변화에 따라 지배 구조의 수정과 발전을 몇 차례 겪었으나, 남한은 시장경제에 입각한 자유민주주의 체제를, 북한은 통제적 계획경제에 입각한 사회주의 체제를 근간으로 유지하고 있다.

통일 한국을 위한 새로운 정치 체제

지금까지의 통일 논의는 주로 남한의 자본 및 기술과 북한의 노동력과 자원을 결합할 때 커다란 시너지 효과를 볼 수 있다는 경제적 관점에 치우쳐 있었다. 그러나 한반도 통일은 새로운 정치 체제를 설계하는 기회가 될 것이다. 통일 시점을 30년 후로 상정했을 때, 지금부터 필요한 단계별 목표와 비전을 10년 단위로 설정해본다.

1단계 목표: 통일 한국의 정치 체제 구상을 위한 기본원칙 수립

통일 한국의 새로운 정치 체제 구상을 위한 첫 번째 기본원칙은 공유할 수 있는 가치 체계와 이념을 정립하는 것이다. 기본 이념과 가치의 출발은 인간으로서의 존엄과 자유롭고 평등한 삶의 보장에 있다. 이러한 원칙과 가치를 토대로 통일헌법과 연계한 정치 체제를 구상하는 것이 두 번째 원칙이다. 통일 한국의 정치 체제가 절차적 정당성과 당위성을 갖추려면 통일 헌법 구상과의 연계가 필수적이다. 세 번째 원칙은 오랜 분단에서 비롯된 남북한 차이를 인식하는 것이다. 오랜 분단의 역사는 민족의 동질성을 떨어뜨리고 다양한 분야에서 차이를 만들어냈다. 따라서 서로 다른 가치관, 세계관, 인구의 양과 질, 기술 숙련도 차이를 명확히 인식하고, 이를 발전적으로 정치 체제에 녹여내야 할 것이다. 마지막 네 번째 원칙은 21세기의 사상과 기술에 기반하는 것이다.

현재 대부분의 국가와 우리나라의 정치 체제는 16세기의 기술과 18세기의 사상에 기반하고 있다. 통일 한국은 낡은 패러다임의 정치 체제와 형태를 맹목적으로 복제할 것이 아니라 21세기의 사상과 최첨단 기술에 기반해 새로이 판을 짜는 접근이 필요하다.

2단계 목표: 남북한의 기본 이념과 가치 형성

남북한의 이념과 가치를 간단히 말하면 자유와 경쟁이냐, 평등과 분배냐의 문제로 귀결된다. 이러한 이념과 가치관은 18세기 서양에서 발현되었다. 물론 이러한 가치와 이념은 지금도 중요하며, 향후 상호보완적으로 통일 한국의 정치 체제에 담아야 한다. 그러나 한편으로는 근대에 형성된 자본주의, 민주주의, 사회주의 모두 현재 우리가 직면한 난제들을 해결하는 데 한계와 문제점을 드러내고 있다. 자본주의의 끝없는 탐욕과 성장 지향적 속성은 극심한 양극화를 부추기고 인류의 지속 가능성을 위협하고 있으며, 대의민주주의는 다수의 횡포와 현세대 중심의 의사결정 구조가 문제점으로 지적된다.

따라서 통일 한국의 정치 체제에는 21세기가 요구하는 새로운 가치들이 반영되어야 한다. 그중 하나가 바로 '지속 가능성'일 것이다. 현재 인류는 기후 변화, 환경 오염, 자원 고갈 등 지속 가능성을 위협하는 많은 요인에 노출되어 있다. 또 전 인류적 고령화도 지속 가능성을 위협한다. 특히, 남북한의 빠른 고령화 속도는 국가의 재정과 경제를 파탄으로 내몰 수도 있다. 무엇보다도 현세대와 미래 세대 간에 자원 배분이 불공평하게 이루어질 수 있다.

따라서 '지속 가능성'의 가치는 반드시 고려되어야 한다. 이 외에도 소유에서 공유를 기반으로 하는 '공유의 가치', 사회와 공공의 행복 속에서 개인의 행복을 추구하는 '공공의 가치', 개인의 자유와 공동체적 책임을 동시에 강조하는 '공동체적 가치' 등이 주요한 이념으로 정착될 필요가 있다.

3단계 목표: 북한 지역의 정당 형성과 선거 제도 도입

미래에는 기술의 발전으로 정치중개 기관인 정당과 직업정치인이 사라질 것이라는 예측과 논의들이 진행되고 있다. 이러한 논의는 오랜 민주주의의 역사와 대의민주주의의 한계를 직접 경험한 국가에서 나타나는 현상이다. 그러나 자유민주주의를 전혀 경험해보지 못했고, 스스로 대표자를 선출해본 적이 없는 북한 주민들에게 직접민주주의를 통한 정치 참여를 요구하면 많은 혼란이 일어날 수 있다.

물론, 정치 체제의 판을 새로이 만든다는 측면에서 북한 지역에 새로운 실험을 적용해볼 수도 있으나, 그러기에는 북한 주민들의 민주주의 의식이 뒤처져 있다. 따라서 향후 남북한 전 지역에 적용될 직접민주주의는 우선 북한에 대의민주주의를 보완하는 방식으로 진행되어야 한다. 즉, 북한 주민들이 자신들의 대표자를 선출하는 예행 연습이 필요하다. 이를 위해 북한 지역에 정당 시스템과 선거 제도를 도입하는 것이 중장기적 목표로 설정되어야 한다.

정치 체제 미래전략

통일 한국의 정치 체제는 남북한의 차이를 인정하는 데서부터 시작되어야 한다. 남한의 자유민주주의와 시장경제, 또 북한의 사회주의가 지닌 각각의 장점을 조화롭게 정치 체제 안에 수렴해야 할 것이다. 또는 21세기의 이념과 가치 그리고 첨단 기술에 기반해야 한다. 이러한 과정을 통해 지구상 그 어느 나라도 아직 구현해보지 못한 새로운 정치 체제의 출현이 한반도에서 이뤄져야 한다.

1단계 전략: 남북의 정치 체제가 지닌 장점의 조합

사회주의가 강조하는 평등과 자유주의가 강조하는 자유를 적절하게 조화시키는 전략을 모색해야 한다. 자유와 평등은 인류의 가장 보편적인 가치로 여겨지고 있으나, 이 둘은 상호보완적이면서도 상충적이라는 딜레마를 갖고 있다. 개인의 자유가 확대되면 사회적 평등은 축소되고, 사회적 평등이 확장되면 개인의 자유는 위축되기 때문이다. 소련 붕괴 이후 체제 전환국이나, 북유럽의 사민주의 사례들을 검토해 남북한이 공유할 수 있는 최적의 가치와 이념을 도출해야 한다. 특히 북한 지역의 면밀한 실태 조사가 선행되어야 할 것이다.

또 통일 헌법과 연계한 정치 체제를 구상하기 위해서는 남북한 공동의 대표들로 구성된 '통일헌법준비위원회(가칭)'를 구성할 필요가 있다. 가치와 이념의 정립은 물론 사회 통합을 원활히 견인하는 대안적 정치 체제도 함께 논의해야 한다.

21세기의 사상과 기술에 기반한 정치 체제 구상을 위해서는 최신 기술들의 정치적 활용 방안 연구가 수행되어야 한다. 아울러 뉴턴 역학에서 파생된 기계론적 세계관과, 계몽주의에서 파생된 합리주의를 대체하는 새로운 세계관과 이념을 연구하고, 이를 정치 체계에 적용할 방안을 찾아야 할 것이다.

2단계 전략: 다양한 민주적 가치의 우월성 증명

북한 주민들을 포용하고 진정한 통합을 이루기 위해서는 남한의 경제적인 우월성보다는 민주적인 다양한 가치를 보여주는 것이 필요하다. 이러한 가치에는 자유는 물론, 지속 가능성, 공유와 공공, 공동체, 세대 간 정의 등의 가치가 포함된다. 주체사상에 물들어 있는 북한 주민들에게 이러한 가치들은 매우 생소할 수 있으며, 당장에는 받아들이기 어려울 수도 있다. 따라서 북한 주민들에게 다양한 가치를 확산하고, 또 공유하기 위해서는 교육뿐 아니라 건강한 공론문화를 조성해 토론과 합의의 기회를 확대해가야 한다.

3단계 전략: 원만한 통합을 위한 최적의 정치 체제 모색

완전한 통일부터 연방제, 내각제, 대통령제 등에 이르기까지 다양한 형태가 논의되고 있다. 남북연합이나 연방제같이 하위 단위의 자율성 보장도 고려할 수 있으나, 완전한 통일을 전제로 할 때 대통령제로 할 것인지, 의원내각제로 할 것인지, 혹은 이원집정부제로 할 것인지의 문제가 남는다. 의회 제도에 있어서 단원제로 할 것인지, 양원제로 할 것인지에 대한 문제도 고려 대상이다.

그러나 어떤 방식을 채택하든 정당의 역할이 중요하다. 정당은 계층, 지역, 나이, 성별 등 다양한 사회의 이해관계자들을 대변하고, 또 이를 정치 제도권 안으로 흡수하는 역할을 한다. 문제는 북한이 정당 정치를 전혀 경험해보지 못했다는 데 있다. 따라서 초기에는 남한 정당의 주도 하에 북한의 주민들을 기존 남한 정당에 편입시키거나, 필요하다면 북한 지역을 기반으로 한 새로운 정당 창설도 필요할 것이다. 이 경우 북한 지역에 민주주의 선거 제도를 도입하고 총선을 실시해 북한 인구 비례에 맞게 대표자를 선출하도록 해야 한다.

한편, 통일 의회를 단원제로 운영할 경우 인구가 남한의 절반밖에 되지 않는 북한은 지역 기반 이해관계가 걸린 사안에 대해서는 절대적으로 불리할 수 있다. 따라서 양원제로의 전환을 통해 남과 북에 동등한 정치적 대표성을 보장할 필요가 있다. 하원은 인구수에 비례해 의원을 선출해 남북 전반적인 이해를 대변하도록 하고, 상원은 남북 동수로 의원을 선출해 북한의 지역 대표성을 강화하는 것이다. 양원제에 더해 하원, 중원, 상원으로 구성된 3원제를 운영하는 것도 고려해볼 수 있다. 3원제는 '세대 간 정의'라는 가치의 정치적 실현을 목적으로 한다. 예를 들어, 하원은 현세대를 대표하고, 중원은 지역을 대표하고, 상원은 미래 세대를 대표하는 식이다.

4단계 전략: 온오프라인 조합으로부터 '정부 없는 지배 구조'로

통일 한국의 정치 시스템 아래에서는 우선 온라인 시민 참여 플랫폼과 오프라인 기존 정당의 조합을 구상해볼 수 있다. 이러한 정당은 기존의 규칙에 따라 행동하지만, 시민과 협력해 의회에서 결정을 내리는 방식이다. 데모크라시 OS와 아르헨티나의 넷 파티Net Party, Partido de la Red는 이러한 조합의 대표적인 사례다. 데모크라시 OS는 오픈소스 투표 및 토론 플랫폼을 통해 온라인상에서 토론하고, 정치적 이슈에 대해 투표할 수 있다. 아르헨티나의 넷 파티도 시민들의 결정에 따라 의회에서 의사결정을 수행하겠다고 공표한 바 있다. 스페인 정당 포데모스의 '아고라 보팅'은 블록체인을 기반으로 한 전자투표 시스템을 활용한다.

'정부 없는 지배 구조'에 대한 실험도 제안해볼 수 있다. 즉, 블록체인에 기반해 금융 거래가 이루어지면 중앙의 기관이 필요 없게 된다. 블록체인의 작동 원리는 중앙 정부에도 충분히 적용될 수 있다. 블록체인을 활용한 '탈중앙화된 자율조직'은 경영자 없이 회사 조직을 운영할 수 있게 하는 시스템이다. 탈중앙화된 자율조직 방식을 정부에 적용할 경우 국민이 직접 국정 방향을 결정할 수 있게 된다. 행정부가 시스템의 실행을 주관하고, 사법부가 이를 감시하는 구조가 되면 굳이 기존의 정부와 같은 거대 조직은 필요가 없을 것이다. 의회와 정당이라는 정치 중개 기관도 물론 필요없게 될 것이다. 다만 자율적인 방식의 국정 방향 결정은 포퓰리즘의 함정에 빠질 우려를 안고 있다. 참여하는 국민이 책임 있는 합리적 판단을 내릴 수 있어야 한다.

6

경제 분야
미래전략
Economy

KAIST Future Strategy 2020

제조업
르네상스를 위한
소재·부품 전략

──────────── 2019년 7월 4일, 일본 정부는 포토레지스트, 에 칭가스(불화수소), 플루오린 폴리이미드 품목에 대해 대한민국으로의 수 출 통제 강화 조치를 전격 단행했다.[65] 이름마저 생소한 이 세 품목은 우 리가 세계 최고 수준의 경쟁력을 갖고 있는 반도체와 디스플레이 패널 을 만드는 데 필요한 핵심 소재다. 이뿐 아니라 수출 허가 간소화 대상 국을 의미하는 화이트 리스트에서 우리나라를 배제함으로써, 일본 정부 가 직접 수출을 통제하는 품목 수를 크게 확대했다. 수출이 규제될 것으 로 예상되는 품목에는 우리나라의 자동차, 반도체, 조선, 기계, 이차전지 등의 생산에 필요한 첨단 소재·부품과 장비 등이 대거 포함되어 있다. 이러한 일련의 조치는, 그간 소재·부품 산업에 대한 우리 정부의 정책 기조를 송두리째 흔들 만한 전환기적 사건이라 할 것이다.

국내 소재·부품 산업, 어디에 와 있나

소재·부품은 원자재-중간재-최종재로 이어지는 생산 과정에서 중간재에 해당하는 분야로서, 1회 이상의 가공 공정을 거친 제품을 의미한다. '소재'란, 부품 및 완제품이 가져야 할 특정 기능에 영향을 주는 핵심 물질로 금속, 화학 및 세라믹 등을 지칭하며 '부품'은 독립적으로는 기능하지 못하지만 모듈화·완제품화되는 과정에서 다른 부품과의 결합을 통해 기능을 발휘하는 물품을 의미한다.

제조 혁신의 출발점으로 평가받는 소재·부품은 최종 제품의 완성도와 부가가치 수준에 주는 영향이 상당히 크다. 일반적으로 자본, 인력, 기술 등의 생산 요소가 축적되지 않은 산업화 초기 국가는 단기간에 제조 선진국을 추격하기 위해, 소재·부품과 장비 등의 중간재 산업의 발전을 생략한 가운데 최종 제품의 조립공정을 특화한다.

이러한 경우에는 일정한 수준까지 추격형 성장 전략이 효과적이나 이후 핵심 중간재 산업의 발달 없이는 '저성장의 함정'에 빠질 수 있다. 특히 중국, 인도 등 제조 신흥국의 부상에 따라 완제품 조립 산업 수준이 상향 평준화되면서 소재·부품은 산업 경쟁력을 좌우하는 핵심으로 부상하고 있다. 이에 따라 독일, 일본 등은 일찍부터 조립에서 첨단 소재·부품 중심으로 산업 구조를 전환해온 추세다.

첨단 중간재 산업의 중요성이 높아지면서 우리나라 역시 생산공정 기술의 수준이 일정 궤도에 진입한 1990년대 이후 소재·부품 산업 육성 정책을 집중적으로 추진해왔다. '부품·소재 전문기업 등의 육성에 관한 특별조치법' 제정으로 그 인식이 구체화된 2001년 이후, 우리 소재·부품산업은 대일 무역역조 해소 및 수출 산업화 전략에 힘입어 우리 경제의 주력으로 성장했다. 2001년 이후 약 5.4조 원 규모의 R&D 투자가 이루어졌으며, 이 기간 우리는 소재·부품을 자급화하기 위해 기술을 확보하고 실증 테스트 베드, 신뢰성 인증 센터 등 제반 인프라를 구축하면서 제조업 하부 구조의 토대를 만들었다. 그 결과 2001년 대비 생산은 3배, 수출은 5배가량 증가하였으며, 무역수지 흑자 규모는 42배 이상 성장하는 등 양적 측면에서 괄목할 만한 성과를 달성했다.

그러나 눈부신 양적 성과에도 불구하고 제조업의 구조 고도화, 부가가치 제고 및 가치사슬 안정성 확보 등의 질적 성장은 상당히 더디게 진행되고 있다. 대량 생산 체계의 효율성을 토대로 빠르게 성장한 우리 소재·부품 산업은 중국의 추격에 의해 그간 누려온 경쟁우위 요소를 상당 부분 잠식당하고 있으며, 첨단 고부가가치 제품 기술 및 산업 경쟁력은 답보 상태를 면하지 못하고 있다.

중간 투입물에 대한 우리 제조업의 자급률 수준은 평균 54%에 불과하며, 주력 산업으로 떠오른 반도체(27%)와 디스플레이(45%) 등 첨단 산업 분야는 그 수준이 더욱 낮다. 세계 최고 수준을 자랑하는 IT 산업의 발전 속도에 비해 더딘 소재·부품 산업의 발전 속도는 우리 첨단 산업이 성장하면 할수록 핵심 소재·부품 수입도 증가하는 소위 '가마우지'형 구조를 고착시켰다. 이는 가마우지라는 새를 이용한 낚시 방법에 빗댄 산업 구조로서 수출을 하면 할수록 이득은 다른 나라에게 돌아가는 형태에 비유적으로 붙여진 말이다.

다시 말해, 우리나라 기업의 완제품에서 매출이 발생하면, 그 안에 들어가는 소재·부품·장비를 생산하는 외국 기업이 이득을 취하는 구조다. 우리 첨단 산업이 성장할수록 관련된 핵심 소재, 부품, 장비의 수입이 증가하는 딜레마인 것이다. 이는 우리 제조업의 수출 활동에 따른 부가가치가 주요 제조 선진국에 비해 상대적으로 높은 비율로 해외로 유출되는 이유다. 그리고 이번에 단행된 일본의 수출 규제 조치는 우리의 산업 구조적 취약성이 산업 생태계 전반을 흔들 수 있음을 여실히 보여주었다. 추격자의 이득 극대화에 초점을 두었던 지금까지의 소재·부품 전략을 전면적으로 재검토해야 할 시점에 다다른 것이다.

소재·부품 전략, 새로워져야 한다

소재·부품에 대한 새로운 전략은 기술 혁신 경로와 상용화 과정 등 산업적 특징에 대한 객관적 인식을 토대로, 우리가 지금까지 추진한 산업 정책의 한계를 냉정하게 평가하는 데서 시작되어야 한다. 제조업을 둘러싸고 급변하는 글로벌 환경 변화에 응전할 수 있어야 한다. 단기적으로는 일본의 수출 규제로 인해 촉발된 공급망의 위기를 안정화시키고 중장기적으로는 산업 생태계적 관점에서 산업 구조를 고도화하고 강건하게 만드는, 우리 정부의 '제조업 르네상스 비전'을 뒷받침하는 전략이어야 한다.

국가 산업 구조의 종합 전략 수립

무엇보다 국가의 미래 산업 구조에 대한 종합 전략이 필요하다. 하나의 완제품을 만들기 위해서는 수만 수천 개의 원료, 소재, 부품이 필요하다. 이러한 모든 것들을 자체 생산한다면 이상적인 산업 구조를 가졌다고 말할 수 있다. 그러나 현실은 그렇게 간단하지 않다. 모든 원료를 생산하는 나라는 없다. 모든 소재·부품을 자체 생산하는 나라도 없다.

모든 것을 만든다 해도 품질과 가격 측면에서 글로벌 경쟁력을 획득한다는 보장은 없다. 그래서 최종 제품을 생산하는 기업은 세계에서 가장 값싸고 품질 좋은 것을 구매한다. 애국심으로 국산 부품만 사용하다가는 제품의 경쟁력을 보장하기 어려울 수도 있다. 결국, 자연스럽게 국제적인 분업 체계가 형성된다. 이것은 인위적으로 만들어진 것이 아니라, 값싸고 품질 좋은 제품을 찾는 과정에서 자연스럽게 형성되는 것이다.

이러한 국제 분업 체계에는 치명적인 약점이 있다. 세계적 가치사슬을 형성하는 어느 한 국가에 문제가 생기면 전체 질서가 무너진다. 이번 일본의 수출 규제 조치는 이를 그대로 보여준다. 따라서 이번 기회에 소재·부품의 종합적인 수급 전략을 마련해야 한다. 선택과 집중으로 국산화해야 할 품목을 선정한다. 이때 소재·부품의 구입처와 기술 수준을 따져봐야 한다. 수입국 다변화가 필요한 품목은 어떤 것이고 국산화해야 할 품목은 어떤 것인지 정해야 한다. 국산화로 정해진 품목에 대해서는 인내심을 가지고 지원해야 한다. 기술 개발은 하루아침에 이루어지지 않기 때문이다.

소재·부품의 특성에 따른 R&D 및 시장화

소재·부품은 최종 제품의 완성도와 부가가치에 큰 영향을 미치지만, 대량 생산되는 범용제품과 소량으로 생산되는 첨단 소재·부품은 혁신의 경로와 산업 경쟁력을 확보하는 방법에서 그 특징이 다르다. 범용제품은 초기에 막대한 설비 투자가 필요하다. 소품종 대량 생산이기에 생산 비용과 가격 경쟁력 확보가 필수적이며 공정 과정의 혁신이 경쟁력 확보에 중요한 요소다.

반면 첨단 소재·부품의 경우 원천 기술 확보의 어려움과 높은 특허장

벽으로 인해 R&D에 장시간이 소요되며 사업화 리스크가 매우 크다. 지식재산권, 설계 노하우 등 유무형의 지식 자본 역량이 경쟁력을 결정한다. 소량 다품종 중간재 개발에 적합한 혁신형 강소기업의 역할이 매우 중요하다. 소량의 맞춤형 제품을 개발하는 특성상 수요 산업과의 연계가 상당히 중요하며, 개발 성공 확률이 낮고 독과점화가 매우 강한 것이 특징이다.

최근에는 기술 혁신으로 인해 산업의 변화 속도가 과거보다 더 빨라지고 수요 특성이 다변화되면서 첨단 소재·부품의 독자적 기술 개발의 리스크가 점차 높아지고 있다. 이는 곧 기술 획득 과정에서 개방형 혁신이 중요한 요소임을 반증한다. 초기 단계에서 정부의 적극적인 역할과 지원이 필요한 이유이기도 하다.

질적 성장 및 새로운 조류를 반영하는 정책

소재·부품 산업은 그간의 양적 성과에도 불구하고 불균형적인 산업 구조 아래에서 성장해왔다. 그 결과, 범용제품 중심의 구조는 중국에 추격당하고 있으며 부품 조립 산업 위주의 산업 구조는 핵심 소재 및 장비를 해외에 의존하게 해 취약한 형태를 띠게 되었다. 따라서 하드웨어 기반 구축에 집중했던 소재·부품 산업 정책의 기조를 전환할 때다. 새로운 전략은 산업의 새로운 조류를 반영하면서 미래 지향적 구조로 전환하는 데에 초점을 맞출 필요가 있다.

새로운 메가트렌드는 데이터 기반으로의 산업 구조 전환을 요구한다. 혁신 주도형 경제 체계가 산업 경쟁력의 원천으로 부상하면서 혁신을 창출하는 소프트웨어 인프라의 중요성도 높아지고 있다. 리스크 완화 및 기술 적용을 위해 산업 간, 그리고 기업 간 개방형 혁신이 가속화되고 있다. 또한 R&D의 산업화 성과를 높이기 위해서는 산업 생태계 내의 협업 연구가 더욱더 중요해지고 있다. 글로벌 가치사슬 확대에 따른 생산활동의 분리로, 고부가가치를 창출하는 지식집약 산업으로 구조가 전환되고 있다. 이에 따라, 산업 정책 수립 시 첨단 중간재 산업의 혁신을 창출하고 그 성과를 보호할 수 있는 지식재산권 활동의 활성화와 보호 제도를 수립하는 것이 중요하다.

소재·부품 산업 청사진 수립의 원칙과 전략

이를 토대로 기본 원칙과 세부 전략을 큰 그림에서 다음과 같이 제시할 수 있다. 크게 나누어, '산업 생태계 자생력 복원', '투자 효율성을 높이기 위한 자원 배분', '정책의 일관성과 연계성 확보', 그리고 '법적·제도적 기반' 측면에서 살펴보고자 한다.

산업 생태계 자생력 복원

정책을 균형적으로 조합시킴으로써 제조 생태계의 자생력과 건강성을 회복해야 한다. 그간 우리 정부는 빠른 성과 창출에 초점을 맞추어 정부 주도로 정책을 집행해왔다. 이로 인해 산업 현장과 연구 현장 간의 불균형, 정부 주도로 인해 생기는 공공 부문과 민간 부문 간 불균형, 완제품과 중간재 기업 간 가치사슬 섹터 내의 불균형, 기술 정책과 비기술 정책 간 부조화로 인한 비효율성 등이 나타난 측면도 있다. 이러한 불균형과 비효율을 해소하는 방향으로 정책을 재설계함으로써 산업 생태계의 자생력을 복원하는 것이 절실하다.

이를 위한 세부 전략을 좀 더 깊이 살펴보면, 연구개발 및 하드웨어 기반 구축과 같은 기술 일변도의 지원 정책에서 벗어나 세제, 금융, 통상, 인수합병, 규제 등 시장 성과에 초점을 맞춘 전주기 형 지원 체계를 마련해야 한다. 또 연구개발 배분 및 성과 평가 체계의 혁신을 통해 연구 성과가 산업계 현장에 유의미하게 전달되게끔 해야 한다. 이를 위해서는 기업의 참여 유인을 높여 실질적 수요에 근거한 연구개발 과제를 발굴하도록 유도하고, 참여 연구자의 자율성을 대폭 확대해야 한다. 시장 관점의 성과에 대해서는 확실한 인센티브를 보장함으로써 연구자의 의욕을 높이는 것도 필요하다.

이와 더불어 가치사슬 내 불균형 해소를 위해 혁신 공급 방식을 전면적으로 전환해야 한다. 즉, 소프트웨어 파워를 높이는 방향으로의 혁신이다. 인공지능, 빅데이터 등 지능정보 기술 관련 인프라에 과감히 투자하여 중소·중견기업의 진입 장벽을 대폭 낮출 필요가 있다. 그 밖에도 수요-공급 기업 간 협력 R&D 프로그램, 민군 기술협력, 국산 장비를 활용한 기반 구축 사업 등 초기 판로를 확대하고 상호연계를 강화함으로써 가치사슬 내 기업들이 윈-윈할 수 있는 제도적 장치를 확대해가야 한다.

전략적 자원 배분

자원 배분의 전략도 필요하다. 향후 연간 1조 원 이상의 막대한 재정이 소재·부품과 장비 분야에 투입될 예정이지만, 여전히 충분하지 않다. 따라서 한정된 재원 내에서 투자 효율성을 극대화하기 위해 투자의 방향과 방식 측면의 전략이 필요하다.

냉정한 가치사슬 분석에 따른 투자 및 정책 지원으로 자원 배분의 전략성과 실효성을 강화해야 한다. 국내 연관 수요 산업의 글로벌 역량과 소재·부품 산업 기반에 기초해 우선 투자 분야를 선정하고 각 여건에 부합하는 정책을 조합해야 한다. 예를 들어, 철강, 석유화학 등 글로벌 수준의 경쟁력을 가진 주력 산업의 경우, 글로벌 시장에서 지속적으로 경쟁우위를 가질 수 있도록 지원해야 한다. 정부의 친환경 공정 기술 투자, 노후 산단의 스마트화 등이 좋은 예다.

이를 통해 주력 기업의 경쟁력을 유지하면서, 동시에 생태계 내 협력 기업들을 친환경 이슈 공동 대응, 자동화·지능화 공정 기술 지도, 인력 파견 등의 지원 활동에 적극적으로 참여하도록 유인함으로써 산업 경쟁력을 유지·강화할 수 있는 장을 마련해주어야 한다. 첨단 소재와 핵심 부품 등 중점 투자 분야에 대해서는 기술 및 산업화 실현 가능성, 국내외 시장 확보 가능성, 중국과 일본 등 경쟁국과의 경합성 등을 면밀히 분석하여 시장 수용적인 투자 포트폴리오를 구성해야 한다. 이와 더불어, 산업 안보적 차원에서 접근해야 하는 분야에 대해서는 별도 투자 우선 기준을 통해 장기적 관점에서 관리할 필요가 있다.

정책 연계를 통한 파급 효과 극대화

국가 전체의 경제 및 산업 정책과의 정합성과 연계성을 강화해야 한다. 이는 시장에 일관적인 시그널을 보냄으로써 정책 신뢰도를 높이는 데에도 기여할 수 있다. 다시 말해, 혁신 성장 동력, 국가 전략 프로젝트, 8대 선도 사업 등 범정부 차원에서 추진하는 상위 정책과의 정합성을 고려해 정책 파급 효과를 극대화해야 한다. 정부의 집중 투자 분야에 대해 산업 생태계적 관점에서 소재-부품-장비 개발 전략을 수립함으로써 정부 투자 방향에 대한 일관적인 메시지를 보낼 필요가 있다. 이는 정책

신뢰성 측면에서도 매우 중요하다. 이와 함께, 부처 내 혹은 부처 간 연계의 강화로 정책의 실효성도 고려해야 한다. 부처 내 사업 및 부처 간 사업에 대한 '정책 이어달리기' 강화를 통해 중복 투자를 방지하고 성과 창출 확률을 높여야 한다.

정책 추진 동력을 확보하기 위한 법제도적 기반 정비

소재·부품 산업을 고부가가치의 기술집약형 산업으로 전환하기 위해 법제도적 체계를 재편할 필요가 있다. 법제도의 개편은 소재·부품에 대한 정부의 인식과 미래 지향점을 민간에 알리는 일종의 방향타다. 최근 산업 환경과 소재·부품 산업의 위상이 변함에 따라 현재의 '소재·부품 전문기업 등의 육성에 관한 특별조치법'을 보완하고 강화해야 한다. 특히, 산업 환경이 갈수록 복잡해지고 융복합화 경향이 강해짐에 따라 법제도적 지원 범위가 광범위해지는 추세를 반영해야 한다. 부처 간 협업과 연계를 활성화할 수 있는 법제도적 추진 체계를 확보하는 것이 민간의 불확실성을 제거하고 지속 가능한 추진 동력 확보 측면에서 중요하다.

핀테크를 통한
금융의 스마트화

───────── 기술이 그 어느 때보다도 금융을 전방위로 바꿔놓고 있다. 최근 가파른 성장세를 보이는 핀테크의 확산이 이를 보여준다. '핀테크Fintech'는 '금융Finance'과 '기술Technology'의 합성어로 스마트 기술을 활용한 금융 기술을 의미한다. 스마트 혁명이 쓰나미처럼 휩쓸고 간 민주화의 물결이 소셜미디어, 소셜커머스를 거쳐 이제 금융으로 밀려들고 있다. 금융은 모든 산업의 근간이다. 금융 경쟁력이 뒤처지면 산업 전체의 경쟁력이 무너진다는 점에서 핀테크의 확산과 성장을 금융 패러다임의 변화 차원에서 인식하며 접근해야 한다.

핀테크의 등장과 확산

아마존이 오프라인 서점들보다 강력한 경쟁력을 확보해간 것과 같이 스마트 기술 기반의 핀테크는 기존의 금융을 대체하고 있다. 아마존은 소위 롱테일 고객을 공략했다. 기존의 오프라인 서점이나 백화점 등은 진열 공간의 한계 등으로 많이 팔리는 제품에 집중했다. 그러나 아마존은, 공간의 제약으로 오프라인 서점에 진열되지 못하거나 소량만 팔리는 까닭에 상대적으로 주목을 받지 못한 책들을 판매하며 수익을 올렸다.

핀테크도 마찬가지로 소규모 거래부터 기존의 금융을 파고들고 있다. 스마트 플랫폼에 의한 거래 비용 격감으로 롱테일 고객에게 저비용으로 접근하게 된 것이다. 이러한 형태의 핀테크 기업들은 실시간 저비용의 P2P 연결망에서 경쟁력을 가진다. 고객 간 연결 비용을 축소하는 다양한 플랫폼 기업들은 결제, 대부, 소액 투자, 환전, 보험, 송금 등의 다양한 서비스를 제공하기 시작했다.

한편, 또 다른 핀테크 기업들은 기존에는 불가능했던 개별 고객의 가치와 위험 분석을 실시간 저비용으로 가능하게 했다. 바로 빅데이터 기반의 플랫폼 기업들이다. 개별 고객의 비정형 빅데이터가 분석되면서 기존 금융에서는 불가능했던 고객별 최적의 맞춤 서비스를 제공하게 된 것이다. 자산 관리 서비스, 맞춤 대출, 투자 분석 등을 거쳐 이제는 은행의 업무 전반을 제공하는 수준으로 진화하고 있다. 플랫폼 기업들은 인공지능을 무기로 새로운 핀테크 영역을 개척하는 중이다. 금융의 본질은 가치와 위험의 분석에 있다. 대출 이자보다 위험도가 낮으면 금융기관은 이익을 얻는다. 그런데 담보 대출 관행에 젖은 한국의 은행은 그동안 위험 분석 기법을 제대로 다지지 못했고, 그 틈새를 서비스 플랫폼과 빅데이터 플랫폼으로 무장한 핀테크 기업들이 도전하고 있는 셈이다.

핀테크 산업 현황

글로벌 컨설팅 기업 언스트앤영이 산출한 핀테크 도입 지수에 따르면, 한국은 2017년 32%에서 2019년 67%로 크게 올랐다. 중국보다는 여전히 낮지만 미국보다 높고, 특히 핀테크 선진국 영국(71%)과 큰 차이가 없는 수준이다. 그러나 전 세계 100대 핀테크 기업 가운데 한국 기업은 모바일 송금 앱 토스를 운영하는 비바리퍼블리카(28위)와 데이터 암호화 관련 기술을 보유한 데일리금융그룹(63위), 두 곳만 포함된 것으로 드러났다.

하지만 급증하는 모바일 증권 거래와 간편결제 규모를 보면 우리나라의 핀테크 산업 전망은 밝다고 할 수 있다. 금융감독원에 따르면 모바일 간편결제 시장은 최근 2년 동안 이용 건수나 금액 측면에서 약 3배 성장했다. 이밖에 모바일 자산 관리, P2P 금융 서비스 등을 이용하는 사람들도 급격히 늘고 있다.

해외 핀테크 산업 현황

금융위원회와 한국핀테크지원센터의 〈2019 한국 핀테크 동향 보고서〉에 따르면, 전 세계 핀테크 산업 투자 건수는 2009년 366건에서 2018년 2,966건으로 늘어 연평균 26.2%의 증가율을 보였다. 투자 규모도 2009년 40억 5천만 달러에서 2018년 1,257억 달러로 연평균 46.5%의 증가세를 나타냈다. 또 금융감독원이 발표한 〈글로벌 핀테크 10대

트렌드 및 시사점〉 보고서에 따르면, 글로벌 핀테크 시장에서는 기업 간 M&A를 중심으로 핀테크 기업에 대한 투자가 늘고 있으며, 2019년 1월 기준 시장 가치가 1조 원이 넘는 글로벌 핀테크 유니콘 기업은 39개로 집계됐다. 이들 유니콘 기업은 미국, 유럽, 중국 등지에 주로 몰려 있다.

KPMG인터내셔널과 핀테크 벤처투자기관인 H2 벤처스 보고서에 따르면, 핀테크 100대 기업의 서비스 분야는 P2P 금융과 지급결제, 자본 시장, 보험, 자산 운용, 레그 테크 및 사이버 보안, 블록체인 및 디지털 통화, 데이터 분석 등으로 나뉘었다.

핀테크 산업에 많은 관심을 기울이고 있는 국가로는 영국, 미국, 싱가포르, 중국 등이 있다. 영국의 경우 금융에 대한 이해, 인터넷 산업의 발달, 2008년 금융위기 이후 유휴 인력으로 남아 있던 금융 전문 인력, 그리고 정책, 금융, 기술이 런던이라는 한 도시에서 발전하고 있는 지리적 배경 등으로 인해 핀테크에 최적지라는 평가를 받고 있다. 미국은 실리콘밸리와 월스트리트의 경쟁 구도 속에서 새로운 산업을 만들어온 경험과 자본이 축적되어 있으며, 아시아 금융의 허브를 꿈꾸는 싱가포르는 국가적 역량을 동원해 핀테크 산업을 지원하고 있다.

중국에서는 국가의 정책적 지원 아래 알리바바와 텐센트 등 주요 인터넷 기업들이 핀테크와 관련된 사업을 추진한다. KPMG인터내셔널이 선정한 2018 세계 100대 핀테크 기업 순위에 따르면, 중국 기업이 상위 3개를 차지한 가운데 알리바바의 자회사인 핀테크 기업 앤트 파이낸셜이 1위를 기록했다. 또 국가별로 보면, 미국(18개), 영국(12개), 중국(11개), 호주(7개), 싱가포르(6개) 순이었다.

국내 핀테크 산업 현황

금융의 범위를 어디까지 보느냐에 따라 핀테크 산업의 규모가 달라질 수 있지만, 금융위원회와 한국핀테크지원센터의 〈2019 한국 핀테크 동향 보고서〉에 따르면, 국내 핀테크 기업 수는 2011년 62곳에서 2018년 303곳으로 증가했으며, 분야별로는 결제·송금 영역(32%), P2P 대출을 포함한 자금 조달·대출 영역(24%), 로보어드바이저 등 자산 관리 영역(16%), 보험과 IT를 결합한 인슈어테크 영역(3%) 등으로 나타났다. 대표적인 국내 핀테크 기업들로는 케이뱅크, 카카오뱅크, 카카오페이, 삼성페이, NHN페이코, 토스, 뱅크샐러드 등이 있다.

또한, 2016년부터 핀테크 분야 투자가 증가했고 2018년에는 5억 2천만 달러의 투자액을 기록했다. 하지만 미국(508억 달러), 중국(305억 달러), 영국(223억 달러) 등과는 여전히 큰 격차를 보였다.

물론 금융 당국은 금융 규제를 완화하고 핀테크 활성화에 나서고 있다. 특히 금융위원회는 2019년을 핀테크 내실화의 원년으로 삼아 금융 규제 샌드박스 운영, 규제 혁신, 투자 및 지원 확대, 디지털 금융 보안 및 보호 강화 등을 중점적으로 추진하고 있다.

그러나 새로운 금융 패러다임에 맞춰 규제 개선이 이뤄진 것은 아니다. 다만, 현재 높은 매출을 올리고 있는 해외 핀테크 기업들의 사업 내용을 보면, P2P 금융과 결제 플랫폼 분야에 집중되어 있다. 디지털 통화나 데이터 분석 분야가 증가하고 있기는 하지만, 아직은 새롭게 발전 가능한 핀테크 분야가 많이 남아 있다는 의미다. 분야가 늘어날수록 이들 사이를 연결해주는 새로운 기술과 산업이 생겨날 가능성이 크다.

핀테크 산업의 전략

핀테크 산업의 선두 국가는 놀랍게도, 미국이 아니라 중국이다. 미국보다 투자가 현저히 적음에도 불구하고 중국이 앞선 이유는, 핀테크 산업의 본질을 파악하고 대처했기 때문이다. 핀테크 산업은 플랫폼 산업이다. 특히 비정형 빅데이터의 역량이 핀테크의 경쟁력이다. 이러한 역량을 가진 알리바바와 텐센트가 낙후된 중국의 금융 산업 패러다임을 바꾸고 있다. 빅데이터 공유를 조건으로 빅데이터 기업의 금융업 진입을 허용하는 중국 정부의 정책도 타산지석으로 살펴볼 필요는 있다.

국가 전략은 대외 경쟁력과 대내 형평성에 근거해 수립되어야 한다. 대외 경쟁력을 위해서는 빅데이터를 보유한 빅 브라더에게 핀테크 산업의 핵심 역할을 맡겨야 한다. 그런데 이는 경제력 집중 현상을 초래해 산업의 불안정성을 증폭시킨다. 사실상 미국, 영국 등 핀테크 선도 국가들의 고민이 바로 이 지점에 있다. 애플과 구글에 그 역할을 맡기고 싶으나, 거대 공룡의 슈퍼파워화를 기존의 금융기관들이 견제할 수밖에 없다. 어차피 글로벌 금융 경쟁력이 없는 중국(신용카드 보급률 8% 수준)에서는 정부가 과감하게 기득권을 넘어 은행, 보험 등 핀테크 전 영역을 알리바바와 텐센트에 내어줄 수 있었던 셈이다.

이런 맥락에서 대한민국의 핀테크 전략은 투트랙으로 접근 가능하다. 우선은 점진적 혁신 전략이다. 기존 금융권의 효율을 점진적으로 개선하는 형태며, 금융권이 핀테크 기업을 인수합병하는 것도 포함될 수 있다. 이를 위하여 핀테크 창업이 촉진되어야 한다. 거래 규모가 작을 때는 자본금 제한 등의 규제를 가하지 않아야 한다. 인수합병 과정에서는 비밀 유지 등의 공정 경쟁 원칙이 준수되도록 해야 한다.

두 번째는 파괴적 혁신 전략이다. 즉, 빅데이터 기업의 금융권 진입을 허용하는 방안이다. 금융은 거래 주체의 신용도와 가치를 실시간으로 정확하게 파악하는 것이 관건이기 때문이다. 대신 이들에게 빅데이터를 개방하도록 하는 전제 조건을 부과하는 것이다. 예를 들어 고객이 동의하는 조건 아래 개별 고객의 데이터를 제3의 사업자에게 제공하도록 의무화한다. 이를 통해 국가 경쟁력 향상과 금융 집중의 위험 분산이라는 두 가지 목표를 추구할 수 있다.

핀테크와 금융 규제의 원칙

핀테크는 거래의 연결 비용과 거래 주체의 가치 평가라는 두 가지 요소에 경쟁력이 있다. 초연결성을 구현하는 스마트 기기와 빅데이터가 핀테크 혁명의 기술적 주체다. 스마트혁명의 플랫폼이 연결 비용과 시간을 대폭 낮췄고, 빅데이터가 가치 평가 비용과 시간을 낮추고 있다.

이러한 핀테크에서는 기술보다 제도가 우선한다. 핀테크 산업의 본질에 입각한 규제 정책이 핀테크 산업 정책의 핵심이라고 할 수 있다. 그런데 핀테크 관련 규제는 많은 주체가 연관되어 복잡한 구조를 띠고 있다. 개별적인 접근으로 풀어간다면 장구한 세월이 요구될 것이다. 따라서 핀테크 정책에 대한 기본 원칙을 정립하고 이를 관련법과 비즈니스의 근간으로 적용해야 한다. 가령 개인정보보호법과 여신금융전문업법은 금융의 다양성을 촉진하는 형태로 개정되어야 한다. 외환관리법도 핀테크 글로벌화의 걸림돌이 되어서는 안 된다. 금융지주회사법도 예외는 아니다.

또한, 초기 기업 활성화 원칙이 정립되어야 한다. 영국은 300만 파운드 이하의 핀테크 산업은 규제하지 않는다. 다양한 핀테크 기술의 발달을 위해 창업은 촉진하되, 일정 규모 이상이 되면 적절하게 규제해야 할 것이다. 2019년부터 시행된 규제 샌드박스가 적극적으로 활성화되어야 하는 까닭이기도 하다.

핀테크 산업 미래전략

한국은 세계 12위 경제 규모에 세계적 IT 인프라를 갖추고 있어 핀테크 산업이 발전하기에 가장 좋은 여건이라는 평가를 받는다. 하지만 경직된 금융 체계와 규제로 핀테크 산업은 꽃이 피기도 전에 시들 것이라고 우려하는 목소리도 만만치 않다. 핀테크는 기존 금융권이 IT 기술을 수용하는 시나리오와 IT 업체들이 새로운 금융의 강자로 부상하는 시나리오가 있다. 중요한 것은 사안별 대처가 아니라 금융 패러다임의 근본적인 변화가 일어나고 있다는 사실에 대한 인식이다. 구체적으로는 규제 장벽을 과감하게 혁파하고, 투자와 기술의 공개를 통해 핀테크 생태계를 구축해야 하며, 원천 기술을 개발해야 한다는 지적이 강하게 제기되고 있다. 물론 인적 자원의 배분과 소비자의 필요를 읽어내는 통찰도 필요할 것이다.

차세대 금융 시스템 구축
- 핀테크 산업의 새로운 트렌드로 부상한 오픈 뱅킹 흐름에 대처
- 유럽연합의 경우, 인터넷 및 모바일 결제와 핀테크 산업 활성화를 목적으로 2018년부터 '지급서비스 개정안Second Payment Services Directive' 시행. 고객 동의를 바탕으로 고객 정보 접근이 가능해지면

서 소비 패턴 분석, 고객의 니즈 파악, 신용카드보다 효율적인 서비스 제공 등이 기대되는 상황. 그러나 기대 효과와 함께 전통 금융업과 IT 업체들의 경쟁도 심화되는 측면에서 다양한 시사점 분석 및 활용

- 플랫폼 사업자, 신용 분석 사업자, 특허 혹은 기술의 가치평가사, 기업의 미래 가치를 산출하는 기업, 기술 인프라 기업 등 다양한 권역의 기업들이 참여하고 융합하는 생태계 구축
- 핀테크 기업과 정부 간의 지속적인 소통으로 새로운 환경 대응 및 지원 체계 마련
- 중장기적 마스터플랜 제시로 끊임없이 변화하는 시장을 예측
- 핀테크 관련 사업을 집중적으로 관리하는 통합 컨트롤타워 구축

새로운 금융 환경에 부합하도록 규제와 제도 개선

- 기존의 오프라인 금융 패러다임에 입각한 각종 금융 규제 시스템 재설계
- 과도한 개인정보보호 법률은 데이터 공유가 바탕이 되어야 하는 핀테크의 성장 방해. 사후처벌 강화와 네거티브 규제 방식으로 개인정보의 보호와 활용의 실효성 확대
- 은산분리규제(산업자본의 은행 지배를 막기 위해 은행 지분 10%를 초과해 보유할 수 없고, 4% 초과 지분에 대해서는 의결권을 행사할 수 없도록 한 것)를 완화한 인터넷전문은행법이 2018년 9월 국회를 통과했지만, 실질적인 금융 혁신 정책으로 기능을 하려면 추가적인 논의와 법 개정 필요
- 기존 규제를 한시적으로 적용하지 않는 규제 샌드박스 테스트 기간

이 끝난 후에도 지속적, 안정적으로 사업을 진행할 수 있도록 후속 방안 마련

블록체인 활용

- '탈중앙화'라는 특성을 새로운 금융 비즈니스 생태계 구축에 활용
- 자금과 개인정보가 소수의 은행에 집중되는 것이 아니라 블록체인을 통해 분산됨으로써 기성 금융 시스템 수준의 안정성을 유지함과 동시에 소수에 집중된 리스크를 완화
- 새로운 산업 생태계가 작동할 수 있는 제도적 인프라, 기업의 수용도, 비즈니스 관행, 정책 방향, 소비자들의 인식 등 다차원적 대응
- 블록체인을 핀테크에 활용하는 선도 국가로 부상하기 위해서는 기술적 이해가 있는 정책 책임자의 육성 필요

사람 중심적 접근

- IT 기업이 핀테크에 도전하기 위해서는 금융 메커니즘과 수익 구조에 대한 이해 필요
- 금융과 기술 이전에 사람들의 필요사항을 파악하는 것이 선행 요건
- 디지털화로 감원되는 금융 인력을 핀테크 산업에서 적극 활용
- 핀테크 산업 주체들의 혁신적인 비즈니스 모델 발굴 빛 신시장 개척 지원
- 부처별 정보 공유와 협력 강화로 다양한 리스크에 대한 모니터링 역량 강화

접속의 시대
신경제 모델,
공유경제

———————— 4차 산업혁명의 본질적 속성은 소유와 공유의 융합이다. 공유경제는 온라인으로 정보를 공유하던 데서 시작되었다. 이어 인터넷과 IoT의 발달로 물질세계의 온라인화가 진행되면서 이른바 협력적 생산과 협력적 소비라는 O2O 공유경제가 확대된 셈이다. 그러나 공유경제의 전도사라는 레이철 보츠먼조차 공유경제에 공유된 정의가 없다고 할 정도로, 그 개념은 아직도 혼돈의 와중에 있다. 이러한 혼돈 속에서 공유경제의 모델과 공유경제로 가는 로드맵을 구축하려는 노력은 미래 국가 비전을 위한 필수 요소라 할 수 있다.

공유경제와 4차 산업혁명

공유경제는 경제 활동이 사람보다는 기계, 물리적 공간보다는 가상공간에서 이루어지는 흐름의 연장선에서 나타난 현상이다. 공유경제에 앞서 인터넷의 등장과 함께 시작된 전자상거래나 전자금융이 가상공간을 통해서 표준화된 공산품이나 금융 상품을 거래할 수 있게 해주었다면, 공유경제는 표준화가 쉽지 않은 서비스까지 가상공간에서 거래할 수 있도록 발전된 것이다.

자동화와 연결성의 핵심 매개체는 스마트폰이다. 단순히 자동차나 주택을 임대하는 서비스는 이전에도 존재했지만, 우버나 에어비앤비처럼 물적 자산을 소유하지 않고서도 글로벌 차원으로 사업을 확장한 경우는 이전에는 존재하지 않았다.

소유한 택시 없이도 우버는 세계 최대의 택시회사가 됐고, 소유한 부동산 없이도 에어비앤비는 세계 최대의 숙박업체가 됐다. 이러한 것이 공유경제의 표본이다. 스마트폰의 보급으로 언제 어디서든 인터넷에 연결할 수 있는 기반이 마련되고, 스마트폰에 탑재된 센서를 이용해서 물리적 정보를 디지털 공간으로 매끄럽게 전송할 수 있게 됨에 따라 온라인과 오프라인 사이의 경계가 크게 낮아진 것이 새로운 비즈니스 모델의 등장을 가능하게 했다.

소유권이 아니라 접근권에 기반을 둔 경제 모델

공유경제는 다양한 맥락에서 정의되지만 '소유권'보다는 '접근권'에 기반을 둔 경제 모델을 의미한다. 전통 경제에서 기업들이 상품이나 서비스를 생산하기 위해 원료, 부품, 장비, 인력을 사거나 고용했던 것에

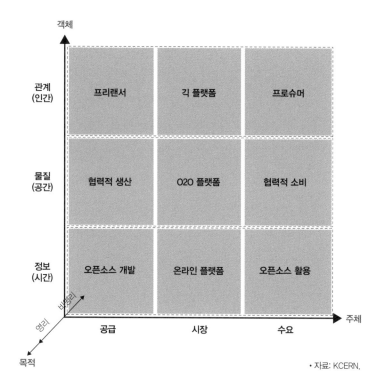

| 그림 10 | 공유경제 모델

관계
(인간)

프리랜서　　긱 플랫폼　　프로슈머

물질
(공간)

협력적 생산　　O2O 플랫폼　　협력적 소비

정보
(시간)

오픈소스 개발　　온라인 플랫폼　　오픈소스 활용

객체

비영리

영리

목적

공급　　시장　　수요

주체

• 자료: KCERN.

반해서, 공유경제에서는 기업뿐만 아니라 개인들도 자산이나 서비스에 대한 '접근권'의 거래를 통해서 자원을 효율적으로 활용하여 가치를 창출할 수 있다. 소유권의 거래에 기반을 두었던, 기존 자본주의 시장경제와는 다른 새로운 게임의 법칙이 대두한 것이다.

　공유경제에서는 온라인 플랫폼이라는 가상공간상에서 접근권이 거래된다. 온라인 플랫폼은 인터넷의 연결성을 기반으로, 유휴 자산을 보유하거나 필요로 하는 수많은 소비자나 공급자가 모여서 소통하는 기반이다. 모든 이용자가 각자 필요한 거래를 위해 일일이 사람을 찾아다니는 것은 불가능하지만, 공유경제 기업들은 고도의 알고리즘을 이용하여 검색, 매칭, 모니터링 등의 거래 과정을 자동으로 처리한다.

공유경제에서 거래되는 유휴 자산의 종류는 자동차와 주택에 국한되지 않는다. 개인이나 기업들의 물적, 금전적, 지적 자산에 대한 접근권을 모두 온라인 플랫폼에서 거래할 수 있다면 거의 모든 자산의 거래가 공유경제의 일환이 될 수 있다. 가구, 가전 등의 내구재, 사무실, 공연장, 운동장 등의 물리적 공간, 전문가나 기술자의 지식, 개인들의 여유 시간이나 여유 자금 등도 접근권 거래의 대상이다. 공유경제의 시장은 공유의 대상인 정보, 물질, 관계에 대해 공급자와 수요자 조합에 따라 〈그림 10〉과 같이 나눠볼 수 있다.

접근권이 거래될 수 있는 배경

접근권이 거래될 수 있는 배경은 온라인 플랫폼이 거래 비용을 크게 낮추는 것이다. 거래에는 거래 상대방을 찾기 위한 탐색 비용, 거래를 성사시키기 위한 매칭 비용, 거래를 제대로 이행하는지 감독하기 위한 모니터링 비용 등이 포함된다. 성공적인 온라인 플랫폼은 이러한 비용을 효과적으로 절감시킨다. 그 배경을 더 상세히 살펴보면 다음과 같다.

먼저, 수요자들은 공급자들이 더 많을수록, 공급자들은 수요자들이 더 많을수록 온라인 플랫폼에 참여할 유인이 높아지기 때문에 플랫폼 사업자들은 이를 위해서 다양한 방법으로 사용자를 확보하려고 노력한다. 잠재적인 거래 상대방이 많아야 탐색 비용이 자연스럽게 낮아진다. 둘째, 온라인 플랫폼은 알고리즘을 이용하여 거래 상대방뿐만 아니라 다른 유사한 거래 조건을 노출시키거나 추천을 해줌으로써 탐색에서부터 매칭까지 원활하게 이루어지게 해준다. 셋째, 플랫폼은 참가자들이 플랫폼을 통하여 상호합의한 대로 거래가 진행될 것이라는 신뢰와 확신을 주는 메커니즘을 마련해야 한다. 이를 위해서 거래 당사자들 간의 상호평점이나 후기 데이터를 축적하고 분석함으로써 신뢰 확보에 필요한 모니터링 비용을 낮춰줄 수 있다.

예를 들어, 에어비앤비는 머신러닝 알고리즘을 이용하여 게스트가 원하는 조건의 방과 호스트를 검색할 수 있도록 함으로써 이 문제를 효율적으로 처리하고 있다. 또 이용자들이 상호평가하는 평점 시스템을 기반으로 불량한 이용자를 플랫폼에서 배제함으로써 거래의 신뢰성을 확보하는 것이다.

공유경제의 혁신 방식과 로드맵

공유경제는 과거에는 불가능했던 새로운 거래 방식을 창출하면서 경제의 생산성을 높이고 있다. 유휴 자산의 효율적 이용은 자원을 보다 효율적으로 배분하는 데 기여한다.

전통적 비즈니스 가치 체계 파괴

공유경제 기업들은 전통적 비즈니스의 가치 체계를 뒤흔들며 혁신을 자극한다. 예를 들어, 우버의 기업 가치는 이미 GM의 기업 가치를 넘어섰다. 일부 도시에서는 전통적인 택시보다 우버, 리프트, 디디콰이처 등 같은 카셰어링 서비스 이용자가 더 많은 것으로 나타난다. 카셰어링 서비스는 자동차를 이동이 필요할 때에만 잠깐 이용하는 모빌리티 서비스의 대상으로 바꾸고 있다. 전통적인 자동차 기업들이 제조 회사를 탈피하여 모빌리티 제공 회사로 변모하겠다고 선언하며, 카셰어링 서비스에 뛰어들고 있는 이유인 셈이다.

다양한 산업 분야에서 공유경제 서비스 확산

공유경제 기업들은 자동차와 숙박 공유 외에도 다양한 분야에서 등장하고 있다. 새로운 구인구직 경로로 기능하면서 노동 시장을 변화시키고 있는 온라인 인재 플랫폼, 주요 도시에서 급성장하고 있는 자전거 공유 서비스, 대안적인 금융 수단으로 자리매김하고 있는 크라우드 펀딩, 전 세계 대학 강의를 무료로 공개하면서 고등교육의 새로운 패러다임을 만들어 가고 있는 무크 등 여러 분야에서 공유경제 서비스가 출현, 성장하면서 경제의 새로운 활력소가 되고 있다.

공유경제 로드맵

1단계는 정보를 공유하는 오픈소스 단계다. 스톨만과 레시그 교수 등은 저작권을 주장하는 카피라이트의 반대 의미인 카피레프트(copyleft, 지적재산권에 반대해 지적 창작물에 대한 권리를 모든 사람이 공유할 수 있도록 하는 것)를 주창한 바 있다. 그 결과 실리콘밸리 소프트웨어의 상당수가 오픈소스화되었다. 이로 인해 산업 생태계에서 혁신은 급속도로 확산되었고 개발비는 기하급수적으로 감소했으며 창업은 촉진되었다. 만약 콘텐츠와 소프트웨어 오픈소스의 확산이 이루어진다면 비효율적인 각개약진의 산업 구조가 효율적인 협력 구조로 재편될 것이다.

두 번째 단계는 O2O 단계다. 1단계의 온라인 콘텐츠 공유경제에서는 상대적으로 이해관계 충돌이 적었다. 그러나 O2O 공유경제에는 오프라인의 기득권자가 존재한다. 이들의 기득권을 뛰어넘는 사회적 의사 결정 구조가 뒷받침되지 않으면 O2O 공유경제는 실현이 어렵다. 실제로 우버의 도입으로 인해서 손해를 보는 기존의 사업자들이 있다. 그러나 사회 전체로 보면 소비자 편익은 증대되고, 사회적 비용은 감소하며, 환경은 보전된다. 결국, 사회 전체의 이익이냐 기득권자의 이익이냐 하는 문제로 귀결된다. 물론, 플랫폼 사업자와 참여자 간의 이익 분배 문제에는 공정한 게임의 법칙이 적용되어야 한다. 공정한 생태계 형성을 주도하는 것은 정부의 역할이다. 투명성과 개방성이 보장되어야 하고, 공유 플랫폼 기업의 과도한 수익과 불공정 거래를 방지해야 한다. 이를 위해서는 공유 플랫폼 기업의 복수화, 즉 멀티호밍multihoming 정책 등이 필요하다.

3단계는 인간관계의 공유다. 과거 산업혁명 이전에는 생산과 소비가 분리되지 않고 일과 놀이가 통합되어 있었으나 효율이 낮았다. 산업혁명이 시작되면서 생산과 소비가 분리되고 일이 분업화되면서 효율은 급상승했다. 그러나 어느 영국 시인이 비유한 '악마의 맷돌Satanic mills'처럼, 다양한 삶의 방식과 가치가 분쇄되고 양극화가 초래되었으며 물질의 낭비가 심각해졌다. 이제 공유경제를 통해서 물질 낭비를 줄이는 것은 물론 양극화를 축소하는 대안을 만들어야 한다. 가령, 아이디어 플랫폼에서 디자인을 다운로드해 나만의 아이디어를 추가하고 3D 프린터로 나만의 제품을 제작한다. 이 과정에서 일자리는 일거리로 분해되고 자신이 가장 잘하는 것을 중심으로 일과 놀이가 재결합될 수 있다. 이것이 바로 프리에이전트Free Agent의 시대인 것이다. 이제 생산은 수많은 생산자와 소비자가 협력하여 함께 하는 소셜 이노베이션의 형태로 변모하고 있다. 생산자와 소비자를 둘로 나누는 것도 이제는 적절하지 않다는 의미다. 새로운 인간의 관계가 모색되어야 하는 이유다.

공유경제 활성화에 필요한 실천 전략

공유경제는 혁신의 촉매 역할을 하면서 경제의 효율성을 높이는 데 기여하지만, 동시에 기존 규제 및 이해관계자와의 충돌을 가져온다. 미국의 진보적인 정치경제학자이자 전 노동부 장관인 로버트 라이시는 공유경제가 불안한 단기 일자리만을 양산하고 큰 수익은 서비스 플랫폼 사업자에게 돌아간다고 비판했다. 즉, 노동자들은 자잘한 부스러기를 나눠 가질 뿐이라는 그의 비판에 우리는 주목해야 한다. 공유경제의 잠재력을 극대화하고, 갈등을 최소화하기 위해서는 다음과 같은 정책 과제를 고민해볼 필요가 있다.

기술과 제도의 충돌을 흡수할 수 있도록 규제 체계 정비

- 공유경제는 자동화와 연결성 기술에 바탕을 두고 있는 점을 고려, 관련 법과 제도 정비
- 온라인 플랫폼 이용자들의 정보를 자동 처리하는 알고리즘에 대한 기술적 이해 필요
- 새로운 기술적 흐름에 대한 사회적 합의에 대한 논의

글로벌 차원의 규제 협력 체계 마련

- 공유경제 서비스들이 글로벌 차원에서 제공되는 점에서 글로벌 차원의 규제와 협력 필요

- 특정 서비스에 대한 표준화된 가이드라인을 마련함으로써 불필요한 사회적 비용 절감

공유경제 온라인 플랫폼의 공적 역할 부여
- 온라인 플랫폼이 생성하는 데이터에 대한 활용뿐 아니라 규제 부분도 논의
- 온라인 플랫폼에 축적되는 데이터 남용에 따른 프라이버시 침해 문제 대비
- 특정 기업의 데이터 독과점 방지
- 거래를 주선하는 알고리즘을 통한 담합 가능성 차단
- 플랫폼의 공적 보고 의무를 강화하는 법안 마련

유연성과 안정성을 동시에 고려하는 노동 시장 정책 마련
- 전통적인 고용 형태뿐 아니라 공유경제가 촉발하는 새로운 고용 형태를 고려한 정책 필요
- 공유경제 참가 노동자들의 소득 불안정성 완화 방안으로 기본소득 활용안 강구
- 휴가, 연금, 의료보험 등의 복지 혜택을 새로운 고용 형태에도 적용할 수 있게끔 방안 도출

고부가가치를
창출하는 혁신형
창업 활성화

———————— 경제의 지속적 성장을 위해서는 시장의 효율뿐
아니라 창업의 혁신이 필요하다. 이를 뒷받침하려면 실리콘밸리와 같
이, 세계적인 벤처기업이 탄생하고 성장할 수 있는 창업 생태계가 조성
되어야 한다. 창업 생태계는 일부 정책만이 아니라 국민의식의 변화, 기
업가정신 교육, 공정사회, 창업 안전망과 같은 환경이 토대가 되었을 때
성공할 수 있다.

여기서 창업이란, 고부가가치를 창출하는 혁신형 창업을 의미한다.
대기업 중심의 경제 체제에서 혁신 강소기업 중심 체제로의 패러다임
전환은 한국의 지속 성장, 경제민주화, 복지사회를 이루는 도약의 발걸
음이 될 것이다.

히든 챔피언을 키우는 사회

우리나라는 반세기 만에 경이로운 경제 발전을 이룩했다. 재건의 열망으로 추진된 경제 계획은 매우 성공적이었다. 선진국 산업을 벤치마킹하고 선진 기술을 습득하여 모방 제품을 저렴하게 생산하고 개량해나가는 전략이 주효했다. 그러나 이러한 추격형 성장 전략은 더 이상 유효하지 않으며 오히려 중국이 우리나라를 따라잡는 전략이 되고 말았다.

아직 중국과 인도의 주된 경쟁력이 저렴한 노동력인 것은 사실이지만, 그들의 창의성과 혁신성이 꽃피울 날은 머지않았다. 미국의 유수 대학의 고급 두뇌들 그리고 미국 첨단 산업의 현장에서 다양한 경험을 축적한 중국인, 인도인들이 속속 자국으로 귀국하여 그들의 역량을 발휘하고 있다.

벤처기업은 신기술을 사업화하고 새로운 산업을 일으키는 주역이다. 세계적 대기업들도 초기에는 벤처기업이었다가 시장이 확대되면서 외형이 커진 경우가 많다. 애플, 구글, 아마존은 물론, 지멘스, BASF, 포드, 보잉, 제록스, 교세라 등이 그러한 예다. 이들은 이름만 들어도 주력 업종이 무엇인지, 어떤 경쟁력을 가지고 세계적 대기업이 되었는지 바로 알 수 있다.

반면 우리나라의 대기업은 특정 분야에 고유의 경쟁력이 있었기 때문이 아니라 정부의 지원 아래 도입된 기술과 보장된 내수 시장을 배경으로 다양한 사업을 복합적으로 수행해왔다. 대한민국의 미래를 창조하고 성장을 지속하기 위해서는 이제 소수 대기업 중심에서 탈피하여 고부가가치를 창출하는 강소기업 위주로 산업 구조를 전환해야 한다. 독일의 경영학자 헤르만 지몬은, 일반적인 인지도는 낮아도 관련 분야에서 특별히 강한 기업을 '히든 챔피언'이라 일컬었는데, 이러한 글로벌 경쟁력을 가진 과학 기술 집약형 강소기업이 국가 경제의 중심이 되어야 한다. 글로벌 강소기업은 고용을 높이고 고부가가치를 창출해 경제민주화에도 크게 기여할 것이다.

창업 생태계를 조성하기 위해

1996년 코스닥 설립, 1997년 벤처기업특별법 제정 등의 정책을 장려한 결과 벤처기업 붐이 일면서 대학을 갓 졸업한 사람들과 그리고 대기업에서 근무하던 고급 인재들이 대거 창업 대열에 합류했다. NHN, 넥슨, 아이디스 등 성공적인 벤처기업들이 탄생했고 휴맥스, 주성엔지니어링, 안랩 등 초기 벤처기업들이 코스닥에 상장하며 성장에 탄력을 받았다. 그러나 일부 부도덕한 사이비 벤처기업가들이 횡령, 주가 조작 등으로 물의를 일으켰고, 정부는 2002년 벤처기업 건전화 방안을 만들었는데, 부작용을 방지하기 위한 그것이 오히려 벤처기업의 성장을 억누르는 결과를 불러왔다.

미국에서는 IT 버블이 꺼진 후에도 지속하여 우량 벤처기업이 탄생했다. 미국의 50대 기업 목록에는 신생 기업이 대거 포진해 있다.

이처럼 지속해서 글로벌 강소기업이 나타나려면 사회적 여건이 조성되고 창업 생태계가 개선되어야 한다. 도전적 기업가정신으로 무장한 기업가들이 창업 전선에 뛰어들고, 유능한 인재들이 신생 벤처기업에 들어가 자신의 역량을 마음껏 발휘하고, 투자자들은 앞다퉈 이러한 벤처기업에 투자하려는 환경이 조성되어야 한다. 그러기 위해서는 제도 개선 및 교육 개혁과 함께 국민의식에도 변화가 필요하다.

또 대기업보다 혁신 역량이 우수한 벤처기업의 지식재산 창출과 보호, 육성에 힘을 쏟아야 한다. 우리나라는 대기업이 국가 경제에서 차지하는 비중이 압도적으로 크다. 이러한 대기업 중심의 산업 구조는 중소기업의 성장을 저해하는 부작용을 초래했다. 따라서 이제라도 공정한 경쟁 환경을 만드는 것이 필요하다. 시장을 감시하고 견제하며, 대기업과 중소기업이 공정한 경쟁을 펼칠 수 있는 경제민주화를 촉진해 창업 국가의 토대를 마련해야 한다.

창업 국가를 만들기 위한 전략

이제는 국가의 네임 밸류보다는 기업의 이름이 더 부각되는 시대다. 우리도 자기 이름 하나로 세계 시장을 개척해나갈 수 있는 벤처기업을 키워야 한다. 이를 위해서는 첫째, 우수 인재들이 창업에 도전하고 합류할 수 있는 사회적 분위기와 여건을 조성해야 한다. 젊은이들이 먼 미래를 주도하려는 시각을 갖도록 하고 새로운 것을 시도하는 일에 두려움을 갖지 않도록 제도적으로 지원해주어야 한다. 둘째, 관련 법규를 개선해 신생 기업의 성장을 방해하는 불공정 행위를 제대로 단속해야 한다. 과거 벤처기업들의 발목을 잡았던 각종 규제나 법규를 현실적으로 가다듬고, 보다 공정한 경쟁이 가능하도록 발판을 만들어야 한다. 셋째, 과학 기술 정책과 교육 정책을 개혁해야 한다. 넷째, 벤처기업인들의 경영 역량, 마케팅 역량을 선진국 수준으로 끌어올려 독자적인 세계 시장 개척이 가능하도록 해야 한다.

대학 이념을 '교육 · 연구 · 창업'으로

• 논문을 위한 논문이 되지 않도록 R&D 평가 기준 개선
• 대학의 커리큘럼, 연구문화를 바꾸어 기업에서 필요로 하는 실무에 강한 인재 그리고 전공지식뿐 아니라 의사소통 능력, 리더십 등을 두루 갖춘 인재 배출
• 창업을 위한 교육, 창업을 위한 연구, 또는 반대로 교육과 연구에 도움이 되는 창업을 대학의 이념으로 삼는 것이 필요
• 창업 중심 대학을 기치로 내거는 대학 장려

고급 인력 유치: 스톡옵션 제도 활용

• 벤처기업에 합류하는 우수 인재들에게 충분한 금전적 보상 제공
• 초기의 벤처기업은 자금력과 이익 창출 능력이 부족하므로 스톡옵션 활용

과학 기술 정책 개혁

• 벤처기업에 정부 R&D 자금 우선 배정
• 정부의 R&D 자금으로 연명하는 '사이비 벤처기업' 퇴출
• 과제의 성공과 실패를 창업에 성공했는지, 외부로부터 투자를 얼마나 많이 유치했는지, 관련 제품 매출이 얼마나 늘어났는지, 고용이 얼마나 증가했는지 등 시장 기준으로 판단

혁신을 가로막는 환경 개선

• 글로벌 유니콘 기업의 70%가 한국에서는 불법이라는 데에서 시사점 도출

- 네거티브 방식으로의 규제 개선
- 신사업의 시장 진입을 위해 규제 샌드박스 활용 강화
- 제약에 막힌 O2O 플랫폼 분야의 규제 혁신과 K-Beauty, K-Pop, K-Game 등 두각을 나타내는 산업 분야에 지속적 지원

법률 인프라 개선

- 예비 창업가들을 위해 각종 페이퍼(정관, 사업장 임대계약서, 고용계약서, 이사회 의사록, 주주총회 의사록, 투자계약서, 비밀유지계약서, 공동개발계약서, 판매대행계약서, 판매약관 등) 작업 지원
- 미국 실리콘 밸리처럼 매달 일정한 비용을 지불하면 일상적인 법률 자문, 서류작업 등이 가능한 법무 서비스 확대

지식재산권 보호

- 기술 탈취 금지 제도 강화
- 특허권을 보호받지 못하는 문제 개선. 특허출원을 담당하는 변리사와 특허청의 능력을 높이고, 법관과 소송대리인의 전문성 강화
- 불법 소프트웨어 사용을 강력하게 단속

자금 시장 개선

- 창업 자금 조성 방법 다양화
- 엔젤투자자의 역량 강화 지원
- 투자가 아닌 융자 방식의 편법 투자 금지
- 기업의 출구전략으로 상장뿐 아니라 인수합병도 활성화

스타트업과 스케일업의 균형

- 스타트업과 시장 확산의 역할을 하는 스케일업 벤처를 균형적으로 지원
- 과도한 개별 지원보다는 지원을 위한 공동 플랫폼 구축
- 기술 이전, 공동 개발, M&A 등 대기업과 스타트업의 혁신 연결 체계 마련

지식 기반 사회의
국부, 지식재산

───────────── 지식 기반 사회에서 지식재산은 국부의 주요 원천이다. 이미 세계적인 기업들의 자산 가치를 따져볼 때, 무형자산의 비중이 80%를 넘어섰다. 선진국가로 나아가기 위해서는 산업 발전 수준에 걸맞게 지식재산 보호가 이루어져야 한다. 부존자원이 없는 국가가 먹고사는 길은 지식을 활용하는 것뿐이다. 이러한 지식을 창출하고 보호하고 활용할 수 있게 하는 제도가 지식재산 제도다. 이제 한국은 축적된 지식재산 역량을 기반으로 '지식재산 국가'를 실현해야 한다.

4차 산업혁명은 새로운 기술뿐 아니라 지식재산의 유형에 변화를 가져올 전망이다. 2019년 6월 한국에서 열린 선진 5개 특허청 회의인 IP5(Intellectual Property 5, 한국, 미국, 유럽연합, 일본, 중국)에서는 신기술이 가져올 변화에 대응해 글로벌 특허 시스템을 개선해나가기로 공동선언문을 채택했다. 따라서 새로운 산업 환경에 대처하기 위한 지식재산 전략이 더 절실하다. 지식재산이 국정의 핵심 과제가 되어야 하고, 이를 바탕으로 '특허 허브 국가'를 만들어야 한다.

지식재산의 미래

지식재산은 빅데이터나 인공지능 같은 새로운 기술 환경에서 다양하게 창출될 것으로 보인다. 초연결과 초지능성을 특징으로 하는 산업 생태계에서는 원천특허 가치의 중요성이 더 커질 것이다.[67] 따라서 새로운 기술과 산업 환경 변화의 의미에 대한 이해가 필요하다. 먼저 지식재산과 관련한 주요 용어의 개념을 살펴보면 다음과 같다.

- 지식재산IP, Intellectual Property: 인간의 지적 활동 또는 경험의 산물. 재산적 가치가 법적 보호를 받는 특허, 상표, 디자인, 저작권, 영업비밀, 생물의 품종, 유전자원 등을 총칭하는 개념이다.
- 지식재산권IPR, Intellectual Property Right: 지식재산이 법적으로 보호되는 권리임을 강조하는 용어로 학술·실무에서 지식재산과 혼용되고 있다. 마찬가지로 특허와 특허권, 상표와 상표권, 디자인과 디자인권도 각각 혼용되고 있다.
- 무형자산intangible asset: 기업의 경제적 자산이지만 전통 회계상 가치를 측정하기 어려운 지식과 비결(노하우)을 총칭하는 개념. 문헌에 따라 이를 지식 자본intellectual capital, 지식 자산intellectual asset 등 다양한 용어로 부르고 있다. 기업의 시장 가치, 장부 가치로 표현된다.
- IP5: 지식재산 제도를 주도하는 미국, 유럽연합, 일본, 한국, 중국의

특허청을 지칭하며, '선진 5개 특허청'이라고 한다. 이들 5개 국가 자체를 'IP5'로 칭하기도 한다. 전 세계 특허의 85% 정도를 담당하고 있으며, 세계 특허 제도와 정책을 주도하고 있다.

산업 분야에 따라 지식재산 제도와 정책의 세분화

세계적으로 친특허 정책이 강화될 것으로 전망되는 가운데, 특허 제도에 대한 논의 양상이 산업 분야별로 다양해지고 세분화될 것이다. 예를 들어 제약업에서는 하나의 신약 개발에 통상 10년 정도의 기간과 1조 원 이상의 비용이 들지만, 결과적으로 소수의 특허만 창출된다. 반면 정보통신기술 분야에서는 스마트폰 하나에 25만 개 이상의 특허가 덤불을 형성하고 있다. 따라서 전통적 산업재산권 또는 IT 기술 중심의 특허 제도가 빠르게 변화하는 디지털전환 시대에도 똑같이 적용될 수 있을지 논의가 필요하다.

지식재산의 국가별 조화

IP5 국가들이 공통으로 추진하는 정책의 하나는, 국가마다 다른 특허 제도를 국제적으로 통합하는 것이다. 특허 제도의 조화는 단기적으로는 특허 심사 기간을 단축하고 특허의 품질을 높이는 방안을 모색하는 것이지만, 장기적으로는 향후 특허 제도의 변화에 대비하려는 것이다. 따라서 특허 공동심사·공동출원 등과 같이 직접적이고 구체적인 수준에서의 국제 공조가 강화될 전망이다. 예를 들어 '세계특허심사정보 시스템'은 IP5의 특허 심사 진행 정보를 일괄 조회할 뿐 아니라 인터넷으로 외국에 직접 출원하는 것까지 가능하게 하자는 취지다.

지식재산 집약 산업의 가치 증대

지식재산 집약 산업의 중요성이 강조될 것이다. 2012년 미국 상무부는 미국 특허청 데이터를 기준으로 전체 313개 산업 중에서 지식재산을 가장 집중적으로 활용하는 산업 75개를 선별하고 이를 '지식재산집약 산업IP-Intensive Industries'이라 명명했다. 유럽연합 특허청과 상표·디자인청이 2013년 공동으로 공표한 보고서에도 비슷한 내용이 있다. 유럽연합 전체 GDP의 39%와 5,600만 개 일자리가 지식재산 집약 산업에서 창출된다. 특히 유럽연합은 2013년도에 단일 특허 제도 출범과 통합특허법원 설립을 합의한 바 있으며, 2016년 영국의 브렉시트 선언으로 제동이 걸리기는 했지만 여전히 출범을 서두르고 있다.

금융의 변화에 따라 무형자산의 중요성 확대

금융 서비스의 수단에 지나지 않았던 IT 기술이 금융 패러다임을 변화시키고 있다. 여기에 지식금융과 특허 등 무형자산의 평가를 통한 융자, 투자 활성화 촉진 방안 등이 금융 상품으로 등장하고 있다. 앞으로는 특허권에 대한 평가(특허의 권리성, 시장에서의 안정성, 특허의 수명, 특허의 활용성 등) 요소가 금융 투자의 주요 항목으로 자리매김할 것이며, 이를 위해 각 분야 전문가들의 협업이 더 강화되어야 한다.

4차 산업혁명에 따른 지식재산 환경 변화

4차 산업혁명 기술들은 이전과 다른 지식재산권을 창출하고, 또 한편으로는 기존의 지식재산권을 위협할 것이다. 예를 들어 미래의 자동차는 혁신 기술의 특허권만이 아니라 초연결을 통해 만들어내는 데이터에 대한 저작권까지 요구할 것이다. 그런가 하면 3D 프린팅은 제조업의 혁신을 가져오지만 동시에 기존의 제품 상표권을 침해할 소지도 있다.[68] 따라서 기술과 시장 환경의 변화에 대응할 수 있도록 관련 제도를 정비해야 한다.

지식재산 미래전략

우리나라는 연간 특허 출원 규모로는 세계 5위지만, 지식재산의 질적 경쟁력에 대한 범국가적인 관심과 지원은 여전히 부족하다. 지식재산 강국으로 향하는 길목에서 많은 제도의 수정과 법의식 향상이 요구된다.

지식재산 국가 패러다임 구축

우리나라가 추격자 전략을 취하면서 지식재산을 소홀히 여기는 풍조가 만연되었다. 이제는 패러다임을 바꾸지 않으면 발전할 수 없는 상황이다. 지식재산권 제도는 창작 활동을 한 사람에게 일정 기간 독점적인 권리를 보장해주는 제도다. 지식재산권 보호를 통해서 청년 일자리 창조, 벤처기업 육성, 중소기업 육성, 금융의 기술 평가가 가능하다. 지식재산권을 소홀히 하는 경제는 밑 빠진 항아리와 같다. 지식재산권이 대통령과 정치 지도자들의 핵심 어젠다가 되어야 한다.

국제적으로 신뢰받는 제도와 리더십

지식재산 선진국에서는 관련 제도의 조화를 이루려고 노력하고 있다. 지식재산에는 국경의 제약이 없기 때문이다. 동일한 특허를 여러 나라에 출원하고, 분쟁이 발생하면 소송을 진행한다. 특허를 보유한 사람은 어느 나라에 출원할 것인가 선택하게 되고, 또한 분쟁이 발생하면 어느 나라 법원에서 먼저 재판을 받을 것인가도 선택하게 된다. 당연히 지식 재산권 소유자는 권리가 잘 보호되는 나라를 선호하게 된다. 따라서 신뢰를 얻은 나라에 특허 출원과 분쟁 해결 소송이 몰린다. 이러한 신뢰를 얻기 위해서는 국제적인 공조와 체계적인 제도가 필요하다. 그래야 향후 아시아 특허청, 아시아 특허법원 설치 및 유치에도 유리한 고지를 점할 수 있을 것이다.

지식재산 전문가 양성

우리나라에는 지식재산 전문가가 많지 않다. 그동안 지식재산에 대한 사회적인 인식이 부족했고 지식재산의 관리, 활용, 라이센싱, 분쟁 해결 분야의 전문가를 양성하지 못했다. 로스쿨 제도가 도입되면서 지식재산 교육에 대한 기대를 모으기도 했지만 로스쿨 내에서도 기대만큼 지식재산 교육이 활성화되지 못하고 있다. 다행히 특허청의 지원으로 2010년에 카이스트와 홍익대에 지식재산대학원이 설립된 점은 큰 다행이다. 앞으로 지식재산 관련 이슈들은 더욱 복잡해지고 고도화된다. 이러한 이슈들을 해결하고 국가의 부를 보호할 인력이 필요하다. 이런 지식재산 전문가는 국제적인 소양을 갖추어야 한다. 아시아 특허청, 아시아 특허법원 시대를 대비해 국제적 역량을 갖춘 인력 양성에 지금부터라도 관심을 기울여야 한다.

지식재산 평가 능력 함양

지식재산을 이용해 돈을 빌리고, 사업화하고, 분쟁을 해결할 때 반드시 만나는 문제가 있다. 바로 가치 평가다. 지식재산의 가치를 얼마로 평가하느냐에 따라서 그 다음의 일이 결정된다. 우리나라는 무형자산의 평가 분야에서 매우 뒤처져 있다. 부동산 외 다른 것에 대해 평가할 역량이 안 되기 때문이다. 은행뿐이 아니다. 창업투자회사, 신용보증기관, 기술보증기관 등에서도 마찬가지다. 금융 시장이 대외 환경에 더 유연해져야 한다. 이미 세계의 M&A 시장에서 기업 자산에 대한 평가 영역은 무형자산으로 확대되었으며, 이에 따라 무형자산의 가치 평가에 대한 관심과 비중이 높아졌다. 우리도 기술 또는 지식 가치 평가 역량을 높여, 도전하는 강소기업에게 든든한 파트너가 되어주어야 한다.

지식재산에 대한 전망과 준비

4차 산업혁명 시대에는 이전과 다른 새로운 유형의 지식재산이 출현할 것이다. 또 인공지능이 만들어내는 성과물에 대한 소유권 논쟁도 치열해질 것이다. 더군다나 혁신의 속도가 빨라지면서 지식재산권의 모습을 구체적으로 예측하기 어려운 상황이다. 따라서 앞으로 출현할 지식재산의 유형이나 범위에 대해 새로운 시각으로 접근하고 공유와 글로벌 확산에 부합하는 방향으로 대응 체계를 갖춰야 할 것이다.

정책 차원의 지식재산 전략

지식재산 전략에 대한 정책목표를 달성하기 위해서는 정부의 정책과 기업들의 경영 역량, 실무와 학계 전문가 집단의 경험과 지식 역량을 강화해야 한다.

특허 심사 품질 향상과 부실 특허에 대한 책임

우리나라가 특허 허브가 되려면 먼저 특허 품질이 세계 최고 수준이어야 한다. 등록된 특허가 무효라고 판정된 사례가 50%를 초과할 만큼 특허 무효율이 높다. 또 특허청 자료에 따르면 2014년에 미국 심사관이 70건, 일본 심사관이 173건을 심사한 데 비해 한국 심사관은 230건을 심사했다. 특허청은 심사관 수를 늘리고 심사 품질을 위한 획기적인 조치를 취해야 한다. 특히 향후 증가할 융복합 기술 특허 심사의 경우에는 2단계 심사 방식[69]을 실시하는 것도 하나의 방안이다. 1단계는 출원서 기준, 2단계는 복수의 심사관을 통한 심사다.

우리나라 심사관 인력 구성은 전문 분야별 박사급 비중이 어느 특허청보다 높다. 특히 주요 산업 분야에서의 선행 문헌 이해와 분석 능력은 최고 수준이다. 영어 외에 중국어, 일본어 문헌을 분석할 수 있는 심사관이 다수 있으며, 이는 마이크로소프트 글로벌 IT 기업들이 한국을 주요 PCT(국제특허협약) 출원국으로 삼는 이유다. 이러한 장점에도 불구하고 특허청 스스로 심사관을 확충할 권한이 없다는 점이 큰 장애물이다. 특허청 자체 재원은 충분하지만, 행정안전부의 승인 없이는 인력 확충이 불가능하고, 기획재정부의 승인 없이는 예산 사용이 금지돼 있다.

한편 특허청이 발행한 특허등록증을 믿고 사업을 시작한 국민이 훗날 특허가 무효될 경우 입는 손실을 생각해봐야 한다. 이러한 배경에는 특허청의 책임도 있다 할 것이다. 부실 특허의 피해는 국민의 몫이고, 부실 특허를 등록해준 특허청은 책임 의식이 없다.

이러한 모순 때문에, 등록된 특허가 이후에 무효가 되는 비율이 좀처럼 낮아지지 않고 있다. 만일 특허청이 등록한 특허가 무효 판정을 받을 경우 특허청이 어느 정도 책임을 지는 후속 조치가 있다면, 특허청은 더욱 심사숙고할 것이고 등록된 특허에 대해서는 보호해주려 할 것이다. 물론 심사 특허에 대한 책임제가 보수적 태도를 낳아 다양한 융복합 기술에 대한 심사를 어렵게 한다면 이 또한 문제가 될 수 있다. 따라서 기술의 개방성과 유연성을 흡수하는 동시에 책임 의식을 높여가는 노력이 병행되어야 한다.

법관 전문성 제고와 국제 재판부 허용

전문성을 가진 판사가 필요하다. 2016년부터 특허 재판의 법원 관할 집중이 시행되고 있다. 이는 판사의 전문성 향상에 도움이 된다. 하지만 아직도 특허법원의 판사 재임 기간이 너무 짧다. 순환보직에서 벗어나지 못하고 있어 5년 이상 근무하는 판사가 없는 실정이다. 한국의 판사가 아무리 뛰어나다 해도 10년 이상 특허 사건만 다루어온 판사의 전문성에 비교할 수 없을 것이다. 법관의 전문성 향상을 위해 특허 전문 법관 제도의 도입이 요구된다.

한편 한국 법원이 국제적인 신뢰를 얻어 국제 분쟁 사건을 가져오려면 국제재판부를 신설해야 한다. 당사자가 원하면 영어를 사용하는 재판이 가능해야 한다. 현행 제도는 법원에서 한국어만 사용하게 되어 있지만 소송 관계자가 원하면 영어 재판이 가능하도록 제도를 개선해야 한다.

지식재산 교육 플랫폼 설치

체계적인 교육 플랫폼을 통해 국제적 지도력을 확보해야 한다. 미국, 일본, 중국이 정책 경쟁을 하고 있는 와중에 우리는 크게 두 가지 관점을 고려할 필요가 있다. 먼저 지식재산 선도 그룹(변리사, 변호사, 교수 등 지식재산 전문가 집단)을 위한 국제 교육 플랫폼이다. 그리고 우리나라에 다양한 국가의 학생들이 모여 지식재산 전문 교육을 받는 국제지식재산대학원을 설치하는 것이다.

지식재산 정책 비서관과 지식재산부 신설

현재의 국가지식재산위원회로는 지식재산 정책을 종합적, 거시적으로 주도하기 어렵다. 2011년 지식재산 기본법이 제정되고 대통령 '소속'으로 국가지식재산위원회가 설치되었으며 국무총리와 민간위원장이 공동위원장으로 선임되었다. 그러나 위원회 사무국은 과학기술정보통신부로 옮기면서 그 위상이 낮아졌다는 지적도 있다.

이를 개선하기 위해서는 첫째, 청와대에 지식재산 정책 비서관을 신설하여 대통령을 보좌해야 한다. 둘째, 지식재산 관련 컨트롤타워 역할을 하는 지식재산부도 신설해야 한다. 지식재산을 국정 의제로 만들고, 여러 부처에 나뉘어 있는 관련 정책을 총괄할 수 있어야 한다.

특허 제도와 반독점 제도의 조화

특허 제도와 반독점 제도는 근본적으로 상반된다. 특허 제도는 발명에 일정 기간 독점권을 부여하여 권리자를 보호하고 혁신의 동기를 제공하는 반면, 반독점 제도는 자유로운 경쟁을 무너뜨리는 독과점을 통제한다. 그러나 특허 제도도 기술 내용 공개를 통해 사회 전체의 이익에 기여한다는 점, 반독점 제도 역시 시장에 미치는 영향을 고려해 각종 장치를 마련하고 있는 점에 비추어 두 제도의 양립은 가능하다고 해석할 수 있다. 공정거래위원회가 지식재산 보호와 독과점 방지의 균형에 대해 관심을 가지기 시작한 것은 최근의 일이지만, 국가지식재산위원회를 중심으로 특허청, 공정거래위원회 및 기타 관련 부처 간 소통을 지속해 나가야 한다.

소프트웨어 보호와 군사기술 특허 장려

우리나라의 산업 경쟁력이 저하되고 있는 원인 가운데 하나는 소프트웨어 산업의 후진성에 있다. 즉 불법복제가 만연한 데에 있다. 소프트웨어가 보호되지 못함으로써 소프트웨어 산업이 황폐화된 것이다. 불법사용에 대해 엄격하게 법을 집행하지 않은 정부의 책임이 크다. 그리고 소프트웨어를 단순히 저작권 문제라고 생각해 문화체육관광부 산하 저작권위원회에서 이를 관장하는 것도 문제다. 소프트웨어는 문화적인 측면보다 산업적인 측면에서 다뤄져야 한다. 정보통신 주관 부처에서 더 적극적으로 소프트웨어 관련 법제 및 불법사용에 대한 법 집행에 관여해야 한다. 현재와 같은 방식으로는 생산 시스템이 소프트웨어 중심으로 재편되는 흐름에 뒤처질 수밖에 없다.

현재 국가의 지원을 받아 개발된 군사 기술의 특허권은 국가의 소유다. 군사 기술의 특성상 이해되는 면도 있다. 하지만 기술을 개발한 회사나 개인이 특허권을 가질 수 없으므로 개발 사업이 종료된 후에 지식재산 관리가 제대로 되지 않는다. 특허를 출원할 동기가 없는 것이다. 미국에서처럼 민간인이 특허권을 소유할 수 있게 법규를 개선할 필요가 있다.

자유롭지만 불안정한 고용 시장의 긱 이코노미

디지털 기술을 기반으로 한 새로운 유형의 일자리가 나타나고 있다. 이는 전 세계적으로 일어나고 있는 변화다. 디지털 격변이 전 방위로 확장되며 과거와는 전혀 다른 모습을 만들고 있는 것이다. 기업들이 심도 있게 고려해야 할 부분은 디지털 시대에서 일의 본질과 일하는 방식이 어떻게 변하는가 하는 것이다.

1990년대에 기업의 업무 프로세스에 리엔지니어링이 도입되면서 생겨난 변화를 돌아보면 이를 이해할 수 있다. 일각에서 언급하는 대로 인공지능이 일자리를 없애고 기계가 인간을 대체하리라는 어두운 전망에 과민하게 반응할 필요는 없다. 인류 역사에서 신기술이 항상 지지받았던 것은 아니다. 18세기 공장에 기계가 도입되었을 때에도 격렬한 반발이 일었지만 궁극적으로는 생산성 향상으로 이어졌고, 서비스업 성장으로 총고용은 늘어났다. 미래의 일과 일터도 이러한 격변을 겪을 것이다.

글로벌 차원에서 우수 인재를 필요한 만큼 활용하는 긱 이코노미가 확산되면서 인재 활용에 대한 관점도 변하고 있다. 또 일터에서 디지털 기술 사용의 증가에 따라, 일하는 방식과 조직 구조의 변화는 예상보다 더욱 그 영향이 복잡하고 광범위할 것이다. 이에 효과적으로 대응하기 위해서는 일의 미래를 규정할 기술적 요인과 아울러 개인·조직·사회적 생태계 관점에서 종합적으로 접근할 필요가 있다.

긱 이코노미의 출현 배경

중국집 배달원들이 전속에서 벗어나 지금은 풀Pool 개념의 인력으로 전환된 경우가 많다. 식당은 고정비 부담을 줄이고 배달원은 일감을 늘리는 식으로 상호 이익성이 확대된 것이 이 변화의 핵심이다. 이처럼 산업 발달에 따라 인재 활용 방식은 전문성과 유연성이 커지는 방향으로 진화하고 있다. 단순한 사례지만, 여기에는 환경 변화에 대응해 고정비를 변동비로 전환하여 유연성을 높이는 사업 모델 변화의 본질이 함축되어 있다. 주인장이 직접 배달하다가 배달원을 고용한 것은 제조와 물류의 분업이고, 전속에서 공동 풀로의 이동은 가동률을 높이는 개념이다. 디지털 시대에는 인간의 재능과 아이디어의 활용 범위가 글로벌 차원으로 확대되고, 전문성과 유연성이 높아지면서 조직 내외부의 경계가 흐려질 전망이다.

긱 이코노미도 같은 맥락이다. 긱은 1920년대 미국의 재즈 공연장에서 하루 또는 일회성 계약으로 밴드나 연주자들을 고용하던 방식에서 유래된 용어다. 이러한 방식이 디지털 경제에서 원용되었다. 전통적인 정규 근로 계약이 아니라 용역 계약, 도급 계약, 사무위임 계약 등 주문형 임시 근로 계약을 뜻한다. 이러한 근로 형태는 2008년 글로벌 금융

위기 이후 실직한 전문직들이 단기 직업을 찾는 데서 증가했는데, 디지털 경제의 특징이 이러한 고용 관계를 확대하고 있다.

디지털 경제는 플랫폼을 통해 소규모의 수요와 공급을 연결시켜준다. 예컨대 아프리카의 수공예품 장인이 스마트폰으로 촬영한 작품 사진을 엣시 같은 플랫폼에 올리면 그것을 본 일본의 수집가가 플랫폼상에서 가격을 지불하고 작품을 배송받는다. 이러한 온라인 유통 트렌드의 확산은 자연스러운 현상이다. 이때 어디에도 소속되지 않은 채 자유롭게 일하는 근로자가 필요에 따라 기업들과 계약을 맺고 일하는 방식이 긱 이코노미다.

아프리카의 대학생이 유튜브와 무크를 통해 소프트웨어 프로그래밍을 배우고, 긱 플랫폼을 통해 실리콘밸리의 기업과 계약한 후, 멕시코 휴양지에 거주하면서 작업하는 식이다. 최고 인재들이 고액 연봉의 정규직을 마다하고 자발적 비정규직으로 일정 기간 특정 기업을 위해 일하다가 계약 기간 만료 후 다른 기업으로 옮겨가는 경우도 이제는 글로벌 차원에서 이루어진다. 심지어 의사, 수의사들이 온라인으로 진찰을 하는 방식도 생겨났다. 우버, 딜리버루는 대표적인 긱 고용 중심 기업이다. 2009년 설립된 우버의 운전자는 2018년 말 기준 390만 명으로 추산되며, 2012년 런던에서 음식 배달 서비스로 시작한 딜리버루의 배달원은 6만 명 이상이다. 근무자들의 상당수가 긱 고용 형태다.

어떤 경제 구조든 많은 사람에게 빠르게 확산되려면 수요자와 공급자의 이해관계가 접점을 찾아야 한다. 긱 이코노미의 경우, 근로 제공자 측면에서는 특정 고용자에게 종속되지 않고 자유로이 시간을 활용할 수 있다. 고용자 측면에서는 고정비를 변동비로 유연하게 운영할 수 있다는 장점이 있다.

단점도 있다. 근로의 불안정성이나 사회보장 혜택에서 제외되는 점 등 풀어야 할 문제가 적잖다. 다만, 디지털 플랫폼이 증가할수록 더 확대될 것으로 보이는 긱 이코노미의 흐름을 간과해서는 안 된다.

긱 플랫폼 현황

글로벌 차원의 긱 이코노미 기폭제는 10x매니지먼트, 톱탈, 업워크, 파이버 등의 플랫폼 사업자들이다. 이들은 번역, 디자인 등 건당 5달러의 단순한 작업부터 인공지능 연구자, 빅데이터 분석가, 반도체 설계자 등 최고 수준의 전문가들까지 연결한다. 근본적으로 고용자와 피고용자 모두에게 상호 이익이 되기 때문에 나타나는 현상이다.

탐색 과정에서 나타나는 과대포장, 계약 위반 등의 부작용은 피드백을 통해 정제되면서 생태계적 질서를 만들어가고 있다.

맥킨지 글로벌 분석에 따르면, 2025년까지 긱 이코노미가 창출하는 부가가치는 전 세계 GDP의 2%에 해당하는 약 3천 조 원에 달할 것이다. 2017년 미국에서는 긱 이코노미 형태로 돈을 버는 인구가 전체 인구의 34%를 차지함으로써 전통적 개념의 일터에서 일하는 인구를 추월했고, 독립 계약직이나 프리랜서 인구의 비율도 20%에 육박했다. 〈포브스〉는 2020년에는 미국 내 긱 워커가 43%까지 늘어날 것으로 전망한다. 〈타임〉지의 설문조사에 따르면 미국 성인의 44%는 긱 이코노미 서비스를 활용한 경험이 있고 25%는 이미 활발한 제공자 또는 소비자로 나타났다.

국가 차원에서의 변화도 찾아볼 수 있다. '일과 삶의 균형'과 '노동 생산성'이라는 두 마리 토끼를 잡기 위해 최근 영국, 일본, 독일 등 선진국에서는 아예 새로운 노동 형태를 도입했다. 일본 정부는 2018년 세제개

| 표 9 | 주요 긱 플랫폼 개요

구분	설명
업워크	• 2003년 설립, 세계 최대의 긱 플랫폼 • 구직자 1200만 명을 구인 기업 500만 개와 연결 • 웹·모바일 개발자, 디자이너, 광고, 마케팅, 영업, 회계사 등 다양 • 등재된 기술의 종류는 3,500개 이상
파이버	• 2010년 설립 • 작문, 번역, 디자인, 영상, 음악 등 200개 분야 이상의 업무 연결 • 2016년, 55~64세 연령대 연결이 전년 대비 4배 증가 • 2018년 기준 매출 7,550만 달러 달성
톱탈	• 2010년 설립 • 최고급 소프트웨어 기술 인력 중심으로 운영 • 지원자의 3%만 통과하는 엄격한 사전 심사 • 사무실이 없는 사이버 기업 형태로 운영
런업	• 2010년 설립 • 판매, 영업, 고객 서비스, 재무, 기술 등 다양한 영역 담당 • 신입–중견급 취업 지원 및 경력 코칭, 구직에 필요한 기능 교육 제공 • 연간 50만 명 일자리 연결

편안에서 정규직 노동자들이 받는 급여소득 공제를 줄이는 대신 모든 사람에게 적용되는 기초공제 액수를 높여 프리랜서들을 포용하는 세제와 노동법 마련에 나섰다. 영국은 2018년 12월 플랫폼 업체에 긱 근로자의 고용과 관련한 복지 부담금을 부과했다. 미국은 2015년 독립 계약자로서 근로 노동자로 분류되지 못하는 사람이 '공정노동기준법'에 적용되도록 행정 해석을 변경했다.

조직, 인력 개념의 변화

신생 디지털 기업은 물론 기존 기업들에서도 긱 이코노미의 비중이 높아지면서 조직과 인력에 대한 개념이 바뀌고 있다. 고정 급여를 받으며 매일 출근하는 전통적 근로자 위주에서 정규직 외근, 외부 계약, 외근 등 다양한 근로 형태를 포괄하는 방향으로 확장되고 있다. 통상적으로 인력 자원은 장소(직장 근무 vs. 직장 외 근무)와 계약 유형(재무제표상 vs. 재무제표 외) 두 가지 축에 따라 네 가지 범주로 나뉜다.

전통적 근로자

직장에서 정해진 시간 내내 근무하는 정규직이다. 장소의 공유와 정기적인 대면이 이뤄지기 때문에 전통적인 근로자들 사이에서는 사회적 규범과 그에 따른 행동 양상이 일반적으로 강하게 나타난다. 하지만 기업문화가 정체될 위험이 있고 물리적인 장소의 유지에 비용이 많이 든다. 조직원들의 집단적 사고가 강해, 미래에 도전하기보다 과거 방식으로 사고하고 행동한다는 점은 변화가 빠른 디지털 시대에서 단점으로 작용할 수 있다.

정규직 외근 근로자

재무제표상의 외근 정규직으로, 일반적으로 재택 근무자를 지칭하지만 외판원, 출장 고객 서비스 근로자, 직장 시설이 필요 없는 다른 직업들도 포함된다. 근로자 자신은 기업 본사로부터 동떨어져 분리되었다고 느낄 수 있지만, 기업은 복지 혜택이나 공식적인 경력 발전 기회를 주는 등 일부 전통적인 방법으로 정규직 외근 근로자의 관여를 끌어낸다.

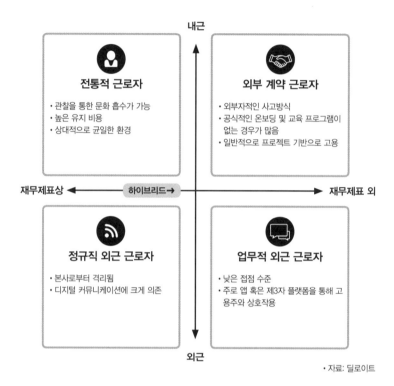

| 그림 11 | 대안적 노동력으로 인한 근로 형태의 변화

내근

전통적 근로자
- 관찰을 통한 문화 흡수가 가능
- 높은 유지 비용
- 상대적으로 균일한 환경

외부 계약 근로자
- 외부자적인 사고방식
- 공식적인 온보딩 및 교육 프로그램이 없는 경우가 많음
- 일반적으로 프로젝트 기반으로 고용

재무제표상 ← 하이브리드→ → 재무제표 외

정규직 외근 근로자
- 본사로부터 격리됨
- 디지털 커뮤니케이션에 크게 의존

업무적 외근 근로자
- 낮은 접점 수준
- 주로 앱 혹은 제3자 플랫폼을 통해 고용주와 상호작용

외근

• 자료: 딜로이트

업무적 외근 근로자

재무제표상 직원이 아니며 한정된 서비스를 제공하고 그 대가를 받는다. 이들 중 많은 사람이 유연한 스케줄로 근무하고 고객 대면 역할을 담당한다. 조직의 접점이 낮은 편이며 기술 기반의 플랫폼 혹은 제3자 대리인을 통해서 관계가 형성되는 긱 이코노미의 범주에 속한다.

외부 계약 근로자

재무제표에 표시되지 않는 계약직 혹은 컨설팅 업무 수행자로, 단기 간 한정된 프로젝트에 투입된다. 통상 정규직 근로자에게 주어지는 온 보딩 프로그램이나 신입사원 연수 기회는 제공받지 않는다. 프리랜서 전문직이 여기에 속한다. 따라서 향후 긱 이코노미 인력 운용에서 가장 중요해지는 영역이다.

풀어야 할 문제

긱 이코노미는 특정 분야 전문 인력의 활용도를 높여 기업 경쟁력을 강화하고, 근로 시간의 유연성 확대로 비경제 활동 인력에게 노동 시장 재진입 기회를 부여하는 등 인력 공급과 수요 측면에서 긍정적인 효과를 창출한다.

또 기존 일자리를 보유한 노동자들의 실제 노동 시간을 늘려 소득 증대 효과도 기대할 수 있다. 장기적으로 자신의 능력을 극대화하면서 시간과 경력을 직접 컨트롤하는 전문직 프리랜서가 긱 이코노미의 미래를 주도할 것이다.

긱 이코노미를 다른 말로 표현한다면 자발적 비정규직의 급증이다. 밀레니얼 세대는 경직적인 아날로그 시대의 일터를 탈피하고 자신의 역량에 따라 자유롭게 일하고 정당하게 보수를 받는 자유로운 생활 방식을 점점 선호한다.

그러나 일각에서는 긱 고용의 불안정한 지위와 인권 경시 위험성을 경고한다. 비정규직 및 임시직을 늘려 고용의 질을 떨어뜨리고 임금 상승을 둔화시킨다는 문제점도 지적한다. 긱 워커들은 플랫폼 업체들과 개별 계약을 맺기 때문에 노동법에 보장된 최저임금이나 건강보험 혜택을 받을 수 없다. 이들을 피고용인으로 볼 것인가 사업자로 볼 것인가에 대한 논란은 진행 중이다. 결국 고용자에 대한 지위 논란이 마무리되지 않는 이상 불확실성을 떠안고 긱 이코노미 플랫폼을 영위할 수밖에 없다는 것을 의미한다.

긱 이코노미의 확산을 위한 전제와 전략

긱 이코노미는 이처럼 새로운 유형의 온·오프라인 융합 속에 나타나는 흐름이지만, 비정규직 및 임시직의 증가로 인한 고용의 질 저하는 불안 요소가 될 수도 있다. 다만 분명한 것은 디지털 기술로 기존의 가치사슬이 해체되고 있는 진화 방향이 고용 시장으로 파급되고 있다는 점이다. 그리고 이것이 긱 이코노미의 본질이다.

양질의 긱 이코노미 일자리 창출을 위한 실행 방안

- 온디맨드 경제와 긱 이코노미의 결합에 대한 방향성 논의
- 정규직 위주에서 새로운 유형의 고용 형태까지 품을 수 있도록 법제도 개선
- 자유계약직인 긱 노동자에 대한 사회보험 적용 및 가입 강화, 계약관계의 공정성, 사회적 안전망 도입 논의
- 긱 이코노미 플랫폼 관련 법규와 규제 대처 방안에 대해 이해관계자들의 의견 수렴 과정 및 합리적 정책 수립

7

자원 분야
미래전략
Resources

KAIST Future Strategy 2020

에너지 안보와
지속 가능성을 고려하는
에너지 전환

에너지 정책을 둘러싼 논의가 뜨겁다. 탈원전 논의 때문만이 아니라, 에너지는 그 자체로 매우 중요한 자원이면서 동시에 기후, 환경, 그리고 기술 혁신과 밀접한 관계가 있기 때문이다. 한국은 에너지 부존 측면에서는 최빈국 수준이지만, 에너지 소비로는 세계 10위 안에 든다. 또 세계 7위의 온실가스 배출국이다. 특히 파리협약 발효에 따라 온실가스 배출량을 낮춰야 하는 책임은 더 커지고 있다. 이처럼 에너지 문제는 기술과 환경 그리고 에너지 안보와 지속 가능성 등을 모두 고려하는 전략적 관점에서 다루어야 한다.

에너지 과제

한국은 세계적 에너지 전환 흐름을 뒤늦게 추격하고 있다. 문재인 정부는 원전과 석탄화력을 점진적으로 줄여가면서 재생 에너지의 비중을 상대적으로 높여나가는 정책을 추진하고 있다. 이러한 에너지 정책의 흐름뿐 아니라 4차 산업혁명에 따른 에너지 전략, 기후 변화와 환경 그리고 에너지 안보의 문제까지 고려해 주요 과제들을 살펴본다.

취약한 에너지 안보 및 소비 문제

우리나라의 에너지 해외 의존도는 96%에 이른다. 특히 중동 지역으로부터의 화석 에너지 수입이 매우 큰 비중을 차지한다. 수입 다변화 추진으로 중동산 원유 의존도는 낮아지고 있으나, 의존 비율은 72.5%로 여전히 높다. 또 에너지 수입액은 총수입의 3분의 1가량을 차지한다.

한편, 에너지 소비 측면에서 우리나라는 전반적으로 에너지를 소비하는 건물이나 산업계의 에너지 소비 효율이 낮고, 자동차 보급 확대와 중대형 차량의 소비가 계속 늘면서 수송 부문에서의 에너지 효율도 낮은 상태다. 또 과거 우리나라 에너지 정책의 주요 목적이 국민 생활과 산업에 전기를 안정적으로 공급하는 것이었기 때문에 현재도 다른 나라에 비해 전기 가격이 저렴한 편이다. 영국의 기업에너지산업전략부가 2018년 발간한 〈국제 산업용·가정용 에너지 가격 보고서〉에 따르면, 우리나라 가정용 전기 요금은 OECD 회원국 가운데 가장 낮은 수준이며, 산업용 전기 요금은 중간 수준이다.

또 국제에너지기구에 따르면, 한국의 1인당 에너지 소비량은 2017년 기준 OECD 평균 대비 40%가량 높았다. 미국보다는 낮았지만 독일, 일본, 영국 등 주요 선진국들보다는 높았다. 취약한 에너지 안보 구조와 고소비 구조에 변화가 필요한 상황이다.

기후협약과 저탄소 에너지 전환

2015년 제21차 유엔기후변화협약 당사국 총회에서 파리협정이 채택되자, 언론들은 "세계가 화석연료 시대의 종말에 서명했다"라고 의미를 부여했고, 국제재생에너지기구는 "세계 에너지 전환의 분수령"이라고 환영했다. 또 국제에너지기구는 온실가스 배출 증가를 수반하지 않는 저탄소 경제로의 전환을 전망했다.

물론 파리협정에 대한 평가가 과장되었다는 시각도 있다. 각국의 기후 행동은 자발적인 국가별 기여 방안에 기반을 두고 있는데, 각국이 제출한 국가별 기여 방안을 충실히 이행하더라도 지구 기온 상승 폭을 1.5℃ 이하로 제한하려는 파리협정의 장기 목표 달성이 쉽지 않다고 보기 때문이다. 실제로 각국의 자발적 기후 행동과 유엔의 기후 변화 대응 목표 간에는 상당한 격차가 존재한다. 그래서 유엔환경계획United Nations Environment Programme은 목표와 현실 사이의 격차를 설명하고 각국의 기후 행동 강화를 촉구하는 〈배출 격차 보고서〉를 매년 발간하고 있다. 또 국제협약을 위반하더라도 제재 수단과 주체가 분명하지 않다. 트럼프 행정부가 이전 정부에서 서명한 파리협정에서 탈퇴해도 미국이 받을 불이익은 거의 없다.

이런 국제협약의 내재적인 한계와 약점에도 불구하고 파리협정은 2016년 11월 4일 발효되었고, 이것은 저탄소 체계로의 전환을 의미한다. 미국의 파리협정 탈퇴 선언은 파리협정의 이행에 부정적 영향을 미치겠지만, 대세는 달라지지 않을 것이다. 미국을 제외한 모든 당사국은 파리협정 이행을 다짐하고 있다. 자발적으로 기후 행동의 수준을 정했기 때문에 부담이 그리 크지 않을 뿐만 아니라 에너지 효율과 재생 에너지 확대는 거스를 수 없는 흐름이기 때문이다.

이처럼 에너지 산업과 시장은 바뀌고 있다. 산업과 시장의 변화가 기후협약에 영향을 주고, 다시 기후협약이 저탄소 에너지 전환을 강화하는 순환 구조가 구축되고 있다. 저탄소 에너지 전환은 속도와 시간의 문제일 수는 있지만, 방향은 확실해졌다고 할 수 있다. 20세기 산업의 원동력이었던 화석연료가 이제는 땅속에 그대로 남겨져야 할 운명을 맞이하게 된 것이다.

에너지 전환의 흐름과 전망

국제에너지기구에 따르면 점진적으로 화석연료, 특히 석탄의 비중이 감소하고 그에 반해 재생 에너지 비중은 증가할 것으로 전망된다. 하지만 이런 변화는 기후 변화에 대한 대응으로서 충분하지 않다. 국제에너지기구는 2040년에도 세계의 1차 에너지 수요에서 화석연료 비중이 74%가 넘고 재생 에너지는 바이오 에너지를 포함해 17%에 불과할 것으로 예측한다.

에너지 전환의 흐름

유럽연합은 2050년까지 1990년 대비 온실가스 배출량을 80% 이상 감축하겠다는 장기 목표를 일찌감치 설정하고 이행 중이다. 2030년까지는 1990년 대비 온실가스 배출량을 40% 이상 감축할 계획이다. 목표를 달성하기 위해 2030년까지 재생 에너지 비중을 32%까지 상향 조정하기로 합의했다. 재생 에너지 확대를 통해 파리협정을 이행할 뿐만 아니라 일자리 확대, 에너지 요금 저감, 에너지 자립도 향상 등의 효과도 기대하고 있다.

또 비영리 단체인 21세기 재생 에너지 정책 네트워크Renewable Energy Policy Network for the 21st century에 따르면, 재생 에너지가 신규 발전 시장을 주도하고 있는 것은 사실이다. 2017년에는 세계적으로 178GW의 재생 에너지 발전 용량이 설치되었다. 에너지 조사 기관인 블룸버그 뉴에너지 파이낸스는 2040년까지 세계 발전 설비 투자 중 72%가 태양광과 풍력에 집중될 것으로 전망했다.

에너지 전환의 필요성

국제에너지기구는 기후 변화를 억제하려면 에너지 전환이 지금 추세보다 더 폭넓고 더 빠르게 진행되어야 한다고 진단한다. 세계 온실가스의 3분의 2를 배출하는 에너지 부문의 전환이 가속화되지 않는다면 목표를 달성할 수 없다고 보기 때문이다. 목표 달성을 위해서는 세계적으로 에너지 부문의 온실가스 배출량을 2050년까지 지금보다 70% 이상 줄여야 한다. 전 세계 11억 명이 전력 없이 살고 26억 명이 저급한 전통적 연료로 실내 공기 오염에 시달리는 상황을 개선하면서 동시에 온실가스 배출량을 대폭 감축하려면 급진적인 변화가 불가피하다는 의미다.

따라서 에너지 효율 기술과 저탄소 에너지원이 수송, 건물, 산업, 발전 등 다양한 에너지 생산과 소비 부문에 적용되어야 한다. 국제에너지기구는 2050년까지 약 95%의 전력을 저탄소 에너지원으로 생산하고, 신규 자동차의 70%를 전기차로 보급하며, 거의 모든 건물의 에너지 성능을 개선함으로써 산업 부문의 이산화탄소 집약도를 80% 이상 낮추어야 한다고 분석했다.

온실가스 감축 잠재력과 재생 에너지 비중의 확대

에너지 부문별 이산화탄소 감축 잠재력을 보면, 전력 생산 부문의 감축 잠재력이 가장 크고 수송과 산업, 건물이 그 뒤를 따르고 있다.

발전 부문은 이산화탄소 배출량이 가장 많지만(약 40%), 감축 잠재력도 가장 크다. 재생 에너지, 원자력, CCS(이산화탄소 포집·저장) 등 저탄소 에너지원의 대체가 수월하리라고 예상되기 때문이다. 특히 태양광, 풍력 등 재생 에너지가 절대적 비중을 차지한다. 원자력은 사회적 수용성과 고준위 폐기물 처분 문제, CCS는 기술적 안정성과 경제성을 극복해야 저탄소 기술로서 의미 있는 역할을 할 것이다. 에너지 효율 기술도 산업, 건물, 수송 부문에서 온실가스 감축에 중요한 역할을 할 것이다.

국제에너지기구는 이처럼 에너지 효율 조치와 함께 재생 에너지 확대가 에너지 전환의 핵심이라고 지적하며, 이 두 가지 수단을 통해서 온실가스 감축이 상당 부분 가능하다고 전망한다. 원자력이 현재 수준에서 정체되고 CCS가 산업 부문에 적용되는 것만으로도 감축 목표를 달성할 수 있다는 것이다. 결국 재생 에너지 비중을 늘려야 하는데, 국제에너지기구는 2050년까지 그 비중을 65%로 높여야 한다고 제시했다.

다만 이러한 변화를 실현하기 위해서는 재생 에너지와 에너지 스마트 기술에 대한 지속적인 대규모 투자가 필요하다. 이미 에너지 투자의 3분의 2가 재생 에너지와 에너지 스마트 기술 분야에 집중되고 있고 이런 추세는 더욱 확고해질 것이다. 에너지 스마트 기술 비용의 하락이 이런 투자를 촉진하는 동인이다. 투자는 경제 성장과 새로운 일자리 창출을 유발하고 보건 및 기후 영향에 따른 비용이 줄어드는 효과로 나타날 수 있다.

에너지 미래전략

단기적으로는 에너지 소비 절감, 수요 관리, 온실가스 배출 저감을 고려한 전력 생산 그리고 에너지 안보 확보를 위한 전략을 추구해야 한다. 중장기적으로는 에너지 시스템의 변화를 통한 미래형 에너지 사회를 구축하는 전략을 추구해야 한다.

에너지 소비 절감 및 수요관리

원가 회수를 넘어 이윤을 포함해 전기요금을 부과하면, 2035년까지 약 7GW 이상 수요가 줄어들 것으로 보인다.

- 에너지 사용 모니터링 기술 개발과 활용으로 에너지 사용 효율 강화
- IoT로 수집한 데이터를 실시간으로 분석하는 에너지 분석 플랫폼 개발
- 에너지를 소비하는 설비의 사용 효율 강화. 전력 사용량의 약 17%를 차지하는 조명 설비의 경우, LED 조명으로 대체. 또 비전기식 열구동 냉방 시스템을 갖춘 냉방 기기 사용
- 에너지 절약 홍보 방식 개선. 개인적 체험과 실천을 강조하는 등 다양한 홍보 방식 활용
- 요금 인상을 통해 전력 소비 절약 유발

- 부문별(가정용, 상업용, 산업용)로 효율적인 에너지 사용 방안 제시

신재생 에너지와 원자력의 상호 보완적 연계

원전에 의한 발전 단가 하락 분을 신재생 개발에 활용하고 신재생 비중의 증가에 따른 백업을 원자력이 담당함으로써, 에너지 수입 의존도를 낮춘다. 그러나 원전의 안전성에 대한 국민의 불안감 때문에 지속적인 활용 가능성이 담보되지 못하고 있다. 문재인 정부의 탈원전 정책으로 원자력을 둘러싼 에너지 논쟁은 계속될 전망이다. 탈탄소화의 세계적인 에너지 정책 흐름을 살펴보면서 효율과 안전을 모두 충족시키는 방안을 마련해야 한다.

- 실시간 태양자원 지도 제공 등 첨단 기술을 활용해 신재생 에너지 개발
- 에너지 소비자 관점의 신재생 에너지 이용 방법 보급
- 원전의 안전문화 증진, 인적 오류 저감. 중장기적으로는 사고 저항성 혁신 핵연료 기술, 혁신 안전성 원자로 개발, 사용후 핵연료의 관리 체계 확립
- 현재의 발전 시스템에 초임계 이산화탄소 기술 접목

스마트그리드 기반 분산형 에너지 시스템으로의 발전

국가 전력 사용의 효율을 높이기 위해서는 전력의 공급과 수요를 지능적으로 조절하는 것이 중요하다. 이를 위해 스마트그리드를 현실화해야 한다. 현재의 전력망은 발전소에서 생산된 전기가 공급자에서 소비자로 흐르는 시스템이지만, 스마트그리드를 사용하면 대규모 발전소 및

여러 작은 규모의 분산된 발전 설비들과 전기 저장 설비들이 연결되고 공급자와 소비자 간에 정보 교환을 통해 전기를 효율적으로 활용하게 된다. 또 스마트그리드와 연계하는 에너지 관리 시스템을 도입하여 에너지 효율을 높여가야 한다.

- 전력 수요 분산 및 제어를 위해 스마트그리드 시스템 현실화
- 일정 지역 내에서 전력을 자체 생산·저장·공급하는 지능형 전력망인 마이크로그리드를 구축해 수요자 근접형 발전 기술 적용
- 배전망 관리 시스템에 기반한 빅데이터, 지능형 전력 계량 인프라 등을 연계해 다양한 부가 서비스 창출
- 신재생 에너지원을 활용하여 전력을 직접 생산하고 소비한 후 남은 전력을 판매하는 에너지 프로슈머 시장 활성화
- 소비자 맞춤형 에너지 저장 장치를 보급해 개인들끼리 전력을 쉽게 사고팔 수 있는 P2P 생태계 조성

에너지 안보 확보

자원 민족주의가 확산되고 자원 보유국의 불확실성이 증대되는 상황에서 안정적인 에너지원을 확보하는 것은 매우 중요하다. 또 지형적 제약에서 벗어나기 위해 다양한 국제 협력 전략도 구상해야 한다.

- 에너지 다원화 지속적 추진
- 극지와 해양을 포함한 해외 에너지 자원 개발 확보
- 자원의 안정적 수급을 위한 전략적 시장 공략
- 셰일가스와 같은 비전통 화석연료의 개발

- 남북한과 러시아를 연결하는 천연가스 파이프라인 도입
- 북한과 중국을 연결하는 전력그리드 시스템 구축
- 북한 에너지 시스템 개발 참여

4차 산업혁명 기술과의 융합을 통한 신재생 에너지 활용 확대

신재생 에너지의 운영 효율성 및 생산성을 대폭 향상해야 한다. 실제로 해외의 풍력과 태양광발전소에서 그 효용성이 입증되고 있다. 예를 들어, 지구 기상 데이터와 설비 데이터를 결합해 풍력발전소의 출력량을 증대시킬 수 있다. 바람의 흐름을 탐지한 뒤 풍력발전기에 바람의 양과 각도를 계산하여 설비를 맞추는 것이다. 태양광 발전에서도 기상 데이터를 유용하게 활용할 수 있다. 태양과 태양광 설비 사이에 구름이 끼는 시각과 이로 인한 출력 저하의 정도를 측정 및 예측해 효율을 높이는 것이다.

- 3D 프린팅을 통하여 기존의 평평한 모양의 태양광 모듈을 대체하는 다양한 형태의 태양전지를 생산
- '착용 가능한 첨단 기술wearable high-tech'을 접목한 에너지원 개발 등 신재생 에너지 개발에 혁신적 기술의 활용

자원 기술력과
자원 순환형 사회를 통한
자원 확보 체계

─────────────── 우리나라는 세계에너지위원회wec가 125개 국가를 대상으로 매년 발표하는 국가별 에너지 안보 평가 순위에서 하위권을 기록하고 있다. 안정적 자원 확보는 순조로운 경제 활동의 전제 조건이다.

하지만 자원 개발 환경 악화, 자원 시장 변동성 심화, 환경 및 사회적 관리 요인 강화 등 잠재적 리스크가 많아 이에 대응하기 위한 다각적 노력이 필요하다. 자원 개발은 또한 그 자체 개발만이 아니라 주변 산업에 미치는 파급 효과가 크고, 인프라 건설이 동반되며, 이후에는 제품화 단계로 이어지는 등 부가가치를 창출하는 복합 사업이다. 따라서 수급 안정과 더불어 자원을 새로운 미래의 성장 동력으로 발전시키겠다는 기조와 전략을 설정해야만 한다.

자원 소비 및 개발 미래 전망

세계 경제 성장에서 개도국이 차지하는 비율은 2030년에는 70%, 2050년에는 79%까지 이를 것이다. 특히 아시아 개도국의 비율은 2050년 49%를 차지할 것으로 예상된다. 경제가 성장할수록 1인당 자원 소비는 증가한다. 현재 구리, 아연 등 비철금속 수요의 약 40%를 중국이 차지하는데, 앞으로 중국과 인도의 경제성장 속도를 고려하면 이들 국가의 자원 수요는 빠르게 증가할 것으로 전망된다. 그리고 국제에너지기구의 전망에 따르면 세계 에너지 수요에서 석유, 석탄, 천연가스가 차지하는 비중은 2012년 80%에서 2035년 76%로 약간 감소하지만 여전히 화석연료 시대는 계속될 것으로 보인다.

한편 자원 보유국에 대한 투자 여건이 나빠지고 불확실성은 더욱 커지고 있다. 자원 보유국들은 자원을 기반으로 자국의 산업화를 시도하고 있어, 신규 사의 진입 장벽이 갈수록 높아질 것이다. 또 과거에는 매장량, 가격, 인프라 현황, 정치적 불안정성 등과 같은 이슈가 자원 개발의 선제적 요건이었다면 앞으로는 환경 문제는 물론 지역 주민과의 갈등 같은 사회적 요인까지 고려해야 한다.

자원 개발 여건도 좋지 않다. 예전에는 접근성이 좋은 지역을 중심으로 개발이 진행되었다면, 최근에는 고산지대 등 접근하기 어려운 지역에서 개발하고 있으며, 자원의 품위도 낮아지고 있다. 이러한 채굴 조건 악화는 광산·인프라 건설, 채광, 광석 처리, 운송·판매 비용의 연쇄 상승으로 이어지고 있다. 즉, 낮은 단가로 쉽게 생산하던 육상 유전의 고갈로 인해 사업 영역이 대규모 자본과 첨단 기술이 필요한 고위험 지역으로 이동하고 있다.

자원 개발 사업은 또한 대표적으로 환경을 훼손하는 산업이다. 개발 단계마다 다양한 이슈가 발생하고 이해관계도 복잡하다. 최근 미국을 비롯한 OECD 국가들은 자원 개발 자금이 반군 활동으로 연결되는 것을 방지하기 위해 '분쟁 광물'을 지정하여 이의 사용을 금지하는 법제도까지 시행하고 있다. 이에 따라 자원을 사용하는 기업에 공급망 관리와 자금의 투명성 확보를 요구하는 등 관리 구조가 복잡해지고 있다. 오염 방지 중심이던 환경 관리도 생태계 및 사회적 약자에 대한 배려와 노동 환경 배려, 투명한 정보 공개 등을 포함하는 방향으로 확대되고 있다.

미래를 대비하는 자원 전략

2000년대 초반까지는 상대적으로 낮은 가격에 자원을 확보할 수 있었다. 이러한 전제에서 생산 관리의 핵심은 자본 생산성과 노동 생산성을 높이는 것이었다. 그러나 자원은 무한하지 않다. 자원의 고갈 가능성과 일부 자원의 과점 심화로 인한 자원 소비에 대한 제약은 국가 간 충돌을 일으킬 가능성을 높였다.

세계 각국에서는 자원의 제약에서 벗어나기 위해 자원 생산성을 높임으로써 경제 성장과 자원 소비 간의 연결고리를 끊자는 기조가 생겼고, '자원 순환, 지속 가능성, 녹색성장' 등이 새로운 패러다임이 되었다. 이러한 변화 속에서 한국은 자원 안보를 실현할 기회를 찾아야 할 것이다. 이를 위해서는 안정적으로 자원을 공급하고, 원천적으로 자원 소비를 줄이며, 수익성과 성장 가능성이 큰 분야를 발굴하는 것이 필요하다.

해외 자원 개발 사업 활성화

가장 효과적인 전략은 해외 자원 개발이다. 한국의 해외자원개발사업법은 해외 자원 개발의 목표를 국가 경제 성장을 위한 자원의 안정적인 확보로 정의한다. 가격 불안정성에 대응하고 공급 중단에 대비할 수 있는 일종의 '헤징 전략'이다.

해외 자원 개발 사업은 또한 고부가가치를 산출한다. 우리나라의 업종별 부가가치율을 보면 다른 산업들은 10%대 수준이지만, 광업은 70%로 가장 높다. 세계 M&A 시장에서도 석유 가스 부문은 4위를 차지하며 그 규모는 연간 3천억 달러에 달한다. 해외 자원 개발은 대규모 플랜트, 전력, 도로 등의 인프라 건설과 연계될 수도 있다. 자원 개발 사업은 초기 자원 탐사에서 개발, 생산, 회수까지 최소 10~15년이 소요되며 자금뿐 아니라 기술, 정보 등의 인프라가 뒷받침되어야 한다. 세계적 기준에서 볼 때, 한국의 해외 자원 개발 체계는 아직 부족한 수준이다. 자원 개발 역량을 키우기 위해서는 관련 서비스 산업 발전과 산업 생태계 조성 등 관련 요소들이 유기적으로 연계되어야 한다.

- 종합적인 시각에서 장기적인 계획 수립
- 투자 기업, 서비스 산업, 지원기관, 기술 및 인력 등 자원 산업 생태계를 구성하는 다양한 주체의 역량을 키우는 정책 마련
- 한국의 자금력과 기술력에 맞는 자원 개발 프로젝트 발굴
- 사업의 수익성, 투자 대상 광종의 시장 구조, 파트너사에 대한 신뢰성 등 다양한 전문 지식이 복합적으로 작용하는 투자 결정 방식 시스템화
- 자원 매장량 평가, 광산 설계, 대상 광종의 시장성 등에 대한 전망

과 기술적 요소에 대해 투명한 검토 체계 마련

자원 기술력 강화를 통한 신성장 동력 마련

수평시추와 수압파쇄라는 혁신적 기술로 셰일가스를 추출하는 미국은 세계 최대의 원유 생산국으로 탈바꿈했다. 환경이나 경제적 문제로 활용하지 않았던 광물 자원들도 활용하기 위해 개발을 시도하고 있으며, 폐제품, 선광 찌꺼기, 슬래그 등의 폐기물을 재처리하여 자원을 회수하고 있다.

자원 기술력이 신성장 동력이 되는 이유는 두 가지다. 첫째, 자원 기술은 기술 그 자체로 큰 시장을 형성하고 있다. 자원 기술을 보유하고 있느냐가 사업권을 확보하고 사업의 지속성을 결정할 뿐 아니라 다른 분야와 융합을 통해 높은 수익성을 창출한다. 한국에서 자원 기술에 대한 연구개발은 매우 열악하지만 경쟁력을 지닌 ICT, 조선, 플랜트 산업 기술들과 연계한다면 빠르게 기술 발전을 이뤄낼 것이다. 특히 땅속에 있는 불확실한 자원에 대해 '추정'하는 데 쓰이는 빅데이터 기술이나 유전 정보를 통합적으로 관리하는 시스템이 시급하다. 이들 기술에 대한 수요 또한 점점 증가하고 있다.

둘째, 환경 및 안전 기술 시장이 확대되고 있다. 대표적으로 CO_2-EOR 기술과 셰일가스 기술, 노후화 해상플랜트 해체 기술 등이 있다. 이산화탄소를 주입해 석유를 회수하는 CO_2-EOR 기술은 온실가스 감소에 크게 기여한다. 또 셰일가스 개발에 대해서는 안정성 문제와 수압파쇄에 사용된 물을 처리하는 문제도 논란이 되고 있으므로, 셰일가스 환경 및 안전 기술에 대한 연구가 필요하다. 해상플랜트를 해체하는 기술은 한국의 우수한 플랜트 기술을 기반으로 충분히 선점할 수 있는 영역이다.

- ICT, 조선, 플랜트 산업 기술들과 연계하는 자원 기술 개발
- 해수에서 리튬을 확보하는 기술 등 미래 자원 기술 개발 병행
- 단기적 성과보다 장기적 가능성을 염두에 둔 지속적 R&D 수행

지속 성장을 가능하게 하는 자원 관리 체계

자원은 한정되어 있으며 채굴, 생산, 소비, 폐기에 이르는 전주기 동안에도 다른 자원을 소비하고 환경 문제를 유발한다. 따라서 이러한 문제와 그에 대한 해결을 경제적, 환경적, 사회적 요소로 인식하고 통합적으로 관리해야 한다. 지속 성장을 가능하게 하는 자원 관리 체계가 필요하다. 경제적으로는 효율성과 경제 성장을, 환경적으로는 생태계 유지 및 환경 보존을, 사회적으로는 세대 간, 지역 간 공정성과 형평성, 안전성을 담보해야 한다. 또 미래의 기술 및 산업에 필요한 자원을 관리할 필요가 있다. 유럽 및 미국 등지에서는 미래 기술 전망에 따라 주기적으로 해당 광종을 선정하고 선정된 광종에 대해서는 국제 협력을 통해 매장량 조사, 대체 및 재활용 기술 개발 등을 추진한다.

- 자원 순환, 폐기물 정책 등의 환경 관리 전략, 빈곤과 복지 문제 등과 연계하는 통합적인 관리 정책 수립
- 미래의 기술 및 산업에 중요한 자원 선정 및 관리
- 미래의 수요를 예측해 자원의 수급 체계 및 공급 다양화 방안 마련

북한 자원의 남북 공동 개발

남북 경제 협력에서 가장 주목받는 분야는 자원 개발 부문이다. 상호 부족한 부분을 채워줄 수 있기 때문이다. 광물자원공사에 따르면 북한에

는 희토류를 비롯해 석회석, 마그네사이트, 철광석, 무연탄, 금 등 42개 광종이 매장되어 있다.

반대로 남한은 자원이 없어 대부분 수입에 의존한다. 그런 측면에서 남북 공동의 번영을 위해 자원 개발 및 확보가 필요하다. 물론 이전에도 남북 공동 개발이 추진된 바 있다. 남북은 2007년 10·4선언에서 자원 개발을 적극적으로 추진하기로 하고, 민관 총 4건의 개발 사업을 추진했지만, 이후 남북관계가 경색되면서 중단되었다. 현재도 유엔의 대북 제재 등으로 남북 간 광물 자원 교류 사업이 어려운 상태다. 하지만 향후 북한 자원 개발은 다시 적극적으로 추진되어야 한다. 특히 북한의 부존자원에 남한의 기술을 접목한다면 큰 부가가치를 창출할 것이다. 북한은 보유 자원을 효과적으로 개발하고 남한은 자원을 장기적·안정적으로 확보하는 것이다.

- 자원의 탐사·개발·생산 전 과정을 추진할 남북 자원 개발 협력 추진체 구성
- 정밀 탐사를 통해 북한의 광물 자원 매장량 확인 및 경제성 검토
- 안정적인 전력 공급 등 광산 개발에 필요한 인프라 구축
- 마그네사이트, 아연 등이 매장된 함경남도 단천 지역 광산을 중심으로 정부 차원에서 시범 사업을 추진하여 성공 사례 발굴
- 북한의 8대 광산 밀집 지역(정주-운산, 무산, 혜산, 만년, 가무리, 평남북부 탄전, 안주탄전) 개발 방향 구체화
- 고급 광업 기술 인력 양성
- 한국의 선진 기술과 장비를 활용해 안정적인 개발 체계 구축
- 민간 기업이 진출할 수 있도록 광산 투자·진출 환경 마련

통일 시대를
준비하는
국토교통 발전

──────────── 한반도 대내외 환경에 전환점을 이룬 2018년
남북정상회담과 북미정상회담 이후 전 세계적인 기대를 모았던 2차 북
미정상회담은 성과 없이 끝났다. 그러나 새로운 협력 전략들이 모색되
고 있다. 핵 문제 해결은 곧 북한의 정상국가화를 의미하며, 이것은 그
동안 동북아 지역에서 '단절 구간missing link'으로 남아 있던 한반도가 온
전한 반도가 된다는 희망적 청사진이기도 하다.

반도는 대륙과 해양을 연결하는 요충지다. 그러나 대한민국은 반도가
아닌 섬과 다를 바 없다. 하지만 북핵 문제가 해결되고 남북한 협력이
본격화된다면 한국이 대륙과 육로로 연결됨으로써 지경학적 가치가 크
게 증대될 것이다. 대내외 여건의 변화 속에서 한반도의 새로운 국토 발
전 방향과 전략을 모색해야 한다.

한반도 국토 발전의 기본 방향

기존의 '사다리형' 발전 패러다임에서 '강강술래형環舞型' 발전으로의 전환이 요구된다. 선진국을 따라잡기 위해 위만 바라보고 나아가는 '사다리형' 발전은 이미 그 한계가 명확해졌다. 고착화된 저성장의 흐름이 이를 방증한다. 이제는 사회의 구성원들이 함께 국가 발전을 도모한다는 패러다임이 필요하다. 그리고 주변국과 함께 발전하는 것도 중요하다. 당연히 북한도 이에 포함된다.

강강술래형 동반 발전을 위한 두 가지 키워드는 '포용'과 '혁신'이다. 포용은 갈등이 예상되는 계층이나 분야에서 서로를 인정하고 함께 한다는 의미다. 외부적 환경에서는 북한과의 포용, 주변국과의 포용이 중요하다. 내부적 환경에서는 개발과 환경의 포용, 지역과 지역 간의 포용 등을 들 수 있다. 혁신은 기존의 틀을 넘어선 새로운 가치의 수용과 확산을 의미한다. 먼 길을 안전하게 가기 위해서 직선으로 난 길을 혼자 가는 것만이 능사가 아니라는 인식, 곡선 길을 함께 돌아가는 것이 더 멀리 가는 지름길이라는 혁신적인 인식이 바로 그것이다. 남북관계에서 혁신은 새로운 협력 패러다임에서 찾을 수 있다. 정부가 주도하는 남북경협에서 민간이 주도하는 경협으로의 전환, 북한의 저임금 노동력을 활용하는 기존 방식에서 첨단 기술을 중심으로 한 전환이 '혁신적' 경협의 예다.

통일 시대를 대비하는 국토 발전
- 유라시아 대륙권과 환태평양 해양권을 아우르는 동북아 교류와 협력의 중심지 역할 강화

- 반도로서의 지경학적 강점을 최대한 활용한 국토 발전 모색
- 동북아의 초국경화와 경제 통합이라는 흐름을 반영한 계획 수립
- 동북아에서 한반도의 입지를 강화하는 신성장 산업 지대 구축
- 북한 지역의 산업 입지 전략 마련
- ICT, 신재생 에너지, 물류, 관광 등 북한에서의 새로운 성장 산업 배치 가능성 검토

남북한 협력을 전제한 단계별 교통·물류 인프라 개발 전략

앞에서 제시한 한반도 국토 발전 방향을 뒷받침하기 위해 단계적으로 교통·물류 인프라를 개발해야 한다. 한반도 전체에 교통·물류 네트워크를 구축해 남북 간 격차를 극복하고 대륙권과 해양권을 연결하는 네트워크의 거점으로 발전시켜야 한다.

1단계: 남북 연결 인프라 복원 및 운영 정상화 단계(향후 약 10년)

철도의 경우 '남북철도 공동운영위원회', '남북철도 합영회사' 등을 구성해 세부 사항을 협의하고, 기술 협력을 추진한다.

또 남북 간의 철도 분야 용어 및 각종 표준을 통일하고 대륙철도 진출을 위해 기술을 개발해야 한다. 노후 선로의 보수뿐 아니라, 상이한 궤간의 차량 운영, 철도 운영 방식 통합 등 다양한 문제를 해결해야 한다.

현재 중단된 나진-하산 프로젝트도 다시 살려야 한다. 이것은 TKR(한반도 종단 철도)-TSR(시베리아 횡단 철도) 사업의 시범 사업으로서 국제 사

회에 북한 철도 사업을 공론화하는 데 긍정적인 효과로 작용할 것이다. 서울-신의주 고속철도 준비 및 중국 내 고속철도와의 연결을 전제로 한 서울-신의주 간 고속철도 건설도 추진해야 한다.

도로의 경우 남북 단절 도로를 복원해야 한다. 향후 본격적인 경제 협력으로 북한의 사업 활동이 활발해지면, 북한 서해측 구간을 따라 화물, 여객의 수요가 증가할 것이다.

해운·항만의 경우 남북한 해운·항만 상호 방문 시찰 및 교류 사업이 검토되어야 한다. 주요 무역항(나선, 원산, 청진, 남포)의 항만 준설 사업도 진행해야 한다.

항공의 경우 순안공항의 시설 확장 및 현대화가 필요하며, 관광 거점 공항으로 활용이 가능한 삼지연 공항(백두산 관광), 원산 갈마 공항(원산 관광)의 시설이 확충되어야 한다. 또 국제정기선 노선의 추가 및 남북 간 항공협정 추진, 남북 간 용어 및 각종 표준 통일, 남북 간 직항로 개설, 항공 기술 협력도 추진되어야 한다.

2단계: 본격 개발 단계(향후 10년 후~20년)

북한철도와 대륙철도의 연계와 관련해서는 법적·제도적·기술적 문제가 도출될 것인데, 이를 단계적으로 통합하고 동북아철도운송협정을 체결할 필요가 있다. 북한철도의 현대화 사업은 극동 러시아 지역의 천연가스망 도입 사업과 연계해 추진하는 방안도 검토할 만하다.

도로의 경우 주요 거점 도시의 시가지 및 주변 도로망을 개발해야 한다. 특히 자원 개발형 도로 정비도 이어져야 한다. 아시아 하이웨이 연결 노선 정비 사업도 필요하다. AH1(일본-부산-서울-평양-신의주-중국-베트남-태국-인도-파키스탄-이란-터키) 노선과 AH6[부산-강릉-원산-러시아(하산)-중국-카자흐스탄-러시아] 노선 중 북한을 통과하는 도로망의 정비가 이 단계에서 본격 추진되어야 한다.

해운·항만의 경우 남북 공동이 참가하는 해운·항만 물류 산업 중장기 발전계획을 수립해야 할 것이다.

항공의 경우 중국, 러시아, 일본 등 주변국과의 협력 및 국제항공기구 등과의 긴밀한 협조 체제가 구축되어야 한다. 남북 공항 설계 기준 표준화 및 남북 항공과 공항 운영 시스템 통합도 추진될 필요가 있다.

3단계: 개발 심화 및 운영 안정화 단계(향후 20년 후~30년)

철도에서는 경의선, 경원선, 동해선 등을 현대화하되 주요 거점 지역의 개발과 관련한 노선을 먼저 개발할 필요가 있다.

도로의 경우 북한 도로망의 전면적인 현대화가 이 단계에서 본격 추진되어야 한다. 고속도로, 국도의 정비 및 신규 건설이 중요하다.

항만의 경우 배후 권역을 고려해 북한의 주요 무역항에 대한 특화 개발 전략을 수립하고 남북한 항만 간의 유기적인 연계망을 구축해야 한다.

항공 분야에서는 새로운 수요를 반영해 신규 공항을 건설한다. 세계적 차원의 공항과 동북아 차원의 공항 그리고 지역 공항 등 위계별로 새로운 수요를 반영하는 작업도 이 단계에서 이루어져야 한다.

한반도 교통·물류 인프라 개발을 위한 정책 과제

북한의 국토 및 인프라 개발은 우리에게 커다란 기회이자 도전이다.

단순히 새로운 소비 시장과 건설 시장의 확대만을 의미하지 않는다. 저성장 극복의 기회만으로 볼 것이 아니라 동북아 경제를 키워서 함께 상생 번영할 기회로 만들어야 한다. 또한, 모든 개발은 체계적이고도 단계적이어야 한다. 그래야 시행착오를 줄이고 비용을 절감할 수 있다. 통일이후 동독 개발에 막대한 과잉투자로 몸살을 앓았던 독일 경제가 우리에게 주는 시사점이다. 남북한 협력을 전제로 앞에서 논의된 국토 발전 및 교통·물류 인프라 개발을 위한 단계별 정책 과제는 다음과 같다.

1단계: 남북 협력 관련 거버넌스 구축

- 남북 간의 단절 인프라를 복원하고 정상 운영을 위해 남북 간 협력 거버넌스 구축
- 남북 간의 경제협력추진위원회를 가동하여 구체적인 사업의 우선순위와 비용 분담 논의
- 남북 접경 지역 인프라 연결을 위해서는 남북교류협력기금 활용
- 보다 다양한 재원 조달 방안 모색
- 남북 간 기술 분야 인적 교류 확대

2단계: 남북 협력 거버넌스 공고화와 국제 협력 체계 구축

- 남북 협력 거버넌스 강화
- 북한과 중국, 러시아, 일본 등 주변국을 연결하는 육상, 해상, 항공 인프라 개발과 함께 이를 지원할 국제적인 협력 거버넌스 구축
- 국제 사회의 공적 자본 및 민간 자본 적극 유치

3단계: 유럽연합 수준의 제도적 기반 구축

- 남북한과 주변국들의 자유로운 인적 이동과 교역 기반 구축
- 한반도와 주변국을 연결하는 육상, 해상, 항공, 해운 네트워크를 강화하는 제도적, 물리적 기반 마련
- 남한의 수도권과 북한의 평양권을 중심으로 중부지역의 초대형 경제협력 지대를 구축하는 관련 제도와 인프라 구축
- 환황해권과 환동해권 차원의 초국경 도시 협력 네트워크를 구축하는 제도적 기반 정비

혁신 기술을 통한
농업·농촌의
르네상스

─────────── OECD가 발표한 2018년 기준 '더 나은 삶의 질 지수the Better Life Index'에서 한국은 조사 대상 국가 40개국 중 30위를 차지하고 청년실업률과 자살률은 수위에 들 정도로 국민 삶의 질은 경제 성장에 못 미치고 있다.

특히 우리 농업·농촌은 급격한 산업화의 흐름 속에서 활력이 저하되어왔다. 최근에는 시장 개방과 고령화, 저출산 등이 맞물려 농업·농촌의 지속 가능성이 우려되는 상황에 이르렀다. 하지만 동시에 새로운 변화의 국면을 맞이하고 있다. 과학 기술의 발전과 새로운 시장의 등장은 농업에 희망과 비전을 제시한다. 귀농 증가, 도농 교류 활성화, 농촌에서 자급자족하며 또 다른 직업을 병행하는 '반농반X 라이프스타일'의 확산은 농촌이 새롭게 도약할 수 있는 가능성을 열었다.

농업·농촌 환경의 변화에 따른 미래 전망

4차 산업혁명은 농업·농촌 부문에도 큰 영향을 끼칠 것이다. 이미 농업 분야에서 IoT 관련 디바이스의 사용은 연간 20%씩 증가하고 있으며, 2035년에는 지금보다 20배 더 증가할 것으로 예측된다. 4차 산업혁명 시대의 농업에서는 IoT 센서의 증가와 빅데이터의 결합을 통해 생산과 소비의 최적화가 이루어질 것이다. 또 다양한 서비스 접근성이 획기적으로 개선되는 등 삶의 편리성이 높아지고, 동시에 지역 간, 계층 간 격차로 인한 갈등도 나타날 수 있다.

스마트농업 보편화

농업 기술 발전으로 스마트농업이 획기적으로 확산되고 벼, 원예 및 축산 분야에서도 고능률 및 작업 쾌적화 기술이 보급될 전망이다. 우선 지능형 로봇, 환경 제어형 기능성 로봇 등이 실용화되어 노동이 절감될 것이다. 또 인공강우와 기후 변화 대응 종자 및 품종은 농업 생산의 불확실성을 줄일 것으로 예측된다.

전문경영체 중심 농업 생산 구조 확립

전업농이 규모화, 전문화되어 2050년에는 논 3헥타르 이상 농가의 생산 비중이 80%에 육박할 것이다. 전업농 및 농업법인이 지역 농업의 중심을 형성하고, 그들이 농업의 혁신과 경쟁력 강화를 주도할 것이다. 또 대규모 농업 회사가 형성되어, 농업법인 수는 2030년에 8천 개, 2050년에 1만 개 이상으로 증가할 것이다. 논 농업에서는 상대적으로 자급적 농가가 병존하지만, 원예·축산 분야는 전문경영체 중심으로 정착될 것으로 보인다.

농업, 농촌, 식품 관련 서비스 산업 활성화

농업, 농촌, 식품 분야 전반에서 소비자, 도시민 대상의 다양한 서비스 산업이 출현할 것이다. 농업 및 농촌 체험, 농촌 관광 및 레저, 휴양 및 건강, 치유 및 힐링, 농식품 전자상거래, 농산물 계약 거래 및 선물 거래, 귀농(알선, 정보제공, 교육), 사이버 교육, 농업 금융, 보험, 농업 정보화, 농업 관측, 외식 서비스, 광고 등의 다양한 비즈니스가 농업과 연계되어 농업 관련 산업이 성장할 것이다.

기존의 식품 산업은 지속적으로 성장할 것이다. 국내 식품 산업의 규모는 2020년 260조 원 규모로 커지며 동북아 지역으로 진출할 가능성도 크다. 국내에서 네슬레 같은 글로벌 농식품 기업이 등장하고 한식은 글로벌 웰빙식품으로 정착되면서 농촌의 음식 산업과 미식 관광이 활성화될 것이다.

동식물 자원을 활용한 그린 바이오 산업 발전

농업은 농산물을 생산하는 동시에 동식물 자원을 이용하는 데까지 발전할 전망이다. 이를 그린 바이오 산업이라고 한다. 식물종자, 바이오에너지, 기능성 제품(천연화장품, 향료, 의약품), 가축 개량, 동물 제품(이종장기, 줄기세포), 동물 의약품, 천적곤충 그리고 미생물 자원을 활용한 발효식품 등이 모두 산업화될 것이다. 건강한 삶과 생명 연장에 대한 욕망이 커질수록 농업 생명공학 기술과 의료 기술이 발전하고 농생명 자원 제품의 수출도 증가할 것이다.

식물공장, 수직농장 발전

농작물의 생육 환경(빛, 공기, 열, 양분 등)을 인공적으로 자동 제어하여 계획 생산이 가능하고, 사계절 전천후 농산물 생산이 가능한 식물공장이 생겨날 것이다. 식물공장은 공간과 시간의 제약을 완화하고, 생산성을 획기적으로 높인 작물육종 기술과 정보 기술을 결합해 주문형 맞춤 농산물을 생산할 것이다. 또 도심에 고층빌딩을 지어 각 층을 농경지로 활용하는 수직농장도 도입될 전망이다. 나아가 완전 제어형 식물공장이 보편화되고 미래에 한국형 수직농장 플랜트는 해외로 진출할 수도 있을 것이다.

농촌 지역의 6차 산업화 진전

현재까지의 농업은 1차 산업이었지만, 앞으로는 부가가치를 창출하는 2차 산업 요소와 3차 산업 요소가 결합된 형태일 것이다. 이처럼 1차×2차×3차 산업이 결합된 농업을 6차 산업이라고 부른다. 6차 산업화 개념은 제조 분야의 4차 산업혁명과 궤를 같이하는 선진적인 개념이다. 농촌 지역의 6차 산업화가 활성화되면 농업과 연계된 가공, 마케팅, 관광 등 전후방 산업이 같이 발달할 것이다. 특히 전원박물관, 전원갤러리, 테마파크 등이 발전하고 농촌은 문화 콘텐츠 산업의 주요 무대가 될 것이다. 나아가 농촌 경관관리사, 귀농 컨설턴트, 문화해설사, 바이럴 마케터 등 다양한 신직종이 출현할 것이다.

4차 산업혁명 시대, 농정 패러다임의 변화

지난 30년간의 투자에도 불구하고, 성장이 정체되고 소득이 낮다는 오래된 과제가 해결되지 않고 있다. 이들 문제와 동시에 식량 안보, 식품 안전, 환경·에너지·자원위기 등 새로운 도전 과제를 해결해나가야 한다. 4차 산업혁명 시대의 메가트렌드를 반영하여 농업, 농촌, 식품, 환경, 자원, 에너지 등에 포괄하는 농정 혁신의 틀을 마련해야 한다.

우선 농정의 대상을 농업 생산자로만 한정하지 말고 생산자, 소비자, 미래 세대로 확장하는 것이 중요하다. 농정의 포괄 범위도 종래의 생산 중심의 접근을 넘어 농업의 전후방 관련 산업과 생명 산업 전반을 아울러야 한다. 농정의 추진 방식은 직접적인 시장 개입은 최소화하고, 민간과 지방 정부의 역할을 강화해나가는 데 중점을 둘 필요가 있다. 정부는 시장 개입보다 시장 혁신을 유도하는 제도 구축자 그리고 시장 실패를 보완하는 역할에 중점을 둘 필요가 있다. 이를 위해 정부와 민간, 중앙 정부와 지방 정부 간의 적절한 역할 분담 및 협조 체계를 구축해야 한다.

이런 측면에서 미래 농정의 비전은 성장, 분배, 환경이 조화를 이루며 지속 가능해야 한다. 농업 생산자에게는 안정적 소득과 경영 보장, 소비자에게는 안전한 고품질의 농식품 제공, 후계 세대에게는 아름다운 경관과 삶의 질 향상이 중요한 요소다. 이러한 비전과 목표를 달성하려면 전통적인 생산 방식에서 탈피하여 농생명 첨단 산업으로 영역을 더욱 확대하고, 문화 및 관광 산업과 연계된 고부가가치를 창출해야 할 것이다. 아직은 4차 산업혁명 기술 적용도가 낮은 만큼 정부의 지원과 맞춤형 인큐베이팅 시스템이 필요하다.

아울러 생산 분야는 종자, 농기계·장비, 농자재, 농업 정보와 연계하고 포장, 유통, 가공, 외식, 마케팅 역량을 발휘해야 할 것이다. 특히 기후·환경 산업, 바이오 산업, 에너지 산업, 문화·관광 산업 등과의 연계가 필요하다.

농업·농촌의 기반 확충 과제

농업인의 고령화와 젊은 농업인 부족, 경지 규모의 영세성, 민간 자본 부족에 따른 경영 미흡, 낮은 기술 수준 등으로 농업 생산성은 정체된 상황이다. 더불어 소득 창출 기회가 부족하고 인프라가 열악한 결과 오랜 기간 이촌향도가 계속되면서 지역 사회의 활력도 떨어진 게 사실이다.

성장 정체

농업 분야의 성장률은 다른 산업 부문보다 저조한 편이다. 예를 들어 2000년의 농업 부문 GDP 성장률은 1.1%에 불과했으나 광공업은 16.2%, 제조업은 16.4%, 서비스업은 7.3%에 달했다. 2017년에는 농업 0.3%, 광공업 4.3%, 제조업 4.4%, 서비스업은 2.1%로 산업 부문 간 격차는 줄었으나 상대적으로 농업의 성장은 오랜 기간 제자리걸음 상태였다.

식량 자급률 하락

우리나라의 식량 자급률은 계속 하락하여 국민이 소비하는 식량 가운데 절반 정도를 해외에서 조달한다. 식량 자급률은 2000년 55.6%에서 2012년 45.2%로 감소했다가 최근 들어 다소 증가 추세에 들어섰으며, 2017에는 48.9%로 집계되었다. 세계 8위권의 대규모 식량 수입국이면서 식량 자급률이 낮은 우리나라는 특정 국가에 대해 수입 의존성이 높아 식량 안보에 취약한 상황이다.

농가 인구 고령화

전체 국민 중 농촌 인구는 18.4%를 차지한다. 농촌 인구의 고령 비율은 21.4%로서 농촌은 이미 초고령사회에 접어들었다. 농가의 감소와 고령화는 더욱더 심각하다. 농가 인구 중 65세 이상 비율은 38.4%로 전국의 고령화율 13.2%보다 3배 이상이다. 더구나 100만 농가 중에 청년은 1만 농가 정도밖에 되지 않는다. 따라서 농업의 활력 유지를 위해 젊고 유능한 청년 농업인 육성이 절실한 상황이다.

수익성 정체

농산물 시장 개방의 가속화와 취약한 경쟁력으로 농가의 수익성은 급격히 떨어지고 있다. 농업 생산에 필요한 물품의 가격을 뜻하는 농업 구입 가격 지수는 1998년 62.6에서 2017년 96.3으로 상승한 반면, 농가의 농산물 판매 가격 지수는 1998년 67.8에서 2017년 107.6으로 증가했다. 이에 따라 농가의 수익성을 나타내는 농가 교역 조건 지수는 1998년 108.2에서 2017년 111.7로 정체 수준을 나타냈다.

도농 간 소득 격차 심화

농가의 호당 소득을 보면, 실질 농업 소득은 1994년 1,734만 원으로 정점을 찍고 2018년에는 1,073만 원에 불과했다. 농외 소득 등을 합친 실질 농가 소득은 1996년에 3,689만 원이었으나 2018년에는 4천만 원을 약간 넘은 수준이었다. 그러나 이를 도시 근로자 평균 소득과 비교하면 그 격차는 더 빠르게 증가했다. 도시 근로자 가구 소득 대비 농가 소득 비중은 2000년 80.5% 수준에서 2018년 64.8%로 크게 줄었다.

농업 생산·유통·소비의 변화

4차 산업혁명에 따른 농업의 변화는 생산, 유통, 소비 세 가지 분야에서 나타나고 있다. 첫째, 생산 분야에서는 기후 정보, 환경 정보, 생육 정보를 자동적으로 측정·수집·기록하는 '스마트 센싱과 모니터링', 수집된 데이터를 분석하고 영농 관련 의사결정을 수행하는 '스마트 분석 및 기획' 그리고 스마트 농기계를 활용하여 농작업을 수행하는 '스마트 제어'의 특성들이 구현되고 있다.

둘째, 유통 분야에서는 농식품 유통 정보의 실시간 공유 및 대응이 가능해지고 있다. 실제로 네덜란드와 이탈리아에서는 관련 기술을 활용하여 농산물 유통 혁신을 이루는 대규모 프로젝트(네덜란드의 '스마트 푸드 그리드', 이탈리아의 미래형 슈퍼마켓 등)가 진행되고 있다.

셋째, 소비 분야에서는 수요자가 주도하는 마켓, 주문형 마켓이 확장해 이전과는 다른 소비 형태가 대두될 것이다. 소비자의 요구 사항을 생산자에게 실시간으로 전달할 수 있고 이에 맞추어 생산품을 선택하는 행태가 주를 이룰 것이다.

농업·농촌 통합형 미래 발전 전략

스마트팜 활성화

정보통신기술을 활용해 새로운 서비스와 비즈니스 모델을 창출할 수 있다는 측면에서 스마트팜이 크게 주목받고 있다. 스마트팜은 센서, 정보통신, 제어 기술 등을 갖추고 네트워크화된 시설 농업을 의미한다. 농장의 데이터 네트워크, 통신 센서와 제어 시스템 등을 활용해 각종 작물에 맞는 일조량, 환기, 온도 등을 조절하고 나아가 출하 시기까지 조정할 수 있다.

2016년 기준 글로벌 스마트팜 시장 규모는 220조 원 수준으로 크게 확대되었으며, 관련 설비 시장은 2020년에는 34조 원 규모로 성장할 것이 예측된다. 우리나라에서도 첨단 농업 육성과 전문 인력 양성, 수출 시장 개척 등을 추진하고 있으며, 스마트팜 면적을 2022년까지 7천 헥타르, 축사 5,750호로 확대할 계획이다. 아울러 스마트팜 혁신 밸리 구축을 위해 4개 지역을 선정한 바 있다. 그러나 스마트팜의 획기적 발전 속에서 이해관계가 충돌할 수 있어, 갈등을 최소화하는 제도와 농민들을 위한 틈새시장 개척이 요구된다.

생명 산업과 연계한 신성장 동력화

농업의 지속적 발전을 위해서는 경쟁력이 강화되어야 한다. 그러나 경쟁력의 개념은 가격경쟁력에서 품질 및 가치경쟁력으로 확대될 필요가 있다. 품질 및 가치경쟁력은 수요자가 원하는 기능을 반영하고, 생산성을 향상시켜 비용을 절감하는 것 모두를 포함한다.

또 새로운 수요를 창출해야 농업의 지속적 발전이 가능하며, 마케팅 능력이 중요하다. 농식품의 안전과 품질을 선호하는 소비자와 기호에 부응하는 혁신으로 소득을 창출하고 식품, 유통, 환경, 문화와 결합해 새로운 수요를 창출해야 한다. 한편 비용 절감도 '경영 조직화와 투입감량화의 결합'이라는 새로운 전략에 따라 추진될 필요가 있다.

전통 농업에 정보 기술, 생명공학 기술, 나노 기술 등을 융합시켜 생명 산업을 육성하는 것이 주요 정책의 방향이어야 한다. 종자 산업, 식품 산업, 천연물 화장품과 의약품 분야, 곤충 및 애완용 동식물 활용 분야 등을 집중적으로 육성하는 것이 필요하다.

농촌 주민의 삶의 질 향상 및 농촌의 문화 산업화

귀농 인구가 50만 명인 시대에 진입했다. 더욱이 귀농 인구의 약 50%가 30대 이하다. 이는 농촌에 살면서 반은 자급적 농업에 종사하고 나머지 반은 저술, 마을 만들기, 자원봉사, 창작 활동, 향토음식 개발 등과 같이 자신이 하고 싶은 일(X)을 병행하는 반농반X 라이프스타일과 궤를 같이한다.

국민의 소득 향상에 따라 귀농, 도농 교류 활성화는 앞으로도 더욱 촉진될 것이다. 따라서 농촌의 정주 환경을 개선하는 동시에 생활 서비스에 대한 접근성도 향상시켜 농촌을 열린 삶터로 조성해야 한다. 아울러 자연환경 보전, 유적지 보전, 어메니티 자원의 발굴 등을 통해 '농촌다움rurality'을 가꾸어야 한다. 이러한 농촌다움은 새로운 경쟁력의 원천이 될 것이다. 삶의 질을 중시하는 미래 세대의 수요에 부응하도록 자연, 경관, 문화를 보전하여 농촌의 잠재력을 증진하는 것이다.

또 농업을 매개로 장애인, 고령자, 취약계층 등에게 교육, 돌봄, 일자리 등을 제공하는 사회적 농업도 농촌의 사회적 가치를 확대하는 만큼 그 기반을 확대해야 한다.

농정 거버넌스의 혁신을 통한 지속 가능한 농업

미래에는 중앙 정부 중심의 하향식 접근이나 지역의 일방적인 노력만으로 농업의 지속 가능성을 확보하기 어렵다. 농촌 주민의 역할, 농업이외에 다양한 지역 경제 다각화, 농촌 지역의 모든 이해관계자가 동등하게 협력하고 연대해야 한다.

중앙 정부, 지자체, 민간기업, 시민사회, 협동조합이나 사회적 경제 조직 등 지역 내의 여러 주체 간 협력을 가능케 하는 포용적 생태계가 조성되어야 한다. 다행히 이미 우리 사회에는 농업, 농촌, 먹거리 영역의 새로운 변화 요구에 대응해 다양한 활동이 확산되고 있다. 로컬푸드, 급식, 먹거리 교육, 도시농업, 사회적 농업 영역에서 대안적 활동이 구체화되고 있으며, 일부 지자체에서는 독자적 실험의 성과가 나타나고 있다. 연대와 협력이 바탕이 되는 농정 거버넌스 혁신을 통해 농업의 지속가능성이 확보되고, 혁신적 기술과 발상이 접목되어 농업의 르네상스가 펼쳐지기를 기대한다.

KAIST Future Strategy 2020

국민의 행복을 위한 선비정신으로

'아시아 평화 중심 창조 국가'를 만들기 위해 추가적 보완을 거듭한 여섯 번째 '국가미래전략 보고서'를 내놓습니다. 완벽하다고 생각하지 않습니다. 국가의 미래전략은 정적인 것이 아니라 동적인 것이라고 생각합니다. 시대와 환경의 변화에 따라 전략도 변해야 합니다. 현재를 바탕으로 미래를 바라보며 더욱 정제하고 분야를 확대했습니다. 매주 열린 토론회 내용을 기반으로 원고를 작성하고 전문가들이 검토하여 48개 분야의 전략을 제시하였습니다.

국가의 목적은 국민의 행복입니다. '문술리포트'의 목적도 국민의 행복입니다. 국민의 행복을 생각하며, 시대의 물음에 '선비정신'으로 답을 찾고자 했습니다. 오늘 시작은 미약하지만, 끝은 창대할 것입니다. 함께한 모든 분이 우국충정憂國衷情의 마음으로 참여해주셨습니다. 함께해주신 모든 분께 진심 어린 감사와 고마움의 마음, 고개 숙여 전합니다. 감사합니다.

기획·편집위원 일동

- 2014년 1월 10일: 정문술 전 KAIST 이사장의 미래전략대학원 발전 기금 215억 원 출연(2001년 바이오및뇌공학과 설립을 위한 300억 원 기증에 이은 두 번째 출연). 미래전략 분야 인력 양성, 국가미래전략 연구 요청.
- 2014년 3월: KAIST 미래전략대학원 교수회의, 국가미래전략 연간보고서(문술리포트) 출판 결정.
- 2014년 4월 1일: 문술리포트 기획위원회 구성.
- 2014년 4~8월: 분야별 원고 집필 및 검토.
- 2014년 10월 23일: 국회 최고위 미래전략과정 검토 의견 수렴.
- 2014년 11월 21일:《대한민국 국가미래전략 2015》출판.
- 2015년 1~2월: 기획편집위원회 워크숍. 미래 사회 전망 및 미래 비전 토론.
- 2015년 1~12월: 국가미래전략 정기토론회 매주 금요일 개최(서울창조경제혁신센터, 총 45회).
- 2015년 9~12월:〈광복 70년 기념 미래 세대 열린광장 2045〉전국 투어 6회 개최.
- 2015년 10월 12일:《대한민국 국가미래전략 2016》출판.
- 2015년 10~11월:〈광복 70년 기념 국가미래전략 종합학술대회〉4주

간 개최(서울 프레스센터).

- 2015년 12월 15일: 세계경제포럼·KAIST·전경련 공동주최 〈WEF 대한민국 국가미래전략 워크숍〉 개최.

- 2016년 1~2월: 문술리포트 2017 기획 및 발전 방향 논의.

- 2016년 1월 22일: 아프리카TV와 토론회 생중계 MOU 체결.

- 2016년 1~12월: 국가미래전략 정기토론회 매주 금요일 개최(서울창조경제혁신센터), 2015~2016년 2년간 누적 횟수 92회.

- 2016년 10월 19일:《대한민국 국가미래전략 2017》출판.

- 2017년 1~2월: 문술리포트 2018 기획, 발전 방향 논의 및 새로운 과제 도출.

- 2017년 3월 17일: 국가미래전략 정기토론회 100회 기록.

- 2017년 1~3월: 국가 핵심 과제 12개 선정 및 토론회 개최.

- 2017년 4~11월: 4차 산업혁명 대응을 위한 과제 선정 및 토론회 개최.

- 2017년 1~12월: 국가미래전략 정기토론회 매주 금요일 개최(서울창조경제혁신센터). 2015~2017년 3년간 누적 횟수 132회.

- 2017년 10월 17일:《대한민국 국가미래전략 2018》출판.

- 2018년 1월 17일: 문술리포트 2019 기획 및 발전 방향 논의, 2019 키워드 도출.

- 2018년 3~12월: 월별 주제(3월 블록체인/4월 미래 모빌리티/5~7월 통일전략/8~9월 에너지와 기후/10월 생명공학/11~12월 디지털 미래) 집중 토론.

- 2018년 5~7월: 통일비전 2048-단계적 통일 미래전략 토론회 개최.

- 2018년 8월 24일: 국가미래전략 정기토론회 150회 기록.

- 2018년 1~12월: 국가미래전략 정기토론회 매주 금요일 개최(서울시청 시민청). 2015~2018년 4년간 누적 횟수 160회.

- 2018년 10월 22일:《카이스트 미래전략 2019》출판.
- 2019년 1월: 문술리포트 2020 기획 및 발전 방향 논의, 2020 키워드 도출, KAIST 문술미래전략대학원 과목으로 추가, 일반인도 참여할 수 있는 열린 수업 형태로 개설.
- 2019년 2~6월: 국가미래전략 정기토론회 매주 토요일 개최(KAIST 도곡캠퍼스). 2015~2019년 5년간 누적 횟수 173회.
- 2019년 10월 25일:《카이스트 미래전략 2020》출판.

1 Jim Powell, 〈John Locke: Natural Rights to Life, Liberty, and Property〉, FEE, 1996. 8. 1.

2 미국 수정 헌법 제5조 가운데 "No person shall [……] nor be deprived of life, liberty, or property, without due process of law(누구라도 [……] 정당한 법적절차 없이는 생명, 자유 또는 재산이 박탈당하지 않는다)" 내용 참조.

3 Daniel Larimer, 〈Why I am an Austrian Economist〉, 2015. 1. 6.

4 "Block.one designs free market systems to secure life, liberty, and property by publishing open source software that is free for everything to use."

5 Kimberly Amaded, 〈Quantitative Easing Explained, How Central Banks Create Massive Amounts of Money〉, Third balance, 2019. 4. 9.

6 Paul Baran, 〈On Distributed Communications Networks〉, 1962. 9.

7 임명환, 〈국민생활문제 해결을 위한 블록체인 R&D의 효과분석 및 추진전략〉, ETRI, 2018. 8. 15.

8 보통 1980년대~2000년대 초반 출생한 세대를 가리키는 말로, 정보 기술에 능통하고 대학 진학률이 높으며, 2008년 글로벌 금융위기 이후 사회에 진출해 고용 감소, 일자리 질 저하 등을 겪은 세대이기도 함.

9 이상욱, 〈라이프스타일 기반의 공유도시〉,《디지털 기술의 발달에 따른 일과 직주공간의 미래》, 여시재, 2017.

10 최연구, 〈융합이 낳은 공짜 세상, 공유의 시대〉,《행복한 교육》, 2018년 10월호의 내

용 중 일부를 재정리.

11 최연구, 〈자수정 광산 변신의 교훈〉, 한국일보, 2017. 7. 21.

12 제러미 리프킨, 안진환 역, 《한계비용 제로사회》, 민음사, 2014.

13 클라우스 슈밥, 송경진 역, 《클라우스 슈밥의 제4차 산업혁명》, 새로운현재, 2016, 44쪽 재인용.

14 '해커'와 '마라톤'의 합성어. 24~48시간 내외의 짧은 시간 동안 마라톤을 하듯 쉬지 않고 아이디어와 생각을 기획하고 프로그래밍 과정을 거쳐 시제품을 만들어내는 이벤트 또는 경연을 의미.

15 Lyndsey Gilpin, 〈10 ways technology is fighting climate change〉, TechRepublic, 2014. 8. 6.

16 IPCC, 〈AR5 WGIII〉, 2014.

17 IPCC, 〈Global Warming of 1.5 ℃〉, 2018.

18 UNEP, 〈The Emissions Gap Reports〉, 2018.

19 Bloomberg New Energy Finance(BNEF), 〈Clean Energy Investment Trends, 2018〉, 2019.

20 IEA, 〈World Energy Investment〉, 2018.

21 IREANA, 〈Renewable Power Generation Costs in 2018〉, 2019.

22 The New Climate Economy, 〈Unlocking the Inclusive Growth Story of the 21st Century: Accelerating Climate Action in Urgent Time〉, 2018.

23 World Economic Forum, 〈Harnessing Artificial Intelligence for the Earth〉, 2017.

24 문자 또는 음성으로 대화하는 기능이 있는 컴퓨터 프로그램 또는 인공지능.

25 안병옥, 〈섭씨 2도와 인류의 미래: 기술낙관론을 비판하며〉, 《창작과비평》 175호.

26 자원과 에너지 이용의 효율을 높이는 신기술의 개발과 적용이 자원과 에너지 소비 심리를 부추겨 그 효과가 상쇄되는 현상.

27 아이디어를 빠르게 최소요건 제품(시제품)으로 제조한 뒤 시장의 반응을 통해 다음 제품 개선에 반영하는 전략.

28 최병삼·유진·김석관, 〈신기술 발전에 따른 산업지형의 변화 전망과 대응전략: 3D

프린팅〉, 과학기술정책연구원, 2015.

29 Geels, F. W. 〈From Sectoral Systems of Innovation to Socio-technical Systems Insights about Dynamics and Change from Sociology and Institutional theory〉, Research Policy, 33(67), 2004.

30 김평호, 〈다가오는 인공지능 시대, 한국 사회의 담론적 한계 극복을 위하여〉, 《Future Horizon》 35호, 2018.

31 E. B. Tylor, 《Primitive Culture》, J. P. Putnam's Sons, 16쪽, 1871.

32 최연구, 〈4차 산업혁명 시대의 문화 기술전략〉, 《KOCCA 문화 기술》, 2017.

33 한국고용정보원, 〈AI-로봇-사람, 협업의 시대가 왔다〉, 2016. 3. 24.

34 통계청, 〈한국표준직업분류(KSCO) 개정 고시〉, 2017. 7. 3.

35 김헌식, 〈다가오는 인공지능 시대, 한국 사회의 담론적 한계 극복을 위하여〉, 《Future Horizon》 34호, 2018.

36 Katz, L. F. & Krueger, A. B., 〈The Rise and Nature of Alternative Work Arrangements in the United States 1995-2015〉, National Bureau of Economic Research(No. w22667), 2016.

37 상대적 빈곤율은 중위소득 50% 이하인 비율을 뜻함.

38 소득대체율이란, 국민연금 가입 기간 평균적으로 벌어온 소득과 비교해 얼마만큼의 연금을 받는지 나타낸 비율임.

39 Wold Econoiuic Forum, 〈New Vision for Education, Unlocking the Potential of Technology〉, 2015.

40 이병희, 〈노동소득분배율 측정 쟁점과 추이〉, 《월간노동리뷰》 2015. 1.

41 통계청, 〈경제활동인구조사 근로 형태별 부가조사〉, 2018.

42 조병수·김민혜, 〈고용의 질적 수준 추정 및 생산성 파급효과 분석〉, 《조사통계월보》 69권 10호, 2015.

43 한국보건사회연구원, 〈사회통합 실태 진단 및 대응방안 연구〉, 2019.

44 OECD, 〈A Broken Social Elevator?〉, 2018.

45 이건범, 〈한국의 소득이동: 현황과 특징〉, 《경제발전연구》 15권 2호, 2009.

46 강신욱·이병희·장수명·김민희, 〈고용·복지·교육연계를 통한 사회적 이동성 제고

방안 연구〉, 사회통합위원회, 2010.

47 김희삼, 〈세대 간 계층 이동성과 교육의 역할〉, KDI, 2014.

48 여유진·정해식·김미곤·김문길·강지원·우선희·김성아, 〈사회통합 실태진단 및
대응방안 Ⅱ: 사회통합과 사회이동〉, 한국보건사회연구원, 2015.

49 조선비즈, 〈금융 빅데이터 전쟁-21세기 석유, 빅데이터〉, 2017. 6. 12.

50 뉴스핌, 〈미래는 빅데이터 승자의 것, 총성 없는 전쟁 빅데이터 주도권 경쟁 격화〉,
2018. 5. 9.

51 2015년 9월 개정된 개인정보보호법 제2조 9항, 10항 참조.

52 서울중앙지방법원 2011. 2. 23. 선고 2010고단5343판결 참조.

53 SHA256은 미국 국가안보국이 1993년에 SHA(Secure Hash Algorithm)를 설계하여
국가 표준으로 정하였고, 이후 발전된 형태의 SHA256(32바이트, 256비트, 16진수, 64자
리)은 많은 정보 시스템에서 보안 프로토콜로 사용하고 비트코인도 이 방식을 채택
하였음.

54 Forbes Technology Council, 〈Solving Social Problems: 11 Ways New Tech
Can Help〉, Forbes, 2017. 10. 2.

55 KIST 융합연구정책센터, 〈드론 시장 및 산업 동향〉, 2017. 1. 9.

56 차원용, 〈미국의 드론 정책·전략 집중분석〉, IPNomics·IT News·
스마트앤컴퍼니, 2016.

57 차원용, 〈글로벌 드론 특허 130개 집중분석〉, IPNomics·IT News·
스마트앤컴퍼니, 2016.

58 CNBC, Youtube, 2017. 2. 21.

59 국토교통부, 〈경기 화성에 수도권 최초 드론 시범 공역 지정〉, 2018. 6. 19.

60 2017년 3월 '스마트도시의 조성 및 산업 활성화 등에 관한 법률'로 전면 개정됨.

61 이삼식 외, 〈미래 인구변동에 대응한 정책방안〉, 보건복지부·한국보건사회
연구원, 2011.

62 통계청, 〈장래인구특별추계: 2017~2067년〉, 2019.

63 통계청, 위의 보고서.

64 2+4 조약(Zwei-plus-Vier-Vertrag)은 모스크바에서 영국, 프랑스, 미국, 소련 4개국과

동·서 독일 사이에서 체결된 조약으로, 1990년 5월부터 4차례 진행된 2+4 회담의 최종 합의 문서임.

65 포토레지스트는 반도체 공정에서 빛을 인식하는 감광재이며, 에칭가스(고순도 불화수소)는 반도체 회로를 식각할 때 사용되는 소재임. 플루오린 폴리이미드는 불소처리를 통해 열안정성을 강화한 필름으로 휘어지는 OLED 패널 제조에 주로 사용됨. 일본은 이들 세 품목을 포괄 허가에서 수출 허가 신청에서 심사까지 90일이 소요되는 개별 허가 방식으로 수출 절차를 강화함.

67 손수정, 〈제4차 산업혁명, 지식재산 정책의 변화〉, 《STEPI Insight》 197호, 2016.

68 손수정, 〈제4차 산업혁명, 지식재산 정책의 변화〉, 《STEPI Insight》 197호, 2016.

69 이상지, 〈특허심사 2단계 구분 심사해야〉, 전자신문, 2017. 4. 11.

• 강광식,《통일 한국의 체제구상》, 백산서당, 2008.
• 강대중,〈평생교육법의 한계와 재구조화 방향 탐색〉,《평생학습사회》5권 2호, 2009.
• 강상백·권일한·구동화,〈스페인 바르셀로나 스마트시티 성과 및 전략분석〉,《지역정
  보화지》11+12월호, 2016.
• 강신욱 외,〈고용·복지·교육연계를 통한 사회적 이동성 제고 방안 연구〉, 사회통합위
  원회, 2010.
• 강창구 외,〈유비쿼터스 가상현실 구현을 위한 증강현실 콘텐츠 기술과 응용〉,《전자
  공학회지》38권 6호, 2011.
• 강환구 외,〈우리 경제의 성장잠재력 추정결과〉, 한국은행, 2016. 3.
• 강희정 외,〈한국의료 질 평가와 과제: 한국의료 질 보고서 개발〉, 한국보건사회연구
  원, 2014.
• 경제사회발전노사정위원회,〈더 나은 내일을 위한 오늘의 개혁: 노동 시장 구조개선을
  위한 사회적 대타협〉, 2015.
• 고병헌,〈평생학습 — 삶을 위한 또 다른 기회인가, 교육 불평등의 확대인가〉,《평생교
  육학연구》9권 1호, 2003.
• 고영상,〈한국 평생교육법제 변화 과정과 주요 쟁점〉,《한국평생교육HRD연구》6권
  3호, 2010.
• 고용노동부,〈2013 고용 형태별근로실태조사〉, 2013.
• 고용노동부,〈고용 형태공시제 시행 2년차, 어떤 변화가 있나?〉, 2015. 6.

- 고용노동부, 〈사업체 노동력 조사보고서〉, 2017. 3.

- 고용노동부, 〈알기 쉬운 임금정보〉, 2014.

- 고용노동부, 〈2018 고용 형태별 근로실태조사 보고서〉, 2019.

- 고용노동부, 〈사업체 노동력 조사〉, 2019.5.

- 과학기술정책연구원, 〈사회·기술 시스템 전환전략연구〉, 2015.

- 과학기술정책연구원, 〈국내 디지털 사회혁신 현황분석과 시사점〉, 《STEPI Insight》 192호, 2016.

- 곽삼근, 〈평생교육학 연구〉, 《교육학연구 50년》, 이화여자대학교 한국문화연구원(편), 이화여자대학교출판부, 2004.

- 곽삼근, 〈평생학습사회의 성인학습자와 고등교육개혁의 과제〉, 《평생학습사회》 9권 3호, 2013.

- 국가과학기술자문회의, 〈성장과 복지를 위한 바이오 미래전략〉, 2014.

- 국방대학교 안전보장문제연구소, 〈주요국과의 군사협력 평가 및 증진방안〉, 2017.

- 국방부, 〈2016 국방백서〉, 2016.

- 국방부, 〈독일 군사통합 자료집〉, 2003.

- 국립환경과학원, 〈산림의 공익기능 계량화 연구〉, 2011.

- 국세청, 〈국세통계연보〉, 2018.

- 국토교통부, 〈2012년 주거실태조사 통계보고서〉, 2012.

- 국토교통부, 〈제2차 장기('13~'22) 주택종합계획〉, 2013.

- 국회예산정책처, 〈대한민국재정〉, 2016.

- 국회예산정책처, 〈2017년 및 중기경제전망〉, 2016.

- 국회예산정책처, 〈한반도 통일의 경제적 효과〉, 2014.

- 권양주, 《남북한 군사통합 구상》, KIDA Press, 2014.

- 권양주 외, 〈남북한 군사통합시 대량살상무기 처리방안 연구〉, 한국국방연구원, 2008.

- 권태영 외, 〈21세기 정보사회와 전쟁 양상의 변화〉, 한국국방연구원, 1998.

- 기획재정부, 〈2016 장기재정전망〉, 2015.

- 기획재정부, 〈월간 재정동향〉, 2019. 6.

- 김강녕, 《남북한 관계와 군비통제》, 신지서원, 2008.

- 김경동, 〈왜 미래 세대의 행복인가?〉, 미래 세대행복위원회 창립총회, 2015.
- 김경전, 〈IBM 인공지능 왓슨의 공공부문 활용사례〉, 서울대학교 행정대학원 정책&지식 포럼 발표문, 2017.
- 김관호, 《한반도 통합과 갈등해소전략》, 선인, 2011.
- 김기호, 《현대 북한 이해》, 탑북스, 2018.
- 김미곤 외, 〈복지환경 변화에 따른 사회보장제도 중장기 정책방향 연구〉, 한국보건사회연구원, 2017.
- 김민식·최주한, 〈산업혁신의 관점에서 바라보는 제4차 산업혁명에 대한 이해〉, 정보통신정책연구원, 2017.
- 김상배, 〈4차 산업혁명과 한국의 미래전략: 국제정치학의 시각〉, 국제정치학회 발표문, 2016. 12.
- 김상배, 《정보화 시대의 표준경쟁》, 한울아카데미, 2007.
- 김상배, 〈미중 플랫폼 경쟁으로 본 기술 패권의 미래〉, 《Future Horizon》 35권, 2018.
- 김상배, 〈4차 산업혁명의 국제정치학: 주요국의 담론과 전략, 제도〉, 《세계정치: 4차 산업혁명론의 국제정치학》, 사회평론, 2018.
- 김완기, 《남북통일, 경제통합과 법제도 통합》, 경인문화사, 2017.
- 김유선, 〈한국의 노동 2016〉, 《현안과 정책》 117호, 2016.
- 김은, 〈인더스트리 4.0의 연혁, 동향과 방향 전망〉, 《정책과 이슈》, 산업연구원, 2017.
- 김의식, 《남북한 군사통합과 북한군 안정화 전략》, 선인, 2014.
- 김인춘 외, 〈생산적 복지와 경제성장〉, 아산정책연구원, 2013.
- 김종일·강동근, 〈양극화 지표를 통해 본 대·중소기업의 생산성 격차 추이〉, 《사회과학연구》 19권 2호, 2012.
- 김진하, 〈미래 사회 변화에 대한 전략적 대응방안 모색〉, 《KISTEP InI》 15호, 2016. 8.
- 김한준, 〈4차 산업혁명이 직업세계에 미치는 영향〉, 고용이슈(한국고용정보원), 2016.
- 김홍광·문형남·곽인옥, 《4차 산업혁명과 북한》, 도서출판 수인, 2017.
- 김희삼, 〈세대 간 계층 이동성과 교육의 역할〉, 김용성·이주호 편, 〈인적자본정책의 새로운 방향에 대한 종합연구보고서〉, KDI, 2014.
- 남기업, 〈부동산소득과 소득불평등 그리고 기본소득〉, 《현안과 정책》 158호, 2016.

- 노광표, 〈노동개혁, 원점에서 다시 시작하자〉, 《현안과 정책》 104호, 2015.
- 니코 멜레, 《거대권력의 종말》, 이은경·유지연 역, RHK, 2013.
- 로마클럽, 〈성장의 한계The Limits To Growth〉, 1972.
- 로버트 D. 퍼트넘, 《나 홀로 볼링》, 정승현 역, 페이퍼로드, 2009.
- 리처드 리키, 《제6의 멸종》, 황현숙 역, 세종서적, 1996.
- 마크 라이너스, 《6도의 악몽》, 이한중 역, 세종서적, 2008.
- 모이제스 나임, 《다른 세상의 시작, 권력의 종말》, 김병순 역, 책읽는수요일, 2015.
- 박균열, 〈통일 한국군의 문화통합과 가치교육〉, 한국학술정보, 2006.
- 박병원, 〈기술 패러다임의 전환과 글로벌 기술 패권 경쟁의 이해〉, 《Future Horizon》 35권, 2018.
- 박영숙·제롬 글렌, 《일자리혁명 2030》, 비즈니스북스, 2017.
- 박정숙 외, 〈블록체인의 세대별 기술 동향〉, 《ETRI, 전자통신동향분석》 33권 6호, 2018.
- 박진한, 《21세기 혁명의 공통분모 O2O》, 커뮤니케이션북스, 2016.
- 방태웅, 〈에너지와 4차 산업기술의 융복합, 에너지 4.0〉, 《융합연구정책센터》 59호, 2017.
- 법무부, 〈출입국·외국인정책 통계연보〉, 2016.
- 보건복지부, 〈통계로 보는 사회보장 2018〉, 2019.
- 산림청, 〈생물 다양성과 산림〉, 2011.
- 산업연구원, 〈4차 산업혁명이 한국제조업에 미치는 영향과 시사점〉, 2017.
- 삼정KPMG경제연구원, 〈4차 산업혁명과 초연결사회, 변화할 미래산업〉, 《Issue Monitor》 68호, 2017.
- 삼정KPMG경제연구원, 〈블록체인이 가져올 경영 패러다임의 변화: 금융을 넘어 전 산업으로〉, 《Issue Monitor》 60호, 2016.
- 서용석, 〈세대 간 형평성 확보를 위한 미래 세대의 정치적 대표성 제도화 방안 연구〉, 한국행정연구원, 2014.
- 서용석, 〈지속가능한 사회를 위한 '미래 세대기본법' 구상 제언〉, 《Future Horizon》 22호, 2014.

- 서용석, 〈첨단 기술의 발전과 미래정부의 역할과 형태〉, STEPI 미래연구포커스, 2016.
- 선종률, 〈남북한 군비경쟁 양상 변화에 관한 연구〉, 박사학위 논문, 울산대학교, 2011.
- 설동훈, 〈국제결혼이민과 국민·민족 정체성: 결혼이민자와 그 자녀의 자아 정체성을 중심으로〉, 《경제와사회》 103호, 2014.
- 설동훈, 〈한국의 인구고령화와 이민정책〉, 《경제와사회》 106호, 2015.
- 성명재, 〈인구·가구특성의 변화가 소득분배구조에 미치는 영향 분석 연구〉, 《사회과학연구》 22권 2호, 2015.
- 성지은 외, 〈저성장시대의 효과적인 기술혁신지원제도〉, 정책연구, 2013.
- 성지은·박인용, 〈저성장에 대응하는 주요국의 혁신정책 변화 분석〉, 《Issues & Policy》 68호, 2013.
- 성지은·조예진, 〈시스템 전환과 지역 기반 전환 실험〉, 《과학기술정책》 23권 4호, 2013.
- 손선홍, 《독일 통일 한국 통일: 독일 통일에서 찾는 한반도 통일의 길》, 푸른길, 2016.
- 손선홍, 〈독일 통일 외교의 시사점과 우리의 통일외교전략〉, 《외교》 124호, 2018.
- 손선홍, 《분단과 통일의 독일 현대사》, 소나무, 2005.
- 손선홍·이은정, 《독일 통일 총서 18 & 19: 외교 분야》, 통일부, 2016.
- 손수정, 〈제4차 산업혁명, 지식재산 정책의 변화〉, 《STEPI Insight》 197호, 2016.
- 손화철, 〈랭던 위너〉, 커뮤니케이션북스, 2016.
- 송민경, 〈북한의 산림부문 기후 변화 대응 동향 및 시사점〉, 국립산림과학원, 2017.
- 송위진, 〈전환연구와 탈추격론의 확장〉, 《STEPI Working Paper Series》, 2016.
- 신광영, 〈2000년대 한국의 소득불평등〉, 《현안과 정책》 159호, 2016.
- 신우재·조영태 〈영국 정부의 스마트시티 구축 노력과 시사점〉, 《국토》 416호, 2016.
- 신춘성 외, 〈모바일 증강현실 서비스 동향과 지속 가능한 콘텐츠 생태계 전망〉, 《정보과학회지》 28권 6호, 2010.
- 안종범·안상훈·전승훈, 〈복지지출과 조세부담의 적정 조합에 관한 연구〉, 《사회보장연구》 26권 4호, 2010.
- 앨빈 토플러, 《미래의 충격》, 장을병 역, 범우사, 2012.
- 앨빈 토플러, 《제3의 물결》, 원창엽 역, 홍신문화사, 2006.

- 앨빈 토플러·정보통신정책연구원, 〈위기를 넘어서: 21세기 한국의 비전〉, 정보통신정책연구원, 2001.
- 앨빈 토플러·하이디 토플러, 《전쟁 반전쟁》, 김원호 역, 청림출판, 2011.
- 에릭 브린욜프슨·앤드루 매카피, 《기계와의 경쟁》, 정지훈·류현정 역, 틔움, 2011.
- 여시재, 〈이슈리포트: 디지털 기술의 발달에 따른 일과 직주공간의 미래〉, 2017.9.
- 여유진 외, 〈사회통합 실태진단 및 대응방안Ⅱ: 사회통합과 사회이동〉, 한국보건사회연구원, 2015.
- 연승준 외, 〈IoT 플랫폼 현황분석 및 시사점〉, 《ETRI Insight Report》, 2016.
- 오세현·김종승, 《블로체인노믹스》, 한국경제신문, 2017.
- 온실가스종합정보센터, 〈국가 온실가스 인벤토리 보고서〉, 2015.
- 외교부, 〈동북아 가스파이프라인과 전력그리드협력 포럼 자료집〉, 2018.
- 유재국, 〈인구구조변화와 정책적 시사점〉, 《이슈와 논점》, 국회입법조사처, 2013.8.
- 유종일, 〈한국의 소득불평등 문제와 정책대응 방향〉, 《현안과 정책》 152호, 2016.
- 유진투자증권, 〈차세대 인증 FIDO와 생체인식〉, 2016.
- 윤석명, 〈인구고령화를 반영한 공적연금 재정전망과 정책과제〉, 보건복지포럼, 2011.
- 윤성이, 〈정보사회의 민주주의와 e-거버넌스〉, 미래전략포럼, 2009.
- 이건범, 〈한국의 소득이동: 현황과 특징〉, 《경제발전연구》 15권 2호, 2009.
- 이대호, 〈디지털제조의 이해와 정책 방향〉, 정보통신정책연구원, 2013.
- 이민화, 〈블록체인과 거버넌스 혁신〉, 창조경제연구회 제30차 공개포럼, 2016.
- 이병희 외, 〈한국형 실업부조 도입 방안〉, 한국노동연구원, 2013.
- 이삼식 외, 〈2015년 전국 출산력 및 가족보건·복지실태조사〉, 한국보건사회연구원, 2015.
- 이삼식 외, 〈고령화 및 생산 가능 인구 감소에 따른 대응전략 마련 연구〉, 보건복지부·한국보건사회연구원, 2015.
- 이삼식·이지혜, 〈초저출산현상 지속의 원인과 정책과제〉, 한국보건사회연구원, 2014.
- 이승주, 〈미래의 기술 패권을 위한 일본의 국가전략〉, 《Future Horizon》 35권, 2018.
- 이영석·김병근, 〈사회-기술 전환이론 비교 연구: 전환정책 설계와 운영을 위한 통합적 접근〉, 《한국정책학회보》 23권 4호, 2014.
- 이장원·전명숙·조강윤, 〈격차축소를 위한 임금정책: 노사정 연대임금정책 국제비

교〉, 한국노동연구원, 2014.

- 이춘근·김종선, 〈과학기술분야 대북현안과 통일준비〉,《STEPI INSIGHT》 137호, 2014.
- 이춘근, 〈남북한 과학기술협력과 전망〉,《과학기술정책》25권 9호, 2015.
- 이춘근 외, 〈통일 이후 남북한 과학기술체제 통합방안〉, 과학기술정책연구원, 2015.
- 이희수, 〈학습사회에서 학습경제로의 전환 논리와 그 의미〉,《평생교육학연구》 7권 1호, 2001.
- 일 예거,《우리의 지구, 얼마나 더 버틸 수 있는가》, 김홍옥 역, 길, 2010.
- 임명환, 〈블록체인 기술의 영향과 문제점 및 시사점〉,《IITP 주간기술동향》 1776호, 2016. 12.
- 임명환, 〈디지털산책-블록체인 철학에 대한 단상〉, 디지털타임스, 2018. 5. 10.
- 임명환, 〈국민 생활문제 해결을 위한 블록체인 R&D의 효과분석 및 추진전략〉, ETRI, 2018. 8.
- 임재규, 〈산업 부문의 전력수요관리정책 추진방향에 대한 연구〉, 에너지경제연구원, 2013.
- 임정선, 〈IoT-가속화되는 연결의 빅뱅과 플랫폼 경쟁의 서막〉,《Special Report》, KT 경제경영연구소, 2015.
- 자크 아탈리,《합리적인 미치광이》, 이세욱 역, 중앙M&B, 2001.
- 자크 엘루,《기술의 역사》, 박광덕 역, 한울, 2011.
- 장승권·최종인·홍길표,《디지털 권력》, 삼성경제연구소, 2004.
- 장재준·황은경·황원규,《4차 산업혁명, 나는 무엇을 준비할 것인가》, 한빛비즈, 2017.
- 장필성, 〈다보스포럼: 다가오는 4차 산업혁명에 대한 우리의 전략은?〉,《과학기술정책》 26권 2호, 2016.
- 장홍석, 〈오픈소스 S/W 글로벌 동향과 우리기업의 해외 진출방안〉, 한국무역협회 국제무역연구원, 2016. 7.
- 전병유, 〈한국 노동 시장에서의 불평등과 개선방향〉,《현안과 정책》153호, 2016.
- 전태국,《사회통합과 한국 통일의 길》, 한울아카데미, 2013.
- 정경희 외, 〈2014년도 노인실태조사〉, 보건복지부·한국보건사회연구원, 2014.

- 정경희 외, 〈신노년층 출현에 따른 정책과제〉, 한국보건사회연구원, 2010.
- 정민, 〈4차 산업혁명에 대한 기업 인식과 시사점〉, 현대경제연구원, 2017.
- 정용덕, 〈바람직한 문명 발전을 위한 국가 행정 제도화 시론: 공익 개념을 중심으로〉, 《행정논총》 53권 4호, 2015.
- 정충열, 《남북한 군사통합전략》, 시간의 물레, 2014.
- 정해식 외, 〈사회통합 실태진단 및 대응방안(Ⅲ)-사회통합 국민인식〉, 한국보건사회연구원, 2016.
- 제러미 리프킨, 이희재 역, 《소유의 종말》, 민음사, 2001.
- 제리 카플란, 신동숙 역, 《인간은 필요 없다》, 한스미디어, 2016.
- 제정관, 《한반도 통일과 군사통합》, 한누리미디어, 2008.
- 조병수·김민혜, 〈고용의 질적 수준 추정 및 생산성 파급효과 분석〉, 《조사통계월보》 69권 10호, 2015.
- 조영태, 〈스마트시티 국내외 현황〉, 《도시문제》 52권 580호, 2017.
- 조화순, 《디지털 거버넌스 국가·시장·사회의 미래》, 책세상, 2010.
- 조희정·이상돈·류석진, 〈디지털 사회혁신의 정당성과 민주주의 발전: 온라인 청원과 공공문제 해결 사례를 중심으로〉, 《정보화 정책》 23권 2호, 2016.
- 차원용, 〈미국의 드론 정책·전략 집중분석〉, IPNomics·IT News·스마트앤컴퍼니, 2016. 9.
- 차원용, 〈글로벌 드론 특허 130개 집중분석〉, IPNomics·IT News·스마트앤컴퍼니, 2016. 11.
- 최계영, 〈4차 산업혁명과 ICT〉, 정보통신정책연구원, 2017. 2.
- 최계영, 〈4차 산업혁명 시대의 변화상과 정책 시사점〉, 《KISDI Premium Report》 16권 4호, 2016.
- 최광, 〈소득 양극화: 인식 진단 및 처방〉, 《KIPA 조사포럼》 4호, 2013.
- 최병삼·양희태·이제영, 〈제4차 산업혁명의 도전과 국가전략의 주요 의제〉, 《STEPI Insight》 215호, 2017.
- 최석현, 〈제4차 산업혁명시대, 일자리 전략은?〉, 《이슈&진단》 273호, 2017. 4.
- 최성은·양재진, 〈OECD 국가의 여성 일·가정양립에 대한 성과〉, 《한국정책학회보》

23권 3호, 2014.

- 최연구,《4차 산업혁명시대 문화경제의 힘》, 중앙경제평론, 2017.
- 최연구, 〈4차 산업혁명시대의 문화 기술전략〉, KOCCA 문화 기술, 2017.
- 최연구, 〈기술의 미래? 문제는 인간의 미래〉, 월간 테크엠, 2017. 7.
- 최연구, 〈문화 없는 기술이 맹목인 이유〉, 디지털타임스, 2017. 3.
- 최연구,《미래를 보는 눈》, 한울엠플러스, 2017.
- 최윤식,《2030 대담한 미래》, 지식노마드, 2013.
- 최은수,《4차 산업혁명 그 이후 미래의 지배자들》, 비즈니스북스, 2018.
- 크리스 앤더슨, 윤태경 역,《메이커스》, RHK, 2013.
- 클라우스 슈밥, 송경진 역,《제4차 산업혁명》, 새로운현재, 2016.
- 클라우스 슈밥 외,《4차 산업혁명의 충격》, 김진희 외 역, 흐름출판, 2016.
- 탭스콧 D · 탭스콧 R.,《블록체인 혁명》, 박지훈 역, 을유문화사, 2017.
- 통계청, 〈경제활동인구조사 근로 형태별 부가조사 결과〉, 2016.
- 통계청, 〈경제활동인구조사 부가 조사〉, 2017.
- 통계청, 〈지역별 고용조사-연령대별 경력단절 여성〉, 2016.
- 통계청, 〈북한의 주요통계지표〉, 2017.
- 통계청, 〈경제활동인구조사 근로 형태별 부가조사〉, 2018.
- 통계청 · 금융감독원 · 한국은행, 〈가계금융 · 복지조사〉, 2018.
- 한경혜 외, 〈한국의 베이비부머 연구〉, 서울대학교 노화 · 고령사회연구소, 2011.
- 한국고용정보원, 〈AI-로봇-사람, 협업의 시대가 왔다!〉, 2016.3.
- 한국고용정보원, 〈미래의 직업연구〉, 2013.
- 한국과학기술평가원, 〈제4회 과학기술예측조사 2012~2035 총괄본〉, 2012.
- 한국과학기술기획평가원, 〈사회문제 해결형 R&D 사업 활성화를 위한 인프라 및 기반 연구〉, 2015.
- 한국교육학술정보원, 〈4차 산업혁명시대, 지능정보사회의 '디지털 시민성Digital Citizenship'에 대한 탐색〉,《KERIS 이슈리포트》, 2017.
- 한국보건사회연구원, 〈사회통합 실태진단 및 대응방안 II〉, 2015.
- 한국보건사회연구원, 〈빈곤통계연보〉, 2018.

- 한국보건사회연구원, 〈사회통합 실태진단 및 대응 방안 연구〉, 2019.
- 한국 사회갈등해소센터, 〈한국인의 공공갈등 의식조사〉, 2016.
- 한국생명공학연구원, 〈나고야 의정서 주요국 현황: (제1권) 아시아와 중동〉, 2015.
- 한국생명공학연구원, 〈바이오산업과 나고야 의정서〉, 2011.
- 한국에너지공단, 〈에너지 분야의 4차 산업혁명, Energy 4.0〉, 2017.
- 한국은행, 〈우리나라의 고용구조 및 노동연관 효과〉, 2009.
- 한국은행, 〈북한 통계〉, 2016.
- 한국정보통신기술협회, 〈FIDO 표준 기술 동향〉, 2016.
- 한국정보화진흥원, 〈ICT를 통한 착한 상상: 디지털 사회혁신〉, 2015.
- 한용섭, 《한반도 평화와 군비통제》, 박영사, 2015.
- 허재준, 〈산업 4.0시대 노동의 변화와 일자리 창출〉, 한국노동경제학회 정책세미나 발표 논문, 2017.
- 허찬국, 〈저성장시대 기회 요소와 위험 요소〉, CHIEF EXECUTIVE, 2007. 3.
- 홍일선, 〈세대간 정의와 평등: 고령사회를 대비한 세대간 분배의 불균형문제를 중심으로〉, 《헌법학연구》 16권 2호, 2010.
- 황덕순·이병희, 〈활성화 정책을 통한 근로빈곤층 지원 강화 방안〉, 사회통합위원회, 한국노동연구원, 2011.
- 황종성, 〈지능시대의 정부: 인공지능이 어떻게 행정을 변화시킬 것인가?〉, 서울대학교 행정대학원 정책&지식 포럼 발표문, 2017.
- C. P. 스노우, 오영환 역, 《두 문화, 과학과 인문학의 조화로운 만남을 위하여》, 사이언스북스, 2001.
- IITP, 〈주요 선진국의 제 4차 산업혁명 정책동향〉, 《해외 ICT R&D 정책동향》 2016-04호, 2016.
- MBN 일자리보고서팀, 《제4의 실업》, 매일경제신문사, 2018.
- KAIST 미래전략연구센터, 《KAIST, 미래를 여는 명강의 2014》, 푸른지식, 2013.
- KAIST 문술미래전략대학원, 《리빌드 코리아》, MID, 2017.
- KAIST 문술미래전략대학원·미래전략연구센터, 《인구전쟁 2045》, 크리에이터출판사, 2018.

- KDI, 〈4차 산업혁명 시대의 일자리 전망〉, 2017. 6.
- KIST 융합연구정책센터, 〈바이오와 보안의 융합, 생체인식 기술〉, Weekly Tip, 2018.
- KOTRA, 〈일본 사물인터넷 시장 급성장, 산업·기술트렌드〉, 2015. 6.
- KT 경제경영연구소, 〈2017 ICT 10대 이슈〉, 2017.
- UNEP, 〈생태계와 생물 다양성의 경제학 보고서〉, 2010.

- Accenture, 〈The Future of Fintech and Banking: Digitally disrupted or reimagined?〉, 2014.
- Acemoglu, D., & Robinson, J., 《Why Nations Fail: The Origin of Power, Prosperity and Poverty》, Crown Business, 2012.
- Alibaba Group, 〈Data Synchronization Quick Start Guide〉, 2016.
- Alibaba Group, 《GS1 & GS1 China GDSN Project Joint Announcement〉, 2016.
- Alpert, D., 《The age of oversupply: Overcoming the greatest challenge to the global economy》, Penguin, 2013.
- Alvin Toffler, 《Third Wave》, Bantan Books, 1991.
- Alvin Toffler, 《War and Anti-War》, Little Brown&Company, 1993.
- Arkin, R. C., 《Behavior-based Robotics》, The MIT Press, 1998.
- Ascher, W., 《Bringing in the Future》, Chicago University Press, 2009.
- Binder, S., 〈Can Congress Legislate for the Future?〉, John Brademas Center for the Study of Congress, New York University, Research Brief. 3, 2006.
- Bloomberg, 〈How ambitious are the post-2020 targets?〉, Bloomberg New Energy Finance White Paper, 2015.
- Boston, J. & Lempp, F., 〈Climate Change: Explaining and Solving the Mismatch Between Scientific Urgency and Political Inertia〉, Accounting, Auditing and Accountability Journal, 24(8), 2011.
- Boston, J. & Prebble, R., 〈The Role and Importance of Long-Term Fiscal Planning〉, Policy Quarterly, 9(4), 2013.
- Boston, J. and Chapple, S., 《Child Poverty in New Zealand Wellington》, Bridget

Williams Books, 2014.

- Boston, J., Wanna, J., Lipski, V., & Pritchard, J. (eds), 《Future-Proofing the State: Managing Risks, Responding to Crises and Building Resilience》, ANU Press, 2014.

- Bryan, G. et al., 《Commitment Devices》, Annual Review of Economics, 2, 2010.

- Brynjolfsson, E. & Andrew, M., 《The Second Machine Age》, W. W. Norton & Company, 2014.

- Cathy O'Neil, 《Weapons of Math Destruction: How Big Data Increases Inequality and Threatens Democracy》, Broadway Books, 2017. 9.

- Clasen, J. & Clegg, D. (eds), 《Regulating the Risk of Unemployment: National Adaptations to Post-Industrial Labour Markets in Europe》, Oxford University Press, 2011.

- Cocchia, 《Smart and Digital City: A Systematic Literature Review, Smart City》, Springer International Publishing, 2014.

- Dan Hill, 《The Secret of Airbnb's Pricing Algorithm》, IEEE, 2015.

- Ekeli, K. S., 《Constitutional Experiments: Representing Future Generations Through Submajority Rules》, Journal of Political Philosophy, 17(4), 2009.

- EU, 《Biodiversity Strategy to 2020: towards implementation》, 2011.

- European Commission, 《Growing a Digital Social Innovation System for Europe》, European Commission, 2015.

- Federal Trade Commission(FTC), 《The "Sharing" Economy – Issues Facing Platforms, Participants & Regulators》, An FTC Staff Report, 2016. 11.

- Gantz, J. & David, R., 《The digital universe in 2020: Big data, bigger digital shadows, and biggest growth in the far east》, IDC iView: IDC Analyze the future, 2012.

- Gartner, 《Hype Cycle for Blockchain Technologies》, 2017.

- Gartner, 《Top 10 Strategic Technology Trends for 2017: Virtual Reality and Augmented Reality》, 2017.

- Gertrude Chavez-Dreyfuss, 〈Honduras to build land title registry using bitcoin technology〉, Reuters, 2015. 5. 15.
- Germanwatch & CAN Europe, 〈The Climate Change Performance Index Results〉, 2015.
- Giddens, A., 《The Constitution of Society: Outline of the Theory of Structuration》, Polity, 1984.
- Goodin, R., 〈Enfranchising All Affected Interests, and Its Alternatives〉, Philosophy and Public Affairs, 35(1), 2007.
- Gordon, R. J., 〈Is US economic growth over? Faltering innovation confronts the six headwinds〉, National Bureau of Economic Research, 2012.
- Hagemann, R., 〈How Can Fiscal Councils Strengthen Fiscal Performance?〉, OECD Journal: Economic Studies, 1, 2011.
- Hasib Anwar, 〈Consensus Algorithms: The Root Of The Blockchain Technology〉, 101 Blockchains, 2018. 8. 25.
- Helliwell, Layard & Sachs, 〈World Happiness Report 2016〉, Sustainable Development Solutions Network, 2016.
- Howard, P. N., 《Pax Technica: How the Internet of Things May Set Us Free or Lock Us Up》, Yale University Press, 2014.
- Huh, T., 〈Reconsidering Environmental Information in light of E-governance: Focusing on the Korean National Environmental Technology Information Centre〉, 《지방정부연구》 16권 3호, 2012.
- IDC Report, 〈Analyst Paper: Adoption of Object-Based Storage for Hyperscale Deployments Continues〉, IDC Research, 2016.
- IEA, 〈World Energy Outlook〉, International Energy Agency, 2015.
- IMF, 〈World Economic Outlook Database〉, 2016.
- IMF, 〈Virtual Currencies and Beyond: Initial Considerations〉, 2016.
- Institute for 21st Century Energy, 〈International Energy Security Risk Index〉, US Chamber of Commerce, 2015.

- IPCC, 〈Climate Change 2007: Mitigation of Climate Change〉, 2007.

- Ireland Department of Health, 〈Future Health: A strategic Framework for Reform of the Health Service 2012-2015〉, 2012.

- ITU-T Focus Group on Smart Sustainable Cities, 〈Smart Sustainable Cities: An Analysis of Definitions〉, ITU-T, 2014.

- Jackson, T., 《Prosperity without Growth: Economics for a Finite Planet》, Earthscan, 2009.

- James, C., 〈Making Big Decisions for the Future?〉, Policy Quarterly, 9(4), 2013.

- Jim Powell, 〈John Locke: Natural Rights to Life, Liberty, and Property〉, FEE, 1996. 8. 1.

- Kimberly Amaded, 〈How Central Banks Create Massive Amounts of Money〉, Third balance, 2019. 4. 9.

- Klaus, S., 〈The Fourth Industrial Revolution〉, World Economic Forum, 2016.

- KRG Report, 〈2018년 IT 시장백서〉, Knowledge Research Group, 2018.

- Margetts, H. et al., 《Political turbulence: How social media shape collective action》, Princeton University Press, 2015.

- McKinsey, 〈Big Data: The next frontier for innovation, competition, and productivity〉, 2011. 5.

- McKinsey, 〈The Internet of Things: Mapping the value beyond the hype〉, 2015. 6.

- McLeod, T., 〈Governance and Decision-Making for Future Generations〉, Background Paper for Oxford Martin Commission on Future Generations, 2013.

- Murphy, R., 《Introduction to AI Robotics》, The MIT Press, 2000.

- Natural Capital Committee, 〈The State of Natural Capital: Restoring our Natural Assets London〉, Second Report from the Natural Capital Committee, 2014.

- Nesta, 〈Digital Social Innovation: What it is and what we are doing〉, 2014.

- OECD, 〈Biodiversity Offsets〉, 2014.

- OECD, 〈Divided We Stand: Why Inequality Keeps Rising?〉, 2011.

- OECD, 〈Education at a Glance〉, 2012.

- OECD, 〈Environment outlook to 2050〉, 2012.

- OECD, 〈Health Data-Demographic Reference〉, 2016.

- OECD, 〈Looking to 2060: long-term global growth prospects〉, 2012.

- OECD, 〈OECD Survey on Digital Government Performance〉, 2014.

- OECD, 〈The Bioeconomy to 2030: Designing a Policy Agenda〉, 2009.

- Oxford Martin Commission, 〈Now for the Long Term〉, Report of the Oxford Martin Commission for Future Generations, 2013.

- Paul Baran, 〈On Distributed Communications Networks〉, 1962. 9.

- Porritt, J., 〈The Standing of Sustainable Development in Government〉, Cheltenham, 2009.

- PwC, 〈The Sharing Economy: Sizing the Revenue Opportunity〉, 2014.

- Ralph, J., 〈China Leads The U.S. In Patent Applications For Blockchain And Artificial Intelligence〉, Forbes, 2018. 5. 17.

- Rao, D. B., 《World Assembly on Aging》, Discovery Publishing House, 2003.

- Rejeski, D. (eds), 〈Government Foresight: Myth, Dream or Reality?〉, Woodrow Wilson International Centre for Scholars, 2003.

- Rutter, J. & Knighton, W., 《Legislated Policy Targets: Commitment Device, Political Gesture or Constitutional Outrage?》, Victoria University Press, 2012.

- Ryan, B. & Gill, D. (eds), 《Future State: Directions for Public Management Reform in New Zealand》, Victoria University Press, 2011.

- Satya Nadella, 〈Hit Refresh〉, Harper Business, 2017. 9.

- Sunstein, C., 《Why Nudge: The Politics of Libertarian Paternalism》, Yale University Press, 2014.

- Thompson, D., 〈Representing Future Generations: Political Presentism and Democratic Trusteeship?〉, Critical Review of International Social and Political Philosophy, 13(1), 2010.

- Tiihonen, P., 〈Revamping the Work of the Committee for the Future〉, Eduskunta (Parliament of Finland) Committee for the Future, 2011.

- UBS, 〈Extreme automation and connectivity: The global, regional, and investment implications of the Fourth Industrial Revolution〉, 2016.
- UN, 〈Global Biodiversity Outlook 3〉, 2010.
- UN, 〈High Level Representative for Future Generations〉, The General Assembly, 2013. 7. 23.
- UN, 〈Millennium Ecosystem Assessment〉, 2005.
- UN, 〈World Population Prospects〉, 2013.
- UNEP, 〈Global Environment Outlook 4〉, 2007.
- UNEP, 〈Global Environment Outlook 5〉, 2012.
- UNEP, 〈Global Trends in Renewable Energy Investment〉, 2016.
- UNEP, 〈Payments for Ecosystem Services: Getting Started〉, 2008.
- UNWTO, 〈Climate change: Responding to global challenge〉, 2008.
- Venture Scanner, 〈Financial Technology Q2 Startup Market Trends and Insights〉, 2017.
- WEF, 〈The Global Risks Report〉, 2016.
- Welsh Government, 〈Future Generations Bill?〉, 2014.
- Welsh Government, 〈Well-being of Future Generations〉, 2014.
- World Economic Forum, 〈A vision for the Dutch health care system in 2040〉, 2013.
- World Economic Forum, 〈Sustainable Health Systems Visions, Strategies, Critical Uncertainties and Scenarios〉, 2013.
- World Economic Forum, 〈The Travel & Tourism Competitiveness Report〉, 2015.
- World Energy Council, 〈Energy Trilemma Index〉, 2015.
- World Future Council, 〈Global Policy Action Plan: Incentives for a Sustainable Future〉, 2014.
- World Future Council, 〈The High Commissioner for Future Generations: The Future We Want〉, 2012.

카이스트
미래전략
2020